AF802060

Cyber-Grooming

Europäische Hochschulschriften

European University Studies

Publications Universitaires Européennes

Reihe II **Rechtswissenschaft**

Series II Law

Série II Droit

Band/ Volume 6019

Eleni Alexiou

Cyber-Grooming

Eine kriminologische und strafrechtsdogmatische Betrachtung

PETER LANG

Bibliografische Information der Deutschen Nationalbibliothek
Die Deutsche Nationalbibliothek verzeichnet diese Publikation in der Deutschen Nationalbibliografie; detaillierte bibliografische Daten sind im Internet über http://dnb.d-nb.de abrufbar.

Zugl.: München, Univ., Diss., 2018

D19
ISSN 0531-7312
ISBN 978-3-631-76090-1 (Print)
E-ISBN 978-3-631-76283-7 (E-PDF)
E-ISBN 978-3-631-76284-4 (EPUB)
E-ISBN 978-3-631-76285-1 (MOBI)
DOI 10.3726/b14449

Peter Lang – Berlin · Bern · Bruxelles · New York · Oxford · Warszawa · Wien

Diese Publikation wurde begutachtet.

www.peterlang.com

Vorwort

Die vorliegende Arbeit wurde im Wintersemester 2017/18 von der Juristischen Fakultät der Universität München als Dissertation angenommen. Für die Veröffentlichung wurden die jeweiligen Auflagen des Kriminologie Lehrbuchs von Eisenberg sowie des NOMOS-Kommentars zum Strafgesetzbuch (*Kindhäuser/Neumann/Paeffgen* (Hrsg.), Band 1 und 2) aktualisiert.

Besonderer Dank gilt meinem Doktorvater Herrn Professor Dr. Matthias Krüger für seine fachliche Betreuung. Er hat durch viele Anregungen und konstruktive Kritik wesentlich zum Gelingen der Arbeit beigetragen.

Außerdem möchte ich mich bei Herrn Professor Dr. Ralf Kölbel für die rasche Erstellung des Zweitgutachtens herzlich bedanken.

Ein ganz besonderer Dank geht schließlich an Christian, der mir während meiner Promotion stets zur Seite stand.

Meinen Eltern und meiner Familie möchte ich diese Arbeit gerne widmen, ohne deren jahrelange Unterstützung ihre Entstehung nicht möglich gewesen wäre.

München, im Mai 2018 *Eleni Alexiou*

Inhaltsübersicht

Inhaltsverzeichnis

2. Teil Strafrechtsdogmatische Betrachtung

Einleitung

I. Problemaufriss

Mit einer im Herbst 2016 erschienenen Verfilmung des Cyber-Groomings im deutschen Fernsehen wurde der Schutz von Kindern vor sexuellem Missbrauch wieder in den Fokus medialer Darbietungen gestellt. Der Film „Das weiße Kaninchen“ hat das Phänomen realistisch wiedergegeben und in das Bewusstsein der Gesellschaft gerückt. Zuvor erlangte Cyber-Grooming in Deutschland besondere Aufmerksamkeit durch die von *Stephanie zu Guttenberg* co-moderierte TV-Sendung „Tatort Internet“. Ziel des TV-Formats war es, Erwachsene zu enttarnen, die im Internet Kontakt zu Kindern suchen, um ein persönliches Treffen mit diesen zu arrangieren. Hierdurch sollten nicht nur die Betroffenen vor laufender Kamera zur Rede gestellt und überführt werden. Kinder, Jugendliche und besorgte Erwachsene sollten auch vor den Gefahren des Internets im Zusammenhang mit sexuellen Missbrauchstaten gewarnt werden.[1] Das Thema des sexuellen Kindesmissbrauchs wurde damit Gegenstand kontroverser gesellschaftspolitischer Diskussionen, die in einer Forderung zur Reform des Sexualstrafrechts zum Schutz von Kindern resultierte.

Obwohl dem gesetzgeberischen Willen zufolge[2] mit der früher bereits bestehenden Regelung des § 176 Abs. 4 Nr. 3 StGB a.F.[3] Cyber-Grooming unter Strafe gestellt werden sollte, verlangte man nach der medialen Auseinandersetzung

---

1 *Ziemann/Ziethen*, ZRP 2012, 168, 170; *Eisele* in: Festschr. für W. Heinz, S. 697, 697; vgl. zum Sendeformat z.B. *Gercke*, Was wirklich strafbar ist – vielleicht, in: Legal Tribune online vom 20.10.2010, verfügbar unter http://www.lto.de/recht/hintergruende/h/sexuelle-kontaktaufnahme-zu-kindern-am-tatort-internet-was-wirklich-strafbar-ist-vielleicht/ [02.02.2017]; vgl. zur Kritik am TV-Format *Pilarczyk*, Tatort Internet, in: Spiegel online vom 15.10.2010, verfügbar unter http://www.spiegel.de/kultur/tv/tatort-internet-kinderschuetzer-attackieren-rtl-2-show-a-723361.html [02.02.2017]; *Hipp*, Irreführung als Programm, in: Spiegel online vom 30.10.2010, verfügbar unter http://www.spiegel.de/kultur/gesellschaft/rtl-2-show-tatort-internet-irrefuehrung-als-programm-a-725655.html [02.02.2017].

2 BT-Drs. 15/350 S. 17 f.

3 § 176 Abs. 4 Nr. 3 StGB a.F. bezieht sich im Folgenden auf die Norm in der Fassung des SexualdelÄndG vom 27.12.2003, BGBl. I 3007.

mit diesem Thema, die Kontaktaufnahme zu Kindern via Internet gesetzlich zu überarbeiten.[4]

Diesem gesellschaftlichen Reformwunsch gab der damalige Gesetzgeber zwar nicht nach. Bereits mit Einführung des Straftatbestands zum Cyber-Grooming im Zuge des Gesetzes zur Änderung der Vorschriften über die Straftaten gegen die sexuelle Selbstbestimmung und zur Änderung anderer Vorschriften (SexualdelÄndG) vom 27.12.2003[5] stellte sich jedoch die Frage, ob nicht vielmehr lediglich gesellschaftspolitische Hintergründe als fundierte Erkenntnisse über Vorkommen und Gefahren des Cyber-Groomings zur Aufnahme des § 176 Abs. 4 Nr. 3 StGB a.F. ins deutsche Strafgesetzbuch führten. In seiner Begründung hierzu stützt sich der Gesetzgeber nämlich ausschließlich auf Presseberichte, Aussagen des Europäischen Wirtschafts- und Sozialausschusses sowie Hinweise aus der kriminalpolizeilichen Praxis, ohne dabei konkrete Erkenntnisse über das Phänomen darzulegen, die ein Bedürfnis zur entsprechenden Reform des Gesetzes hätten begründen können.[6]

Tatsache ist, dass es bisweilen – jedenfalls in Deutschland – kaum empirische Daten zu Cyber-Grooming gibt sowie im Übrigen bis heute kaum verlässliche Aussagen über die Gefahren des Cyber-Groomings getroffen werden können.[7] Nichtsdestotrotz hat die Norm weiterhin Bestand.

Mit Freiheitsstrafe von 3 Monaten bis zu 5 Jahren wurde entsprechend § 176 Abs. 4 Nr. 3 StGB a.F. bestraft, *wer auf ein Kind durch Schriften (§ 11 Abs. 3 StGB) einwirkt, um es zu sexuellen Handlungen zu bringen, die es an oder vor dem Täter oder einem Dritten vornehmen oder vom Täter oder einem Dritten an sich vornehmen lassen soll.* Zum Zwecke der vollständigen Umsetzung des Übereinkommens des Europarats zum Schutz von Kindern vor sexueller Ausbeutung und sexuellem Missbrauch (Konvention Nr. 201)[8] sowie der EU-Richtlinie 2011/93/EU[9]

---

4 *Gercke*, CR 2010, 798, 802; *Hipp*, Irreführung als Programm, in: Spiegel online vom 30.10.2010, verfügbar unter http://www.spiegel.de/kultur/gesellschaft/rtl-2-show-tatort-internet-irrefuehrung-als-programm-a-725655.html [02.02.2017]; *Gercke*, Was wirklich strafbar ist – vielleicht, in: Legal Tribune online vom 20.10.2010, verfügbar unter http://www.lto.de/recht/hintergruende/h/sexuelle-kontaktaufnahme-zu-kindern-am-tatort-internet-was-wirklich-strafbar-ist-vielleicht/ [02.02.2017].

5 BGBl. I 3007.

6 BT-Drs. 15/350 S. 17 f.

7 1. Teil, Kapitel 4, III.

8 Sogenannte Lanzarote-Konvention.

9 Richtlinie 2011/93/EU des Europäischen Parlaments und des Rates vom 13. Dezember 2011 zur Bekämpfung des sexuellen Missbrauchs und der sexuellen Ausbeutung von Kindern sowie der Kinderpornografie sowie zur Ersetzung des Rahmenbeschlusses

wurde die Vorschrift durch das Neunundvierzigste Gesetz zur Änderung des Strafgesetzbuches – Umsetzung europäischer Vorgaben zum Sexualstrafrecht (49. StÄG) vom 21.1.2015[10] nochmals überarbeitet.[11] Ergänzt wurde der Tatbestand um die Begriffe „Informations- oder Kommunikationstechnologie",[12] der „Dritte" wurde durch „dritte Person" ersetzt und schließlich wurde unter entsprechender Differenzierung der Tatvarianten § 176 Abs. 4 Nr. 3 lit. b) StGB neu eingefügt.[13] In ihrer aktuellen Fassung lautet die Vorschrift:

> *Mit Freiheitsstrafe von drei Monaten bis zu fünf Jahren wird bestraft, wer [...] auf ein Kind mittels Schriften (§ 11 Absatz 3) oder mittels Informations- oder Kommunikationstechnologie einwirkt, um a) das Kind zu sexuellen Handlungen zu bringen, die es an oder vor dem Täter oder einer dritten Person vornehmen oder von dem Täter oder einer dritten Person an sich vornehmen lassen soll, oder b) um eine Tat nach § 184b Absatz 1 Nummer 3 oder nach § 184b Absatz 3 zu begehen".*

Bezweckt wurde mit der Einführung des § 176 Abs. 4 Nr. 3 StGB a.F., bisher straflose Vorgänge im Vorfeld des sexuellen Kindesmissbrauchs zu pönalisieren.[14] Ein Versuch des sexuellen Missbrauchs nach § 176 Abs. 1, 4 StGB a.F. beginnt erst mit Handlungen des Täters, die nach seinem Tatplan der Vornahme der sexuellen Handlung unmittelbar vorgelagert sind.[15] Das für die Versuchsstrafbarkeit erforderliche unmittelbare Ansetzen liegt regelmäßig erst dann vor, wenn das Kind an einen anderen Ort verbracht wurde, wo die sexuelle Handlung alsbald vollzogen werden soll.[16] Zielt der Täter jedoch darauf ab, das Kind durch weitere Zwischenhandlungen erst gefügig zu machen, so genügt für das unmittelbare Ansetzen zu § 176 Abs. 1, 4 StGB a.F. nicht mal das Verbringen an einen anderen Ort.[17] Da eine Verabredung im Internet vor diesem Hintergrund bisher keinen

---

2004/68/JI des Rates, ABl. EU Nr. L 335 v. 17.12.2011. Berichtigung ABl. EU Nr. L 18/7 v. 21.1.2012.

10 BGBl. I 10.

11 BT-Drs. 18/2601; BT-Drs. 18/3202; s. auch *Fischer*, § 176 Rdnr. 1.

12 BT-Drs. 18/2601 S. 1 f., 8, 14, 28.

13 BGBl. I 12; BT-Drs. 18/3202 (neu) S. 27.

14 Vgl. z.B. *Amelung/Funcke-Auffermann*, StraFO 2004, 265, 267; *Frommel* in: NK, § 176 Rdnr. 23.

15 *Amelung/Funcke-Auffermann*, StraFO 2004, 265, 267; *Renzikowski* in: MüKo, § 176 Rdnr. 66.

16 BGH, NJW 1988, 1274, 1274; *Fischer*, § 176 Rdnr. 32; *Hörnle* in: LK, § 176 Rdnr. 32; *Eisele* in: Schönke/Schröder, § 176 Rdnr. 24; *Amelung/Funcke-Auffermann*, StraFO 2004, 265, 267; *Renzikowski* in: MüKo, § 176 Rdnr. 66.

17 *Amelung/Funcke-Auffermann*, StraFO 2004, 265, 267; *Eisele* in: Schönke/Schröder, § 176 Rdnr. 24.

Straftatbestand erfüllte, sollte durch § 176 Abs. 4 Nr. 3 StGB a.F. diese Strafbarkeitslücke geschlossen werden.[18]

Ohne Zweifel bedarf es zwar eines hinreichenden Schutzes von Kindern vor „modernen" Gefahren des sexuellen Missbrauchs. Dies bestätigt ein jüngst aufgedeckter Fall in Berlin, wo ein 36-jähriger Mann mehrere Mädchen im Alter zwischen 9 und 14 Jahren sexuell missbraucht und zwangsprostituiert haben soll, zu denen er zuvor in sozialen Netzwerken im Internet oder über „WhatsApp" Kontakt aufgenommen habe.[19] Doch ist fraglich, ob allein auf Grundlage des Arguments eines hohen Schutzbedürfnisses von Kindern, dem Gesetzgeber eine Art „Freibrief" zu gesetzlichem Aktionismus zugebilligt werden darf. Denn wie sich im Laufe dieser Arbeit zeigen wird, gerät der Tatbestand des Cyber-Groomings an diversen Stellen an die Grenzen einer hinlänglichen Legitimation.[20] In heftige Kritik ist er insbesondere wegen der sehr weiten Vorverlagerung der Strafbarkeit geraten,[21] die mangels Rechtfertigung des Gesetzgebers Fragen nach tauglichen Alternativlösungen aufwirft.

II. Zum Vorkommen von Cyber-Grooming

Zweifel an der Rechtfertigung zur Aufnahme und am weiteren Bestand der Norm zum Schutz von Kindern vor Cyber-Grooming in ihrer aktuellen Fassung können sich bereits angesichts der Tatsache ergeben, dass kaum verlässliche Daten über das wirkliche Vorkommen des Phänomens[22] und damit einhergehender Gefahren[23] existieren.

---

18 *Amelung/Funcke-Auffermann*, StraFO 2004, 265, 267.

19 Artikel in Spiegel online – Panorama, Kontakt über WhatsApp – 36-Jähriger soll mehrere Mädchen missbraucht haben, in: Spiegel online vom 24.03.2017, verfügbar unter http://www.spiegel.de/panorama/justiz/whatsapp-und-co-36-jaehriger-soll-maedchen-uebers-internet-missbraucht-haben-a-1140405.html#spRedirectedFrom=www&referrrer= [29.03.2017]; s. zu einem weiteren aktuellen Fall *Tempel*, Missbrauch über Facebook, in: Süddeutsche Zeitung vom 14.09.2016, verfügbar unter http://www.sueddeutsche.de/muenchen/erding/landgericht-landshut-missbrauch-ueber-facebook-1.3162444 [30.03.2017].

20 S. hierzu 2. Teil, Kapitel 3.

21 S. hierzu 2. Teil, Kapitel 3, II.

22 *Weiler*, Im Netz, S. 63; *Webster* in: Webster u.a. (Eds.), Online Offending Behaviour and Child Victimization, S. 39, 40 ff.; *McAlinden*, 'Grooming' and the sexual abuse of children, S. 32 ff.; s. auch zur kriminalpolitischen Bedeutung sexuellen Kindesmissbrauchs im Allgemeinen *Renzikowski* in: MüKo, § 176 Rdnr. 8.

23 *Gercke*, ZUM 2005, 612, 613.

Die Gründe hierfür sind vielfältig. So muss etwa der Umstand Berücksichtigung finden, dass es sich bei Cyber-Grooming um ein grenzübergreifendes Problem handelt, es hingegen an einheitlichen Definitionen[24] und international übergreifenden Regelungen im Hinblick auf die Voraussetzungen der Strafbarkeit mangelt.[25] Damit kommt es zu Ungleichheiten bei der Erfassung registrierter Fälle auf internationaler Ebene.[26] Auch die Anwendung unterschiedlicher Untersuchungsmethoden, insbesondere bei Befragungen Minderjähriger zu Viktimisierungen im Internet, macht es schwierig, konkrete Schätzungen zur Häufigkeit von Cyber-Grooming zu treffen und Studien miteinander zu vergleichen.[27]

Zudem beruhen einige der wenig vorhandenen Forschungsergebnisse auf Befragungen bereits überführter Täter, wodurch nur ein minimaler Bruchteil der gesamten Erscheinung erfasst wird.[28]

Eine der umfangreicheren Untersuchungen in diesem Zusammenhang führten *Finkelhor, Mitchell* und *Wolak* zunächst in den Jahren 1999 und 2000 durch[29]. Mit Hilfe telefonischer Befragungen wurden insgesamt 1.501 Minderjährige im Alter zwischen 10 und 17 Jahren zu ihren Erfahrungen im Zusammenhang mit sexueller Belästigung im Internet interviewt. 19 % der Befragten gaben an, im vergangenen Jahr sexuelle Anmachen[30] erfahren zu haben. 3 % berichteten, Opfer einer schwereren Form sexueller Belästigung im Sinne „aggressiver“ sexueller Anmachen[31] im Internet geworden zu sein.[32] Weiteres Ergebnis der

---

24 *Webster* in: Webster u.a. (Eds.), Online Offending Behaviour and Child Victimization, S. 39, 42; *McAlinden*, 'Grooming' and the sexual abuse of children, S. 34; s. auch *La Fontaine*, Child sexual abuse, S. 40; *Haugaard*, The sexual abuse of children, S. 13 ff.

25 *Webster* in: Webster u.a. (Eds.), Online Offending Behaviour and Child Victimization, S. 39, 42; *Choo*, Online child grooming, (zit. nach *McAlinden*, 'Grooming' and the sexual abuse of children, S. 34).

26 *Choo*, Online child grooming, (zit. nach *McAlinden*, 'Grooming' and the sexual abuse of children, S. 34).

27 *McAlinden*, 'Grooming' and the sexual abuse of children, S. 34.

28 *Davidson/Webster* in: Webster u.a. (Eds.), Online Offending Behaviour and Child Victimization, S. 21, 22.

29 *Finkelhor/Mitchell/Wolak*, Online Victimization (2000), verfügbar unter http://files.eric.ed.gov/fulltext/ED442039.pdf [18.03.2017].

30 Sinngemäße Übersetzung der Begrifflichkeit "sexual soliciation and approaches".

31 Sinngemäße Übersetzung der Begrifflichkeit "aggressive sexual solicitation".

32 *Finkelhor/Mitchell/Wolak*, Online Victimization (2000), S. 15, verfügbar unter http://files.eric.ed.gov/fulltext/ED442039.pdf [18.03.2017].

Untersuchung war, dass es bei allen Bekanntschaften, die im Internet geschlossen wurden, in keinem Fall zu einem realen sexuellen Übergriff kam.[33]

In der einige Jahre später durchgeführten Folgestudie wurde teilweise ein Rückgang dieser Kennzahlen verzeichnet.[34] Während die sexuelle Belästigung von 19 auf 13 % zurückging, gab es im Rahmen der schweren sexuellen Belästigung einen geringen Anstieg von 3 auf 4 %.[35]

Die in den USA durchgeführte Studie von *Jones, Mitchell* und *Finkelhor*, im Rahmen welcher eine telefonische Befragung von 1.500 jungen Internetnutzern im Alter zwischen 10 und 17 Jahren durchgeführt wurde, zeigte, dass im Jahr 2010 9 % der Befragten, Opfer ungewollter sexueller Anfragen[36] im Internet geworden sind. Der aus früheren Jahren sich abzeichnende Rückgang mit im Jahr 2000 19 % und im Jahr 2005 13 %, hatte sich damit weiter fortgesetzt. 23 % der Minderjährigen berichteten von einer ungewollten Konfrontation mit Pornografie. Auch hier war ein Rückgang seit dem Jahr 2005 festzustellen, wo der Wert noch bei 34 % lag. Im Gegensatz hierzu wurde im Vergleich zu den Jahren 2005 (mit 9 %) und 2000 (mit 6 %) ein Anstieg auf 11 % im Jahr 2010 bei Online-Belästigungen[37] ermittelt.[38]

Offizielle Statistiken des Child Exploitation and Online Protection Centres (CEOP) in Großbritannien berichten von 1.536 Anzeigen wegen Verdachts des Cyber-Groomings im Zeitraum von April 2009 bis März 2010.[39] Insgesamt werden im CEOP jährlich rund 1.000 Anzeigen wegen sexueller Gewalt im Internet gegenüber Kindern und Jugendlichen aufgenommen, wobei betont wird, dass es sich hierbei um einen nur groben Anhaltspunkt zur realen Größe des Vorkommens sexueller Gewalttaten im Internet handelt. Im Jahr 2013 benannte das CEOP eine Kennziffer, wonach mindestens 50.000 Personen in Großbritannien kinderpornografisches Material heruntergeladen oder produziert haben sollen.[40]

---

33 *Finkelhor/Mitchell/Wolak*, Online Victimization (2000), S. 16, verfügbar unter http://files.eric.ed.gov/fulltext/ED442039.pdf [18.03.2017].

34 *Wolak/Mitchell/Finkelhor*, Online Victimization of Youth (2006), verfügbar unter http://scholars.unh.edu/cgi/viewcontent.cgi?article=1053&context=ccrc [18.03.2017].

35 *Wolak/Mitchell/Finkelhor*, Online Victimization of Youth (2006), S. 8, verfügbar unter http://scholars.unh.edu/cgi/viewcontent.cgi?article=1053&context=ccrc [18.03.2017].

36 Sinngemäße Übersetzung der Begrifflichkeit "sexual solicitation".

37 Sinngemäße Übersetzung der Begrifflichkeit "online harassement".

38 *Jones/Mitchell/Finkelhor*, Trends in youth internet victimization, Journal of adolescent Health 50.2 (2012), 179, 179.

39 *Webster* in: Webster u.a. (Eds.), Online Offending Behaviour and Child Victimization, S. 39, 41.

40 www.ceop.police.uk [08.06.2016].

Wie in vielen Fällen sexueller Kindesmissbrauchstaten,[41] ist auch hier eine hohe Dunkelziffer zu vermuten. Zwar kann hieraus keine ausreichende Legitimation des Tatbestands abgeleitet werden, zumindest kann dies doch aber als ein Grund des erwähnten gesetzgeberischen Aktionismus angesehen werden kann.

Anhaltspunkte dafür, dass der Gesetzgeber – trotz der angemerkten Kritik – zu Recht von einer Gefahr vermehrt auftretenden sexuellen Kindesmissbrauchs durch Cyber-Grooming ausgeht, belegen die Kennzahlen der Polizeilichen Kriminalstatistik. Zwar ist dementsprechend seit dem Jahr 1993 ein Rückgang bezüglich des „klassischen" sexuellen Kindesmissbrauchs nach § 176 StGB zu verzeichnen.[42] So lag die Zahl der registrierten Fälle im Jahr 1993 noch bei 15.430, während sie im Jahr 2015 11.808 betrug. Doch ist im Gegensatz hierzu im Rahmen des § 176 Abs. 4 Nr. 3[43] StGB ein stetiger Anstieg der aufgezeichneten Straftaten festzustellen. Im Jahr 2004 wurden 1.009 Fälle dokumentiert. Nach einem temporären Rückgang in den Jahren zwischen 2005 und 2011 stiegen diese ab 2012 wieder signifikant auf einen Wert von 1.958 im Jahr 2015[44] an.[45]

Folgende Darstellungen sollen die Entwicklung grafisch wiedergeben.

---

41 *McAlinden*, 'Grooming' and the sexual abuse of children, S. 33; *Frommel* in: NK, § 176 Rdnr. 5; *Renzikowski* in: MK, § 176 Rdnr. 8; *Eisenberg/Kölbel*, Kriminologie, § 45 Rdnr. 58 f.; *Bange* in: Bange/Körner (Hrsg.), Handwörterbuch Sexueller Missbrauch, S. 20, 20 ff.

42 Als Quelle wurde die vom BKA erstellte Zeitreihe verwendet. Die Erfassung von Kriminalitätsaufkommen geht darin bis auf das Jahr 1987 zurück. Die hiesige Darstellung beschränkt sich aber auf die Wiedergabe von Daten seit dem Jahr 1993, wonach erst ab diesem Zeitpunkt Straftaten im ganzen Bundesgebiet erfasst werden. Die Quelle (Bundeskriminalamt PKS- Zeitreihen – Übersicht Falltabellen) ist verfügbar unter https://www.bka.de/DE/AktuelleInformationen/StatistikenLagebilder/PolizeilicheKriminalstatistik/PKS2015/pks2015_node.html [15.02.2017].

43 Die Angaben beziehen sich hier allerdings auch auf § 176 Abs. 4 Nr. 4 StGB, da eine entsprechende Differenzierung in der PKS fehlt.

44 Die Änderungen des 49. StÄG werden in der Zeitreihe der PKS nicht erfasst. Eine Differenzierung zwischen § 176 Abs. 4 Nr. 3 lit. a) und lit. b) StGB ist daher nicht enthalten.

45 Die Angaben beruhen ebenfalls auf die vom BKA erstellte Zeitreihe, wobei sich diese allerdings nicht nur auf § 176 Abs. 4 Nr. 3 StGB a.F. beziehen. Die Taten des § 176 Abs. 4 Nr. 3 StGB a.F. werden mit jenen des § 176 Abs. 4 Nr. 4 StGB unter der Überschrift „Einwirken auf Kinder gemäß § 176 Abs. 4 Nr. 3 und Nr. 4 StGB" zusammenfassend dargestellt.

Abbildung 1: statistische Kriminalitätsentwicklung § 176 StGB

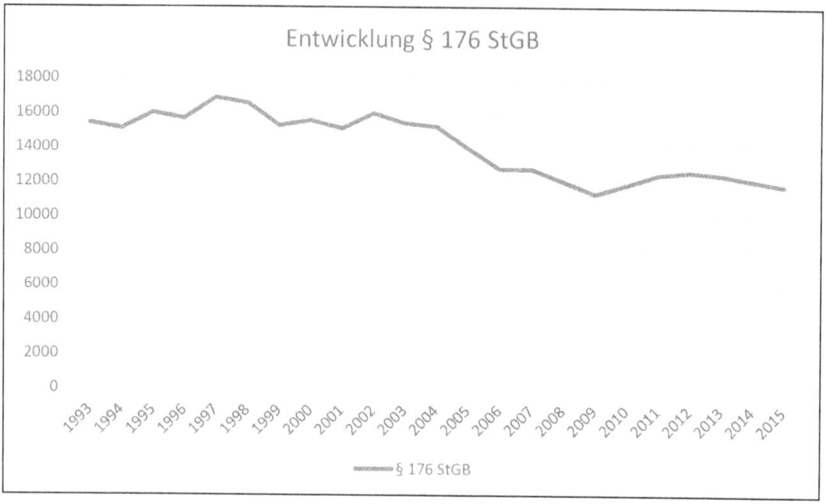

Quelle: Eigene Darstellung

Abbildung 2: Statistische Kriminalitätsentwicklung § 176 Abs. 4 Nr. 3, Nr. 4 StGB

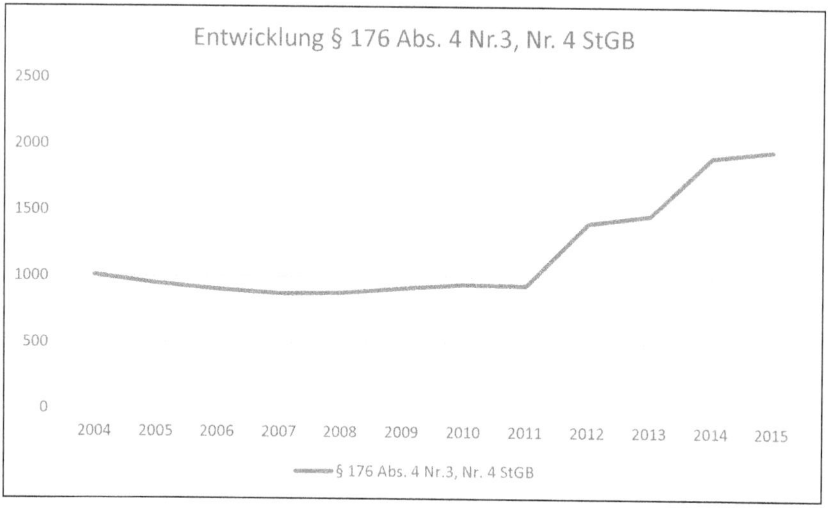

Quelle: Eigene Darstellung

Bei Betrachtung dieser Kennzahlen ist freilich zu beachten, dass diese vorwiegend lediglich Ermittlungstätigkeiten abbilden und dementsprechend keine eindeutige Aussage über die tatsächliche Kriminalität enthalten. Zudem ist zu vermuten, dass Fälle des § 176 Abs. 4 Nr. 3 StGB oft auch keine entscheidende Bedeutung erlangen können. Dies namentlich dann, wenn es nicht nur beim Internetkontakt verbleibt und es im Ergebnis zu einer Verurteilung wegen anderer Sexualstraftaten kommt, hinter denen der Vorfeldtatbestand des § 176 Abs. 4 Nr. 3 StGB zurücktritt.[46] Im Hinblick auf die Daten aus Abbildung 2 bleibt zu berücksichtigen, dass sowohl Taten nach § 176 Abs. 4 Nr. 3 StGB als auch nach § 176 Abs.4 Nr. 4 StGB zusammenfassend aufgeführt werden, was einer isolierten Betrachtung von Cyber-Grooming entgegensteht.

Obwohl betreffend § 176 Abs. 4 Nr. 3 (und Nr. 4) StGB ein deutlicher Anstieg zu erkennen ist, betonen einige Stimmen aus der Literatur, dass die Gefahren aus dem Netz für Kinder und Jugendliche nicht überinterpretiert werden sollten. Insbesondere dürften die Risiken, Opfer sexueller Gewalt in der realen Welt ohne Mitwirkung technischer Mittel zu werden, nicht unterschätzt oder in den Hintergrund gedrängt werden.[47] So sei einigen länderspezifischen Studien zum Thema „Online-Erfahrungen von Jugendlichen" zu entnehmen, dass die Risiken im Zusammenhang mit Grooming im Online-Bereich geringer einzuschätzen sind, als jene in der realen Welt.[48] Unter Berücksichtigung der oben erwähnten Studie von *Finkelhor, Mitchell* und *Wolak*, wonach es bei allen Kontaktaufnahmen zwischen den befragten Minderjährigen und Erwachsenen im Internet in keinem Fall zu einem realen sexuellen Übergriff kam,[49] werde diese Annahme gestützt.[50] Auch die Folgestudie belegte eine geringere Gefahr von Cyber-Grooming.[51] Während darin im Rahmen der sexuellen Belästigung im Internet ein Rückgang zu verzeichnen war, blieb die Kennzahl betreffend Handlungen, die auch „offline"-Tätigkeiten erfassten, fast unverändert.[52]

---

46 *Eisele* in: Festschr. für W. Heinz, 697, 707.

47 *Ost*, Child pornography and sexual grooming, S. 27 f.; *McAlinden*, 'Grooming' and the sexual abuse of children, S. 37 ff.

48 Vgl. *McAlinden*, 'Grooming' and the sexual abuse of children, S. 37.

49 *Finkelhor/Mitchell/Wolak*, Online Victimization (2000), S. 16, verfügbar unter http://files.eric.ed.gov/fulltext/ED442039.pdf [18.03.2017].

50 Vgl. *McAlinden*, 'Grooming' and the sexual abuse of children, S. 37.

51 Vgl. *McAlinden*, 'Grooming' and the sexual abuse of children, S. 38.

52 *Wolak/Mitchell/Finkelhor*, Online Victimization of Youth (2006), S. 8, verfügbar unter http://scholars.unh.edu/cgi/viewcontent.cgi?article=1053&context=ccrc [18.03.2017].

Zu befürworten ist zwar die Aussage, dass konventionelle Kindesmissbrauchsfälle trotz der vielfältigen Möglichkeiten des Internets nicht in Vergessenheit geraten dürfen. Auch sind die erhobenen Einwände zu Ungereimtheiten beim Vergleich statistischer Ergebnisse nicht von der Hand zu weisen. Doch ist angesichts der in den letzten Jahren steigenden Zahlen im Zusammenhang mit § 176 Abs. 4 Nr. 3 (und Nr. 4) StGB die Bedeutung von Online-Taten nicht zu vernachlässigen. Mit der Zunahme der Nutzung moderner Technologien in der Bevölkerung ist davon auszugehen, dass auch Täter vermehrt auf das Internet als Hilfsmittel zur Tatbegehung zurückgreifen werden. Dies deuten nicht nur die aufgezeigten Daten der PKS an, sondern auch Kennzahlen aus Großbritannien, wo in den Jahren zwischen 1999 und 2005 ein fast 500 %iger Anstieg an Verurteilungen wegen sexueller Gewalt im Internet dokumentiert wurde.[53]

Wie bereits erwähnt, bedarf es jedoch mehr als lediglich statistischer Werte, um einen Tatbestand im Strafgesetzbuch zu legitimieren, zumal § 176 Abs. 4 Nr. 3 StGB angesichts der weiten Vorfeldkriminalisierung mit elementaren Grundprinzipien unseres Strafrechtssystems in Konflikt gerät[54] und eine Begründung hierfür seitens des Gesetzgebers nicht existiert. Eine Untersuchung, inwiefern § 176 Abs. 4 Nr. 3 StGB im Lichte strafrechtlicher Grundprämissen legitimierbar ist, wird einen wesentlichen Teil dieser Arbeit einnehmen.

Vor diesem Hintergrund ist es Ziel dieser Untersuchung herauszuarbeiten, ob § 176 Abs. 4 Nr. 3 StGB in seiner aktuellen Fassung zu Recht eine Stelle im deutschen Strafgesetzbuch eingeräumt wurde oder ob nicht vielmehr weiterer Reformbedarf besteht. Die Untersuchung gliedert sich dabei im Wesentlichen in zwei Teile, wovon der erste kriminologischer Natur ist und das Phänomen an sich näher analysiert, während sich der zweite Teil gänzlich einer strafrechtsdogmatischen Abhandlung widmet.

III. Gang der Untersuchung im kriminologischen Teil

Im sich unmittelbar anschließenden kriminologischen Teil der Arbeit wird zunächst der Begriff des Cyber-Groomings definiert (Kapitel 1), wobei sich herausstellen wird, dass hinter dem Phänomen ein vielschichtiger Prozess steckt, dessen Erörterung im zweiten Kapitel abgehandelt wird. In diesem Zusammenhang werden die Bedeutung des Internets und neuer Medien sowie damit in Verbindung stehende Nutzungsvorteile für Erwachsene als potentielle Täter und

---

53 *Davidson/Webster* in: Webster u.a. (Eds.), Online Offending Behaviour and Child Victimization, S. 21, 22.

54 S. hierzu näher 2. Teil, Kapitel 3, II.

Minderjährige als potentielle Opfer dargestellt. Anschließend werden Täterprofile des Cyber-Groomings näher untersucht und Tätern des konventionellen sexuellen Kindesmissbrauchs vergleichend gegenübergestellt (Kapitel 3). Abschließend richtet sich der Blick der Arbeit auf die Untersuchung von Risikofaktoren die auf potentieller Opferseite bestehen können und darauf, welche Folgen – wenn überhaupt – eine Online-Viktimisierung für Minderjährige mit sich bringt (Kapitel 4).

1. Teil Kriminologische Betrachtung

Kapitel 1. Definition von Cyber-Grooming

Der Begriff des Cyber-Groomings stammt aus dem Englischen und leitet sich aus dem Wort „to groom" (pflegen, striegeln, vorbereiten) ab. Ganz allgemein sind damit Fälle gemeint, in welchen Minderjährige im Internet von Erwachsenen angesprochen werden, um dadurch Kontakte zu sexuellen Zwecken zu knüpfen.[55]

Grooming ist allerdings nicht etwa das Resultat einer fortschreitenden Digitalisierung unserer Gesellschaft. Es handelt sich vielmehr um eine Erscheinung, die mit sexuellem Kindesmissbrauch seit jeher einhergeht.[56]

Sowohl für das altbekannte Phänomen des Groomings als auch für Cyber-Grooming finden sich im Schrifttum diverse Definitionsansätze, die teilweise zu unterschiedlichen Ergebnissen führen. Im Kern ist jedoch allen Definitionsvorschlägen ein Aspekt gemein: Das Phänomen wird immer als ein Vorgang angesehen,[57] der die schrittweise Vorbereitung des Opfers auf den Missbrauch beinhaltet und im Wesentlichen auf die Vertrauensgewinnung des Opfers fokussiert ist.[58] Ziel ist es, die aktive Verweigerung oder den passiven Widerstand des Opfers zu brechen.[59] Sofern es schließlich zu einem Übergriff kommt, ist dies nicht als plötzlich eintretendes Ereignis zu sehen, sondern vielmehr als Ergebnis einer intensiven Manipulation des Opfers zu verstehen. Grooming kann universell als eine Technik bezeichnet werden, welche dem Täter[60] hilft, seine sexuellen

55 *Eisele* in: Festschr. für W. Heinz, S. 697, 697; vgl. auch *Bullens* in: Marquardt-Mau (Hrsg.), Schulische Prävention gegen sexuelle Kindesmißhandlung, S. 55, 55.

56 Vgl. auch *McAlinden*, 'Grooming' and the sexual abuse of children, S. 21 f.; *Bullens* in: Marquardt-Mau (Hrsg.), Schulische Prävention gegen sexuelle Kindesmißhandlung, S. 55, 55 ff.; *Lanning*, Child Molesters, S. 26 f., verfügbar unter http://citeseerx.ist.psu.edu/viewdoc/download?doi=10.1.1.692.6218&rep=rep1&type=pdf [18.04.2016].

57 *Ohlmes*, Pädosexuelle Täter, S. 52.

58 *Bullens* in: Marquardt-Mau (Hrsg.), Schulische Prävention gegen sexuelle Kindesmißhandlung, S. 55, 58.

59 *Mahler*, JSt 2012, 22, 22; *Bullens* in: Marquardt-Mau (Hrsg.), Schulische Prävention gegen sexuelle Kindesmißhandlung, S. 55, 55; vgl. auch *Brandes/Gusy/Kleiber*, Pädosexuelle Übergriffe, S. 13, verfügbar unter http://spendefuerjungs.de/studie2004.pdf [16.06.2016].

60 Die überwiegende Anzahl der Delinquenten ist männlichen Geschlechts (s. 1. Teil, Kapitel 3, II. 1, 1. Teil, Kapitel 3, III. 1), sodass in dieser Arbeit stets der Begriff des Täters verwendet wird. Damit soll jedoch nicht impliziert werden, dass nicht auch Frauen als Täterinnen in Betracht kommen können.

Fantasien in die Realität umzusetzen.[61] Zudem beschränkt sich das Phänomen nicht nur auf Missbrauchsfälle unter bisher fremden Personen, vielmehr ist es darüber hinaus auch intrafamiliär anzutreffen.[62]

Da Cyber-Grooming dementsprechend nur eine Ausformung von Grooming im allgemeinen Sinne ist, werden im Folgenden zunächst einige Definitionsansätze des „konventionellen Groomings“ vorgestellt, bevor später konkret auf Cyber-Grooming eingegangen wird.

I. Definitionen aus phänomenologischer Sicht

1. Definitionsansätze Grooming

a) *Definition nach Craven u.a.*

Craven u.a. haben durch eine kritische Untersuchung diverser Definitionen zum Grooming einen eigenen Ansatz entwickelt, der die Komplexität des Phänomens widerspiegeln soll.[63]

Dabei nehmen die Autoren zunächst auf die von *O'Connell* entwickelte und vom Britischen Innenministerium übernommene[64] Definition[65] Bezug, wonach Grooming als eine von einem verdächtigen Pädophilen durchgeführte Handlung anzusehen ist, welche bei einem objektiven Betrachter Gründe zur Besorgnis darüber erregen würde, dass jedes Treffen mit dem Kind, welches im Zuge dessen zu Stande kommt, gesetzeswidrige Zwecke verfolgt.[66]

---

61 *Whittle/Hamilton-Giachritsis/Beech/Collings*, Aggression and violent behavior *18.1 (2013): 62–70,* verfügbar unter http://www.mensenhandelweb.nl/system/files/documents/13%20jul%202015/a%20review%20of%20online%20grooming%20characteristics%20and%20concerns.pdf [12.05.2016], s. dort auf S. 3; vgl. auch *Ost*, Child pornography and sexual grooming, S. 34.

62 *Bullens* in: Marquardt-Mau (Hrsg.), Schulische Prävention gegen sexuelle Kindesmißhandlung, S. 55, 55.

63 *Craven/Brown/Gilchrist*, Journal of Sexual Aggression 12.3 (2006): 287–299 (287).

64 *Quayle* in: Ainsaar/Lööf (Eds.), Online behaviour related to child sexual abuse, S. 50, 50, verfügbar unter http://www.childcentre.info/robert/public/Online_behaviour_related_to_sexual_abuse.pdf [03.06.2016].

65 *O'Connell* hat diese Definition zwar im Zusammenhang mit Cyber-Grooming entwickelt, doch legen *Craven* u.a. diesen Ansatz ihrer Definition von Grooming allgemein zugrunde.

66 Wörtlich lautet die Definition: "A course of conduct enacted by a suspected paedophile, which would give a reasonable person cause for concern that any meeting with a child arising from the conduct would be for unlawful purposes.", *O'Connel,* A typology of child cybersexploitation and online grooming practices, S. 6, verfügbar unter http://

Auch die von *Howitt* vorgestellte Definition beziehen *Craven* u.a. in ihre Betrachtung mit ein. Danach sei Grooming die Bezeichnung für Handlungsschritte von Pädophilen, die diese vornehmen, um ihre Opfer „einzufangen". Vergleichbar sei das Vorgehen mit dem Umwerben unter Erwachsenen.[67]

Kritik an diesen Definitionen üben *Craven* u.a. insofern aus, als dass beide Ansätze den Begriff der Pädophilie miteinbeziehen. Dieser sei hingegen als sehr spezifischer, klinisch diagnostischer Begriff nicht auf alle Täter des sexuellen Kindesmissbrauchs und mithin nicht auf alle „Grooming-Täter" anwendbar.[68] Außerdem könne diese Einschränkung der Definition auf Pädophilie auch dazu führen, dass einige Täter ihre Handlungen gar nicht als strafbares Vorgehen qualifizieren, weil sie sich selbst nicht als pädophil ansehen. Zudem sei denkbar, dass Personen aus dem Umfeld eines „Grooming-Täters" diesen als solchen nicht erkennen, wenn die Definition von vornherein auf Pädophile und damit korrelierenden Vorstellungen beziehungsweise Vorurteilen beschränkt ist. Vor diesem Hintergrund sei es von Bedeutung, dass die Definition des Groomings nicht mit Begriffen versehen ist, die bestimmte Assoziationen hervorrufen. Wichtig sei, dass die Formulierung der Definition einer Identifikation von strafbarem Grooming-Verhalten und damit einhergehend, einem Ende des Missbrauchs nicht entgegensteht. An der Definition von *O'Connell* wird ferner kritisch angemerkt, dass die Begriffe „Verhaltensweisen", „verständiger Dritter" und „Annahme zur Besorgnis" zu unkonkret beziehungsweise mehrdeutig sind und in der Konsequenz zu Missinterpretationen und Verwirrungen führen können. Das Risiko derartiger Mehrdeutigkeiten könnte im Ergebnis darin liegen, dass das volle Ausmaß von Grooming nicht richtig erfasst werde.[69]

Schließlich nehmen *Craven* u.a. auf die von *Gillepsie* entwickelte Definition Stellung, die wie folgt lautet:

---

image.guardian.co.uk/sysfiles/Society/documents/2003/07/17/Groomingreport.pdf [12.05.2016].

67 Wörtlich lautet die Definition: "Grooming ... is the steps taken by paedophiles to 'entrap' their victims and is in someways analogous to adult courtship.", *Howitt*, Paedophiles and Sexual Offences Against Children, (zit. nach nach *Craven/Brown/Gilchrist*, Journal of Sexual Aggression 12.3 (2006): 287–299 (288)).

68 Vgl. auch *McAlinden*, 'Grooming' and the sexual abuse of children, S. 22; wie sich in einem späteren Kapitel der Arbeit zeigen wird, sind Täter des Cyber-Groomings nicht als Pädophile im klinisch-diagnostischen Sinne einzustufen, 1. Teil, Kapitel 3, II. 1. c) und 1. Teil, Kapitel 3, III. 1. c).

69 *Craven/Brown/Gilchrist*, Journal of Sexual Aggression 12.3 (2006): 287–299 (288).

Grooming ist ein Prozess, in welchem sich ein potentieller/vermeintlicher Missbrauchstäter mit einem Kind anfreundet, um das Vertrauen des Kindes zu gewinnen, wodurch es ihm ermöglicht wird, das Kind zur Duldung der Missbrauchshandlungen zu bringen. Häufig handelt es sich dabei (beim Prozess des Anfreundens und des Vertrauensgewinns) um eine Voraussetzung für den Täter, um Zugang zum Kind zu erlangen.[70]

Als Vorteil dieser Definition verweisen *Craven* u.a. auf den Verzicht der Verwendung des Begriffs Pädophilie. Außerdem werde auch etwas Klarheit darüber geschaffen, welches Ziel der Täter beim Grooming verfolgt. Zudem werde dadurch richtigerweise angedeutet, dass Grooming ein Prozess ist, der verschiedene Stadien umfassen könne.[71]

Nichtsdestotrotz betonen *Craven* u.a., dass die zuletzt erwähnte Definition von *Gillepsie*, ebenso wie die zuvor vorgestellten von *O'Connell* und *Howitt*, die Komplexität des Phänomens Grooming nicht aufzeigen kann. Vor diesem Hintergrund haben es sich *Craven* u.a. zur Aufgabe gemacht, einen eigenen Definitionsansatz zu entwickeln, der dieser Komplexität gerecht wird und wie folgt lautet:

Grooming ist ein Prozess, bei welchem eine Person ein Kind, relevante Erwachsene aus dem nahen Umfeld des Kindes sowie die Außenwelt auf den Missbrauch hin vorbereitet. Spezifische, vom Täter ins Auge gefasste Ziele sind es, den Zugang zum Kind sowie dessen Zustimmung zu erlangen und das Stillschweigen des Kindes sicherzustellen. Dieser Prozess dient dazu, das Missbrauchsverhalten des Täters durch eine damit einhergehende Rechtfertigung oder Leugnung der eigenen Verhaltensweisen zu bekräftigen.[72]

Dieser Ansatz zeigt nicht nur, dass Grooming ein von längerer Dauer anhaltender Vorgang ist, sondern darüber hinaus, dass sich die Beeinflussung seitens des Täters nicht nur auf das ausgewählte Opfer bezieht. Grooming erstreckt

---

70 Wörtlich lautet die Definition: "The process by which a child is befriended by a would-be abuser in an attempt to gain the child's confidence and trust, enabling them to get the child to acquiesce to abusive activity. It is frequently a pre-requisite for an abuser to gain access to a child.", *Gillespie,* Child & Fam. LQ 14.4 (2002): 411–426 (411).

71 Vgl. *Craven/Brown/Gilchrist*, Journal of Sexual Aggression 12.3 (2006): 287–299 (288).

72 Wörtlich lautet die Definition: "A process by which a person prepares a child, significant adults and the environment for the abuse of this child. Specific goals include gaining access to the child, gaining the child's compliance and maintaining the child's secrecy to avoid disclosure. This process serves to strengthen the offender's abusive pattern, as it may be used as a means of justifying or denying their actions.", *Craven/Brown/Gilchrist*, Journal of Sexual Aggression 12.3 (2006): 287–299 (297).

sich danach auf insgesamt drei Sphären: Die Sphäre des Opfers, die Sphäre von Personen aus der näheren Umgebung des Opfers und der Außenwelt sowie die Sphäre des Täters selbst.[73]

Andere Beschreibungen von Verhaltensmustern aus dem Schrifttum bestätigen diese mehrdimensionale Ausrichtung von Grooming.[74]

Heiliger etwa differenziert nach folgenden fünf Strategiestufen, welche die Vielschichtigkeit möglichen Täterverhaltens zeigen und die geschilderte Sphäreneinteilung teilweise wiedergeben.[75]

- Das Schaffen beziehungsweise Suchen und Nutzen von Bedingungen, die einen sexuellen Missbrauch vorbereiten (Sphäre des Opfers/Sphäre der Außenwelt);
- die Annäherung an das Kind ermöglichen sowie einen sexualisierten Zugang zum Kind herstellen (Sphäre des Opfers);
- die Absicherung eines Zugangs zum Opfer sowie einer dauerhaften Gefügigkeit und Verfügbarkeit des Kindes, das Ausschalten und Entkräften von Widerstand (Sphäre des Opfers);
- die Manipulation der Mutter oder mutterähnlicher Personen zur Verwirrung in deren Wahrnehmung und zur Herbeiführung der Duldung des Missbrauchs (Sphäre der Außenwelt);[76]
- das Ausschalten von Hilfe anderer Personen, das Verhindern strafrechtlicher Verfolgung zur Aufrechterhaltung des Missbrauchs beim selben Kind oder zur Ermöglichung des Missbrauchs bei anderen Kindern (Sphäre der Außenwelt).[77]

Bullens sieht ferner folgende Merkmale als wesentliche Faktoren von Grooming an:[78]

---

73 *Leberg*, Understanding child molesters, S. 25; vgl. auch *Enders* in: Enders (Hrsg.), Zart war ich, bitter war's, S. 53, 55 ff.

74 S. ferner auch *Leberg*, Understanding child molesters, S. 15 ff.; *Enders* in: Enders (Hrsg.), Zart war ich, bitter war's, S. 53, 53 ff.

75 Die Sphärenbezeichnung, die sich jeweils in den Klammerzusätzen befindet, ist eine eigene Zuordnung der Verfasserin dieser Arbeit. Daher ist die Tätersphäre nicht erwähnt, da diese nach Auffassung der Verfasserin nicht in der von *Heiliger* vorgenommenen Differenzierung erscheint.

76 Vgl. auch *Bullens* in: Marquardt-Mau (Hrsg.), Schulische Prävention gegen sexuelle Kindesmißhandlung, S. 55, 59.

77 *Heiliger*, Täterstrategien und Prävention, S. 53.

78 Die Sphärenbezeichnung, die sich jeweils in den Klammerzusätzen befindet, ist eine eigene Zuordnung der Verfasserin dieser Arbeit. Daher ist die Tätersphäre nicht erwähnt,

- Den Vertrauensgewinn beim Opfer (Sphäre des Opfers);
- die Bevorzugung des Kindes innerhalb der Familie (Sphäre des Opfers);
- die Isolierung des Kindes von Dritten (Sphäre des Opfers; Sphäre der Außenwelt);[79]
- die Sicherstellung der Geheimhaltung (Sphäre des Opfers; Sphäre der Außenwelt);
- die schrittweise erfolgende Grenzüberschreitung im Sinne einer fortwährend steigernden Sexualisierung der Täter-Opfer-Beziehung (Sphäre des Opfers).[80]

In Anlehnung an die von *Craven* u.a. entwickelte Definition soll im Folgenden näher auf die von Grooming betroffenen Sphären eingegangen werden.

aa) Grooming betreffend die Sphäre der Außenwelt sowie des Opferumfelds

Ausganspunkt ist stets, ein potentielles Opfer ausfindig zu machen. Dabei kommt es den Tätern darauf an, besonders „leichte" Opfer für ihre Zwecke zu finden. Sie fokussieren sich auf vulnerable Kinder beziehungsweise Kinder mit einem bestimmten Defizit, sei es, dass diese eine schlechte Beziehung zu ihren Eltern haben, wenig Freunde haben[81] oder schon mal Opfer von Missbrauch geworden sind.[82]

Bevor ein geeignetes Opfer ausfindig gemacht wird, begutachten und beeinflussen[83] die Täter Personen aus dem näheren Umfeld des Kindes. Dies bedeutet, dass sie sich in die Gesellschaft integrieren und sich dort aufhalten, wo es wahrscheinlich ist, auf Kinder zu treffen. Oft streben sie dabei eine Position als Vertrauensperson an. Sodann beginnt der Grooming-Prozess gegenüber der Außenwelt und relevanten Personen im Umfeld eines potentiellen Opfers. Einige Täter freunden sich beispielsweise mit den Eltern an, machen diesen Geschenke

---

da diese nach Auffassung der Verfasserin nicht in der von *Bullens* vorgenommenen Differenzierung erscheint.

79 Vgl. auch *Craven/Brown/Gilchrist*, Journal of Sexual Aggression 12.3 (2006): 287–299 (293).

80 *Bullens* in: Marquardt-Mau (Hrsg.), Schulische Prävention gegen sexuelle Kindesmißhandlung, S. 55, 58 ff., wobei Bullens diese explizit als Bestandteile des Grooming-Prozesses bezeichnet. S. im Detail zum Grooming-Prozess 1. Teil, Kapitel 2.

81 *Berliner/Conte*, *Child abuse & neglect* 14.1 (1990): 29–40 (35 f.).

82 *Leberg*, Understanding child molesters, S. 18; *Enders* in: Enders (Hrsg.), Zart war ich, bitter war's, S. 53, 53 ff.; *Ost*, Child pornography and sexual grooming, S. 34 m.w.N.

83 *Craven/Brown/Gilchrist*, Journal of Sexual Aggression 12.3 (2006): 287–299 (293). Die Autoren verwenden zur Bezeichnung des Täterverhaltens das Wort „groom".

und/oder zeigen sich als hilfsbereite Nachbarn. Ziel ist es, eine Gelegenheit zu finden, Kontakt mit dem Kind herzustellen und dies zu missbrauchen.[84] Der Aufwand, den die Täter dabei betreiben, ist enorm.[85]

Nach außen hin pflegen sie ein besonders charmantes und hilfsbereites Auftreten. Sie streben an, als tadellos betrachtet zu werden, um so einer möglichen Aufdeckung des Missbrauchs vorzubeugen. Niemand soll es für möglich halten können, dass gerade *er* ein Missbrauchstäter ist.[86]

Vor allem auch ehrenamtliches Engagement durch Tätigkeiten in einem psychosozialen oder pädagogischen Umfeld nutzen manche Täter als Tarnung ihrer wahren Absichten. Einige entscheiden sich sogar bewusst für einen Beruf im pädagogischen, therapeutischen, seelsorgerischen oder medizinischen Bereich, um Zugang zu potentiellen Opfern zu erhalten.[87] Je engagierter und gesellschaftlich angesehener der potentielle Täter ist, desto einfacher ist es, ein Kind zu missbrauchen.[88] Außenstehende können sich kaum vorstellen, dass es gerade der überaus engagierte und freundliche Mann ist, der Kinder sexuell missbraucht.[89]

Bestimmte Institutionen, in welchen die Wahrscheinlichkeit der Entdeckung relativ gering ist, gehören dabei insbesondere zu den von Tätern präferierten Orten, um potentielle Opfer zu finden. Dies gilt etwa für solche Einrichtungen, die sich „um ihres guten Rufes willen" in ihrer institutionellen Identität stark von Wettbewerbern abgrenzen wollen. Gemieden werden daher solche Einrichtungen, in denen besonders transparente Leistungsstrukturen und klare Arbeitsanforderungen herrschen, die ein hohes Maß an fachlicher und persönlicher Sicherheit für Kinder, Eltern und Mitarbeiter bieten. Gerade hier können sich Institutionen der Vermutung eines sexuellen Missbrauchs leichter stellen und gegebenenfalls schneller Grenzen ziehen, als in Einrichtungen, in denen aufgrund autoritärer Hierarchien starke persönliche Abhängigkeiten bestehen und Entscheidungen weniger aus fachlichen Gründen, sondern vielmehr aus einer höheren Leitungsebene im Interesse der eigenen Machtsicherung getroffen werden. Vor allem diese Gegebenheiten können sich Täter zu Nutze machen und beispielsweise Verbündete finden.[90]

---

84 *Craven/Brown/Gilchrist*, Journal of Sexual Aggression 12.3 (2006): 287–299 (293).
85 *Leberg*, Understanding child molesters, S. 18 f.
86 *Ohlmes*, Pädosexuelle Täter, S. 72.
87 *Enders* in: Enders (Hrsg.), Zart war ich, bitter war's, S. 53, 58 f.
88 *Enders* in: Bange/Körner (Hrsg.), Handwörterbuch sexueller Missbrauch, S. 202, 203.
89 *Leberg*, Understanding child molesters, S. 18 f.
90 *Enders* in: Bange/Körner (Hrsg.), Handwörterbuch sexueller Missbrauch, S. 202, 202 f.

Andere Strategien der Täter sind es, Kinder ausfindig zu machen, die mit lediglich einem Elternteil (meist der Mutter) aufwachsen, weil sie glauben, dass Kinder in derartigen Familien vulnerabler und damit leichtere Opfer sind oder auch weil sie davon ausgehen, dass sie öfter mit den Kindern allein sein können.[91]

In intrafamiliären Missbrauchsfällen ist festgestellt worden, dass Täter oftmals bewusst Probleme in der Beziehung zwischen ihnen und der Mutter konstruierten, um dadurch eine wichtige Voraussetzung für den Missbrauch zu schaffen. Die Wahrnehmung der Mutter soll manipuliert werden, um ein Eingreifen zu verhindern, indem diese infolge der Manipulation weder den eigenen Beobachtungen, noch den Hinweisen des Kindes Glauben schenkt.[92]

Andererseits kann auch ein besonders positives Verhältnis des Kindes zur Mutter vom Täter für seine Zwecke ausgenutzt werden, indem den Kindern angedroht wird, sie würden die Missbrauchshandlungen gegenüber der Mutter offenbaren.[93] Das Kind schweigt einerseits um das Verhältnis zwischen der Mutter und dem Lebensgefährten zu schützen. Andererseits teilt sich das Opfer über die Geschehnisse auch aus Angst vor dem Verlust mütterlicher Zuwendung nicht mit.[94]

Schließlich nutzten manche Täter auch die Unselbständigkeit oder Abhängigkeit von Müttern aus, die Angst haben, vom Mann verlassen zu werden. Bei diesen Frauen ist ein eher traditionelles Frauenbild vorzufinden. Oft fühlen sie sich schuldig, sobald die Bedürfnisse des Mannes nicht zufrieden gestellt werden konnten. Entsprechend einer von ihnen so empfundenen gesellschaftlichen Erwartung, scheint es bei diesen Müttern ein wichtiges Ziel zu sein, den Schein einer funktionierenden Familie aufrechtzuerhalten. Hieraus ergebe sich ein enormes Gefährdungspotential, das Frauen dazu veranlasse, das Wohlergehen der Kinder hinter den formalen Schein der Familie zu stellen.[95] Zudem wählen sich Täter oft gezielt Partnerinnen aus, die aufgrund eines geringen Selbstwertgefühls, eines sehr traditionellen Weiblichkeitsbildes oder einer Minderbegabung nur wenig autonom sind und sich in die Abhängigkeit eines Mannes begeben.[96] Gerade hierin bestehe eine besonders hohe Gefahr, dass Mütter ihre Kinder nicht hinreichend schützen können.[97]

---

91 *Craven/Brown/Gilchrist*, Journal of Sexual Aggression 12.3 (2006): 287–299 (293).

92 *Heiliger*, Täterstrategien und Prävention, S. 75 ff.; vgl. auch *Leberg*, Understanding child molesters, S. 20 ff.

93 *Craven/Brown/Gilchrist*, Journal of Sexual Aggression 12.3 (2006): 287–299 (295).

94 *Heiliger*, Täterstrategien und Prävention, S. 132.

95 Vgl. *Heiliger*, Täterstrategien und Prävention, S. 76.

96 *Enders* in: Enders (Hrsg.), Zart war ich, bitter war's, S. 53, 59 f.

97 Vgl. *Heiliger*, Täterstrategien und Prävention, S. 77.

Als sehr geschickten „Manipulationskünstlern" gelingt es den Tätern ein Bild von sich zu kreieren, dass es Dritten kaum möglich machen soll, sie als „Kinderschänder" zu identifizieren. Mit viel Zeit und Aufwand pflegen sie ihr „reines" Image, um so bereits weit im Voraus die Aufdeckung eines späteren Missbrauchs „im Keim zu ersticken".[98]

bb) Grooming betreffend die Opfersphäre

Wesentliches Element des Groomings ist, wie bereits erwähnt, die Manipulation des potentiellen Opfers mit dem Ziel des Vertrauensgewinns. *Craven* u.a. differenzieren dabei zwischen einer Einflussnahme in physischer[99] und in psychologischer[100] Hinsicht.[101]

Grooming in physischer Hinsicht meint die schrittweise Sexualisierung der Beziehung zwischen Täter und Opfer. Die psychologische Beeinflussung dient dazu, diese Sexualisierung zu erreichen.[102]

Zunächst kann es etwa sein, dass der Täter das sexuelle Verhalten rechtfertigt, indem er dem Kind im Sinne einer Sexualerziehung vorgibt, dass sexuelle Kontakte zwischen Kindern und Erwachsenen in Ordnung seien.[103] Der Vertrauensgewinn beim Opfer steht im Fokus der Handlungen (psychologische Einflussnahme).[104]

Nachdem dies geschehen ist, erfolgt körperlich eine schrittweise Desensibilisierung des Opfers, die zunächst mit harmlosen Berührungen wie dem Streicheln am Kopf beginnt. Auch kann die Kommunikation zwischen Täter und Opfer immer mehr sexuelle Züge annehmen. Alternativ verwirren manche Täter ihre Opfer bewusst, indem sie eine Unterhaltung mit diesen über neutrale Themen führen und während dieser beginnen, das Kind in sexueller Art und Weise zu berühren. Ziel ist es, die Berührungen zu steigern und diese vom bekleideten

---

98 *Leberg*, Understanding child molesters, S. 16 ff.

99 "Physical grooming", *Craven/Brown/Gilchrist*, Journal of Sexual Aggression 12.3 (2006): 287–299 (295).

100 "Psychological grooming", *Craven/Brown/Gilchrist*, Journal of Sexual Aggression 12.3 (2006): 287–299 (295).

101 Craven/Brown/Gilchrist, Journal of Sexual Aggression 12.3 (2006): 287–299 (295); vgl. auch *Ost*, Child pornography and sexual grooming, S. 34 ff.; *Leberg*, Understanding child molesters, S. 25 ff.

102 Craven/Brown/Gilchrist, Journal of Sexual Aggression 12.3 (2006): 287–299 (295); *Berliner/Conte, Child abuse & neglect* 14.1 (1990): 29–40 (32 f.).

103 *Berliner/Conte, Child abuse & neglect* 14.1 (1990): 29–40 (37).

104 Craven/Brown/Gilchrist, Journal of Sexual Aggression 12.3 (2006): 287–299 (295).

Zustand, in einem unbekleideten fortzusetzen (körperliche Einflussnahme).[105] Maßgebliche Intention des Täters ist es dabei stets, das Kind gefügig zu machen und dessen Widerstand zu brechen.[106]

cc) Grooming[107] betreffend die Sphäre des Täters

Wenn es um Grooming betreffend die Tätersphäre geht, dann meint dies vor allem die Rechtfertigung oder Leugnung der sexuellen Missbrauchshandlungen gegenüber sich selbst und gegenüber Dritten. Dabei ist anzunehmen, dass es sich um Aspekte handelt, die eine nicht unbedeutende Rolle im Vorfeld der sexuellen Missbrauchshandlung einnehmen. Sie wirken fortwährend vom ersten Schritt der Motivation, ein Kind sexuell zu missbrauchen, über die Konkretisierung des potentiellen Opfers, bis hin zur Durchführung des Missbrauchs in der kognitiven Wahrnehmung des Täters, prägend mit.[108]

Bedeutung erlangen in diesem Zusammenhang zum einen die Reaktionen des Umfeldes und des Kindes. Zum anderen ist auch das Verhältnis von „Erfolg" und „Misserfolg" der eigenen Anstrengungen bei der Viktimisierung des Opfers von Relevanz. „Erfolg" führt eher zur Verstärkung der Rechtfertigung oder Leugnung eigener Handlungen und somit zur weiteren Vertiefung des sexuellen Interesses an Kindern und einer Motivation zu weiteren Missbrauchshandlungen. Hingegen können „Misserfolge" einerseits eher hemmend wirkend, andererseits jedoch auch dazu führen, dass Strategien weiterentwickelt und verbessert werden, um schließlich zum „Erfolg" zu gelangen.[109]

Indem die Täter ihr eigenes Verhalten vor allem auch sich selbst gegenüber rechtfertigen und ihre Taten bei Konfrontation leugnen, führt dies dazu, dass sie Sex mit Kindern als nichts „Verbotenes" ansehen. Aufgrund verzerrter Wahrnehmungen beschreiben sie den Missbrauch als eine „Liebesbeziehung", andere leugnen die Tat vollends und stellen das Geschehene so dar, als wären gerade sie es, die vom Kind „verführt" wurden.[110] Derartige Auffassungen können als eine Form von Selbstschutz interpretiert werden[111] und sind bei

---

105 *Berliner/Conte, Child abuse & neglect* 14.1 (1990): 29–40 (37).

106 *Craven/Brown/Gilchrist*, Journal of Sexual Aggression 12.3 (2006): 287–299 (295).

107 *Craven* u.a. weisen darauf hin, dass hierfür die Verwendung eines anderen Begriffs wohl treffender wäre, stellen selbst aber keinen Alternativvorschlag vor, *Craven/Brown/Gilchrist*, Journal of Sexual Aggression 12.3 (2006): 287–299 (292).

108 *Craven/Brown/Gilchrist*, Journal of Sexual Aggression 12.3 (2006): 287–299 (292).

109 *Craven/Brown/Gilchrist*, Journal of Sexual Aggression 12.3 (2006): 287–299 (292).

110 *Weiler*, Im Netz, S. 81.

111 *Craven/Brown/Gilchrist*, Journal of Sexual Aggression 12.3 (2006): 287–299 (292).

jeglicher Art sexueller Kindesmissbrauchstäter vorzufinden. *Weiler* zitiert in diesem Zusammenhang einige Aussagen von Tätern, die eben diese Rechtfertigung bestätigen:

> *„Sie hat doch gesagt, sie ist schon 16", „Klar hat sie behauptet, dass sie erst 13 ist. Aber auf den Bildern sah sie viel älter aus. Im Internet erzählt doch jeder was er will."*[112]

Bei allen Tätern des sexuellen Missbrauchs zeige sich ein ähnlich leugnendes Verhalten.[113] Das Verhältnis zum Opfer wird bewusst als „Beziehung" bezeichnet, um so die Wahrnehmung des Geschehens als verbotene Neigung zu überspielen. Dabei wird dem Opfer aber gleichzeitig das, was eine „echte" Beziehung ausmacht – nämlich die Entscheidungsfreiheit des Partners – genommen, indem der Täter manipulierend vorgeht und so Druck beim Opfer aufbaut.[114] Widerstand, der vom Opfer gezeigt wird, wird einfach ignoriert. Es wird weiter auf das Kind eingewirkt und so getan, als würde es diesem doch selbst gefallen.[115] Den Tätern gelingt es, bei ihren Opfern ein schlechtes Gewissen hervorzurufen, wenn diese ihren Wünschen nicht nachkommen. Stets wird dabei die Fiktion aufrechterhalten, *„das Kind kommt zu mir, nicht weil ich es zwinge, sondern weil es mich liebt und das alles selbst möchte."*[116] Einige Täter rechtfertigen ihre Handlungen damit, dass sie diese als „ihr gutes Recht" ansehen. Die Kinder selbst seien es, die sie durch ihr Verhalten provozieren und unter Druck setzen würden. Diesem Druck würden sie durch ihr Tun „lediglich" nachgeben. Eine Manipulation der Opfer ihrerseits, die den sexuellen Missbrauch aber herbeiführte, verneinen sie strikt.[117]

b) Zwischenergebnis

Zusammenfassend lässt sich betreffend den maßgeblich auf *Craven* u.a. zurückzuführenden Definitionsansatz festhalten, dass Grooming ein komplexer Prozess ist, der über die Manipulation des Opfers hinausgeht, die Wahrnehmung des Täters selbst beeinflusst und auf Personen der Außenwelt einwirkt.

Diesem Ansatz folgt grundsätzlich auch *McAlinden*. Jedoch betont sie, dass neben dem Ziel der Herbeiführung des sexuellen Missbrauchs, auch weitere

---

112 *Weiler*, Im Netz, S. 71.

113 *Leberg*, Understanding child molesters, S. 46, 51 ff.; vgl. auch *Dannecker* in: Jäger (Hrsg.), Sexualwissenschaft und Strafrecht, S. 71, 78 ff.

114 Vgl. *Weiler*, Im Netz, S. 81.

115 *Enders* in: Enders (Hrsg.), Zart war ich, bitter war's, S. 53, 78 f.

116 *Weiler*, Im Netz, S. 81.

117 Vgl. *Weiler*, Im Netz, S. 82.

Aspekte, die der Täter durch seine Handlungen verfolgt, nicht außer Acht gelassen werden dürfen.[118]

Von maßgeblicher Bedeutung sei in diesem Zusammenhang neben der Art und Weise, wie es Tätern gelingt, den Zugang zu potentiellen Opfern und deren Mitwirkung während des Grooming-Prozesses zu erlangen, vor allem auch, wie die Geheimhaltung durch die Opfer sichergestellt wird. Kernelement des Phänomens ist *McAlinden* zufolge ebenfalls der Vertrauensgewinn beim jeweiligen Opfer.[119]

c) *Definition nach* McAlinden

Die von *McAlinden* entwickelte Definition, durch welche die Komplexität von Grooming dargestellt werden soll, lautet wie folgt:

Es handelt sich beim Phänomen um (1) den Einsatz einer Vielfalt von manipulativen und kontrollierenden Techniken durch den Täter, die dieser (2) im Umgang mit einem vulnerablen Subjekt und (3) im Rahmen zwischenmenschlicher und sozialer Situationen einsetzt, um (4) Vertrauen aufzubauen oder sexuell schädliches Verhalten zu normalisieren und dadurch (5) den Missbrauch herzuleiten und/oder eine Aufdeckung zu verhindern.[120]

Dabei rekurriert *McAlinden* nicht nur auf die bereits von *Craven* u.a. erarbeitete Sphärenbetrachtung, sondern setzt Grooming in einen weiteren Kontext und differenziert ganz generell in drei Richtungen.[121] Erstens *in welchem Kontext* Grooming stattfinden kann: Intra- oder extrafamiliär. Zweitens *gegen wen* sich das Grooming Verhalten richtet: Kinder, Familien, Gesellschaft und Institutionen[122]. Drittens die *Art und Weise* der Kontaktierung: Mittels persönlicher Kontaktaufnahme („face-to-face"), via Internet, im Wege des „street grooming"[123] oder „peer-to-peer grooming"[124].

---

118 *McAlinden*, 'Grooming' and the sexual abuse of children, S. 23 f.

119 Vgl. *McAlinden*, 'Grooming' and the sexual abuse of children, S. 24, 26 ff., 49; vgl. auch *Salter*, Transforming trauma, S. 74.

120 Wörtlich lautet die Definition: "(1) the use of a variety of manipulative and controlling techniques (2) with a vulnerable subject (3) in a range of interpersonal and social settings (4) in order to establish trust or normalize sexually harmful behavior (5) with the overall aim of facilitating exploitation and/or prohibiting exposure.", *McAlinden*, 'Grooming' and the sexual abuse of children, S. 11.

121 *McAlinden*, 'Grooming' and the sexual abuse of children, S. 28.

122 "institutional grooming", *McAlinden*, 'Grooming' and the sexual abuse of children, S. 21, S. 147 ff.

123 Singgemäße Übersetzung „Grooming auf der Straße".

124 Sinngemäße Übersetzung „Grooming unter Gleichaltrigen".

Die erste Differenzierung, die sich auf die Frage des *Kontexts* bezieht, betrifft den Aspekt, dass Grooming sowohl intra- als auch extrafamiliär stattfinden kann. In einem extrafamiliären Zusammenhang meint dies Fälle, in denen Grooming entweder im Internet, bei persönlichen Kontakten unter Fremden, innerhalb von Organisationen oder auf der Straße unter Fremden stattfindet. Grooming in intrafamiliären Beziehungen bezieht sich auf Konstellationen, in welchen Kinder Opfer von Familienangehörigen oder von ihnen sehr gut bekannten Personen werden. Dabei betont *McAlinden*, dass intrafamiliäre Fälle sexuellen Kindesmissbrauchs die große Mehrheit aller Missbrauchsfälle ausmache.[125]

Innerhalb der zweiten Untergliederung betreffend der Frage, *gegen wen* sich Grooming richtet, finden sich teilweise Parallelen zur bereits erörterten Sphärenbetrachtung nach *Craven* u.a.[126] „Tatobjekte" sind danach nicht nur die Opfer selbst, sondern auch im Umfeld des Opfers stehende Erwachsene sowie Personen aus der Außenwelt, die Zugang zu potentiellen Opfern verschaffen können.

Konkret führt die Autorin zum „institutional grooming"[127] aus, dass sich gerade hier spezifische Vorteile bieten, die sich Täter zur Herbeiführung und Aufrechterhaltung des Missbrauchs zu Nutze machen. Eigenschaften, die mit einer Tätigkeit in Institutionen oder Organisationen einhergehen, werden von Tätern geschickt für ihre Zwecke eingesetzt. Dazu gehören etwa Faktoren wie Macht, Autorität, Gelegenheit, Anonymität, Verschwiegenheit und Vertrauen.[128] Von herausragender Bedeutung ist insbesondere der Aspekt des Vertrauens, der nicht nur beim Grooming betreffend das Opfer, sondern auch gegenüber ihren Familien und der Gesellschaft generell eine wichtige Rolle spielt.[129]

Schließlich verweist *McAlinden* im Rahmen der dritten Unterteilung auf diverse Mittel zur Kontaktaufnahme, die „Grooming-Tätern" zur Verfügung stehen. „Face-to-face-Grooming" steht für die persönliche Kontaktaufnahme in der realen Welt, die vor allem in intrafamiliären Beziehungen vorzufinden ist. Auch an dieser Stelle weist die Autorin nochmals darauf hin, dass „face-to-face-Grooming" die statistisch relevanteste und doch am häufigsten übersehene

125 Vgl. *McAlinden*, 'Grooming' and the sexual abuse of children, S. 29; vgl. auch *Ost*, Child pornography and sexual grooming, S. 27 f.

126 1. Teil, Kapitel 1, I. 1. a).

127 Sinngemäße Übersetzung „Grooming in Institutionen".

128 *McAlinden*, 'Grooming' and the sexual abuse of children, S. 147; s. auch 1. Teil, Kapitel 1, I. 1. a) a)).

129 *McAlinden*, 'Grooming' and the sexual abuse of children, S. 164.

Form von Grooming sei.[130] Die Kontaktaufnahme via Internet ist nach der Definition von *McAlinden* eine Situation, in welcher ein Täter Informations- und Kommunikationstechnologie (z.B. soziale Netzwerke, Chatrooms, E-Mail oder Instant-Messaging) einsetzt, um den Grooming-Prozess gegenüber einem Kind zu beginnen.[131]

„Street grooming" erfasse ferner Fälle, in welchen organisierte Straßenbanden Kinder zu kommerziellen Zwecken von Kinderprostitution oder der Produktion von Kinderpornografie anwerben.[132]

Schließlich betrifft „peer-to-peer-grooming" Konstellationen, in welchen Kinder oder Jugendliche, egal ob intra- oder extrafamiliär, andere Kinder mit dem Zweck der sexuellen Ausbeutung oder des sexuellen Missbrauchs „groomen".[133]

2. Definitionsansätze Cyber-Grooming

Da sich Cyber-Grooming vom allgemeinen Begriff „to groom" ableitet,[134] sind die bisherigen Ausführungen an entsprechender Stelle auch auf das Cyber-Grooming übertragbar. Insbesondere die Ergebnisse der Sphärenbetrachtung können auf Grooming im Cyber-Space angewandt werden. Wesentlich bestimmt ist der Prozess hier ebenfalls durch die Einflussnahme auf beispielsweise den oder die Chatpartner/in als potentielles Opfer. Im Hinblick auf Grooming betreffend die Außenwelt eines möglichen Tatopfers, können auch hier Verhaltensweisen des Täters danach ausgerichtet sein, einer Aufdeckung späterer Missbrauchshandlungen bereits im Vorfeld entgegenzuwirken. So kann der Täter abfragen, wo der PC, mit dem der Kontakt hergestellt wird, steht (im eigenen Kinderzimmer oder in Gemeinschaftsräumen der Familie) und ob Dritte Zugriff darauf haben oder auch, wie intensiv das Kind von Aufsichtspersonen überwacht wird. Schließlich ist in Fällen des Cyber-Groomings ebenfalls davon auszugehen, dass sich die Täter in stetiger Eigenreflektion für ihr Tun rechtfertigen und dieses beschönigen. Nahe liegt diese Annahme insbesondere vor dem Hintergrund, dass es anders als im realen Kontakt einfacher ist, sich von fragwürdigen Verhaltensweisen zu distanzieren. Wie sich in einem späteren Kapitel zeigen wird, ist hier die Bestärkung

130 Vgl. *McAlinden*, 'Grooming' and the sexual abuse of children, S. 30.

131 *McAlinden*, 'Grooming' and the sexual abuse of children, S. 30 f.

132 Vgl. *McAlinden*, 'Grooming' and the sexual abuse of children, S. 31.

133 *McAlinden*, 'Grooming' and the sexual abuse of children, S. 31.

134 S. 1. Teil, Kapitel 1, Definition von Cyber-Grooming.

durch Gleichgesinnte im Netz von enormer Bedeutung für die Täter und die Einordnung devianter Neigungen.[135]

Eine einheitliche Definition des Cyber-Groomings lässt sich im Schrifttum kaum ausmachen. So wird nicht mal für das Phänomen selbst stets der Begriff „Cyber-Grooming“ verwendet.[136] Aus dem deutschsprachigen Schrifttum ist insbesondere die Definition von *Katzer* erwähnenswert, wonach das Phänomen als der Aufbau von Vertrauen über eine länger (beispielsweise mehrere Wochen) andauernde Kommunikation z.B. in Chatrooms beschrieben wird, wobei über Probleme in der Pubertät, private Wünsche und Träume gesprochen wird. Der Täter zeigt so Interesse an der minderjährigen Person und deren Situation. Im Rahmen der Unterhaltung werden Handynummern und Fotos (auch Nacktfotos) ausgetauscht, wobei die wahre Person nicht immer erkennbar ist. Ohne das Wissen von Erziehungsberechtigten und Freunden werden zu einem späteren Zeitpunkt Treffen im realen Umfeld (Schwimmbad, Bahnhof, Parkplatz, Café etc.) vereinbart.[137]

In Abgrenzung hierzu findet sich vor allem in der englischsprachigen Literatur auch die Begrifflichkeit "sexual solicitations and approaches“[138] wieder. Gemeint sind damit ungewollte Anfragen, die darauf gerichtet sind, eine andere Person dazu zu bewegen, über Sex zu reden, etwas Sexuelles zu tun, oder persönliche sexuelle Informationen preiszugeben. Erfasst sind auch Anfragen der benannten Art, unabhängig vom entgegenstehenden Willen des Konfrontierten, wenn sie von einer erwachsenen Person gegenüber Minderjährigen erfolgen.[139]

---

135 S. hierzu näher 1. Teil, Kapitel 2, II. 1.

136 Aufgeführt wird eine Vielzahl weiterer Begriffe, die für Grooming via Internet im Schrifttum verwendet werden: "entrapment", wörtliche Übersetzung „Einklemmung“; "cybersexploitation“, sinngemäße Übersetzung „sexuelle Ausbeutung im Internet“; "online child sexual abuse“, wörtliche Übersetzung „Online-Kindesmissbrauch“; "internet child abuse“, sinngemäße Übersetzung „Kindesmissbrauch im Internet“; "internet exploitation“, sinngemäße Übersetzung „Ausbeutung im Internet“; "internet grooming“, sinngemäße Übersetzung „Grooming im Internet“ schließlich "electronic grooming“, sinngemäße Übersetzung „Grooming mittels elektronischer Hilfsmittel“, *McAlinden*, 'Grooming' and the sexual abuse of children, S. 30 f. m.w.N.

137 *Katzer* in: Hofmeister (Hrsg.), Sexualisierte Gewalt an Kindern und Jugendlichen, S. 181, 185.

138 Wörtliche Übersetzung „sexuelle Aufforderungen und Annäherungen“.

139 *Finkelhor/Mitchell/Wolak*, Online Victimization (2000), S. 11, verfügbar unter http://files.eric.ed.gov/fulltext/ED442039.pdf [18.03.2017]; vgl. auch *Ybarra/Espelage/Mitchell*, Journal of Adolescent Health 41.6 (2007): 31–41 (32).

Wesentliches Differenzierungsmerkmal zwischen Cyber-Grooming und derartigen sexuellen Anmachen sei es, dass es nur im Fall des Groomings dem Täter darauf ankommt, eine freundschaftliche Beziehung zum Kind aufzubauen und dessen Vertrauen zu gewinnen, bevor es zur sexuellen Missbrauchshandlung kommt. Im Gegensatz hierzu werde das Opfer bei sexuellen Anmachen im obigen Sinne sofort mit Anfragen, sexuelle Handlungen vorzunehmen oder über sexuelle Themen zu reden, konfrontiert, ohne dass vorher eine entsprechende Heranführung stattfindet.[140]

Wie die bisherigen Ausführungen andeuten, handelt es sich sowohl beim Grooming und mithin auch beim Cyber-Grooming um einen komplexen und vielschichtigen Prozess. Der Versuch, das Phänomen des Cyber-Groomings in einer knappen Definition wiederzugeben, entpuppt sich daher als ein schwieriges Unterfangen. Eine generell anerkannte Definition gibt es darüber hinaus nicht.[141] Aus diesem Grund wird mit dem Ziel, ein besseres Verständnis vom Vorgehen erlangen zu können, das Phänomen in seinen Einzelheiten detailliert im nachfolgenden Kapitel[142] erörtert und unter dem im Schrifttum verwendeten Begriff des „(Cyber-) Grooming-Prozesses" näher definiert.

3. Zusammenfassung

Grooming ist – unabhängig davon, ob es im Cyber-Space oder in der realen Welt stattfindet – ein sphärenübergreifendes Geschehen, das sich nicht nur auf die manipulative Einflussnahme auf das Kind, sondern vielmehr auch auf das kindliche Umfeld und die Außenwelt sowie nicht zuletzt auf die eigene Persönlichkeit des Täters erstreckt. Kernelement des Vorgehens ist dabei stets, das Vertrauen des Kindes zu gewinnen. Wie in einem nachfolgenden Kapitel erörtert wird, hängt hiervon nicht nur der Erfolg des sexuellen Übergriffs ab, sondern auch die Frage, ob es zur Aufdeckung des Missbrauchs kommt. Bevor das Phänomen in seinen einzelnen Komponenten näher dargestellt wird, sei an dieser Stelle noch auf einige gesetzliche Anhaltspunkte zur Beschreibung von Cyber-Grooming Bezug genommen.

140 *Quayle/Lööf/Soo/Ainsaar* in: Ainsaar/Lööf (Eds.), Online behaviour related to child sexual abuse, S. 9, 12, 15, verfügbar unter http://www.childcentre.info/robert/public/Online_behaviour_related_to_sexual_abuse.pdf [03.06.2016].

141 *McAlinden*, 'Grooming' and the sexual abuse of children, S. 22.

142 1. Teil, Kapitel 2.

II. Verständnis von Cyber-Grooming aus gesetzgeberischer Perspektive

Um Cyber-Grooming aus der Perspektive des deutschen Gesetzgebers näher bestimmen zu können, bedarf es wegen des starken europarechtlichen Bezuges auch einer Betrachtung internationaler Ansätze, die letztlich zur Etablierung des heutigen § 176 Abs. 4 Nr. 3 StGB geführt haben.

1. Der Europäische Rechtsrahmen und die Anpassungen des deutschen Rechts

Die Vorschrift des § 176 StGB ist zuletzt grundlegend durch das SexualdelÄndG vom 27.12.2003[143] geändert worden, wodurch Cyber-Grooming – wie erwähnt[144] – erstmals in Form des § 176 Abs. 4 Nr. 3 StGB a.F. Einzug ins deutsche Strafgesetzbuch fand. Durch das 49. StÄG vom 21.1.2015[145] wurde die Norm zum Zweck der vollständigen Umsetzung des Übereinkommens des Europarats zum Schutz von Kindern vor sexueller Ausbeutung und sexuellem Missbrauch (Konvention Nr. 201)[146] sowie der EU-Richtlinie 2011/93/EU[147] abermals geändert.[148]

Der nationale Gesetzgeber beschränkte sich im Rahmen seiner Begründung zur Einführung eines Tatbestands zum Schutz vor Cyber-Grooming in das Strafgesetzbuch einerseits auf die vorbezeichneten Maßstäbe der EU, andererseits lediglich auf Presseberichte und öffentliche Stellungnahmen, wonach etwa Verabredungen amerikanischer Internetnutzer mit Kindern zu sexuellen Begegnungen in Chatrooms bekannt geworden seien.[149] Der Europäische Wirtschafts- und Sozialausschuss habe eine Anpassung der Strafvorschriften gefordert, um „*Verbrechen, bei denen Kinder durch Tricks oder Verführungskünste zu Treffen verleitet*

---

143 BGBl. I 3007.

144 1. Teil, Einleitung, I.

145 BGBl. I 10.

146 Konvention zum Schutz von Kindern gegen sexuelle Ausbeutung und sexuellen Missbrauch, 25.10.2007, ETS 201.

147 Richtlinie 2011/93/EU des Europäischen Parlaments und des Rates vom 13. Dezember 2011 zur Bekämpfung des sexuellen Missbrauchs und der sexuellen Ausbeutung von Kindern sowie der Kinderpornografie sowie zur Ersetzung des Rahmenbeschlusses 2004/68/JI des Rates, ABl. EU Nr. L 335 v. 17.12.2011, Berichtigung ABl. EU Nr. L 18/7 v. 21.1.2012.

148 BT-Drs. 18/2601; BT-Drs. 18/3202; s. auch *Fischer*, § 176 Rdnr. 1.

149 Bezugnahme auf einen Pressebericht der Süddeutschen Zeitung v. 28.9.1999, BT-Drs. 15/350 S. 17.

werden"[150], zu erfassen. Schließlich vertrete auch die kriminalpolizeiliche Praxis die Auffassung, dass solche Vorbereitungshandlungen nach der aktuellen Gesetzeslage strafrechtlich nicht hinreichend erfasst werden könnten. Chatrooms und ähnliche Einrichtungen würden danach für interessierte Personen „*ein weltweites Forum zur Planung und Verabredung einschlägiger Straftaten*"[151] bilden. Für ein strafbares Verhalten sei erforderlich, dass der Täter gezielt auf ein konkretes Kind einwirke, um es zu sexuellen Handlungen zu bewegen, an denen der Täter ein Interesse haben muss. Erfasst sei aber nicht, wenn in Büchern, Internet oder auch in Chatrooms auf Kinder zugegangen wird, um sie darin zu unterstützen, ein positives Gefühl zu ihrem Körper und zu ihrer Sexualität zu entwickeln.[152]

2. Einzelheiten europäischer Regelungen im Zusammenhang mit Cyber-Grooming

Mit dem Beschluss der Richtlinie 2011/93/EU[153] zur Bekämpfung von Kindesmissbrauch und Kinderpornografie durch das Europäische Parlament und den Europäischen Rat am 13.12.2011 wurden die Mitgliedstaaten bis spätestens 18.12.2013 zu deren Umsetzung in nationales Recht verpflichtet.[154] Diese Richtlinie stelle eine erste internetbezogene Harmonisierungsinitiative der Europäischen Union nach der Ratifikation des Vertrags von Lissabon dar.[155]

Zurück geht diese Richtlinie auf einen ersten Entwurf aus dem Jahr 2010[156], welcher wiederum auf die im Jahr 2007 zur Unterzeichnung ausgelegte Konvention des Europarates zum Schutz von Kindern gegen sexuelle Ausbeutung

150 Punkt 1.3 und 4.2.3 der Stellungnahme des Wirtschafts- und Sozialausschusses, ABl. EU v. 21.2.2002, Nr. C 48, S. 27.

151 BT-Drs. 15/350 S. 17.

152 Vgl. BT-Drs. 15/350 S. 17 f.

153 Richtlinie 2011/93/EU des Europäischen Parlaments und des Rates vom 13. Dezember 2011 zur Bekämpfung des sexuellen Missbrauchs und der sexuellen Ausbeutung von Kindern sowie der Kinderpornografie sowie zur Ersetzung des Rahmenbeschlusses 2004/68/JI des Rates, ABl. EU Nr. L 335 v. 17.12.2011, Berichtigung ABl. EU Nr. L 18/7 v. 21.1.2012.

154 Art. 27 Abs. 1 EU-Richtlinie 2011/93/EU.

155 Vgl. *Gercke*, CR 2012, 520, 522.

156 Vorschlag einer Richtlinie des Europäischen Parlaments und des Rates zur Bekämpfung des sexuellen Missbrauchs und der sexuellen Ausbeutung von Kindern sowie der Kinderpornografie und zur Aufhebung des Rahmenbeschlusses 2004/68/JHA des Rates, KOM (210) 94; s. hierzu auch *Brodowski*, ZIS 2010, 376, 381; *Brodowski*, ZIS 2010, 749, 752; *Brodowski*, ZIS 2011, 940, 945.

und sexuellen Missbrauch (Konvention Nr. 201)[157] Bezug nimmt.[158] Die Konvention ist am 1.7.2010 in Kraft getreten und am 18.11.2015 von Deutschland ratifiziert worden.[159]

Gegenstand dieser Konvention Nr. 201 ist es, umfassend unterschiedliche Formen des sexuellen Missbrauchs von Kindern zu Straftaten zu erklären. Während neben Präventivmaßnahmen auch Programme zur Unterstützung von Opfern vorgesehen sind, soll außerdem sichergestellt werden, dass auch die Kontaktaufnahme zu Kindern für sexuelle Zwecke („Grooming") unter Strafe gestellt wird.[160] Konkret heißt es hierzu in Art. 23 der Konvention Nr. 201:

> *„Jede Vertragspartei trifft die erforderlichen gesetzgeberischen oder sonstigen Maßnahmen, um das von einem Erwachsenen vorsätzlich an ein Kind, das noch nicht das in Art. 18 Abs. 2*[161] *festgeschriebene Alter erreicht hat, durch Mittel der Informations- und Kommunikationstechnologie gemachte Angebot eines Treffens, das zum Zwecke der Begehung einer in Übereinstimmung mit Art. 18 Abs. 1 Buchst. a)*[162] *oder Art. 20 Abs. 1 Buchst. a)*[163] *geschaffenen und gegen ihn oder sie gerichteten Straftat erfolgt, zu kriminalisieren, wenn auf den Vorschlag eine Ausführungshandlung im Hinblick auf ein solches Treffen folgt."*[164]

Diese Regelung entspreche weitgehend § 176 Abs. 4 Nr. 3 StGB a.F.[165]

Den Erläuterungen zu Artikel 23 der Konvention Nr. 201 entsprechend, sollte durch das neue Regelungsinstrument, das kürzlich aufgetretene und in besorgniserregendem Maß ansteigende Phänomen unter Strafe gestellt werden, wonach Kinder nach Kontaktanbahnungen im Cyber-Space – insbesondere in Internet-Chatrooms oder auf Online-Gaming-Seiten – Opfer sexueller Übergriffe bei persönlichen Treffen mit Erwachsenen werden.[166] Der Begriff des Groomings bezieht sich dabei auf Handlungen, nach welchen das Kind auf einen

---

157 Konvention zum Schutz von Kindern gegen sexuelle Ausbeutung und sexuellen Missbrauch, 25.10.2007, ETS 201.

158 *Gercke*, CR 2012, 520, 522.

159 S. http://www.coe.int/de/web/conventions/full-list/-/conventions/treaty/201/signatures?p_auth=U6vvn8yd [08.02.2017].

160 S. http://www.coe.int/de/web/conventions/full-list/-/conventions/treaty/201 [08.02.2017].

161 Die Festlegung eines konkreten Alters wurde den Vertragsparteien überlassen.

162 Betrifft die Vornahme sexueller Handlungen mit einem Kind.

163 Betrifft die Herstellung von Kinderpornografie.

164 Übersetzter Text nach *Gercke*, ZUM 2008, 545, 551 f.

165 Vgl. *Gercke*, ZUM 2008, 545, 552.

166 Explanatory Report Nr. 155, verfügbar unter https://rm.coe.int/CoERMPublicCommonSearchServices/DisplayDCTMContent?documentId=09000016800d3832 [08.02.2017]. Es handelt sich um keine offizielle Übersetzung.

sexuellen Missbrauch vorbereitet wird. Handlungsmotivation des Täters muss ein Begehren sein, das Kind zur sexuellen Befriedigung zu missbrauchen.[167] Dies erfasse Verhaltensweisen, nach welchen der Täter sich mit dem Opfer anfreundet, indem dieser sich beispielsweise ebenfalls als eine junge Person ausgibt, mit dem Kind intime Themen bespricht und dieses dabei schrittweise an eindeutig sexuelle Materien heranführt, mit dem Ziel, einen Widerstand oder Hemmungen gegenüber Sex abzuschwächen. Eine Gefahr bestehe auch dann, wenn kompromittierende Bilder vom Kind über Digital-, Handy- oder Web-Kamera ausgetauscht werden. Der Täter gelange so an Material, das er für die Kontrolle des Kindes durch Drohungen einsetzen könne.[168] Herausgestellt wurde darüber hinaus, dass nicht jede Art der Kommunikation strafwürdig ist, nicht einmal, wenn diese sexueller Natur ist und auch zur Vorbereitung des Kindes auf einen späteren Missbrauch eingesetzt wird. Nach Art. 23 der Konvention Nr. 201 macht sich danach nur strafbar, wer dem Kind auch einen Vorschlag zu einem realen Treffen unterbreitet. Jeglichen Anbahnungshandlungen muss daher auch der explizite Vorschlag zu einem Treffen folgen, um die Strafbarkeit zu begründen.[169] Vollendet ist die Tat ferner erst dann, wenn der Täter auch tatsächlich erste Schritte vorgenommen hat, um das Opfer zu treffen, wie beispielsweise, wenn er sich zum vereinbarten Tatort begibt.[170] Klargestellt wird schließlich, dass die Tat nur durch Kontaktanbahnungen mittels Informations- und Kommunikationstechnologie begangen werden kann. Die Konvention wollte sich durch die Regelung allein auf die gefährlichste Methode der Kontaktaufnahme mittels digitaler Kommunikationsmedien via Internet oder Mobiltelefon konzentrieren. Dies insbesondere vor dem Hintergrund der schwierigen Überwachung solcher Technologien sowie der Tatsache, dass sich auch jüngere Kinder sehr einfach und immer mehr Zugang hierzu verschaffen können.[171]

In Anlehnung an die Vorgaben dieser Konvention sieht die Richtlinie 2011/93/EU[172] eine Verpflichtung der Mitgliedstaaten vor, die Kontaktaufnahme

167 Explanatory Report Nr. 156. Es handelt sich um keine offizielle Übersetzung.

168 Explanatory Report Nr. 156. Es handelt sich um keine offizielle Übersetzung. Vgl. auch *Eisele* in: Festschr. für W. Heinz, S. 697, 708.

169 Explanatory Report Nr. 157. Es handelt sich um keine offizielle Übersetzung.

170 Explanatory Report Nr. 160. Es handelt sich um keine offizielle Übersetzung.

171 Explanatory Report Nr. 159. Es handelt sich um keine offizielle Übersetzung.

172 Richtlinie 2011/93/EU des Europäischen Parlaments und des Rates vom 13. Dezember 2011 zur Bekämpfung des sexuellen Missbrauchs und der sexuellen Ausbeutung von Kindern sowie der Kinderpornografie sowie zur Ersetzung des

zu Kindern für sexuelle Zwecke unter Strafe zu stellen. Als Begründung wird in Erwägungsgrund 19 angeführt:

> *„Die Kontaktaufnahme zu Kindern für sexuelle Zwecke ist eine Bedrohung, die im Zusammenhang mit dem Internet Besonderheiten aufweist, da das Internet Nutzern bisher unbekannte Anonymität bietet, da sie ihre tatsächliche Identität und ihre persönlichen Charakteristika, wie ihr Alter, verbergen können."*

Obwohl sich die entsprechende Regelung der Richtlinie in Art. 6 auf „Online-Taten" beschränkt, wird gleichzeitig darauf hingewiesen, dass die Mitgliedstaaten eine Bestrafung von „offline" agierenden Tätern sicherstellen sollen, da die Bedeutung der Bekämpfung von Kontaktaufnahmen zu einem Kind außerhalb des Internets nicht zu vernachlässigen ist. Danach wurde den Mitgliedstaaten empfohlen, die Anbahnung eines Kontakts zu einem Kind für ein Treffen mit dem Täter unter Strafe zu stellen, wenn sie in Anwesenheit oder Nähe des Kindes stattfindet.[173] Wörtlich lautet Artikel 6 (Kontaktaufnahme zu Kindern für sexuelle Zwecke) der Richtlinie wie folgt:

> *„(1) ... Ein Erwachsener, der einem Kind, welches das Alter der sexuellen Mündigkeit noch nicht erreicht hat, mittels Informations- und Kommunikationstechnologie in der Absicht, eine Straftat nach Artikel 3 Absatz 4[174] oder Artikel 5 Absatz 6[175] zu begehen, ein Treffen vorschlägt, wird mit Freiheitsstrafe im Höchstmaß von mindestens einem Jahr bestraft, wenn auf diesen Vorschlag auf ein solches Treffen hinführende konkrete Handlungen gefolgt sind.*
> *(2) Die Mitgliedstaaten treffen die erforderlichen Maßnahmen, um sicherzustellen, dass der Versuch eines Erwachsenen, mit Mitteln der Informations- und Kommunikationstechnologie Straftaten gemäß Artikel 5 Absatz 2[176] und 3[177] zu begehen, indem er Kontakt zu*

Rahmenbeschlusses 2004/68/JI des Rates, ABl. EU Nr. L 335 v. 17.12.2011, Berichtigung ABl. EU Nr. L 18/7 v. 21.1.2012.

173 ABl. EU L 335/1 Erwägungsgrund 19.

174 Wer sexuelle Handlungen mit einem Kind vornimmt, das das Alter der sexuellen Mündigkeit noch nicht erreicht hat, wird mit Freiheitsstrafe im Höchstmaß von mindestens fünf Jahren bestraft.

175 Die Herstellung von Kinderpornografie wird mit Freiheitsstrafe im Höchstmaß von mindestens drei Jahren bestraft.

176 Der Erwerb oder Besitz von Kinderpornografie wird mit Freiheitsstrafe im Höchstmaß von mindestens einem Jahr bestraft.

177 Der bewusste Zugriff auf Kinderpornografie mittels Informations- und Kommunikationstechnologie wird mit Freiheitsstrafe im Höchstmaß von mindestens einem Jahr bestraft.

einem Kind, das das Alter der sexuellen Mündigkeit noch nicht erreicht hat, aufnimmt, um kinderpornografische Darstellungen dieses Kindes zu erhalten, strafbar ist.“[178]

Diese europarechtlichen Vorgaben wurden zuletzt durch das 49. StÄG vom 21.1.2015[179] in nationales Recht umgesetzt.[180]

III. Zusammenfassung

Zu den aufgezeigten gesetzgeberischen Regelungen betreffend das Cyber-Grooming finden sich einige Entsprechungen zu den phänomenologischen Definitionsansätzen. So etwa, wenn in beiden Fällen auf manipulativ handelnde Täter abgestellt wird, die durch ausgeklügelte Strategien Kinder zu sexuellen Zwecken kontaktieren und verführen. Auch die Bezugnahme auf Gefahren im Zusammenhang mit kinderpornografischem Material ist in den jeweiligen Bestimmungen anzutreffen. Eine weitergehende Präzisierung des Phänomens ist allerdings in den internationalen Normen vorzufinden, wonach eine Strafbarkeit wegen Cyber-Groomings erst dann gegeben ist, wenn es zur Verabredung eines Treffens kommt beziehungsweise Handlungen vorgenommen werden, die zu einem solchen Treffen führen sollen. Zudem soll aufgrund einer besonders hohen Gefahr bei der Verwendung moderner Informations- und Kommunikationsmittel entsprechend der vorgestellten Normen nur das Cyber-Grooming unter Strafe gestellt werden.

178 ABl. EU L 335/1.

179 BGBl. I 10.

180 S. 1. Teil, Einleitung, I.

Kapitel 2. Phänomenologische Betrachtung

I. Prozess des Cyber-Groomings – Einwirkung auf das Opfer

Wie im vorangegangenen Kapitel bereits beschrieben wurde, ist Grooming als ein komplexer und vielschichtiger Prozess zu verstehen.[181] Dementsprechend findet sich in der Literatur auch die Verwendung des Terminus „Grooming-Prozess" wieder, der diesen Aspekt zum Ausdruck bringen soll. Geprägt ist dieser Prozess von raffinierten Strategien und Taktiken des Täters, die den Weg zum sexuellen Missbrauch ebnen,[182] egal ob dies im Internet oder in der realen Welt geschieht.

Bullens beschreibt den Grooming-Prozess als die Planungsphase des sexuellen Missbrauchs, wobei zunächst die Frage maßgeblich ist, welche Verführungstechniken oder Verführungstaktiken der Täter benutzt, um sein auserwähltes Opfer in seinen Einflussbereich zu bekommen (Vorbereitungsphase). In der darauffolgenden Durchführungsphase geht es dann neben der Frage, wie die aktive Verweigerung oder der passive Widerstand des Opfers gebrochen werden kann, auch darum, wie der Täter das Opfer für den Missbrauch mitverantwortlichen machen kann.[183]

Erwähnenswert ist auch der Ansatz von *Jones*, der vor allem auf die manipulative Komponente des Prozesses Bezug nimmt. Danach ist unter dem Terminus die Strategie sexueller Missbrauchstäter zu verstehen, die zur Manipulation des Kindes und potentiell fürsorglicher Erwachsener eingesetzt wird, sodass der Missbrauch in einer Situation stattfinden kann, in welcher der Täter völlige Kontrolle über das Opfer erlangt hat. Es ist als ein Prozess zu verstehen, in welchem der Täter schrittweise den Widerstand des Kindes mittels psychologisch manipulativen Vorgehens überwindet. Ziel dabei ist auch, das Stillschweigen des Kindes nach einem sexuellen Übergriff sicherzustellen.[184]

---

181 1. Teil, Kapitel 1, Definition von Cyber-Grooming.

182 Vgl. auch *Mahler*, JSt 2012, 22, 22 f.

183 *Bullens* in: Marquardt-Mau (Hrsg.), Schulische Prävention gegen sexuelle Kindesmißhandlung, S. 55, 55.

184 Wörtlich lautet die Definition: "The Grooming Process is the strategy used by sexual abusers to manipulate the child, and potentially protective adults, so the abuse can take place in a situation where the abuser has total control over the victim. It is a process where the abuser gradually overcomes the child's resistance through a sequence of psychologically manipulative acts. It is also used to silence the child after the abuse has taken place.", *Jones/Allé/Skogrand/Torg*, Save the Children Europe Group

Schon *Finkelhor* beschrieb in seinem Phasenmodell der vier Vorbedingungen[185], dass die Überwindung eines möglichen Widerstands beim Opfer ein konstitutives Element des sexuellen Missbrauchs ist.[186] Es wird daher vertreten, dass dies das kennzeichnende Merkmal des Grooming-Prozesses ist.[187] Da es zur Überwindung des Opferwiderstandes zunächst allerdings eines Vertrauensgewinns bedarf, wird im Rahmen dieser Arbeit zugrunde gelegt, dass eben dies – jedenfalls auch – wesentlicher Aspekt des Phänomens ist.[188]

Im Folgenden soll nunmehr das Spektrum an unterschiedlichen Vorgehensweisen differenziert untersucht werden. Trotz der Vielfalt an Handlungsstrategien, welche Täter während des Grooming-Prozesses anwenden, wurden Systematisierungen vorgenommen, die Gegenstand der hiesigen Darstellung sind. Im Fokus steht dabei stets die Einwirkungshandlung auf das Opfer.[189] Wie im vorangegangenen Kapitel betreffend die Definitionen des Phänomens, folgt auch die nachfolgende Untersuchung einer Differenzierung zwischen Grooming allgemein und Cyber-Grooming.

1. Grooming-Prozess

a) *Systematisierung nach* Ohlmes

Zunächst sei der Grooming-Prozess anhand der von *Ohlmes* vorgenommenen Strukturierung näher erörtert, welche unter der Überschrift „Strategien zur Manipulation des Opfers“[190], fünf Untergruppen bildet, die die jeweiligen Phasen des Vorgehens umfassend widerspiegeln. Konkret kann der Grooming-Prozess danach in eine erste Phase, die Wahl der Opfer, die zweite Phase der

---

(2005), S. 6, verfügbar unter http://childcentre.info/projects/internet/abusiveimage/dbaFile12157.pdf [23.02.2017].

185 Die vier Vorbedingungen sind: 1. Motivation zu sexuellem Missbrauch, 2. Überwinden interner Hemmungsfaktoren, 3. Überwinden externer Hemmungsfaktoren, 4. Überwinden des kindlichen Widerstandes.

186 *Finkelhor*, Child sexual abuse, S. 53 ff., 60; s. auch deutsche Übersetzung in *Deegener*, Sexueller Mißbrauch, S. 223 ff., 227 f.

187 *Brandes/Gusy/Kleiber*, Pädosexuelle Übergriffe, S. 13, verfügbar unter http://spendefuerjungs.de/studie2004.pdf [16.06.2016].

188 Vgl. auch *McAlinden*, 'Grooming' and the sexual abuse of children, S. 23; *Salter*, Transforming trauma, S. 74.

189 S. allerdings auch 1. Teil, Kapitel 1, I. 1, *Bullens* in: Marquardt-Mau (Hrsg.), Schulische Prävention gegen sexuelle Kindesmißhandlung, S. 55, 55 ff., die Elemente weiterer Sphären als Bestandteile des Grooming-Prozesses betrachtet.

190 *Ohlmes*, Pädosexuelle Täter, S. 54.

Kontaktaufnahme, darauffolgend die dritte Phase, die Vorbereitung beziehungsweise Verführung des Opfers („Grooming-Prozess I“[191]), die vierte Phase der Sexualisierung der Erwachsenen-Kind-Beziehung und schließlich die Phase der Aufrechterhaltung („Grooming-Prozess II“[192]) unterteilt werden.[193]

aa) Phase 1: Wahl der Opfer

An erster Stelle des Grooming-Prozesses steht die Wahl eines „geeigneten“ Opfers. Auffallend ist dabei, dass sich Täter besonders auf Kinder mit einem spezifischen „Defizit“ oder „Mangel“ fokussieren, den sie für ihre Zwecke ausnutzen können.[194] Je nachdem, welche „Lücke es beim Opfer zu füllen gilt“, folgt auch die Ausgestaltung der Annäherungsstrategie des Täters. Verletzliche[195] Kinder sind empfänglicher für Wärme und Zuneigung[196], als Kinder, denen es an nichts fehlt.

Erwähnenswert ist, dass es völlig gleichgültig zu sein scheint, welches „Defizit“ bei den Kindern festzustellen ist, solange dies als erster Anknüpfungspunkt für die Kontaktaufnahme dienen kann. Wie bereits im Rahmen des ersten Kapitels festgestellt wurde, können etwa Kinder in Familien mit alleinerziehenden Müttern besonders gefährdet sein,[197] weil es diesen häufig an einer männlichen Bezugsperson fehlt, deren Stelle ein potentieller Täter leicht einnehmen kann.[198] Ebenso kann ein bereits erlebter Missbrauch zur Kontaktaufnahme funktionalisiert werden,[199] da die Widerstandskraft betroffener Kinder mangels Unterstützung in der Verarbeitung des Missbrauchs geschwächt sein kann.[200] Eine repressive und unvollständige Sexualerziehung kann darüber hinaus ebenfalls als mögliches „Defizit“ im beschriebenen Sinne qualifiziert und für Missbrauchszwecke funktionalisiert werden. Kinder sind dann weniger gut in der Lage, die

---

191 *Ohlmes*, Pädosexuelle Täter, S. 61.

192 *Ohlmes*, Pädosexuelle Täter, S. 67.

193 *Ohlmes*, Pädosexuelle Täter, S. 54 ff.

194 *Berliner/Conte*, *Child abuse & neglect* 14.1 (1990): 29–40 (35 f.).

195 *Enders* in: Enders (Hrsg.), Zart war ich, bitter war’s, S. 53, 63 f.; *Leberg*, Understanding child molesters, S. 18.

196 *Enders* in: Enders (Hrsg.), Zart war ich, bitter war’s, S. 53, 65.

197 S. 1 Teil, Kapitel 1, I. 1. a) aa).

198 Bereits hier wird suggeriert, dass die Täter meist männlich sind. Wie sich herausstellen wird, trifft dies sowohl auf Täter des konventionellen Kindesmissbrauchs als auch auf Täter des Cyber-Groomings tatsächlich so zu, 1. Teil, Kapitel 3, II. 1. a); 1. Teil, Kapitel 3, III. 1. a); 1. Teil, Kapitel 3, IV. 1.

199 *Leberg*, Understanding child molesters, S. 16 f.; vgl. auch *Ost*, Child pornography and sexual grooming, S. 34 m.w.N.

200 *Enders* in: Enders (Hrsg.), Zart war ich, bitter war’s, S. 53, 64.

Anfänge des Missbrauchs zu erkennen und sich dagegen entsprechend abgrenzen zu können.[201] Schließlich können auch Kinder, die in Armut leben, gleichsam stark gefährdet sein wie Kinder im Vorschulalter und Kinder mit Behinderungen.[202] Anzunehmen ist, dass Täter in derartigen Fällen finanzielle oder materielle Mittel einsetzen und die kindliche Naivität oder mögliche Benachteiligungen aufgrund der Behinderung ausnutzen. Die gezielte Funktionalisierung der jeweiligen „Mängel" dient jedoch nicht nur dem Zweck überhaupt erst einen Kontakt zum Opfer herzustellen. Viel wichtiger ist, dass es erst so dem Täter möglich ist, sich beim Kind einzuschmeicheln und ihm das Gefühl von Geborgenheit und Verständnis zu geben. Nur so können „die Weichen" für einen Missbrauch durch die Etablierung einer Vertrauensbeziehung gestellt werden.[203]

Doch sei betont, dass nicht nur „emotional deprivierte"[204] Kinder im geschilderten Sinne missbrauchsgefährdet sind. Sogenannte Wohlstandswaisen[205] etwa sind in gleichem Maße bedroht. Gemeint sind damit Kinder in familiären Situationen, in welchen die Väter *„oftmals der Karriere zuliebe ihre Präsenz als Vater auf das Zeitungslesen am Frühstückstisch und die Organisation des gemeinsamen Ausflugs am Wochenende beschränken."*[206]

Die besonders ausgeprägt erscheinende Fähigkeit der Täter, ihre Opfer präzise nach besonderen „Schwachstellen" zu filtern, belegt in diesem Zusammenhang folgendes Zitat:

> *„Die kriegen alles Mögliche geschenkt und haben die wildesten Sachen und die teuersten Klamotten, sind aber in Wirklichkeit nur irgendwelche Vorzeigepuppen. Aber die wollen auch 'n bisschen körperliche Nähe. Die wollen auch mal einen Gesprächspartner haben, mit dem sie offen über alles reden können. Und solche Leute trifft man dann auch, und die sind froh, wenn sie dann einen Erwachsenen finden, der sie einmal für voll nimmt."*[207]

Es drängt sich der Eindruck auf, als sei diese Phase durch einen sehr präzisen Filterungsprozess der Täter gekennzeichnet, wonach nicht nur besonders „taugliche

---

201 *Enders* in: Enders (Hrsg.), Zart war ich, bitter war's, S. 53, 63 f.; s. auch 1. Teil, Kapitel 1, I. 1. a) bb).

202 *Enders* in: Bange/Körner (Hrsg.), Handwörterbuch sexueller Missbrauch, S. 202, 204 f.

203 Vgl. auch *Leberg*, Understanding child molesters, 16 ff.

204 *Bange/Deegener*, Sexueller Mißbrauch an Kindern, S. 56.

205 *Enders* in: Enders (Hrsg.), Zart war ich, bitter war's, S. 53, 65.

206 *Enders* in: Enders (Hrsg.), Zart war ich, bitter war's, S. 53, 66.

207 *Bundschuh/Stein-Hilbers*, Abschlußbericht, (zit. nach *Enders* in: Enders (Hrsg.), Zart war ich, bitter war's, S. 53, 65).

Opfer“ aufgespürt, sondern auch Kinder identifiziert werden können, bei denen ein Missbrauch nur wenig „erfolgversprechend“ erscheint.

> *„Das merkst du schon, wenn dich einer anspricht, oder du sprichst ihn an, und der geht auf deine Rede ein. Da kannst du schon sagen, mit dem kannst du eventuell was machen.“*[208]

Zusammenfassend lässt sich an dieser Stelle festhalten, dass die Auswahl der Opfer nach bestimmten Kriterien erfolgt, die mögliche Anhaltspunkte für einen leichten Zugang zum Kind darstellen können und den sicheren Fortgang des Einwirkungsprozesses implizieren. Das Fingerspitzengefühl, das Täter hierfür entwickeln, und die Achtsamkeit, die sie hierbei an den Tag legen, sind bezeichnend.

bb) Phase 2: Kontaktaufnahme

Im Anschluss an die erste Phase widmet sich der Täter der Frage, welche Taktiken und Strategien in Betracht kommen, um den Kontakt zum ausgewählten Opfer herzustellen.

Im Wesentlichen entsprechen die Ausführungen von *Ohlmes* in diesem Zusammenhang jenen Punkten, die bereits im Rahmen der Definition von Grooming betreffend die Sphäre der Außenwelt und des Opferumfelds erörtert wurden.[209]

Der Täter versucht, sich hier häufig an Orten mit vielen Kindern aufzuhalten beziehungsweise sich eine längerfristige Position an solchen Orten zu verschaffen. Dies kann etwa, wie geschildert, die gezielte Kontaktaufnahme zu alleinerziehenden Müttern sein, die Hilfestellung als Nachbar oder auch die Tätigkeit in bestimmten Institutionen.[210]

Doch gehören auch eher plump anmutende Hilfsmittel zum strategischen Repertoire der Täter. So seien sie beispielsweise auch an Schulen, Einkaufszentren, Passagen, Freizeitparks, Schwimmbädern, am Strand, auf dem Spielplatz oder auf dem Rummelplatz anzutreffen.[211]

Anzeigen in Zeitungsannoncen werden zudem als Kontaktmittel eingesetzt, wobei es zahlreiche Möglichkeiten gibt, entweder Kinder und Jugendliche selbst oder aber die Eltern potentieller Opfer anzulocken, um über diese an deren Kinder zu gelangen. Einige Täter inserieren beispielsweise Kinderfahrräder oder geben Nebenverdienstmöglichkeiten auf und prüfen bereits im Rahmen einer

---

208 *Lautmann*, Die Lust am Kind, S. 87.
209 S. 1. Teil, Kapitel 1, I. 1. a) aa).
210 S. 1. Teil, Kapitel 1, I. 1. a) aa).
211 *Enders* in: Enders (Hrsg.), Zart war ich, bitter war’s, S. 53, 58.

ersten Kontaktierung mit dem potentiellen Opfer die Möglichkeiten einer „Kooperation" des Kindes ab. Auch Jugendzeitschriften werden als beliebtes Mittel benannt, um das Interesse neugieriger Kinder und Jugendlicher, etwa durch Angebote für Brieffreundschaften, zu wecken.

> *„Die 8jährige Susanne aus W. könnte in Wirklichkeit auch der 47jährige Herbert aus U. sein, der über diese Legende an Kontakte zu 8- bis 10jährigen Mädchen kommt."*[212]

Hoffmann beschreibt in seiner Studie, dass die Kontaktaufnahme gezielt durch kulturell vermittelte Kommunikations- und Umgangsformen (Grüße, Auskünfte einholen, Fragen, Blicke, Vermittlungen durch dritte Personen) eingeleitet wird.[213] Zusammenfassend stellt *Hoffmann* fest, dass die Phase der Kontaktanbahnung durch gesellschaftliche Regelgepflogenheiten vorangetrieben wird, denn diese Gepflogenheiten *„schaffen die mehr oder weniger erwartungssichere Orientierung, dass ein Gruß zurückgegeben, eine Auskunft gewährt, eine Frage beantwortet, ein Blick erwidert wird."*[214] Außerdem hat die Studie ergeben, dass es den Befragten in der sich anbahnenden Kennenlernsituation vor allem auch darauf ankam abzuschätzen, ob der Junge[215] zu ihnen passe. Es mache nach deren Aussage keinen Sinn, einen Kontakt aufzubauen, der problematisch zu werden droht, etwa weil die Interessen zu sehr divergieren oder weil der Junge Charakterzüge zeige, mit denen der Mann nur schlecht umgehen kann (beispielsweise der „zu stille" beziehungsweise „zu lebhafte" Junge).[216] Dies bestätigt die bereits erwähnte Fähigkeit der Täter, ihre Opfer nach entsprechender „Eignung" auszusuchen.[217]

cc) Phase 3: Gezielte Vorbereitung des Opfers

Nachdem die Kontaktaufnahme erfolgt ist, gilt es, den Missbrauch in die Wege zu leiten. Dies geschieht durch eine gezielte Vorbereitung des Opfers. *Ohlmes* bezeichnet dies als den „Grooming-Prozess I".[218]

Bevor der Täter sein auserwähltes Opfer „angemessen" auf den Missbrauch vorbereiten kann, bedarf es einer Auseinandersetzung mit der Persönlichkeit des

---

212 *Gallwitz/Paulus*, Grünkram, S. 31.

213 *Hoffmann*, Die Lebenswelt der Pädophilen, S. 94 ff.

214 *Hoffmann*, Die Lebenswelt der Pädophilen, S. 209.

215 *Hoffmann's* Studie beschränkt sich auf die Untersuchung der Interaktionen in extrafamiliären Mann-Junge-Konstellationen, s. *Hoffmann*, Die Lebenswelt der Pädophilen, S. 207.

216 *Hoffmann*, Die Lebenswelt der Pädophilen, S. 209.

217 1. Teil, Kapitel 2, I. 1. a) aa).

218 *Ohlmes*, Pädosexuelle Täter, S. 61.

Kindes. Der elementarste Aspekt des Grooming-Prozesses zeigt sich im Rahmen dieses Stadiums. Im Zentrum steht der Vertrauensgewinn beim Opfer. Hiervon ist abhängig, ob das Kind entsprechend den Wünschen des Täters handelt, was zu Beginn eine stufenweise sexuelle Desensibilisierung, die Vornahme der sexuellen Handlung und später die Aufrechterhaltung des Missbrauchs sowie dessen Geheimhaltung bedeutet.[219] Sofern ein sexueller Übergriff stattfindet, ist dies Resultat einer lange vorausgehenden Einflussnahme und Manipulation des Opfers. Erst nach und nach erfolgt eine schrittweise Heranführung des Kindes an sexuelle Themen, bevor sodann auf physischer Ebene zunächst harmlose Zärtlichkeiten ausgetauscht werden, die dann mehr und mehr sexuelle Natur annehmen.[220]

Bullens sieht den Versuch des Täters, das Vertrauen des Kindes zu gewinnen, als Kernelement des Grooming-Prozesses an. Vertrauen wird dementsprechend als Mittel benutzt, um das Kind zukünftig zu missbrauchen.[221]

Auch *Enders* zufolge beginnt der sexuelle Missbrauch nicht erst bei der Vergewaltigung selbst. Ihm geht immer eine Phase voraus, in welcher dem Opfer besondere Aufmerksamkeit vom Täter geschenkt wird. Er schleicht sich dabei mit List und Tücke geschickt in die Gefühle des Kindes ein. Seine Absicht ist es, *„das Mädchen/den Jungen ‚zu umgarnen', in eine Komplizenschaft zu verwickeln und für die Opferrolle zu ‚dressieren'.“*[222]

Dies bestätigt auch die Untersuchung von *Bange* und *Deegener*, wonach eine emotionale Abhängigkeit – gekennzeichnet durch ein hohes Maß an Vertrauen, das den Tätern entgegengebracht wird – wesentliches Mittel der Herbeiführung und Aufrechterhaltung der sexuellen Ausbeutung ist.[223]

Vor allem das intensive Gespräch und die bewusste Auseinandersetzung mit dem Opfer ist ein wichtiger Schritt, um sich Zugang zu ihm verschaffen und das Vertrauen zu gewinnen.

Hoffmann führt in diesem Zusammenhang aus:

---

219 *Heiliger*, Täterstrategien und Prävention, S. 15; *Enders* in: Enders (Hrsg.), Zart war ich, bitter war's, S. 53, 57.

220 *Craven/Brown/Gilchrist*, Journal of Sexual Aggression 12.3 (2006): 287–299 (294 ff.); *Berliner/Conte, Child abuse & neglect* 14.1 (1990): 29–40 (32 f.); *Leberg*, Understanding child molesters, 26 ff.

221 *Bullens* in: Marquardt-Mau (Hrsg.), Schulische Prävention gegen sexuelle Kindesmißhandlung, S. 55, 58 f.

222 *Enders* in: Enders (Hrsg.), Zart war ich, bitter war's, S. 53, 75.

223 *Bange/Deegener*, Sexueller Mißbrauch an Kindern, S. 138.

„Durch seine ritualistischen Ratschläge sendet der Mann dem Jungen Beruhigungskundgaben aus und gewinnt augenscheinlich seine Sympathie und Zustimmung als helfender Gesprächspartner.“[224]

Erst wenn der Täter weiß, welche Bedürfnisse, Sehnsüchte oder Interessen das auserwählte Opfer hat, kann er seine Handlungen entsprechend anpassen.[225] So kann die Einflussnahme gegenüber Mädchen und Jungen ganz unterschiedlich ausfallen. Bei Jungen kann dies beispielsweise in Form gemeinsamer Aktivitäten, wie der Besuch eines Fußballstadions oder das Ausprobieren eines Computerspiels, geschehen.[226] Bei älteren Jungen kann zudem die Strategie angewandt werden, diese als Erwachsene zu behandeln und sonst verbotene Dinge zuzulassen (z.B. Fußballspielen im Haus, unordentlich sein, unbegrenzt Computerspielen, Auto fahren, Bars besuchen, Alkohol trinken, Drogen probieren, Pornografie anschauen).[227]

In innerfamiliären Missbrauchsfällen ist die Bevorzugung von Mädchen als häufiges „Verführungsmittel“ festzustellen. So wird den Opfern ein besonderer Platz innerhalb der Familie eingeräumt, wodurch sie den Status eines Lieblingskindes erreichen und ihnen das Gefühl gegeben wird, etwas Besonderes zu sein. In Extremfällen bürden Täter den Kindern eine enorme Verantwortung auf, indem sie diesen zu verstehen geben, dass ihr eigenes Leben (das Leben der Täter) von der „Beziehung“ abhängen würde. Darüber hinaus ist es möglich, dass Täter bewusst ein Bündnis mit dem Kind gegen die Mutter eingehen. Diese Verbindung nimmt dabei den Charakter einer „besseren Ehe“[228] innerhalb der Familie ein.[229] Mädchen empfinden dies als Bestätigung ihrer Weiblichkeit und fühlen sich geschmeichelt.[230]

---

224 *Hoffmann*, Die Lebenswelt der Pädophilen, S. 122.

225 *Heiliger* in: Bange/Körner (Hrsg.), Handwörterbuch sexueller Missbrauch, S. 657, 659.

226 *Bange/Boehme* in: Amann/Wipplinger(Hrsg.), Sexueller Missbrauch, S. 726, 730.

227 *Lanning*, Child Molesters, S. 58, verfügbar unter http://citeseerx.ist.psu.edu/viewdoc/download?doi=10.1.1.692.6218&rep=rep1&type=pdf [18.04.2016].

228 *Bullens* in: Marquardt-Mau (Hrsg.), Schulische Prävention gegen sexuelle Kindesmißhandlung, S. 55, 59.

229 *Bullens* in: Marquardt-Mau (Hrsg.), Schulische Prävention gegen sexuelle Kindesmißhandlung, S. 55, 59.

230 *Enders* in: Enders (Hrsg.), Zart war ich, bitter war's, S. 53, 76; *Berliner/Conte, Child abuse & neglect* 14.1 (1990): 29–40 (33).

Die Taktik des „Bevorzugens“ bestätigt sich auch in der von *Conte* u.a. durchgeführten Untersuchung, in deren Verlauf die Täter eine „Anleitung zum Missbrauch“[231] aufzeichnen sollten.

So finden sich Beschreibungen wie:

> *„Versuche nett zu ihnen zu sein, bis sie dir in hohem Maß vertrauen und dir den Eindruck vermitteln, dass sie keinen Widerstand leisten werden. (...) Gib ihr das Gefühl, etwas Besonderes zu sein.“*[232]

Ganz generell sind vermeintliche Anerkennung und Wertschätzung ein klassisches Täuschungsmanöver, um das Vertrauen eines Kindes zu gewinnen und nach langer und sorgsamer Vorbereitungszeit den Widerstand des Opfers zu brechen. Dabei spielen die Täter dem Kind Liebe und Schutz vor und geben sich als Freund und Gönner aus oder aber, sie versuchen durch Geschenke und mit besonderer Aufmerksamkeit das Kind zu bestechen.[233] Wie erfolgreich Täter mit derartigen Mitteln sind, bestätigt die Studie von *Berliner* und *Conte*. Die untersuchten Opfer schilderten hier, dass sie die Beziehung zum Täter anfangs so empfanden, als sei sie von „echter“ Zuneigung geprägt. Die Opfer hatten das Gefühl, dass die Täter „echtes“ Interesse an ihrer Persönlichkeit und ihren Problemen hatten.[234]

Bezeichnend sind auch folgende Zitate, die ein Bewusstsein der Täter über ihr planvolles Vorgehen offen legen:

> *„Es ist am Anfang irgendwo schon Überredung. Wenn man deutlich macht, dass einem sehr viel daran liegt und dass einem an der Beziehung weniger läge, wenn das nicht passiert.“*[235]
> *„Ich hatte ihn ganz zu Anfang mal gefragt, und er sagte mir, er hätte Angst davor. Dann habe ich ihm erzählt, wie das bei mir gewesen ist früher. Zwei-, dreimal später war er dann dazu bereit. Das war praktisch eine Verführung, von meiner Seite aus gesehen.“*[236]

Zu diesem Zeitpunkt erscheint das Vorgehen der Täter noch als etwas Positives.[237] Den Opfern ist nicht klar, was hinter der vermeintlichen Zuneigung der Täter steckt. Meist wird den Opfern erst zu einem viel späteren Zeitpunkt bewusst,

---

231 *Conte/Wolf/Smith,* Child abuse & neglect 13.2 (1989): 293–301 (298).

232 Wörtlich lautet das Zitat: “Try to be nice to them until they trust you very much and give you the impression that they will participate with you willingly. […]. Tell her she is special.”, *Conte/Wolf/Smith,* Child abuse & neglect 13.2 (1989): 293–301 (298).

233 *Enders* in: Enders (Hrsg.), Zart war ich, bitter war’s, S. 53, 75.

234 *Berliner/Conte, Child abuse & neglect* 14.1 (1990): 29–40 (34).

235 *Lautmann*, Die Lust am Kind, S. 93.

236 *Lautmann*, Die Lust am Kind, S. 88 f.

237 *Berliner/Conte, Child abuse & neglect* 14.1 (1990): 29–40 (34).

welche Strategie die Täter damit verfolgten. Eine Strategie, die im Ergebnis oft dazu führt, dass sich die Kinder wegen der erfahrenen „Privilegien" schuldig und verantwortlich für den Missbrauch fühlen.

dd) Phase 4: Sexualisierung der Erwachsenen-Kind-Beziehung

Nachdem das Opfer mental auf den Missbrauch vorbereitet wird, steht in der darauffolgenden Phase die schrittweise sexuelle Desensibilisierung im Fokus. Eine klare Grenzziehung zwischen diesen Vorbereitungsstufen ist dabei freilich nicht möglich. Denn während der Täter auf das Opfer psychisch einwirkt, tastet er sich zugleich auf körperlicher Ebene vor, indem er etwa mit zunächst harmlos erscheinenden Berührungen und Handlungen die Grenzen bei seinem Opfer austestet und sich sodann allmählich in der Sexualisierung steigert.[238]

Bullens zufolge ist auch dieser Teil des Grooming-Prozesses als wesentliches Element des Phänomens anzusehen. Mit dem Begriff der Grenzüberschreitungen beschreibt *Bullens* die sich allmählich vollziehende sexuelle Desensibilisierung, der sich bei der Rekonstruktion des Missbrauchs sowohl Täter als auch Opfer bewusst werden. Beim sexuellen Kindesmissbrauch gehe es nicht um „alles oder nichts". Zu einer wesentlichen Strategie des Täters gehört es, die sich aufbauende Missbrauchssituation als etwas „Normales" darzustellen.[239] Die Verwirrung des Kindes sei hier besonders groß.[240]

Derartige Verwirrungstaktiken zeigen sich etwa in – aus objektiver Perspektive aus betrachtet – neutralen Umgebungen wie etwa in Badezimmersituationen oder beim Umziehen.[241] Unauffällige körperliche Aktivitäten wie beispielsweise Baden, Schmusen, Kitzeln, Zaubern und Doktorspiele mögen für das Kind und die Außenwelt zwar als nichts Ungewöhnliches erscheinen, für den Täter jedoch sind dies Handlungen, die aufgrund seiner eigenen Fantasie mit einer hohen Sexualisierung verbunden sind.[242]

Ein Täter aus *Lautmann's* Studie berichtet:

---

238 S. bereits 1. Teil, Kapitel 1, I. 1. a) bb); *Craven/Brown/Gilchrist*, Journal of Sexual Aggression 12.3 (2006): 287–299 (294 ff.); *Berliner/Conte, Child abuse & neglect* 14.1 (1990): 29–40 (37); *Leberg*, Understanding child molesters, S. 26 ff.

239 Vgl. *Heiliger*, Täterstrategien und Prävention, S. 59; *Hoffmann*, Die Lebenswelt der Pädophilen, S. 157.

240 *Bullens* in: Marquardt-Mau (Hrsg.), Schulische Prävention gegen sexuelle Kindesmißhandlung, S. 55, 60.

241 *Berliner/Conte, Child abuse & neglect* 14.1 (1990): 29–40 (32 f.).

242 *Ohlmes*, Pädosexuelle Täter, S. 64 f.; s. auch *Leberg*, Understanding child molesters, S. 26.

„Bei mir läuft das meistens so ab, dass ich sie mal kitzel und während des Spielens über den Kitzler streichle, auch mal zwischen die Beine komme.“[243]

Die Tarnung solchen Verhaltens unter dem Deckmantel „normaler“ Verhaltensweisen ist wesentlich für den „Erfolg“ des Grooming-Prozesses. Denn durch vorschnelle Handlungen des Täters kann es zu einer Abschreckung und mithin einer Abkehr des Opfers oder gar einer Aufdeckung des Missbrauchshandelns kommen. Die Vorgehensweisen der Täter sind hier zahlreich und von unterschiedlichster Art. Neben gemeinsamen spielerischen Aktivitäten kaschieren Täter ihre Handlungen auch als sexuelle Aufklärung[244] oder im Rahmen sportlicher Betätigung.[245]

Bevor es zu körperlichem Kontakt kommt, begutachten sie oft die physische Entwicklung und Attraktivität der Mädchen und Jungen und fällen sexistische Qualitätsurteile.[246] Sie sorgen für eine sexualisierte Atmosphäre,[247] die sich in scheinbar zufälligen sexuellen Grenzüberschreitungen ohne Körperkontakt (Voyeurismus, Exhibitionismus),[248] dem Herumliegenlassen von Pornomagazinen[249] oder dem nebenbei Laufenlassen pornografischer Filme[250] zeigt. Zudem versuchen Täter, durch verstärkt sexuell vulgäre Konversation, die Grenzen des sexuellen Missbrauchs ebenfalls weiter einzureißen.[251]

Am Ende dieser Desensibilisierungsphase entscheidet sich, ob ein Opfer aus Sicht des Täters für den Missbrauch „geeignet“ ist oder nicht. Als ungeeignet erweist sich ein Kind dann, wenn es sich gegen die eben beschriebenen Handlungen zur Wehr setzt.[252] Für Kinder hingegen, die nicht über die Fähigkeit verfügen, sich frühzeitig abzugrenzen und Widerstand zu zeigen, besteht eine hohe Gefahr, Opfer eines sexuellen Missbrauchs zu werden, da sie erst viel zu spät spüren, dass der kindgemäße Rahmen längst verlassen wurde.[253]

---

243 *Lautmann*, Die Lust am Kind, S. 84.

244 *Berliner/Conte, Child abuse & neglect* 14.1 (1990): 29–40 (32 ff.).

245 *Enders* in: Enders (Hrsg.), Zart war ich, bitter war’s, S. 53, 69.

246 *Enders* in: Enders (Hrsg.), Zart war ich, bitter war’s, S. 53, 68.

247 *Hoffmann*, Die Lebenswelt der Pädophilen, S. 160.

248 *Enders* in: Enders (Hrsg.), Zart war ich, bitter war’s, S. 53, 68.

249 *Conte/Wolf/Smith*, Child abuse & neglect 13.2 (1989): 293–301 (298).

250 *Hoffmann*, Die Lebenswelt der Pädophilen, S. 160.

251 *Bullens* in: Marquardt-Mau (Hrsg.), Schulische Prävention gegen sexuelle Kindesmißhandlung, S. 55, 60; s. auch *Berliner/Conte, Child abuse & neglect* 14.1 (1990): 29–40 (32 ff.).

252 *Enders* in: Enders (Hrsg.), Zart war ich, bitter war’s, S. 53, 68; s. auch *Berliner/Conte, Child abuse & neglect* 14.1 (1990): 29–40 (32 ff.).

253 *Heiliger*, Täterstrategien und Prävention, S. 59.

„So schwer es für ein betroffenes Mädchen/einen Jungen ist, die strategisch geplanten ‚Test-rituale' als solche zu erkennen, so schwer ist es für Dritte, die Systematik dieser schleichenden Sexualisierung nachzuvollziehen.“[254]

Die Kinder befinden sich dann in einer vom Täter angestrebten Zwickmühle, aus der sie sich nicht mehr befreien können. Dem Täter ist es nunmehr gelungen, beim Kind ein Schuldgefühl[255] zu erzeugen, indem er diesem suggerierte, dass es die Situation selbst herbeigeführt habe und ihm die bisherige Zuwendung doch gefallen habe. Einerseits erscheint dem Kind das Erlebte als verachtenswert und negativ, andererseits jedoch als etwas Ersehntes.[256]

Dies verdeutlicht nochmals, in welchem größeren Kontext der Grooming-Prozess steht. Von der Auswahl eines geeigneten Opfers, über die geistige Beeinflussung und schließlich die körperliche Desensibilisierung des Opfers soll nicht „nur“ ein sexueller Übergriff hergeleitet werden. Darüber hinaus zielen die strategischen Vorgehensweisen des Täters auch auf eine sich in allen Phasen anbahnende, tiefgreifende Manipulation des Opfers ab, die den Missbrauch im Ergebnis als logische Folge des kindlichen Verhaltens und als ein für den Täter „unausweichliches“, weil provoziertes Geschehen darstellen soll. Schließlich, in der nunmehr letzten Phase des Grooming-Prozesses, spiegelt sich diese mentale Kontrolle, die der Täter über das Opfer erlangt hat, ebenfalls wider.

ee) Phase 5: Aufrechterhaltung

Während es in dieser Phase einerseits darum geht, die Fortsetzung des Missbrauchs und andererseits das Schweigen des Kindes sicherzustellen,[257] führt die zuvor geschickt inszenierte Verführung des Opfers dahin, dass es glaubt, es hätte selbst den aktiven Part inne. Einige der betroffenen Opfer berichten davon, wie ihnen die Täter das Gefühl von Exklusivität gaben,[258] indem ihnen gesagt wurde, sie seien die einzige Person, die Verständnis für ihn aufbringe und diesen glücklich machen könnte.[259]

„Er hat uns allen Leid getan. Er war so der arme, einsame Kämpfer, der von niemandem verstanden wird, und meine Mutter versteht ihn auch nicht, und wenn er wieder Geld

254 *Enders* in: Enders (Hrsg.), Zart war ich, bitter war's, S. 53, 69.
255 *Leberg*, Understanding child molesters, S. 81 ff.
256 *Heiliger*, Täterstrategien und Prävention, S. 59.
257 *Ohlmes*, Pädosexuelle Täter, S. 67.
258 *Heiliger*, Täterstrategien und Prävention, S. 66 ff.
259 *Bullens* in: Marquardt-Mau (Hrsg.), Schulische Prävention gegen sexuelle Kindesmißhandlung, S. 55, 59.

verspielt hat, war sie wütend, und dann hat mein Vater geheult, und ich hab ihn dann immer bemitleidet und war dann die Einzigste, die ihn versteht, die ihn liebt.“[260]

Das Herausstellen der „Beziehung“ als etwas Besonderes kann in engem Zusammenhang damit gesehen werden, dass das Missbrauchsgeschehen als gemeinsames, schützenswertes Geheimnis qualifiziert wird. Niemand außer dem Täter und dem Opfer selbst darf hiervon „zum Schutz dieser Beziehung“ erfahren. Der eigene, manipulativ herbeigeführte Glaube bei den Kindern an diese „Beziehung“ führt dann dazu, „das Geheimnis“ für sich zu behalten.[261]

Doch vertrauen Täter oft nicht darauf, dass die Opfer „von sich aus“ keinen Widerstand leisten und Stillschweigen bewahren werden. Unterschiedliche Mittel, von vor allem psychischer, aber auch körperlicher Gewalt werden eingesetzt, um eine Aufdeckung des Missbrauchs zu verhindern.[262] Im Einzelnen ist das Repertoire an Handlungsmustern sehr breit gefächert. Die Isolation des Kindes von Vertrauenspersonen aus seinem Umfeld ist dabei ein häufig eingesetztes Mittel.[263] Je mehr das Kind von Freunden und Familienangehörigen distanziert wird, desto weniger besteht die Gefahr, dass es Bezugspersonen hat, denen gegenüber es sich anvertrauen kann.[264] Auch vor Gewaltandrohungen oder -anwendungen schrecken Täter nicht zurück.[265] Ängste der Kinder werden weiter geschürt, Abhängigkeiten werden verfestigt und Macht wird demonstriert.[266] Schließlich kann der bereits oben erwähnte Aspekt von Schuldgefühlen bei den Opfern[267] in diesem Stadium ebenfalls von Bedeutung sein. Wenn die Kinder den Fehler nur bei sich suchen, trauen sie sich aus Angst, keiner würde ihnen Glauben schenken, nicht jemandem anzuvertrauen.[268] Bei vielen der missbrauchten Opfer tauchen Selbstzweifel auf. Sie fragen sich, ob sie nicht durch

---

260 *Heiliger,* Täterstrategien und Prävention, S. 69 f.

261 *Bullens* in: Marquardt-Mau (Hrsg.), Schulische Prävention gegen sexuelle Kindesmißhandlung, S. 55, 59; *Ohlmes,* Pädosexuelle Täter, S. 64 ff., *Heiliger,* Täterstrategien und Prävention, S. 59; *Craven/Brown/Gilchrist,* Journal of Sexual Aggression 12.3 (2006): 287–299 (295).

262 *Ohlmes,* Pädosexuelle Täter, S. 69 ff.

263 *Leberg,* Understanding child molesters, S. 20 ff.

264 *Warner,* Understanding Child Sexual Abuse, (zit. nach *Craven/Brown/Gilchrist,* Journal of Sexual Aggression 12.3 (2006): 287–299 (295)).

265 *Craven/Brown/Gilchrist,* Journal of Sexual Aggression 12.3 (2006): 287–299 (295); *Conte/Wolf/Smith,* Child abuse & neglect 13.2 (1989): 293–301 (297 f.).

266 *Heiliger,* Täterstrategien und Prävention, S. 67.

267 1. Teil, Kapitel 2, I. 1. a) dd).

268 *Warner,* Understanding Child Sexual Abuse, (zit. nach *Craven/Brown/Gilchrist,* Journal of Sexual Aggression 12.3 (2006): 287–299 (296)).

eine fehlende Gegenwehr Einverständnis signalisiert oder den Täter durch einen anfangs unbefangenen Umgang möglicherweise sogar zu seinen Handlungen motiviert haben.[269] Gefühle von Mitverantwortung treten auf wenn zuvor Geld geschenkt oder sonstige materielle Zuwendungen von den Tätern gemacht wurden. Das Opfer fühlt sich dadurch noch weniger in der Lage die Schuld beim Täter zu suchen denn *„schließlich hat es ja etwas dafür bekommen und sich auf das ‚Geschäft' eingelassen."*[270]

Charakteristisch ist darüber hinaus, wie gezielt Täter ihre Strategien auf die Person des jeweiligen Opfers anpassen, um letztlich deren Stillschweigen sicherzustellen. *Monaco* und *Gaier* gingen im Rahmen ihrer Studie der Frage nach, inwiefern Täter ihre Strategien in diesem Zusammenhang am Entwicklungsstand der Kinder ausrichten.[271] Dabei meinen die Autoren, dass entsprechend der Ergebnisse ihrer Untersuchung auf eine Fähigkeit sexueller Missbrauchstäter geschlossen werden könne, ihre Opfer mit Begründungen zum sexuellen Missbrauch zu überreden und zu verpflichten, welche der moralischen Stufe sowie dem damit verbundenen kognitiven Entwicklungsniveau der Kinder entspreche.[272] Da die Überredungs- und Verpflichtungsstrategien der Täter mit dem jeweiligen Entwicklungsstand ihrer Opfer übereinstimmen, werden so „kognitive Dissonanzen" vermieden. Dies erhöhe wiederum die Wahrscheinlichkeit, dass sich die Kinder den Wünschen und Aufforderungen der Täter fügen und die Missbrauchshandlungen für sich behalten. Je geringer die „kognitive Dissonanz" ausfällt, je mehr also die Begründungen der Täter mit dem Entwicklungsstand der Opfer übereinstimmen, desto eher können diese in das Wertesystem der Kinder integriert werden und desto weniger wahrscheinlich ist es, dass sich diese einem Dritten gegenüber offenbaren und um Hilfe, Rat oder Trost suchen.[273]

Wie weit die Manipulation der Kinder reicht und in welchem Ausmaß sie stattfindet, zeigt ein dokumentierter Fall aus Großbritannien, bei welchem ein Mädchen Opfer eines „Grooming-Täters" wurde.

Das Mädchen traf den Mann und ging mehrmals mit ihm ins Hotel mit. Der Täter hatte völlige Kontrolle über das Mädchen erlangt. Ein Polizist, der die Festnahme des Täters miterlebte, schilderte in einem Interview:

---

269 *Kind* in: Haide (Hrsg.), Stoppt die Kinderschänder, S. 170, 182.

270 *Hesselbarth*, Kinderpornografie, S. 31.

271 *Monaco/Gaier*, Early Child Development and Care 30.1–4 (1988): 31–42.

272 Vgl. auch *Lanning*, Child Molesters, S. 27, verfügbar unter http://citeseerx.ist.psu.edu/viewdoc/download?doi=10.1.1.692.6218&rep=rep1&type=pdf [18.04.2016].

273 *Monaco/Gaier*, Early Child Development and Care 30.1–4 (1988): 31–42 (38 f.), (zit. nach der deutschen Übersetzung von *Deegener*, Sexueller Mißbrauch, S. 149.)

„Selbst vor dem Hintergrund, dass der Täter eine furchtbar ungepflegte und unhygienische Person war, war das Mädchen dennoch bereit mit ihm mitzugehen. Am meisten erstaunte mich, wie machtvoll die Wirkung der Manipulation ist und wenn das Opfer zu dem Punkt gelangt, dass es nicht mehr aus dem Teufelskreis des Missbrauchs ausbrechen kann.“[274]

In Fällen, in welchen der Missbrauch gefilmt wurde, werden diese Aufnahmen oft auch als Druckmittel eingesetzt um das Schweigen des Opfers oder die Fortsetzung des Missbrauchs sicherzustellen, wenn der Verführungseffekt seine Wirkung verloren hat. Oftmals ist es jedoch gar nicht nötig, diesen Schritt der Drohung zu gehen. Für viele Opfer überwiegen die primär entwickelten, positiven Gefühle für die Täter. Sie fühlen sich oder wollen sich nicht als Opfer fühlen und tauschen die ihnen vom Täter geschenkte Aufmerksamkeit und Zuneigung bereitwillig gegen das von ihnen Verlangte ein.[275] So gelangen die Opfer in einen ständigen Gewissenskonflikt, die ihnen die Offenbarung gegenüber Dritten schwer machen.

b) Weitere Systematisierungs-Modelle

Im Schrifttum wird vertreten, dass es neben dieser von *Ohlmes* beschriebenen Kategorisierung des Grooming-Prozesses noch weitere Modelle gibt, die eine Systematisierung des Phänomens unternommen haben. Zum einen wird dabei auf die Studie von *Berliner* und *Conte*,[276] zum anderen auf die von *Bullens* vorgenommene Beschreibung des Phänomens[277] Bezug genommen.[278]

Danach stelle sich der Grooming-Prozess bei *Berliner* und *Conte* in drei Phasen dar: Sexualisierung der Erwachsenen-Kind-Beziehung (1), Rechtfertigung

---

274 Wörtlich lautet das Zitat: “Even to this point where this person was horribly unkempt and unhygienic, she was still prepared to go along with him. I think that astonished me in relation to the power when somebody grooms somebody and gets them to the point where they’re unable to break that cycle of grooming and abuse.”, *Ost*, Child pornography and sexual grooming, S. 36.

275 *Lanning*, Child Molesters, S. 57 f., verfügbar unter http://citeseerx.ist.psu.edu/viewdoc/download?doi=10.1.1.692.6218&rep=rep1&type=pdf [18.04.2016].

276 *Berliner/Conte*, *Child abuse & neglect* 14.1 (1990): 29–40.

277 *Bullens* in: Marquardt-Mau (Hrsg.), Schulische Prävention gegen sexuelle Kindesmißhandlung, S. 55.

278 *Brandes/Gusy/Kleiber*, Pädosexuelle Übergriffe, S. 13 f., verfügbar unter http://spendefuerjungs.de/studie2004.pdf [16.06.2016]; vgl. auch *Heiliger*, Täterstrategien und Prävention, S. 14 f.

des sexuellen Kontakts (2) und Zustandebringen der kindlichen Mitwirkung (3). *Bullens* differenziert zwischen Vertrauensgewinn (1), Bevorzugen des Kindes (2), Isolierung (3), Geheimhaltung (4) und schließlich Grenzüberschreitung (5).[279]

An dieser Stelle kann eine detaillierte Darstellung dieser Modelle allerdings unterbleiben, da sowohl die Studie von *Berliner* und *Conte*[280] als auch die Darstellungen von *Bullens*[281] bereits im obigen, umfassenderen „Phasenmodell" von *Ohlmes* an entsprechender Stelle Berücksichtigung gefunden haben. Zudem zeigen sich wesentliche Überschneidungen in den jeweils bezeichneten Systematisierungsansätzen.

c) Zusammenfassung

Die vorangegangene Darstellung hat deutlich werden lassen, dass das Konzept des Groomings gegenüber dem Kind ein mehrstufiger Prozess ist, der mittels Vertrauensgewinn auf die Herbeiführung und Aufrechterhaltung eines sexuellen Missbrauchs abzielt. Das manipulative, mithin planende Verhalten des Täters ist dabei in allen Phasen anzutreffen. Zunächst bedarf es der Identifizierung eines „geeigneten" Opfers, bevor dann die gezielte Verwirrung des auserkorenen Kindes bezüglich seiner Wahrnehmung von Gut und Schlecht, darüber was kindgerechte und übergriffige Berührungen sind, erfolgt. Das Kind wird schleichend sexuell desensibilisiert und merkt die eingetretene Sexualisierung erst in einem späten Stadium, wenn ein Ausbrechen aus der Situation kaum mehr möglich ist. Dem Täter gelingt es, eine Situation zu schaffen, die es dem Kind erschwert, den Missbrauch gegenüber Dritten zu offenbaren.[282]

2. Cyber-Grooming

Aspekte, die bisher im Bereich des konventionellen Grooming-Prozesses erörtert wurden, finden sich auch beim Cyber-Grooming wieder. Insbesondere gibt es hier ebenfalls verschiedene Phasen oder Bereiche, in die das Phänomen des Cyber-Groomings unterteilt werden kann.

---

279 Vgl. *Brandes/Gusy/Kleiber*, Pädosexuelle Übergriffe, S. 13 f., verfügbar unter http://spendefuerjungs.de/studie2004.pdf [16.06.2016].

280 *Berliner/Conte*, *Child abuse & neglect* 14.1 (1990): 29–40.

281 *Bullens* in: Marquardt-Mau (Hrsg.), Schulische Prävention gegen sexuelle Kindesmißhandlung, S. 55.

282 *Heiliger* in: Bange/Körner (Hrsg.), Handwörterbuch sexueller Missbrauch, S. 657, 659.

Weiler spricht dabei von intelligenten und taktisch raffinierten Strategien der Täter, die sich bei der Auswahl nach tauglichen Opfern, der Manipulation der Opfer sowie der Täuschung der Umwelt wiederspiegeln. Damit sind bereits drei Phasen angedeutet, die den Grooming-Prozess ausmachen. Nach der Auswahl eines potentiellen Opfers geht es dem Täter um dessen „maßgeschneiderte" Einflussnahme zur Vorbereitung sexueller Missbrauchshandlungen. Der Täter streichle in dieser Phase die Seele des Kindes und vermittle ihm das Gefühl von Geborgenheit. Während sich der Täter langsam an sexuelle Themen herantastet, prüft er die entsprechenden Reaktionen des Kindes. Sofern Widerstand oder Abwehr in Form eines einfachen „Wegklickens" gezeigt werde, lasse der Täter oftmals vom Kind ab. Ist hingegen kein Widerstand zu spüren, so werde der Kontakt intensiviert. Hierzu werden gemeinsame Geheimnisse aufgebaut, die das Kind in schwere Verlegenheit bringen sollen wenn die Eltern davon erfahren würden. So beispielsweise beim Austausch von Fotos, die zunächst harmloser Natur sein können, später jedoch eindeutig sexuellen Charakter haben und als Druckmittel eingesetzt werden können. Schließlich müsse der Täter sicherstellen, dass Dritte nichts von den Geschehnissen erfahren und dass der Kontakt zum Kind aufrechterhalten und weiter intensiviert wird. Ähnlich wie beim konventionellen Grooming gehe es dem Täter auch hier um die „Vernebelung der Wahrnehmung"[283] der Außenwelt, die in der Online-Welt viel leichter zu bewerkstelligen beziehungsweise aufgrund der Benutzung falscher Identitäten schon gar nicht nötig sei. Wenn ein potentielles Opfer beispielsweise eine E-Mail von einem vermeintlich gleichaltrigen Kind erhält, bestehe kein Grund zu Misstrauen bei Erziehungspersonen, deren Wahrnehmung es zu manipulieren erforderlich machen würde.[284]

Diese Schilderungen zeigen, dass in der Tat Parallelen zum konventionellen Grooming-Prozess bestehen. Die nachfolgenden Ausführungen werden jedoch auch einige Unterschiede deutlich werden lassen. Dies betrifft insbesondere den Aspekt, dass der Prozess des Cyber-Groomings keiner linear strengen Abfolge spezifischer Handlungsschritte folgt, wie es beim Offline-Grooming angedeutet wird.

Zunächst wird hierzu nachfolgend die Untersuchung *O'Connell's* aus dem Jahr 2003 vorgestellt. Diese gibt Cyber-Grooming zwar im Rahmen eines linearen Modells wieder, betont jedoch, dass sich nicht alle Täter an die aufgezeigte Reihenfolge halten.

---

283 *Weiler*, Im Netz, S. 89.

284 Vgl. *Weiler*, Im Netz, S. 87 ff.

Williams, Elliot und *Beech* knüpfen im Rahmen ihrer Studie hieran an und erklären, dass der Grooming-Prozess an sich schon einer linearen Zuteilung nicht zugänglich sei. Vielmehr differenzieren die Autoren nach unterschiedlichen Themenbereichen, die mehr oder minder jeder Täter während dem Grooming-Prozess durchlaufen kann.

In einem weiterführenden Sinne wird anhand der Ergebnisse der Studie des European Online Grooming Projects (EOGP) der Grooming-Prozess in einem zyklischen Modell dargestellt. Das Modell soll zeigen, dass Täter ihre Verhaltensweisen einerseits an die Profile und Reaktionen ihrer Opfer anpassen, andererseits gemäß der eigenen Präferenz ausrichten. Dementsprechend werden die unterschiedlichen Phasen auch in divergierender Art und Weise durchlaufen. Der Grooming-Prozess wird daher als ein komplexes Geschehen verstanden, bei dem diverse Komponenten wirken und zu ganz heterogenen Abläufen führen können.

a) *Modell nach* O'Connell

O'Connell entwickelte im Zeitraum von fünf Jahren ein lineares Modell, welches sich in insgesamt fünf Phasen gliedert. Im Rahmen der Studie gab sich *O'Connell* selbst als 8-, 10- oder 12-jähriges Mädchen aus und führte so Konversationen mit Erwachsenen in Chat-Foren, die für Kinder oder Jugendliche ausgerichtet waren. Als charakteristische Merkmale ihres Online-Profils setzte sie auf ein Mädchen, dass erst vor kurzem umgezogen ist, noch keine Freunde an der neuen Schule gefunden hatte und dessen Eltern sich häufig streiten. *O'Connell* bezweckte damit, das Bild eines möglichst vulnerablen Kindes darzustellen, um so als potentiell „leichtes" Opfer in Erscheinung zu treten.[285]

Die Autorin betont dabei, dass die vorgenommene Unterteilung des Grooming-Prozesses nicht zwingend in dieser oder einer sonst festen Reihenfolge erfolgen muss. Sowohl die Abfolge, als auch die jeweils von den Tätern aufgewendete Zeit, kann von Fall zu Fall variieren. Darüber hinaus ist es nicht notwendig, dass jeder Täter jede der fünf Phasen durchläuft.[286]

---

285 *O'Connel,* A typology of child cybersexploitation and online grooming practices, S. 5, verfügbar unter http://image.guardian.co.uk/sysfiles/Society/documents/2003/07/17/Groomingreport.pdf [12.05.2016].

286 *O'Connel,* A typology of child cybersexploitation and online grooming practices, S. 8, verfügbar unter http://image.guardian.co.uk/sysfiles/Society/documents/2003/07/17/Groomingreport.pdf [12.05.2016].

aa) Phase 1: Friendship-forming stage[287]

In dieser Phase geht es darum, das potentielle Opfer kennenzulernen. Wie viel Zeit hier investiert wird, fällt von Täter zu Täter unterschiedlich aus. Oft werden hier schon Fotos (ohne sexuellen Charakter) ausgetauscht. Bezweckt wird damit einerseits sicherzustellen, dass es sich wirklich um ein Kind handelt. Andererseits soll geprüft werden, ob das Kind den Ansprüchen und Vorstellungen des Täters entspricht. Schließlich dienen Fotos der Wiedererkennung, sollte das Kind beispielsweise in der Nachbarschaft wohnen.[288]

bb) Phase 2: Relationship-forming stage[289]

Ziel von Phase zwei ist es, eine Beziehung zum auserwählten Opfer aufzubauen. Der Täter schenkt dem Kind Aufmerksamkeit, Zuneigung und unterhält sich mit diesem über alltägliche Themen betreffend die Schule oder das zu Hause. Geprägt ist das Verhalten des Täters durch ein vermeintliches Interesse an der Persönlichkeit des Opfers. Die Täter gaukeln dem Kind etwa vor, sie seien ihr „bester Freund", dem sie sich mit ihren Problemen anvertrauen können. Durch geschickt platzierte Fragen während der Konversation in diesem Stadium, wird eine Überleitung in die nächste Phase bezweckt.[290]

cc) Phase 3: Risk-assessment stage[291]

In dieser Phase geht es dem Täter darum abzuschätzen, wie hoch das Risiko der Entdeckung durch die Eltern, Betreuer oder Geschwister des Kindes ist. Während der Unterhaltung fragt er das Kind beispielsweise, wo der Computer in der Wohnung steht und welche anderen Personen Zugriff darauf haben.[292]

---

287 Sinngemäße Übersetzung „Kennenlernphase".

288 *O'Connel*, A typology of child cybersexploitation and online grooming practices, S. 8, verfügbar unter http://image.guardian.co.uk/sysfiles/Society/documents/2003/07/17/Groomingreport.pdf [12.05.2016].

289 Sinngemäße Übersetzung „Die Phase des Beziehungsaufbaus".

290 *O'Connel*, A typology of child cybersexploitation and online grooming practices, S. 9, verfügbar unter http://image.guardian.co.uk/sysfiles/Society/documents/2003/07/17/Groomingreport.pdf [12.05.2016]; vgl. auch *Webster/Davidson/Gottschalk* in: Webster u.a. (Eds.), Online Offending Behaviour and Child Victimization, S. 55, 58.

291 Sinngemäße Übersetzung „Phase der Risikoabwägung".

292 *O'Connel*, A typology of child cybersexploitation and online grooming practices, S. 9, verfügbar unter http://image.guardian.co.uk/sysfiles/Society/documents/2003/07/17/Groomingreport.pdf [12.05.2016].

dd) *Phase 4: Exclusivity stage*[293]

In diesem Part der Konversation gibt der Täter dem Kind zu verstehen, es könne über alles mit ihm reden und dass er für die jeweilige Situation des Kindes vollstes Verständnis habe. Dabei intendiert der Täter, beim Kind den Eindruck von Exklusivität der zwischen ihnen bestehenden „Beziehung" zu erwecken, eine besondere „Beziehung" mithin, in welcher die ausgetauschten Inhalte „geheim" und nicht für Dritte bestimmt sind. Ziel ist es also, das Vertrauen des Kindes zu gewinnen. Der Täter stellt dabei auch gezielt die Frage, wie sehr ihm das Kind vertraut. *O'Connell* zufolge offenbaren vor allem Kinder im Rahmen derartiger Konfrontationen, dass sie dem Fragenden bedingungsloses Vertrauen entgegenbringen. Hierdurch werde den Tätern ein hilfreiches Mittel für die nächste und letzte Phase an die Hand gegeben.[294]

ee) *Phase 5: Sexual stage*[295]

In dieser Phase kommt es zur Sexualisierung der Unterhaltungen, wobei der Täter zunächst harmlos anmutende Fragen wie: „Wurdest Du schon einmal geküsst?" oder: „Hast Du Dich jemals selbst berührt?", stellt. Dem Täter ist es zu diesem Zeitpunkt bereits gelungen, eine tiefe Vertrauensbeziehung zum Opfer aufzubauen und die Konversationen auf eine Ebene mit hohem Intensitätsgrad zu heben. Aus Perspektive des Kindes ist es eine untypische Konversation und es fällt ihm schwer sich in dieser zurecht zu finden, weil es mit der Materie noch nicht vertraut ist. Fällt hingegen ein Kind dem Täter zum Opfer, das in der Vergangenheit bereits sexuell viktimisiert wurde, so strukturiert der Täter die Konversation in einer Art und Weise, die ihm die größtmögliche Einflussnahme auf das Opfer ermöglicht. Solche Täter, denen es darüber hinaus darauf ankommt, eine längerfristige „Beziehung" mit dem Opfer aufrechtzuerhalten oder für deren sexuelle Fantasien, das Vertrauen und die Liebe des Kindes von Bedeutung sind, fokussieren sich darauf, dem Opfer den Eindruck zu vermitteln, es könne mit ihm über alles reden.[296]

---

293 Sinngemäße Übersetzung „Phase der Verfestigung der Vertrauensbeziehung".

294 Vgl. *O'Connel*, A typology of child cybersexploitation and online grooming practices, S. 9, verfügbar unter http://image.guardian.co.uk/sysfiles/Society/documents/2003/07/17/Groomingreport.pdf [12.05.2016].

295 Sinngemäße Übersetzung „Die Phase der Sexualisierung".

296 *O'Connel*, A typology of child cybersexploitation and online grooming practices, S. 9, verfügbar unter http://image.guardian.co.uk/sysfiles/Society/documents/2003/07/17/Groomingreport.pdf [12.05.2016].

Innerhalb dieser Phase sind *O'Connell* zufolge die gravierendsten Unterschiede in der Art und Weise der Konversation festzustellen.[297]

Für Täter etwa, denen es darauf ankommt, eine „Beziehung" mit dem Kind aufrechtzuerhalten, und für die offenbar auch von Bedeutung ist, beim Opfer den Eindruck zu erwecken und zu bekräftigen, dass „die Beziehung" von Liebe und Vertrauen geprägt ist, folgt eine eher „sanfte" Heranführung an sexuelle Themen. Die Täter zielen hier darauf ab, als Mentor oder möglicher Beziehungspartner aufzutreten. Sobald das jeweilige Opfer Unwohlsein signalisiert, wenn der Täter beispielsweise zu vorschnell vorgedrungen ist, versucht dieser den Übertritt gegenüber dem Kind zu entschuldigen und Reue zu zeigen. Damit wird letztlich bezweckt, die „Beziehung" wiederaufzubauen beziehungsweise diese auf eine noch intimere Stufe zu heben. Die Natur der sexuellen Konversation variiert dabei zwischen sehr milden Formen, bis hin zu konkreten Vorschlägen, die seitens des Täters an das Kind herangetragen werden. In der Rolle als Mentor tritt der Täter an das Kind heran und fordert dieses auf, sich selbst zu berühren. Getarnt wird dies als sexuelle Aufklärung. Dem Kind werden dabei direkte Anweisungen geben, wie man masturbiert. *O'Connell* entsprechend seien dies charakteristische Konversationen, die zu realen Treffen zwischen Täter und Opfer führen.[298]

Daneben kann es Online-Kontakte geben, bei denen der Täter primär darauf aus ist, kinderpornografisches Material zu erlangen, auszutauschen oder zu vertreiben. Zum einen betrifft dies Handlungen, in welchen der Täter selbst kinderpornografische Bilder an seine Opfer schickt, um entweder die eigenen sexuellen Aufforderungen gegenüber dem Kind zu erklären oder aber um die Hemmungen des Kindes abzuschwächen. Zum anderen kommt es vor, dass das auserwählte Opfer anrüchige Bilder von sich selbst an den Täter übermitteln soll.[299]

Schließlich ist es möglich, dass die Unterhaltungen Grundlage sexueller Fantasien des Täters werden. Das Kind wird zur sexuellen Befriedigung des Täters

297 S. ferner *McAlinden*, 'Grooming' and the sexual abuse of children, S. 103 ff.

298 Vgl. *O'Connel,* A typology of child cybersexploitation and online grooming practices, S. 10, verfügbar unter http://image.guardian.co.uk/sysfiles/Society/documents/2003/07/17/Groomingreport.pdf [12.05.2016].

299 *O'Connel,* A typology of child cybersexploitation and online grooming practices, S. 11, verfügbar unter http://image.guardian.co.uk/sysfiles/Society/documents/2003/07/17/Groomingreport.pdf [12.05.2016].

instrumentalisiert, indem dieses beispielsweise die Vornahme sexueller Handlungen am Täter beschreiben soll.[300]

ff) Zwischenergebnis

Die Ergebnisse von *O'Connell* werden in der Literatur kritisch betrachtet, da die Aussagekraft der Studie in Frage gestellt wird. Dies einerseits vor dem Hintergrund, dass nicht reale Fälle des Cyber-Groomings untersucht wurden und dass die Analyse von Fällen, in welchen Jungen zum Opfer werden, völlig außen vor blieb. Andererseits sei fraglich, ob mit Blick auf die Vielfalt an Tätertypen und der Darstellung des Phänomens in einem linearen Konzept die Vielfalt an unterschiedlichen Handlungsweisen der Täter überhaupt wiedergegeben werden könne. Schließlich sei die Phase der Risikoabschätzung überholt, weil es heutzutage anderweitige technologische Möglichkeiten gibt, einen Online-Chat zu führen[301] (z.B. Smartphone, Tablet).

b) Modell nach Williams, Elliott, Beech

Die Studie basiert auf der Analyse von Datenmaterial einer US-amerikanischen Organisation.[302] Gegenstand der Dateninhalte sind diverse Protokollierungen über Chatverläufe zwischen Erwachsenen, die sich im Internet als Kinder ausgeben und so gegenüber potentiellen Tätern agieren. Mit Hilfe gefälschter Profile treten die Erwachsenen in kinderorientierten Chatrooms als junge Mädchen im Alter zwischen 12 und 14 Jahren auf. Ziel der Organisation ist es, genügend Datenmaterial zu sammeln, um eine Strafverfolgung durch die zuständigen Behörden in die Wege leiten zu können.[303]

Als Ergebnis der Untersuchung kann festgehalten werden, dass es drei übergeordnete Themenbereiche gibt, welche die Täter während des Grooming-Prozesses ansteuern. Erstens „rapport building“[304], zweitens „sexual content“[305] und drittens „assessment“[306]. Hervorgehoben wird, dass der Grooming-Prozess nicht in

300 *O'Connel,* A typology of child cybersexploitation and online grooming practices, S. 11, verfügbar unter http://image.guardian.co.uk/sysfiles/Society/documents/2003/07/17/Groomingreport.pdf [12.05.2016].

301 Vgl. *Webster/Davidson/Gottschalk* in: Webster u.a. (Eds.), Online Offending Behaviour and Child Victimization, S. 55, 60.

302 Näheres unter http://www.perverted-justice.com/.

303 *Williams/Elliott/Beech,* Deviant behavior 34.2 (2013): 135–152 (138).

304 Sinngemäße Übersetzung „Aufbau einer positiven Beziehung“.

305 Wörtliche Übersetzung „sexueller Inhalt“.

306 Wörtliche Übersetzung „Beurteilung, Bewertung, Einschätzung“.

einer starren Reihenfolge diverse Stadien durchläuft. Das Phänomen des Cyber-Groomings unterteilt sich vielmehr in die oben erwähnten Themenbereiche, die von den Tätern in jeweils divergierender Art und Weise mit unterschiedlich langer Dauer durchlaufen werden können.[307]

aa) Rapport building[308]

Kennzeichen dieser Phase ist es, eine Freundschaft und/oder Beziehung zum Kind aufzubauen. Hier kommt es zu einer weiteren Differenzierung in drei Untergruppen.[309]

- Co-ordination[310]
  Die Bezeichnung „co-ordination“ meint die Synchronisierung des Täterverhaltens mit dem Verhalten des Kindes. Hier definiert der Täter seine Rolle und die des Kindes. Der Täter bezweckt den Anschein einer Gemeinsamkeit zwischen ihm und dem Opfer herzustellen sowie darüber hinaus, dem Kind ein Gefühl von Sicherheit zu vermitteln.
  Neben der Strategie, die Umgangssprache der Kinder im Internet und in Chatrooms selbst zu adaptieren, versucht der Täter zudem den Altersunterschied zu minimieren. Hierzu hebt er die Konversation mit dem Kind auf die „Erwachsenen-Ebene“, indem er bei diesem beispielsweise den Eindruck zu erwecken versucht, es habe eigene Entscheidungsfreiheit und die Kontrolle über den Verlauf der Unterhaltung. Oder aber der Täter initiiert Konversationen, die suggerieren, dass er von einem älteren und reiferen Chatpartner ausgeht, als das Kind tatsächlich ist.[311]

- Mutuality[312]
  Hier geht es dem Täter darum, die Interessen, Ansichten und persönlichen Lebensumstände des Kindes festzustellen, um sich sodann – mit dem Ziel eine freundschaftliche Beziehung aufzubauen – als eine Person mit ähnlichen Interessen darstellen zu können.
  So kann in einem Chat seitens des Täters etwa die Frage gestellt werden, was das Kind später machen möchte, wenn es erwachsen ist. Wenn dieses beispielsweise angibt, mal Tierarzt werden zu wollen, greift der Täter diese

307 *Williams/Elliott/Beech,* Deviant behavior 34.2 (2013): 135–152 (150).
308 Sinngemäße Übersetzung „Aufbau einer positiven Beziehung“.
309 *Williams/Elliott/Beech,* Deviant behavior 34.2 (2013): 135–152 (139).
310 Wörtlich Übersetzung „Koordination“.
311 *Williams/Elliott/Beech,* Deviant behavior 34.2 (2013): 135–152 (140 f.).
312 Wörtliche Übersetzung „Einvernehmlichkeit“.

Information auf und lenkt die Konversation in diese Richtung, indem er sein vermeintliches Interesse gegenüber Tieren schildert. Die Intention die der Täter dabei verfolgt, ist eine besondere Verbindung zum Kind herzustellen, in welcher dieser als verständnisvoller, gleichgesinnter und vertrauenswürdiger „Freund" erscheint. Das Kind soll dem Täter seine Ängste und Probleme mitteilen. Eine andere Strategie ist es, dem Kind gegenüber Mitgefühl zu zeigen oder Ratschläge für schwierige Situationen zu geben, sei es aus Perspektive eines vermeintlich gleichsam Betroffenen oder aber aus Sicht eines Mentors.[313]

- Positivity[314]
  Hier versucht der Täter, in einem besonders und übertrieben positiven Sinne gegenüber dem Opfer aufzutreten. Das Kind soll vom Täter den Eindruck einer überaus freundlichen, vertrauenswürdigen und gutmütigen Person erlangen. Indem Täter sich so darstellen, ist es möglich, dass potentielle Opfer die Gefahr, die von diesen ausgeht, gar nicht erkennen. Zudem ist es dann wahrscheinlicher anzunehmen, dass sich Kinder auf Konversationen mit dem Täter einlassen.
  Weiterhin gibt es Täter, die ihren Opfern stets Komplimente machen, um diesen das Gefühl zu geben, etwas Besonderes und begehrt zu sein. Die Gefahr besteht hier darin, dass das Kind sich gerne mit dem Täter online unterhält, sodass der Kontakt aufrechterhalten wird und die Möglichkeit für den Täter entsteht, eine enge emotionale Bindung herzustellen. Zudem kann ein derart positives oder spielerisches Umfeld den Effekt haben, dass Hemmschwellen abgeschwächt werden, was dazu führt, dass sich potentielle Opfer wohlfühlen und möglicherweise offener gegenüber „Erwachsenenthemen" sind oder aber auch private Informationen gegenüber dem Täter preisgeben.[315]

bb) Sexual content[316]

Ein wesentliches (Zwischen-)Ziel des Cyber-Groomings ist, das Kind in sexuelle Unterhaltungen zu verwickeln. Die Bezeichnung „sexual content" bezieht sich daher auf die Phase, in welcher der Täter versucht, dieses Ziel zu erreichen. Dabei muss das Kind zunächst an eine sexuelle Konversation herangeführt werden,

313 *Williams/Elliott/Beech,* Deviant behavior 34.2 (2013): 135–152 (141 f.).
314 Wörtliche Übersetzung "Positivität".
315 *Williams/Elliott/Beech,* Deviant behavior 34.2 (2013): 135–152 (142 ff.).
316 Sinngemäße Übersetzung „Unterhaltungen im sexuellen Kontext".

bevor in einem zweiten Schritt die etablierte Unterhaltung aufrechterhalten und intensiviert werden kann.[317]

- Introduction[318]
  Zur Heranführung des Kindes an sexuelle Themen verwendet der Täter im Wesentlichen vier Strategien: auf spielerische Art und Weise, mittels der Erteilung von Ratschlägen und dem Auftreten als eine Art Mentor, in Form eines gemeinsamen Träumens von Fantasien, schließlich gewaltsam im Sinne der Ausübung von Zwang oder Anwendung von Drohungen.[319]
- Maintenance/escalation stage[320]
  Sodann gilt es sicher zu stellen, dass die Konversation zum einen aufrechterhalten wird und zum anderen eine Intensivierung erfährt. Dies geschieht (ähnlich wie im Modell von *O'Connell*[321]) entweder indem die Grenzen der Sexualisierung schrittweise überschritten werden oder indem der Täter das Opfer für sexuelle Fantasien instrumentalisiert. Hauptsächlich wird dabei auf das Mittel wiederholender Einwirkung auf das Opfer zurückgegriffen, indem der Täter innerhalb kürzester Zeit mehrfach sexuelle Themen anstößt.[322]

cc) Assessment[323]

Der Begriff „assessment", Abschätzung oder Bewertung also, bezieht sich auf zwei Aspekte. Einerseits geht es dem Täter hier darum, ähnlich wie bei *O'Connell*,[324] potentielle Entdeckungsrisiken einzuschätzen. Andererseits geht es um eine Überprüfung dahingehend, welches Maß an Vertrauen, Wohlbefinden und Vulnerabilität beim Opfer gegeben ist. Demzufolge differenzieren die Autoren nach zwei weiteren Unterkategorien innerhalb dieses Themenbereichs: Die Bewertung des Kindes („child assessment") (1) sowie die Bewertung des Umfeldes („assessment of the environment") (2).[325]

317 *Williams/Elliott/Beech,* Deviant behavior 34.2 (2013): 135–152 (144).
318 Wörtliche Übersetzung „Einleitung".
319 *Williams/Elliott/Beech,* Deviant behavior 34.2 (2013): 135–152 (144 f.).
320 Wörtliche Übersetzung „Pflege/Steigerung".
321 1. Teil, Kapitel 2, I. 2. a) ee).
322 *Williams/Elliott/Beech,* Deviant behavior 34.2 (2013): 135–152 (145 f.).
323 Wörtliche Übersetzung „Einschätzung, Bewertung, Abschätzung".
324 1. Teil, Kapitel 2, I. 2. a) cc).
325 *Williams/Elliott/Beech,* Deviant behavior 34.2 (2013): 135–152 (146).

- Child assessment[326]
  Bereits zu einem sehr frühen Zeitpunkt der Konversation prüft der Täter die Aspekte Vertrauen und Vulnerabilität beim Kind ab, beispielsweise durch Fragen über seine Beziehung zu Eltern und Freunden. Ferner tastet sich der Täter an sexuelle Themen heran, um zu bewerten, wie das Kind hierauf reagiert.[327]

- Assessment of the environment[328]
  Schließlich geht es dem Täter darum sicherzustellen, dass die Unterhaltungen mit dem Kind via Internet nicht von Dritten wahrgenommen und aufgedeckt werden. So geben die Täter keine Informationen heraus, die auf ihre wahre Identität schließen lassen. Sie befragen das Kind darüber hinaus, ob Dritte Zugriff zu ihrem PC haben, ob dieser in Gemeinschaftsräumen der Familie oder im Kinderzimmer steht und schließlich, inwiefern das Kind von Erwachsenen oder älteren Geschwistern überwacht wird.[329]

dd) Zwischenergebnis

Als positiver Aspekt wird beim Modell von *Williams* u.a. herausgestellt, dass es in unterschiedliche Themenbereiche unterteilt und im Gegensatz zum Modell von *O'Connell* nicht linear aufgebaut ist. Dennoch wird auch an diesem Modell kritisiert, dass die Ergebnisse aufgrund der geringen Anzahl der untersuchten Fälle[330] nur wenig Aussagekraft besitzen. Außerdem sei auch fraglich, ob alle Facetten des Grooming-Prozesses erfasst werden. Zudem wird nicht untersucht, wie der Grooming-Prozess abläuft, wenn nicht Mädchen, sondern Jungen die Opfer sind.[331]

c) Modell nach dem European Online Grooming Project

Im Zeitraum von insgesamt 30 Monaten in den Jahren von 2009 bis 2012 wurde im Rahmen des European Online Grooming Projects (EOGP)[332] eine umfassende

326 Wörtliche Übersetzung „Bewertung/Abschätzung des Kindes".

327 *Williams/Elliott/Beech,* Deviant behavior 34.2 (2013): 135–152 (146 f.).

328 Wörtliche Übersetzung „Bewertung/Abschätzung des Umfeldes".

329 *Williams/Elliott/Beech,* Deviant behavior 34.2 (2013): 135–152 (148).

330 Untersucht wurden lediglich 8 dokumentierte Chatverläufe, *Williams/Elliott/Beech,* Deviant behavior 34.2 (2013): 135–152 (138).

331 *Webster/Davidson/Gottschalk* in: Webster u.a. (Eds.), Online Offending Behaviour and Child Victimization, S. 55, 62.

332 S. näher http://www.europeanonlinegroomingproject.com/home.aspx [09.06.2016].

und interdisziplinäre Studie mit Experten aus Großbritannien, Belgien, Italien und Norwegen zur Analyse des Phänomens durchgeführt. Die Untersuchung fokussierte sich im Wesentlichen auf fünf Kernaspekte: Die Analyse des Täter- und Opferverhaltens (1), die Art und Weise, wie Mittel der Informations- und Kommunikationstechnologie beim Grooming-Prozess eingesetzt werden (2) und auf welche Art und Weise Opfer ausgesucht und auf den Missbrauch vorbereitet werden (3). Darüber hinaus sollte ein Beitrag in präventiver Hinsicht geleistet werden (4). Bezweckt wurde außerdem, weitere Informationen im Hinblick auf die Risikobewertung von sexuellen Missbrauchstätern aus dem Online-Bereich zu erlangen (5).[333]

Die Studie wurde in drei Untersuchungsphasen gegliedert. Innerhalb der ersten Phase befasste man sich mit der Analyse von Polizeiakten über aktuelle Kriminalfälle[334] sowie mit der Auswertung von Literatur[335] zum Thema Cyber-Grooming. In der zweiten Phase wurden im Jahr 2010 Interviews mit insgesamt 33 verurteilten Cyber-Grooming-Tätern aus ganz Europa durchgeführt. In der letzten Phase wurden Workshops mit 98 Kindern und Jugendlichen[336] aus Großbritannien, Belgien und Italien aus jeweils allen sozialen Schichten abgehalten. Damit sollte Cyber-Grooming aus einer weiteren Perspektive betrachtet werden, um unter Einbeziehung der bisherigen Untersuchungsergebnisse ein besseres Verständnis von dem Phänomen zu erlangen und letztlich eine effektivere Prävention betreiben zu können.[337]

Auf Grundlage der Ergebnisse der EOGP-Studie wurde ein Modell zur Systematisierung des Grooming-Prozesses entwickelt. Das Modell ist durch eine Unterteilung in verschiedene Themenbereiche gekennzeichnet. Kernaussage

---

333 *Webster* in: Webster u.a. (Eds.), Online Offending Behaviour and Child Victimization, S. 39, 39 ff.

334 Quelle: United Kingdom Metropolitan Police High Technological Crime Unit and the Paedophile Unit, *Webster* in: Webster u.a. (Eds.), Online Offending Behaviour and Child Victimization, S. 39, 45.

335 Quelle: British Library and British Library of Political and Economic Science at the London School of Economics, *Webster* in: Webster u.a. (Eds.), Online Offending Behaviour and Child Victimization, S. 39, 45.

336 Befragt wurden Minderjährige im Alter zwischen 11 und 16 Jahren, *Webster* in: Webster u.a. (Eds.), Online Offending Behaviour and Child Victimization, S. 39, 48.

337 *Webster* in: Webster u.a. (Eds.), Online Offending Behaviour and Child Victimization, S. 39, 45 ff.

ist, dass das Phänomen keinem starren und linearen Ablauf folgt, sondern die Verhaltensweisen der Täter vielmehr stark divergieren und sich nicht an eine bestimmte Reihenfolge halten. Der Grooming-Prozess kann von einigen Minuten über mehrere Stunden bis hin zu mehreren Monaten andauern. Das Verhalten der Täter hängt dabei im Wesentlichen davon ab, wie die Reaktionen der Opfer auf ihre verfolgten Ziele und Interessen ausfallen. Die einzelnen Themenbereiche werden wie folgt benannt:[338] „Vulnerability“[339], „Scanning“[340], „Identity“[341], „Contact“[342], „Intensity“[343], „Outcomes“[344], „Risk management“[345].

aa) Vulnerability[346]

Der Faktor Vulnerabilität bezieht sich hier nicht auf die Opfersphäre, sondern vielmehr auf die eigene Situation des Täters. Aus den Schilderungen der untersuchten Täter ergab sich, dass die Kontaktaufnahme zu Kindern oftmals aus schwierigen Lebenssituationen heraus erfolgte. Ein lange im Unterbewusstsein schlummerndes Begehren in dieser Richtung brach infolge negativer Lebensereignisse aus. Erwähnt wurden Geschehnisse wie etwa der Verlust des Arbeitsplatzes, eine Trennung oder der Streit mit einem Freund. Diese Vulnerabilität war zusätzlich oftmals von einem geringen Selbstwertgefühl untermauert.[347] Eine niedrige Selbstachtung werde häufig auch bei konventionellen Tätern des sexuellen Missbrauchs festgestellt, was daher als signifikanter Risikofaktor bezeichnet werden könne.[348]

---

338 *Webster/Davidson/Gottschalk* in: Webster u.a. (Eds.), Online Offending Behaviour and Child Victimization, S. 55, 64 ff.

339 Wörtliche Übersetzung „Vulnerabilität, Verletzlichkeit“.

340 Wörtliche Übersetzung „Abtasten/Absuchen/Abfragen/Abprüfen“.

341 Wörtliche Übersetzung „Identität“.

342 Wörtliche Übersetzung „Kontakt“.

343 Wörtliche Übersetzung „Intensität“.

344 Wörtliche Übersetzung „Ergebnis“.

345 Wörtliche Übersetzung „Risikomanagement“.

346 Wörtliche Übersetzung „Vulnerabilität, Verletzlichkeit“.

347 Vgl. auch *Quayle/Allegro/Hutton/Sheath/Lööf*, Online behaviour related to child sexual abuse, S. 38, verfügbar unter http://childcentre.info/robert/public/Interviews_online_offenders.pdf [03.06.2016].

348 Vgl. *Webster/Davidson/Gottschalk* in: Webster u.a. (Eds.), Online Offending Behaviour and Child Victimization, S. 55, 65; s. auch *Webster/Mann/Thornton/Wakeling*, Legal and Criminological Psychology 12.2 (2007): 207–216.

bb) Scanning[349]

Dieser Bereich beschreibt, wie Täter vor einer konkreten Kontaktaufnahme zu einem Kind zunächst das Umfeld des betreffenden Opfers oder auch Charakteristika des Opfers selbst abprüfen. Die Kontaktaufnahme erfolgt also nicht „ins Blaue hinein", sondern erst, nachdem hinreichend Informationen über das potentielle Opfer gesammelt werden konnten.

Hierzu suchten die interviewten Täter beispielsweise Online-Seiten sozialer Netzwerke auf, in welchen sich überwiegend Kinder und Jugendliche aufhielten. Sie untersuchten die Natur der unter den Kindern und Jugendlichen gewechselten Konversationen sowie was über andere im betreffenden Online-Forum gesagt wurde.

Außerdem beurteilten die Täter ihre potentiellen Opfer auch nach bestimmten Charakteristika, etwa dem äußeren Erscheinungsbild auf Fotos, bevor sie den Kontakt aufnahmen. Besonderes Interesse galt teilweise auch denjenigen jungen Usern, die anrüchige Nutzernamen verwendeten. Dies wurde mit einer gewissen Offenheit gegenüber Sex in Verbindung gebracht. Andere Täter waren hingegen spezifisch auf der Suche nach möglichen Beziehungspartnern. Wie angedeutet, gab es auch jene, die bei im Internet hochgeladenen Fotos der jungen Nutzer auf eine hinreichende physische Entwicklung achteten. Sie sollten körperlich reif genug sein, um für einen körperlichen Kontakt überhaupt in Frage zu kommen. Im Gegensatz hierzu gab es schließlich auch diejenigen Täter, die sofort, ohne vorher überhaupt Zeit in einen „Scanning-Prozess" zu investieren, sich also weder für physische Eigenschaften, noch für sonstige Informationen ihrer potentiellen Opfer interessierten, ihr sexuelles Interesse gleich zu Beginn der Kontaktaufnahme offenlegten.[350]

cc) Identity[351]

Dieser Themenbereich befasst sich mit der Veränderung der Täteridentität, wobei auffallend ist, dass es Tätern meist darum geht, sich in einem möglichst positiven Licht gegenüber Kindern und Jugendlichen im Internet zu präsentieren. Auch hier variieren die Verhaltensweisen stark. Es gibt Täter, die nur kleine Änderungen vornehmen, wie etwa am Namen oder am Alter. Andererseits gibt es jene, die sich als Mädchen oder Frau ausgeben. Einige der interviewten Männer

349 Wörtliche Übersetzung „Abtasten/Absuchen/Abfragen/Abprüfen".

350 *Webster/Davidson/Gottschalk* in: Webster u.a. (Eds.), Online Offending Behaviour and Child Victimization, S. 55, 66.

351 Wörtliche Übersetzung „Identität".

sprachen zudem davon, dass sie in ihren Online-Profilen vielerlei Identitäten angenommen haben, um damit unterschiedliche Strategien austesten zu können. Auch verbesserten manche ihre Identität infolge vorausgegangener, negativer Erfahrungen. Allerdings war auch das andere Extrem vorzufinden: Täter, die keinerlei Veränderungen an ihrer wahren Identität vornahmen. Vor allem hier sind Männer anzutreffen, die ihr sexuelles Interesse gegenüber Kindern und Jugendlichen sofort offenlegen.[352]

dd) Contact[353]

Untersucht wurde ferner, wie die Kontaktaufnahme im Einzelnen stattfand. Differenziert wird hier zwischen vier Aspekten: Die Art und Weise der Kontaktaufnahme (1), die Anzahl der Interaktionen (2), der Stil der Annäherung (3) sowie die Dauer des Grooming-Prozesses (4).

- Art und Weise der Kontaktaufnahme
  Die untersuchten Täter suchten in unterschiedlichen Vorgehensweisen Kontakt zu den Opfern. Sie nutzten Chatrooms und führten die Unterhaltungen teilweise solange fort, bis es zu einem persönlichen Treffen kam. Andere setzten dabei auch Webcams ein, um den Grooming-Prozess zu vertiefen und die eigenen Fantasien anzuregen. Einige der Befragten telefonierten mit ihren Opfern und empfanden dies als eine intimere, unmittelbarere Art der Kommunikation. Um speziell Jungen zu erreichen, nutzten einige Männer Online-Gaming-Plattformen.[354]

- Anzahl der Interaktionen
  Die Anzahl der jeweiligen Interaktionen variierte stark, wobei einige sogar Kontakt zu tausenden von Kindern und Jugendlichen aufnahmen, andere hingegen sehr wählerisch waren.
  Diejenigen Täter, die eine Vielzahl potentieller Opfer kontaktierten, entwickelten weitere Strategien, um nicht den Überblick zu verlieren. Sie organisierten sich und dokumentierten den „Fortschritt" diverser Unterhaltungen beispielsweise mit Hilfe von Excel-Tabellen. Einer der Befragten beschrieb sein System wie folgt:

---

352 *Webster/Davidson/Gottschalk* in: Webster u.a. (Eds.), Online Offending Behaviour and Child Victimization, S. 55, 66 ff.

353 Wörtliche Übersetzung „Kontakt".

354 *Webster/Davidson/Gottschalk* in: Webster u.a. (Eds.), Online Offending Behaviour and Child Victimization, S. 55, 68 f.

„Es war schwer, weil ich mit so vielen Jungen online kommunizierte, es müssten über 200 auf einmal auf MSN gewesen sein. Es war schwierig sich daran zu erinnern, worüber wir gesprochen hatten, also fügte ich ein Häkchen [gleichbedeutend mit nicht-sexueller Unterhaltung] oder ein Sternchen [gleichbedeutend mit sexueller Unterhaltung] hinter den jeweiligen Namen ein."[355]

- Stil der Annäherung
  Auch im Annäherungsstil gab es Unterschiede. Einige „verschwendeten" überhaupt keine Zeit und konfrontierten die Kinder und Jugendlichen sofort mit sexuell vulgären Anmachen. Sie fragten beispielsweise bereits in einem ersten Schritt nach der BH-Größe der Mädchen. Diese Täter verwendeten als Nutzernamen für ihr eigenes Online-Profil sexuell vulgäre Begriffe. Andere wiederum zeigten sich als besonders einfühlsame und verständnisvolle Zuhörer und traten besonders schmeichelhaft gegenüber ihren Opfern auf. Ein Täter schilderte einen Fall, in welchem sein Opfer leicht übergewichtig war und daher nur wenig Selbstbewusstsein hatte. Er sprach ihm gut zu und machte ihm Komplimente. Eine weitere Masche war es, als eine Art Mentor aufzutreten oder die Vaterrolle einzunehmen und Ratschläge zu geben. Schließlich gibt es diejenigen, die versuchten, sich mit den Interessen der Kinder und Jugendlichen auseinanderzusetzen und deren Sprache und Umgangsformen zu adaptieren. Die Täter informierten sich z.B. über Musik, die gerade angesagt ist oder lernten Kürzel und Emoticons, die Kinder und Jugendliche im Chat benutzten.[356]

- Dauer des Grooming-Prozesses
  Der letzte Aspekt betrifft die Dauer des Grooming-Prozesses, der von einigen Minuten, über Stunden, Monate oder sogar Jahre andauern kann.[357]

ee) Intensity[358]

Der Begriff „intensity" meint die Art und Weise, in welcher Täter den Kontakt zu Opfern in sexueller Hinsicht vertiefen. Dabei wendeten die untersuchten Täter

---

355 Wörtlich lautet das Zitat: "It was difficult because I was talking to so many young boys online, I mean I must have had over 200 on MSN at any one time. It was difficult remembering what we talked about so I started to put a tick by his name or a star by his name.", *Webster/Davidson/Gottschalk* in: Webster u.a. (Eds.), Online Offending Behaviour and Child Victimization, S. 55, 69.

356 *Webster/Davidson/Gottschalk* in: Webster u.a. (Eds.), Online Offending Behaviour and Child Victimization, S. 55, 69 f.

357 *Webster/Davidson/Gottschalk* in: Webster u.a. (Eds.), Online Offending Behaviour and Child Victimization, S. 55, 70.

358 Wörtliche Übersetzung „Intensität".

im Wesentlichen drei Techniken an, um letztlich eine sexuelle Desensibilisierung der Kinder und Jugendlichen zu erreichen.

Eine Methode war es, den Kindern und Jugendlichen pornografisches oder kinderpornografisches Material zuzusenden. Hierdurch erreichten die Täter auch für sich selbst eine Intensivierung. Beispielsweise war es nicht ungewöhnlich, dass die Täter masturbierten, während sie sich mit ihren Opfern über das Bildmaterial unterhielten.[359]

Eine andere Art der Desensibilisierung fand mittels Sprache statt. Die Täter testeten hierbei, wie ihr Opfer auf sexuell vulgäre Sprache reagierte. Dementsprechend passten sie ihr Verhalten an und setzten den Grooming-Prozess fort. Auch differenzierten sie beim Vokabular, welches im Rahmen einer ersten Kontaktaufnahme eingesetzt wurde. Wenn ein Mädchen etwa einen anrüchigen Nutzernamen hatte, sprachen sie die Mädchen eher mit sexuell vulgäreren Sprüchen an, als in anderen Fällen.[360]

Schließlich setzen einige Täter bestimmte „Anreize" in positiver und negativer Richtung zur sexuellen Desensibilisierung der Opfer ein. Dies waren entweder Geschenke oder Drohungen. So wurden neben Geld auch elektronische Gegenstände, wie etwa Webcams, als Geschenke übermittelt. Beim Einsatz von Drohmitteln gingen die Täter sehr geschickt vor und betrieben teilweise enormen Aufwand. Ein untersuchter Täter schilderte, wie er die IP-Adresse von Kindern und Jugendlichen ausfindig machte, sich sodann in deren Computer einhacken konnte und so die Kontrolle darüber gewann. Wenn das Opfer während des Chats seinen Aufforderungen nicht folgte, drohte er an, Schaden am Computer des Kindes anzurichten.[361]

ff) Outcomes[362]

Die Zielsetzungen der Täter können ebenfalls von ganz unterschiedlicher Natur sein. Einige der untersuchten Täter gaben sich mit Nacktfotos ihrer Opfer oder aber auch allein mit der Online-Interaktion zufrieden. Andere hingegen waren gezielt auf ein reales Treffen aus. In Fällen, in welchen sich ein echtes Treffen realisieren ließ, fanden diese in Hotels, Parks, Bushaltestellen, Parkhäusern oder

---

359 *Webster/Davidson/Gottschalk* in: Webster u.a. (Eds.), Online Offending Behaviour and Child Victimization, S. 55, 70 f.

360 *Webster/Davidson/Gottschalk* in: Webster u.a. (Eds.), Online Offending Behaviour and Child Victimization, S. 55, 71.

361 *Webster/Davidson/Gottschalk* in: Webster u.a. (Eds.), Online Offending Behaviour and Child Victimization, S. 55, 71 f.

362 Wörtliche Übersetzung „Ergebnis".

auch im Schlafzimmer des Täters oder des Opfers statt. Die Anzahl persönlicher Treffen variierte ebenfalls.[363]

gg) Risk management[364]

Die meisten der befragten Täter trafen diverse Vorsichtsmaßnamen während des Grooming-Prozesses, um das Risiko einer Entdeckung so gering wie möglich zu halten. Sicherheitsvorkehrungen, die dabei getroffen wurden, können in drei Kategorien unterteilt werden.

Zunächst betrifft dies Maßnahmen im technologischen Bereich. Gemeint ist etwa, dass sich einige der Interviewten mit privaten Laptops und Smartphones ausstatteten, die nur für ihren Gebrauch vorgesehen waren und auf die Dritte oder Familienangehörige keinen Zugriff hatten. Eine andere Maßnahme war es, multiple IP-Adressen und multiple Proxy Server zu nutzen, um eine Identifizierung zu verhindern. Schließlich wurde kinderpornografisches Material auf einer externen Festplatte gespeichert, die gut vor anderen versteckt wurde.[365]

Darüber hinaus trafen einige Täter auch während den Unterhaltungen mit den Opfern Sicherheitsmaßnahmen. So wurde beispielsweise eine Konversation von einem öffentlichen Chat in einen sogenannten Flüsterraum[366] verlagert oder aber die Kommunikation wurde via privater E-Mails oder mittels Telefongesprächen fortgeführt.

Schließlich, für den Fall, dass es zu einem persönlichen Treffen kommen sollte, wurde sichergestellt, dass eine Entdeckung von Dritten vermieden wird. Die interviewten Täter beschrieben, dass in diesem Zusammenhang auf eine hinreichende örtliche Distanz vom eigenen Heimatort zum Herkunftsort der auserwählten Opfer als auch zum Ort, wo der Missbrauch vollzogen werden sollte, geachtet wurde.[367]

---

363 *Webster/Davidson/Gottschalk* in: Webster u.a. (Eds.), Online Offending Behaviour and Child Victimization, S. 55, 72.

364 Wörtliche Übersetzung „Risikomanagement".

365 *Webster/Davidson/Gottschalk* in: Webster u.a. (Eds.), Online Offending Behaviour and Child Victimization, S. 55, 73.

366 Private Räume in Chatrooms, in welchen die Konversationen nur für die Konversationspartner sichtbar sind.

367 *Webster/Davidson/Gottschalk* in: Webster u.a. (Eds.), Online Offending Behaviour and Child Victimization, S. 55, 74.

Auf der anderen Seite wurden im Rahmen der Studie allerdings auch Täter befragt, die keinerlei Schutzvorkehrungen gegen mögliche Entdeckungen getroffen haben. Einige der Interviewten empfanden ihr Handeln sogar als etwas Akzeptables, sodass sie keine Notwendigkeit darin sahen, dies vor Dritten geheim zu halten.[368]

ii) Zwischenergebnis

Das Modell, basierend auf den Ergebnissen der EOGP-Studie, versucht verschiedene Facetten des Phänomens zu beleuchten und dieses in seiner Komplexität und Diversität darzustellen. Im Gegensatz zu den vorher vorgestellten Modellen von *O'Connell* und *Williams* u.a. werden zudem – wenn auch nur rudimentär – Aspekte angesprochen, welche auf die Ursachen einer ersten Kontaktaufnahme zum Kind oder Jugendlichen im Cyber-Space hinweisen. Zudem werden Faktoren betrachtet, die zur Aufrechterhaltung und Weiterführung des Grooming-Prozesses von Relevanz sein können.

3. Zusammenfassung

Sowohl Cyber-Grooming als auch die konventionelle Art des Groomings weisen einige Gemeinsamkeiten auf. Zu erwähnen ist hier zum Beispiel, wie sich die Täter planvoll ein geeignetes Opfer aussuchen, bei dem im Wesentlichen aufgrund seiner Vulnerabilität davon ausgegangen werden kann, dass der Grooming-Prozess „erfolgreich" sein wird. Ebenso ist der Faktor „Manipulation" jeweils von erheblicher Bedeutung. Je nach den „spezifischen" Bedürfnissen der Opfer, hecken Täter eine maßgeschneiderte Strategie aus, die tragendes Mittel für die sich graduell vollziehende, sexuelle Desensibilisierung der Opfer ist und zur Aufrechterhaltung eines bereits fortgeschrittenen Missbrauchs dient. Die Darstellung hat schließlich deutlich werden lassen, dass sehr heterogene Verhaltensmuster bei den Tätern auftreten, was mithin auf eine hohe Komplexität der sich vollziehenden Prozesse schließen lässt.[369]

Anknüpfend an die Ausführungen zur Definition von Cyber-Grooming bestätigt sich demnach die Feststellung, dass die Reduzierung des Geschehens auf

---

368 *Webster/Davidson/Gottschalk* in: Webster u.a. (Eds.), Online Offending Behaviour and Child Victimization, S. 55, 74.

369 Vgl. auch *Lanning*, Child Molesters, S. 26 f., verfügbar unter http://citeseerx.ist.psu.edu/viewdoc/download?doi=10.1.1.692.6218&rep=rep1&type=pdf [18.04.2016].

einen einzigen Begriff kaum möglich ist. Um das Phänomen in all seinen Facetten zu erfassen, bedarf es der Berücksichtigung all der in den vorangegangenen Abschnitten geschilderten Umstände.

Trotz vieler Parallelen zwischen dem konventionellen Grooming und dem Cyber-Grooming sind auch einige Unterschiede festzumachen. Dies betrifft vor allem Umstände, die mit den Möglichkeiten die das Internet bietet zusammenhängen (z.B. die simultane Kontaktierung einer Vielzahl potentieller Opfer oder die beliebige Identitätsänderung). Welcher Bedeutung dem Internet und neuen Medien allgemein im Rahmen des Grooming-Prozesses im Detail zukommt, ist Gegenstand der sich anschließenden Untersuchung.

II. Bedeutung des Internets und neuer Medien

1. Bedeutung des Internets und neuer Medien aus (potentieller) Täterperspektive

Es ist kaum verwunderlich, dass das Internet und seine Instrumente auch in krimineller Hinsicht eine Vielzahl an Vorteilen bieten, die mit konventionellen Mitteln nicht annähernd erreicht werden können. Auch Tätern des sexuellen Kindesmissbrauchs werden dadurch neue Wege eröffnet, um ihren Fantasien freien Lauf zu lassen oder diese umzusetzen. Der Fokus dieses Kapitels liegt in der Darstellung des breiten Spektrums an neuen Möglichkeiten, die die digitale Welt für (potentielle) Täter des sexuellen Kindesmissbrauchs mit sich bringt.

Eine Kontaktaufnahme via Internet ist eine deutlich komfortablere und einfachere Art und Weise, potentiell geeignete Opfer ausfindig zu machen. Anonymität ist hier ein besonders wichtiger Faktor, den sich viele Täter durch die Annahme falscher Identitäten zu Nutze machen.[370] Da das begehrte Kind auch nicht persönlich aufgesucht werden muss, sondern bequem vom heimischen Computer aus ausgespäht werden kann, ist es zudem möglich, innerhalb kürzester Zeit eine sehr große Zahl an möglichen Opfern ausfindig zu machen. Einige Täter entwickeln – wie bereits erwähnt – sogar Konzepte zur Katalogisierung

370 1. Teil, Kapitel 2, I. 2. c) cc); *Sheldon/Howitt*, Sex offenders and the Internet, S. 5; *Aslan*, Journal of Forensic Psychology Practice 11.5 (2011): 406–431 (410); *Weiler*, Im Netz, S. 65; s. auch *Turkle*, Life on the screen, S. 178 ff.

der getätigten Kontakte.[371] Anonymität spielt allerdings nicht nur im Rahmen der Kontaktaufnahme eine Rolle. Relevanz erlangt dieser Faktor auch im Zusammenhang mit dem Herabsenken von Hemmschwellen.[372] Wenn man nicht identifizierbar ist, fällt es leichter, Wünsche und Fantasien jeglicher Art zu kommunizieren. Das Internet kann dementsprechend auch als Ventil für die Befriedigung devianter Sexualneigungen dienen.[373]

Die schier unbegrenzte Möglichkeit, sexuelle Fantasien in der digitalen Welt auszuleben, kann wohl als einer der gewichtigsten und gefährlichsten Faktoren bezeichnet werden. Er ist nicht nur Auslöser strafwürdiger Handlungen im Zusammenhang mit Cyber-Grooming, sondern auch bei der Herstellung, dem Beschaffen oder Vertreiben kinderpornografischer Materialien maßgeblich.[374] Eine Studie belegt, dass die Möglichkeit, sexuelle Wünsche im Internet beliebig umsetzen zu können, von tragender Bedeutung für delinquentes Verhalten ist.[375]

Sich Dritten gegenüber anzuvertrauen ist unter dem Schutzmantel der Anonymität im Internet einfacher und spielt beim Auftreten krimineller Handlungen ebenfalls eine nicht zu vernachlässigende Rolle. Die interaktive Kommunikation mit Gleichgesinnten im Netz ist dabei nicht nur ein – aus Täterperspektive – wesentlicher Vorteil des Internets, sondern zugleich eine große Gefahr für die Gesellschaft und insbesondere für Minderjährige.[376] In bestimmten Foren werden ganze Online-Communities gebildet, die einen lebhaften Austausch sexueller Inhalte aller Art zu jeder Tages- und Nachtzeit ermöglichen. Geographische und zeitliche Grenzen bestehen nicht mehr.[377] Wünsche, Begehren und Fantasien

---

371 1. Teil, Kapitel 2, I. 2. c) dd); vgl. auch *Quayle/Allegro/Hutton/Sheath/Lööf*, Online behaviour related to child sexual abuse, S. 41 ff., verfügbar unter http://childcentre.info/robert/public/Interviews_online_offenders.pdf [03.06.2016].

372 *Weiler*, Im Netz, S. 65.

373 *Durkin*, *Fed. Probation* 61 (1997): 14–18 (16).

374 *Davidson/Gottschalk* in: Webster u.a. (Eds.), Online Offending Behaviour and Child Victimization, S. 1, 5.

375 *Quayle/Allegro/Hutton/Sheath/Lööf*, Online behaviour related to child sexual abuse, S. 47 ff., verfügbar unter http://childcentre.info/robert/public/Interviews_online_offenders.pdf [03.06.2016].

376 *Durkin*, *Fed. Probation* 61 (1997): 14–18 (16); *Sheldon/Howitt*, Sex offenders and the Internet, S. 4 ff.; *Aslan*, Journal of Forensic Psychology Practice 11.5 (2011): 406–431 (410); *Davidson/Gottschalk*, Criminal Justice Studies 24.1 (2011): 23–36 (25); *Drewes* in: Enders (Hrsg.), Zart war ich, bitter war's, S. 425, 427.

377 *Davidson/Gottschalk*, Criminal Justice Studies 24.1 (2011): 23–36 (33).

können gegenseitig fast grenzenlos – ohne Angst vor Bloßstellung[378] – ausgetauscht werden. Diskussionen über Strategien und Taktiken zur Verlockung potentieller Opfer können schier ungehindert stattfinden.[379]

Die Folgen solcher Interaktionen sind weitreichend und gravierend zugleich. Durch den regen Austausch mit Gleichgesinnten werden die Täter in ihren Ansichten bestärkt, der Missbrauch wird relativiert sowie als „normal" dargestellt und empfunden.[380] Sexuell deviante Ansichten werden so weiter aufrechterhalten und geschürt. Da die Täter innerhalb ihrer „Gemeinschaft" auf nur wenig Ablehnung oder Kritik stoßen, fühlen sie sich ernst genommen und stabilisiert.[381] Sie sind affektiv gestärkt und ideologisch um ihre Gewissensbisse erleichtert.[382]

Erschreckend ist nicht nur der Umstand, in welcher Geschwindigkeit neue Online-Communities dieser Art gegründet werden, sondern auch, wie offen und selbstverständlich man darin mit devianten Sexualneigungen umgeht. Ablehnende Ansichten aus der Gesellschaft werden nicht akzeptiert. Im Gegenteil: Es wird sogar öffentlich versucht, den Rest der Bevölkerung von der Richtigkeit des sexuellen Interesses an Minderjährigen zu überzeugen.[383]

Eine Internetseite die eine solche Online-Community repräsentiert, ist „Boylove". Hier werden erschütternde Aussagen wie beispielsweise folgende getroffen:

> *„Als Knabenliebhaber distanzieren wir uns von der aktuellen Diskussion über sexuellen Kindesmissbrauch'. Menschliche Sexualität nimmt in einer Liebesbeziehung zu einem Jungen dieselbe selbstverständliche Rolle ein, wie in jeder Beziehung zwischen menschlichen Lebewesen. Ein Knabenliebhaber begehrt eine freundliche und enge Beziehung mit einem Jungen".*[384]

---

378 *Drewes* in: Enders (Hrsg.), Zart war ich, bitter war's, S. 425, 427.

379 *Durkin, Fed. Probation* 61 (1997): 14–18 (16); *Davidson/Gottschalk*, Criminal Justice Studies 24.1 (2011): 23–36 (33).

380 *Durkin, Fed. Probation* 61 (1997): 14–18 (16); *Aslan*, Journal of Forensic Psychology Practice 11.5 (2011): 406–431 (410); *Drewes* in: Enders (Hrsg.), Zart war ich, bitter war's, S. 425, 427.

381 *Drewes* in: Enders (Hrsg.), Zart war ich, bitter war's, S. 425, 427; *Durkin, Fed. Probation* 61 (1997): 14–18 (16); *Davidson/Gottschalk*, Criminal Justice Studies 24.1 (2011): 23–36 (33).

382 *Drewes* in: Enders (Hrsg.), Zart war ich, bitter war's, S. 425, 427.

383 *Davidson/Gottschalk*, Criminal Justice Studies 24.1 (2011): 23–36 (33).

384 Wörtlich lautet das Zitat: "As boy lovers we distance ourselves from the current discussion about 'child sexual abuse'. Human sexuality plays the same part in a boy love relationship as it undoubtedly does in any relationship between human beings. A

„Über die Jahre hinweg ist Pädophilie, auch bekannt als Knabenliebe, in schwere Kritik von denjenigen geraten, die sich in den Medien, der Politik und der Gesellschaft *dagegen positionieren. Oft kann dies jedoch nur eine einseitige Sichtweise extrem schädlicher Natur sein.*"[385]

„Hier, bei BoyLover.net, glauben wir, dass die Menschen es verdienen, beide Seiten kennenzulernen. Zweifelsohne werden Sie bis jetzt viel gegen Pädophilie gelesen oder viele Meinungen hiergegen gehört haben. Dies vorausgeschickt, haben wir die Möglichkeit ergriffen, unterschiedliche Betrachtungsweisen zu präsentieren, sodass die Menschen eine fundierte Entscheidung bezüglich dieses Themas treffen können."[386]

Vor diesem Hintergrund verwundert es nicht, dass die Hemmschwellen der Täter, die im Internet unter dem großen Schutzmantel der Anonymität aktiv sind, immer weiter sinken.[387]

Davidson und *Gottschalk* haben in einer zusammenfassenden Darstellung aufgeführt, welche spezifischen Eigenschaften des Internets von Tätern des Cyber-Groomings für ihre Zwecke instrumentalisiert werden.[388] Die Ergebnisse der Autoren werden zur besseren Gegenüberstellung im Folgenden als Tabelle dargestellt. Die linke Spalte zeigt in den jeweiligen Zeilen ein Merkmal des Internets. Die rechte Spalte führt hierzu korrelierend die Instrumentalisierung dieses Kennzeichens durch die Täter auf.

---

boy lover desires a friendly and close relationship with a boy", *Davidson/Gottschalk*, Criminal Justice Studies 24.1 (2011): 23–36 (33).

385 Wörtlich lautet das Zitat: "Over the years, paedophilia, or boy love as it is sometimes known, has come under heavy criticism from those who are opposed to it in the media, government and general society. Often, this can be very one-sided and extremely vitriolic in nature.", *Davidson/Gottschalk*, Criminal Justice Studies 24.1 (2011): 23–36 (33).

386 Wörtlich lautet das Zitat: "Here at BoyLover.net, we believe that people deserve the chance to hear both sides of the argument. Doubtless, by now you will have read or heard many opinions against paedophlia. With this in mind, we have taken the opportunity to present different views so that people can make an informed decision regarding the subject.", *Davidson/Gottschalk*, Criminal Justice Studies 24.1 (2011): 23–36 (33).

387 *Drewes* in: Enders (Hrsg.), Zart war ich, bitter war's, S. 425, 427.

388 *Davidson/Gottschalk*, Criminal Justice Studies 24.1 (2011): 23–36 (28 ff.).

Abbildung 3: Eigenschaften des Internets und Instumentalisierung durch Täter des Cyber-Groomings

Eigenschaft des Internets	Instrumentalisierung durch die Täter
Distanzierte Online-Kommunikation: Online-Kommunikation ist geprägt von einer zeitlichen und räumlichen Distanz zwischen Sender und Empfänger. Selbst wenn die Inhalte der Kommunikation sehr persönlicher Natur sein können, werden die ausgetauschten Nachrichten oder Gespräche aufgrund der vorherrschenden Distanz nicht in der Art und Weise wahrgenommen, wie bei einem realen Treffen.[389]	Anders als beim Grooming in der realen Welt, kann es im Fall des Cyber-Groomings Unterschiede im Hinblick auf den Aspekt, wie schnell die Täter ihr Begehren äußern, geben. Einige Täter investieren nur wenig Zeit in die Online-Kommunikation und kommen schnell zur Sache. Sie erklären beispielsweise ganz direkt: „*Würdest du dich gerne für Sex mit mir treffen?*“ Diese unvermittelte Konfrontation der Opfer mit dem sexuellen Inhalt kann mit der in Online-Kommunikationen vorherrschenden Distanz zusammenhängen. Aufgrund dieser Distanz werden Hemmschwellen, die in persönlichen Kontakten bestehen, umgangen, sodass Wünsche und Begehren im vorbezeichneten Sinne ohne Angst vor negativen Erfahrungen[390] geäußert werden können.[391]
Vermittelnde Technologie: Das Internet ist ein Medium, das voneinander unabhängige Personen/Gruppen miteinander verbindet: Die Verbindungen können neben weiteren Kommunikationswegen zum Beispiel variieren zwischen Business-to-Business[392] (B2B), Person-to-Person[393] (P2P), Person-to-Group[394] (P2G), oder Group-to-Person[395] (G2P).[396]	Während der Täter zunächst mit einer Gruppe an Minderjährigen kommuniziert, kann er eine Unterhaltung mit einem daraus ausgesuchten Individuum auf eine „P2P“ Konversation (zum Beispiel in einen sogenannten Flüsterraum) verlagern.[397]

389 *Davidson/Gottschalk*, Criminal Justice Studies 24.1 (2011): 23–36 (28).

390 S. hierzu näher *Quayle/Vaughan/Taylor*, Aggression and violent Behavior 11.1 (2006): 1–11.

391 *Davidson/Gottschalk*, Criminal Justice Studies 24.1 (2011): 23–36 (28).

392 Wörtliche Übersetzung „Geschäft-zu-Geschäft“.

393 Wörtliche Übersetzung „Person-zu-Person“.

394 Wörtliche Übersetzung „Person-zu-Gruppe“.

395 Wörtliche Übersetzung „Gruppe-zu-Person“.

396 *Davidson/Gottschalk*, Criminal Justice Studies 24.1 (2011): 23–36 (28 f.).

397 *Davidson/Gottschalk*, Criminal Justice Studies 24.1 (2011): 23–36 (28 f.).

Eigenschaft des Internets	Instrumentalisierung durch die Täter
Universality[398]**:** Universalität bezieht sich auf die Möglichkeit, die reale Welt sowohl zu minimieren als auch zu maximieren. Eine Maximierung etwa findet insofern statt, als jeder jedem überall und jederzeit seine Dienste, Nachrichten und Anfragen anbieten kann. Eine Minimierung ist anzunehmen, weil alle Daten in digitalisierter Form komprimiert werden.[399]	Täter des Cyber-Groomings können zu jedem überall auf der Welt und jederzeit Kontakt aufnehmen, ohne sich dabei räumlich fortbewegen zu müssen.[400]
Externalität: Eine neue Technologie oder ein neues Produkt gewinnt immer mehr an Bedeutung, je mehr es von anderen auch genutzt wird (z.B. „WhatsApp"). Je mehr Personen aus dem Umfeld ein bestimmtes Produkt benutzen, desto wertvoller wird dieses Produkt für einen selbst.[401]	Übertragen auf das Phänomen des Cyber-Groomings bedeutet Externalität, dass je mehr Kinder und Jugendliche mit dem Internet verbunden sind, desto wertvoller wird das Medium für Täter, da die Zahl potentieller Opfer steigt.[402]
Verbreitungskanal: Die Bedeutung des Internets als Mittel zur Verbreitung von Produkten wie Software, Musik, Videos, News, Tickets und Geld.[403]	Das Internet dient beim Cyber-Grooming als Verbreitungskanal von Geschenken oder digitalen Inhalten, die für die Opfer von Interesse sind. Weiter dient das Internet in diesem Zusammenhang auch der Übersendung von pornografischem oder kinderpornografischem Material an die Opfer zu deren sexueller Desensibilisierung.[404]

398 Wörtliche Übersetzung „Universalität".

399 *Afuah/Tucci*, Internet business models and strategies, S. 28, verfügbar unter http://opac.vimaru.edu.vn/edata/EBook/081105/Internet%20business%20models%20and%20strategies.pdf [05.07.2016].

400 *Davidson/Gottschalk*, Criminal Justice Studies 24.1 (2011): 23–36 (29).

401 *Afuah/Tucci*, Internet business models and strategies, S. 28 f., verfügbar unter http://opac.vimaru.edu.vn/edata/EBook/081105/Internet%20business%20models%20and%20strategies.pdf [05.07.2016].

402 *Davidson/Gottschalk*, Criminal Justice Studies 24.1 (2011): 23–36 (29).

403 *Afuah/Tucci*, Internet business models and strategies, S. 29, verfügbar unter http://opac.vimaru.edu.vn/edata/EBook/081105/Internet%20business%20models%20and%20strategies.pdf [05.07.2016].

404 *Davidson/Gottschalk*, Criminal Justice Studies 24.1 (2011): 23–36 (29).

Eigenschaft des Internets	Instrumentalisierung durch die Täter
Maximierung und Minimierung von Zeitfenstern: Das Internet bietet die Möglichkeit, Zeit zu „dehnen". Bestimmte Informationen können einerseits nur für einen sehr kurzen Zeitraum vorhanden sein, ein Zeitfenster zur Erlangung der Information wird minimiert. Andererseits ist es möglich, Zeitfenster zu maximieren indem z.B. Arbeitsprojekte zu verschiedenen Zeitpunkten unterbrochen und wieder aufgenommen werden können.[405]	Für Täter des Cyber-Groomings ist es möglich, jederzeit die Einflussnahme auf ihre Opfer zu vollziehen, auch wenn während der Handlungen der Täter online, das jeweilige Opfer offline ist. Der Täter kann seinem Opfer beispielsweise Textnachrichten übermitteln, die das Opfer bei der nächsten Einschaltung ins Internet lesen kann.
Einfacher Zugang: Das Internet würde sich nicht so schnell entwickeln, wenn es für die Nutzer nicht a) sehr einfach zu benutzen wäre und b) mit nur sehr geringen Kosten verbunden wäre. Unabhängig von sozialem Status, Bildung oder Alter kann sich jeder, der es gerne möchte (jedenfalls in den allermeisten Ländern), Zugang zum Internet verschaffen.[406]	Für Täter des Cyber-Groomings bedeutet dies, dass sie nicht nur sehr einfach, kostengünstig und schnell Zugang zu potentiellen Opfern haben, sondern zugleich auch zu einer enormen Vielzahl an Minderjährigen.[407]
Elektronisches Double: Bei im Internet veröffentlichten Profilen werden nicht reale Personen wiedergegeben, sondern digitale Kopien der jeweiligen Persönlichkeiten werden selbst kreiert. Diese digitale Kopie erzeugt das Bild einer Person, die als elektronisches Double bezeichnet wird.[408]	Die Art und Weise, in welcher ein Täter von einem Kind oder Jugendlichen online wahrgenommen wird, hängt deshalb von zweierlei Umständen ab: Zum einen von der Information, die der Täter online in seinem Profil anzeigt. Zum anderen dem Bild des Täters, welches beim Opfer aufgrund dieser Informationen entsteht.

405 *Davidson/Gottschalk,* Criminal Justice Studies 24.1 (2011): 23–36 (29).

406 *Afuah/Tucci,* Internet business models and strategies, S. 30, verfügbar unter http://opac.vimaru.edu.vn/edata/EBook/081105/Internet%20business%20models%20and%20strategies.pdf [05.07.2016].

407 *Davidson/Gottschalk,* Criminal Justice Studies 24.1 (2011): 23–36 (30).

408 *Davidson/Gottschalk,* Criminal Justice Studies 24.1 (2011): 23–36 (30).

Eigenschaft des Internets	Instrumentalisierung durch die Täter
	Erwähnenswert ist dabei, dass, selbst wenn der Täter wahrheitsgemäß persönliche Informationen offenlegt, das Opfer ein völlig realitätsfremdes Bild vom Täter haben kann.[409] Zudem ist es möglich, dass der Täter sich eine Vorstellung vom Kind macht, die zwar überhaupt nicht der Realität entspricht, seine Fantasievorstellungen jedoch vollkommen erfüllt.[410]
Manipulation des elektronischen Doubles: Das elektronische Double, das von einer Person im Netz erstellt wird, kann der realen Person mehr oder weniger gleichen. Insbesondere persönliche Informationen und Fotos können leicht verändert werden.[411]	Vor allem betreffend das Alter finden sich auf Täterseite und auch auf Opferseite Veränderungen im Online-Profil. Täter machen sich jünger, Minderjährige hingegen älter als sie tatsächlich sind.[412]
Informationsungleichgewicht: Durch die Zurverfügungstellung einer Vielzahl von Informationen im Internet ist es heutzutage unkompliziert möglich, Informationsdefizite auszugleichen und somit Informationsungleichgewichte innerhalb zweier Parteien zu beseitigen.[413]	In Fällen des Cyber-Groomings kann ein derartiges Informationsungleichgewicht jedoch oftmals nicht überwunden werden. Betroffene Opfer sind Tätern insofern unterlegen, als sie beispielsweise die Manipulation durch die Täter nicht durchschauen. Die wahren Hintergründe des Täterhandelns werden nicht erkannt. Dies machen sich Täter zu Nutze.[414]

409 Dies etwa, wenn es dem Täter durch sein manipulatives Vorgehen gelingt, als besonders freundliche und vertrauenswürdige Person zu erscheinen.

410 *Davidson/Gottschalk*, Criminal Justice Studies 24.1 (2011): 23–36 (30); denkbar ist etwa, dass sich die Täter ein sexuell oder intellektuell besonders reifes Opfer vorstellen, was allerdings nicht der Realität entspricht. Denn es sind nicht nur die Täter, die besonders attraktiv auf Minderjährige wirken wollen, sondern auch Minderjährige, die auf der Suche nach neuen Chatpartnern einen möglichst positiven Eindruck hinterlassen wollen, s. hierzu *Bifulco/Pham* in: Webster u.a. (Eds.), Online Offending Behaviour and Child Victimization, S. 142, 154 f.

411 *Davidson/Gottschalk*, Criminal Justice Studies 24.1 (2011): 23–36 (30).

412 *Davidson/Gottschalk*, Criminal Justice Studies 24.1 (2011): 23–36 (30).

413 *Afuah/Tucci*, Internet business models and strategies, S. 30, verfügbar unter http://opac.vimaru.edu.vn/edata/EBook/081105/Internet%20business%20models%20and%20strategies.pdf [05.07.2016].

414 *Davidson/Gottschalk*, Criminal Justice Studies 24.1 (2011): 23–36 (30).

Eigenschaft des Internets	Instrumentalisierung durch die Täter
Unabhängigkeit in Zeit und Ort: Während es bei persönlichen Treffen darauf ankommt, zur selben Zeit am selben Ort zu sein, fällt dies beim Internet weg. Kommunikationen via E-Mail können völlig unabhängig von diesen Faktoren ablaufen. In Chatrooms können die Kommunikationspartner an völlig unterschiedlichen Orten sein.[415]	Für Täter des Cyber-Groomings geht dies mit einem großen Komfort einher. Die Einflussnahme auf die Opfer kann bequem vom privaten Computer aus jederzeit erfolgen.[416]
Cyber-Space: Das Internet bietet die Möglichkeit, neben der realen Welt eine eigene Fantasiewelt im Internet zu kreieren. Hierzu gehören die zahlreichen Online-Communities. Die Beteiligten kommunizieren hier ausschließlich online, ohne sich je tatsächlich getroffen zu haben.[417]	Sowohl Kinder als auch Erwachsene können Mitglied spezieller Online-Communities sein.[418] Insbesondere im Fall der Täter geht dies, wie geschildert, mit vielerlei Gefahren einher.
Dynamik sozialer Netzwerke: In der realen Welt ist es zeitaufwändig und mühsam, soziale Netzwerke aufzubauen. Einmal geschaffene Kontakte werden nachhaltig gepflegt und haben lange Bestand. Die Schnelllebigkeit des Internets hingegen ermöglicht es einerseits, zahlreiche neue soziale Kontakte mit nur wenig Aufwand zu knüpfen, andererseits alte gegen neue Kontakte auszutauschen.[419]	Je mehr sowohl Täter als auch Opfer ihre sozialen Netzwerke[420] im Internet erweitern beziehungsweise mit immer mehr Personen in Kontakt treten, desto wahrscheinlicher ist es, dass eine Interaktion zwischen Täter und Opfer eintritt.[421]

415 *Davidson/Gottschalk*, Criminal Justice Studies 24.1 (2011): 23–36 (30 f.).

416 *Davidson/Gottschalk*, Criminal Justice Studies 24.1 (2011): 23–36 (31).

417 *Davidson/Gottschalk*, Criminal Justice Studies 24.1 (2011): 23–36 (31).

418 *Davidson/Gottschalk*, Criminal Justice Studies 24.1 (2011): 23–36 (31).

419 *Brennan*, Understanding online social network services and risks to youth S. 6, verfügbar *unter* https://www.ceop.police.uk/Documents/socialnetwork_serv_report_221206.pdf [24.02.2017].

Eigenschaft des Internets	Instrumentalisierung durch die Täter
So ist es im Internet möglich, dass sich immer mehr Personen miteinander verknüpfen. Soziale Netzwerke im Internet sind eher dynamischer, als stabiler Natur.[422]	

Quelle: Eigene Darstellung

Das Internet bietet mithin eine Vielzahl an Eigenschaften, die sich Täter des Cyber-Groomings zu Nutze machen können.

Erstaunlich ist in diesem Zusammenhang, welche massive Bedeutung die Bestärkung durch Dritte auf die Täter in Online-Communities haben kann. Neben der Bekämpfung von Cyber-Grooming selbst, ist hier sicher ein wichtiger Ansatzpunkt zu sehen, um in präventiver Hinsicht Missbrauchsfälle zu verhindern. Die zahlreichen Vorteile, die modernen Informations- und Kommunikationsmitteln zukommt, wären indes völlig nutzlos, wenn nicht auch Kinder und Jugendliche darauf zurückgreifen würden. Vor diesem Hintergrund widmet sich die nachfolgende Darstellung der Frage, welche Bedeutung dem Internet und neuer Medien aus (potentieller) Opferperspektive zukommt.

2. Bedeutung des Internets und neuer Medien aus (potentieller) Opferperspektive

Die Tatsache, dass das Internet heutzutage einen hohen Stellenwert im Leben von Kindern, Jugendlichen und Erwachsenen eingenommen hat, ist offensichtlich. Von welcher Relevanz es konkret für Minderjährige ist, ist Gegenstand der Untersuchung an dieser Stelle. Zunächst wird dabei auf einige statistische

420 Soziale Netzwerke sind Plattformen im Internet, auf denen Nutzer ein eigenes Profil mit möglichst vielen persönlichen Angaben wie Hobbys, Interessen, derzeitiger Lebenssituation, Familien- bzw. Partnerschaftssituation usw. erstellen können. Sie funktionieren im Grunde wie virtuelle Freundschaftsbücher oder Poesiealben, nur dass diese in der Regel für viele Menschen sichtbar sind, wenn die Sicherheitseinstellungen zum Persönlichkeits- und Datenschutz nicht oder nur teilweise genutzt werden, *Kimmel* in: Kamin/Meister/Schulte (Hrsg.), Kinder-Eltern-Medien, S. 101, 107.

421 *Davidson/Gottschalk*, Criminal Justice Studies 24.1 (2011): 23–36 (31).

422 *Davidson/Gottschalk*, Criminal Justice Studies 24.1 (2011): 23–36 (31).

Entwicklungen Bezug genommen, bevor in einem weiteren Schritt vor allem die Rolle sozialer Netzwerke näher erörtert wird.

a) Zahlen und Fakten

Neue Medien und speziell das Internet haben im Alltag von Minderjährigen einen festen Platz eingenommen. Differenziert wird heutzutage zwischen zwei Nutzergruppen: „Digital Immigrants“ und „Digital Natives“. Digital Immigrants sind Personen, die nicht mit dem Internet aufgewachsen sind, sich häufiger mit Neugier, aber auch mit gewisser Zurückhaltung und Skepsis im Internet bewegen. Digital Natives hingegen sind Personen, die mit dem Internet groß werden und häufig sehr viel bessere Kenntnisse und Fähigkeiten über dessen Funktionsweisen und Möglichkeiten haben, als zum Beispiel Eltern, Lehrer und andere Betreuungsgruppen.[423]

Das Projekt EU Kids Online führte zwischen 2009 und 2011 eine Repräsentativbefragung von 1.000 Kindern und Jugendlichen im Alter zwischen 9 und 16 Jahren sowie jeweils einem Elternteil aus 25 europäischen Ländern durch. Die Befunde sollten unter anderem Aufschluss über Chancen und Risiken der Online-Nutzung durch Kinder und Jugendliche geben. Festgestellt wurde unter anderem, dass sich Kinder zu einem immer früheren Alter im Internet aufhalten. Das Durchschnittsalter der ersten Internetnutzung betrug in unterschiedlichen nordeuropäischen Ländern 8 Jahre. In allen Ländern nutzte bereits ein Drittel der 9- bis 10-jährigen täglich das Internet. Bei den 15- bis 16-jährigen waren es bereits 80 %. 87 % der befragten Kinder und Jugendlichen nutzten das Internet von zu Hause aus, wobei 49 % einen privaten Zugang in ihrem Zimmer hatten und 33 % via Handy oder Tablet ins Internet ging.[424]

aa) JIM[425]-Studien

Die seit 1998 jährlich erscheinende JIM-Studie des Medienpädagogischen Forschungsverbunds Südwest belegt bereits für das Jahr 2010, dass 98 % der Mädchen und 96 % der Jungen im Alter zwischen 12 und 19 Jahren in Deutschland ein eigenes Handy sowie 77 % der Mädchen und 80 % Jungen einen eigenen

---

423 *Weiler,* Im Netz, S. 23.

424 *Livingstone/Haddon/Görzig/Ólafsson,* Risks and safety on the internet, S. 5, verfügbar unter http://www.lse.ac.uk/media@lse/research/EUKidsOnline/EU%20Kids%20II%20%282009-11%29/EUKidsOnlineIIReports/D4FullFindings.pdf [08.06.2016].

425 JIM steht für Jugend, Information und (Multi-) Media.

Computer oder Laptop besitzen.[426] In 98 % der Haushalte, in welchen Jugendliche aufwachsen, bestand bereits 2010 ein Internetzugang. Davon hatten über 50 % der Jugendlichen einen persönlichen Internetzugang, der eine selbstbestimmte Nutzung erlaubt.[427] Die gute Medienausstattung bestätigt, dass neue Medien für Jugendliche bereits im Jahr 2010 eine sehr große Rolle gespielt haben. Die hohe Alltagsrelevanz der einzelnen Medien zeigt die Medienbeschäftigung der 12- bis 19-jährigen. Etwa 9 von 10 Jugendlichen nutzen regelmäßig (also mehrmals pro Woche) ein Handy (91 %) und das Internet (90 %).[428]

Inhaltlich hielten sich Jugendliche im Internet am liebsten im Bereich der Kommunikation (Communities, Chat, E-Mail, Messenger) auf, wobei Mädchen hier ein deutlich höheres Interesse als Jungen gezeigt haben (Mädchen 54 %, Jungen 39 %).[429] Dabei gehörten Online-Communities wie „SchülerVZ“ oder „Facebook“ zu den präferierten Seiten der Jugendlichen. 70 % der Jugendlichen nutzten diese Seiten mehrmals pro Woche beziehungsweise täglich. Weit verbreitet war auch die Nutzung von Instant-Messengern (63 %), mit deren Hilfe man sich mittels einer speziellen Software mit anderen Internet-Nutzern austauscht. Darüber hinaus war auch die Kommunikation via E-Mail bei mehr als der Hälfte der Jugendlichen fester Bestandteil der Alltagskommunikation. Etwas weniger häufig chatteten die Jugendlichen in eher öffentlichen Chaträumen (48 %). Online-Kommunikationsformen wurden dabei häufiger von Mädchen als von Jungen genutzt.[430]

Zentrales Element der Internetnutzung von Jugendlichen war – wie erwähnt – bereits im Jahr 2010 die Kommunikation mit anderen. Während im Jahr 2009 Instant-Messenger wie „ICQ“ oder „MSN“ die häufigste Art des Informationsaustausches darstellten, waren dies im Jahr 2010 primär Online-Communities. 84 % der Jugendlichen kommunizierten in Online-Communities. Dabei waren unter den Jungen 20 % Nicht-Nutzer, während es bei den Mädchen lediglich 12 % waren. Weiter ist zu verzeichnen, dass mit steigendem Alter auch die Anzahl

---

426 JIM-Studie 2010 S. 8, verfügbar unter http://www.mpfs.de/fileadmin/JIM-pdf10/JIM2010.pdf [08.07.2016].

427 JIM-Studie 2010 S. 25, verfügbar unter http://www.mpfs.de/fileadmin/JIM-pdf10/JIM2010.pdf [08.07.2016].

428 JIM-Studie 2010 S. 11, verfügbar unter http://www.mpfs.de/fileadmin/JIM-pdf10/JIM2010.pdf [08.07.2016].

429 JIM-Studie 2010 S. 28, verfügbar unter http://www.mpfs.de/fileadmin/JIM-pdf10/JIM2010.pdf [08.07.2016].

430 JIM-Studie 2010 S. 29 f., verfügbar unter http://www.mpfs.de/fileadmin/JIM-pdf10/JIM2010.pdf [08.07.2016].

der Nutzer stieg. So waren unter den 12- bis 13-jährigen 30 % Nicht-Nutzer, bei den 18- bis 19-jährigen hingegen lediglich 10 %.[431] „SchülerVZ“ und „Facebook“ gehörten zu den beliebtesten Online-Communities, wobei ein signifikanter Anstieg bei der Nutzung von „Facebook“ im Vergleich zum Vorjahr festzustellen war. Zudem war „Facebook“ im Verhältnis zu „SchülerVZ“ mit steigendem Alter der Minderjährigen bedeutender.[432]

Das Umfeld, in dem Jugendliche im Jahr 2016 im Alter zwischen 12 und 19 Jahren aufwachsen, ist durch eine vollends mediatisierte und digitale Gesellschaft geprägt. Smartphones, ein Internetzugang sowie Computer und Laptops gehören zu nicht mehr wegzudenkenden Bestandteilen des Alltags. Mehr als 90 % der Jugendlichen besitzen ein eigenes Smartphone, über 70 % einen eigenen Computer oder Laptop.[433] Bei der Freizeitgestaltung spielen neue Medien ebenfalls eine bedeutende Rolle. Über 90 % der Jugendlichen nutzen täglich das Handy (meist Smartphone) und mehr als 80 % das Internet.[434] Obwohl sich die technischen Zugangswege der Online-Nutzung im Vergleich zu den letzten Jahren deutlich verändert haben[435], sind Werte betreffend die Nutzungsfrequenz oder die inhaltlichen Interessen gleich geblieben. Die höchste Nutzungszeit im Internet entfällt mit 41 % auf kommunikative Aspekte wie E-Mail, Chat, Messenger, Online-Communities. Wie in den Vorjahren verwenden Mädchen im Vergleich zu Jungen einen größeren Anteil ihrer Online-Zeit auf den Bereich der Kommunikation. Mit großem Abstand nutzen Jugendliche am liebsten die Videoplattform „YouTube“ (64 %). Mit deutlichem Abstand folgen „WhatsApp“ (41 %) sowie „Facebook“ (26 %). Während sich für „YouTube“ vermehrt Jungen interessieren, votieren Mädchen deutlicher für „WhatsApp“, „Instagram“, „Snapchat“ und „Google“. Mit steigendem Alter sind auch höhere Werte bei der Nutzung von „Facebook“ festzustellen (12- bis 13-jährige: 9 %, 18- bis 19-jährige: 43 %). Im Vergleich zum Vorjahr allerdings haben sich vor

---

431 JIM-Studie 2010 S. 41, verfügbar unter http://www.mpfs.de/fileadmin/JIM-pdf10/JIM2010.pdf [08.07.2016].

432 JIM-Studie 2010 S. 42, verfügbar unter http://www.mpfs.de/fileadmin/JIM-pdf10/JIM2010.pdf [08.07.2016].

433 JIM-Studie 2016 S. 6 ff., verfügbar unter http://www.mpfs.de/fileadmin/files/Studien/JIM/2016/JIM_Studie_2016.pdf [08.07.2016].

434 JIM-Studie 2016 S. 11, verfügbar unter http://www.mpfs.de/fileadmin/files/Studien/JIM/2016/JIM_Studie_2016.pdf [08.07.2016].

435 Nunmehr erfolgt der Internetzugang primär über das Smartphone, s. JIM-Studie 2016 S. 25, verfügbar unter http://www.mpfs.de/fileadmin/files/Studien/JIM/2016/JIM_Studie_2016.pdf [08.07.2016].

allem die Kommunikationsdienste „WhatsApp", „Instagram" und „Snapchat" bei Jugendlichen etabliert. Hingegen ist „Facebook" bei der Nennung als liebstes Webangebot im Vergleich zum Vorjahr mit 8 Prozentpunkten deutlich zurückgefallen.[436]

bb) KIM[437]-Studien

Beim Nutzungsverhalten von Kindern im Alter zwischen 6 und 13 Jahren haben sich im Hinblick auf das Jahr 2010 entsprechend der parallel laufendenden KIM-Studie folgende Ergebnisse ergeben. Haushalte, in denen Kinder im Jahr 2010 lebten, waren zu 89 % mit Internetzugang ausgestattet.[438] Viele Kinder im Alter von 6 bis 13 Jahren besaßen auch eigene Geräte. 53 % der Mädchen und 52 % der Jungen waren im Besitz eines eigenen Handys, wohingegen 13 % der Mädchen und 17 % der Jungen einen eigenen PC oder Laptop hatten.[439] Hinsichtlich der Nutzungsfrequenz des Internets ist ein relativ hoher Wert im Vergleich zu den Vorjahren (2006 und 2008) zu verzeichnen. Der Anteil junger User, die jeden oder fast jeden Tag das Internet nutzten, hat sich von 17 % aus dem Jahr 2008 auf 26 % im Jahr 2010 erhöht, wobei diese Intensivierung am deutlichsten bei Mädchen festzustellen war, wo ein Anstieg von 16 % im Jahr 2008 auf 27 % im Jahr 2010 erfolgte.[440] Als Lieblingsseite im Internet gaben sowohl Mädchen als auch Jungen an erster Stelle das soziale Netzwerk „SchülerVZ" an,[441] wobei 43 % der Kinder regelmäßige Nutzer solcher Communities waren. Zwei Fünftel der befragten Kinder kommunizierten regelmäßig via E-Mail. Etwa ein Drittel verkehrte mindestens einmal pro Woche in Chatrooms und ein etwas kleinerer Anteil nutzte Instant-Messenger zum Austausch.[442]

---

436 JIM-Studie 2016 S. 28 f., verfügbar unter http://www.mpfs.de/fileadmin/files/Studien/JIM/2016/JIM_Studie_2016.pdf [08.07.2016].

437 KIM steht für Kindheit, Internet, Medien.

438 KIM-Studie 2010 S. 7, verfügbar unter http://www.mpfs.de/fileadmin/files/Studien/KIM/2010/KIM_Studie_2010.pdf [09.07.2016].

439 KIM-Studie 2010 S. 8, verfügbar unter http://www.mpfs.de/fileadmin/files/Studien/KIM/2010/KIM_Studie_2010.pdf [09.07.2016].

440 KIM-Studie 2010 S. 31, verfügbar unter http://www.mpfs.de/fileadmin/files/Studien/KIM/2010/KIM_Studie_2010.pdf [09.07.2016].

441 http://www.mpfs.de/fileadmin/files/Studien/KIM/2010/KIM_Studie_2010.pdf [09.07.2016].

442 KIM-Studie 2010 S. 33, verfügbar unter http://www.mpfs.de/fileadmin/files/Studien/KIM/2010/KIM_Studie_2010.pdf [09.07.2016].

Besonders deutlich tritt das vermehrte Interesse an der Nutzung sozialer Netzwerke hervor. Der Anteil der jungen User zwischen 6 und 13 Jahren, die zumindest einmal pro Woche Online-Communities nutzten, hat sich von 16 % im Jahr 2008 signifikant auf 43 % im Jahr 2010 erhöht. Zwei Fünftel der Nutzer sind in einem sozialen Netzwerk angemeldet gewesen, wobei Mädchen hier aktiver als Jungen waren. Vor allem bei älteren Kindern haben soziale Netzwerke enorm an Attraktivität gewonnen. Bei jüngeren Kindern hat jeder Dritte der 10- bis 11-jährigen ein Profil in einer Internet Community, während es bei den 12- bis 13-jährigen fast doppelt so viele sind. Zwei Drittel der Kinder sind bei „SchülerVZ", ein Fünftel bei „Facebook" und ein geringerer Anteil bei „wer-kennt-wen", „Lokalisten" und weiteren Plattformen angemeldet. Erstaunlich ist, dass bis auf „SchülerVZ", das explizit ein Angebt für Kinder ab 12 Jahren darstellt, die übrigen Seiten für Erwachsene konzipiert sind.[443] Im Hinblick auf die Nutzung von Chatrooms ist ebenfalls ein Anstieg im Altersverlauf betreffend die Häufigkeit der Nutzung, vor allem bei den Über-10-jährigen, festzustellen. Auch im Vergleich zur Studie aus dem Jahr 2008 ist der Anteil der Chatroom-Nutzer angestiegen. Während im Jahr 2008 nur knapp jedes vierte Kind Chatrooms nutzte, waren es im Jahr 2010 deutlich mehr Kinder, die sich im Laufe einer Woche in Chaträumen aufhielten. Bei den 10- bis 11-Jährigen lag die Nutzung von Chatrooms bei knapp 50 %, bei den 12- bis 13-Jährigen bei weit über 50 %.[444]

Laut KIM-Studie 2016 sind die Haushalte, in denen Kinder heute aufwachsen, mit einem sehr breiten Repertoire an Mediengeräten ausgestattet. In den Familien mit 6- bis 13-jährigen Kindern besteht eine annähernde Vollausstattung bei Fernseher, Handy/Smartphone, Internetzugang sowie Computer/Laptop. Eine besonders dynamische Entwicklung hat sich bei mobilen Geräten gezeigt. Die Ausstattungsrate mit Smartphones und Tablets hat sich seit der letzten KIM-Studie im Jahr 2014 um jeweils 9 Prozentpunkte erhöht und lag im Jahr 2016 bei 28 %, gegenüber 19 % im Jahr 2014.[445] 53 % der 6- bis 13-jährigen Mädchen und 49 % der Jungen besitzen im Jahr 2016 ein eigenes Handy oder Smartphone,

---

443 KIM-Studie 2010 S. 34, verfügbar unter http://www.mpfs.de/fileadmin/files/Studien/KIM/2010/KIM_Studie_2010.pdf [09.07.2016].

444 KIM-Studie 2010 S. 36 f., verfügbar unter http://www.mpfs.de/fileadmin/files/Studien/KIM/2010/KIM_Studie_2010.pdf [09.07.2016].

445 KIM-Studie 2016 S. 8, verfügbar unter http://www.mpfs.de/fileadmin/files/Studien/KIM/2016/KIM_2016_Web-PDF.pdf [09.07.2016]; KIM-Studie 2014 S. 8, verfügbar unter http://www.mpfs.de/fileadmin/files/Studien/KIM/2014/KIM_Studie_2014.pdf [09.07.2016].

während etwa 20 % einen eigenen Computer beziehungsweise Laptop haben.[446] 42 % der Mädchen und Jungen nutzen im Jahr 2016 ein Handy oder Smartphone. Mehr als ein Viertel der Kinder nutzt täglich das Internet.[447] Mädchen beschäftigen sich darüber hinaus lieber mit dem Internet als Jungen. Während der Wert bei Mädchen hier im Vergleich zu anderen Freizeitaktivitäten bei 17 % liegt, ist dieser bei Jungen bei 6 %.[448] Die Haushalte in denen 6- bis 13-jährige aufwachsen, sind zu 97 % mit einem Computer oder Laptop ausgestattet. Sofern ein Kind keinen eigenen Computer oder Laptop besitzt, werden die in der Familie vorhandenen Geräte aber mitgenutzt.

Mit steigendem Alter der Kinder, steigt auch die Computer-Nutzung. Während 48 % bei den 6- und 7-jährigen einen PC nutzen, sind dies bei den 12- bis 13-jährigen schon 98 %. Eine gewisse Dynamik ist dabei bei jüngeren Kindern zu erkennen. Im Vergleich zu 2014 ist die Nutzung bei den 6- bis 7-jährigen um 6 Prozentpunkte gestiegen.[449] Wenn Kinder das Internet nutzen, dann sind sie zu 41 % jeden oder fast jeden Tag online. Mit dem Alter der Internetnutzer steigt auch die Nutzungsfrequenz stark an. Sind lediglich 14 % der 6- bis 7-jährigen fast täglich online, so sind es bei den 12- bis 13-jährigen bereits 58 %.[450] Zu den beliebtesten Tätigkeiten im Internet gehört die Nutzung von Suchmaschinen sowie von „WhatsApp". Bei der Angabe der Lieblingsseiten im Internet ist zu erkennen, dass mit steigendem Alter der Kinder, ein erhöhtes Interesse am sozialen Netzwerk „Facebook" besteht. Die Jüngsten im Alter zwischen 6 und 7, nutzen „Facebook" zu lediglich 2 %. In der Altersgruppe der 8- bis 11-jährigen sind es ungefähr 12 %. Bei den 12- bis 13-jährigen hingegen sind es mit 37 % signifikant mehr.[451] Insgesamt haben kommunikative Aspekte der Online-Nutzung bereits bei Kindern einen hohen Stellenwert erreicht. Ein Fünftel der jungen Internetnutzer gibt „Facebook" als liebste Seite im Netz an, wobei das Verschicken

---

446 KIM-Studie 2016 S. 9, verfügbar unter http://www.mpfs.de/fileadmin/files/Studien/KIM/2016/KIM_2016_Web-PDF.pdf [09.07.2016].

447 KIM-Studie 2016 S. 10, verfügbar unter http://www.mpfs.de/fileadmin/files/Studien/KIM/2016/KIM_2016_Web-PDF.pdf [09.07.2016].

448 KIM-Studie 2016 S. 13, verfügbar unter http://www.mpfs.de/fileadmin/files/Studien/KIM/2016/KIM_2016_Web-PDF.pdf [09.07.2016].

449 KIM-Studie 2016 S. 28, verfügbar unter http://www.mpfs.de/fileadmin/files/Studien/KIM/2016/KIM_2016_Web-PDF.pdf [09.07.2016].

450 KIM-Studie 2016 S. 33, verfügbar unter http://www.mpfs.de/fileadmin/files/Studien/KIM/2016/KIM_2016_Web-PDF.pdf [09.07.2016].

451 KIM-Studie 2016 S. 35 f., verfügbar unter http://www.mpfs.de/fileadmin/files/Studien/KIM/2016/KIM_2016_Web-PDF.pdf [09.07.2016].

von „WhatsApp“-Nachrichten nach der Nutzung von Suchmaschinen die am häufigsten ausgeübte Tätigkeit im Internet ist.[452] Die Nutzung von „Facebook“ erlangt bei den Kindern allerdings erst ab einem Durchschnittsalter von gut 10 Jahren eine Bedeutung, obwohl die Seite erst für Nutzer ab 13 Jahren konzipiert ist. Bei der Erstellung des Accounts erhalten die Kinder meist Hilfestellung von ihren Eltern, älteren Geschwistern oder auch Freunden. Nur etwa 45 % der bei „Facebook“ angemeldeten Kinder verwendet ein Pseudonym. Am häufigsten verschicken Kinder Nachrichten auf „Facebook“.[453]

cc) *Zwischenfazit*

Die Digitalisierung der Gesellschaft hat sich bereits bei Kindern deutlich etabliert. Neue Medien sind für Kinder und Jugendliche der heutigen Zeit als Digital Natives fester Bestandteil des Alltags geworden. Die Ergebnisse der aufgezeigten Studien haben deutlich werden lassen, dass es primär ältere Kinder beziehungsweise Jugendliche sind, die sich überwiegend für einen Kommunikationsaustausch in sozialen Netzwerken interessieren, wobei dies mehr auf Mädchen denn auf Jungen zutrifft. Zu beobachten ist auch, dass vermehrt Social-Web-Angebote und vor allem „WhatsApp“ auf erhöhtes Interesse bei Minderjährigen stoßen, wenngleich soziale Netzwerke wie „Facebook“ immer noch einen bedeutenden Stellenwert haben und zu den beliebtesten Online-Seiten dieser Art gehören.

b) *Social-Web-Angebote*[454] *und Adoleszenz*

Kinder und Jugendliche gehen aus diversen Gründen online. Das Zusammenspiel von Pubertätsproblemen einerseits und den Möglichkeiten, die das Internet andererseits bietet, scheint ausschlaggebender Faktor beim Online-Verhalten von Minderjährigen zu sein.[455]

---

452 KIM-Studie 2016 S. 37., verfügbar unter http://www.mpfs.de/fileadmin/files/Studien/KIM/2016/KIM_2016_Web-PDF.pdf [09.07.2016].

453 KIM-Studie 2016 S. 41 f., verfügbar unter http://www.mpfs.de/fileadmin/files/Studien/KIM/2016/KIM_2016_Web-PDF.pdf [09.07.2016].

454 Die Bezeichnung verweist auf den grundlegend sozialen Charakter der Internetnutzung: „Wikipedia“ und „Youtube“, „Weblogs“ und „Facebook“, „Instant-Messenger“ und „Twitter“ sind Angebote oder Medienformate, die über eine reine Mensch-Computer-Interaktion hinausgehen und Kommunikation und Austausch unterstützen, Schmidt in: Kamin/Meister/Schulte (Hrsg.), Kinder-Eltern-Medien, S. 89, 91.

455 Vgl. auch *Wolak/Mitchell/Finkelhor,* Journal of adolescence 26.1 (2003): 105-119 (115 ff.).

In völliger Anonymität können Minderjährige ihrem Interesse nach bestimmten Themen im Internet frei und ohne Angst vor Bloßstellung und negativen Konsequenzen nachgehen. Insbesondere auch die Neugier an Sexualität kann im Internet einfach gestillt werden. Durch das vielseitige Angebot und die Fähigkeit die eigene Identität beliebig oft zu ändern, ist es leicht, etwas bisher Unbekanntes auszuprobieren oder in verschiedene Rollen zu schlüpfen. In der realen Welt hingegen kostet es viel Überwindung und Stärke, intime Wünsche und Gedanken offenzulegen. Die Angst vor Bloßstellung in der Schule, vor den Freunden und der Familie ist hier viel größer, als in der (vermeintlich) sicheren Umgebung im Netz.[456] Auch bei der Bewältigung von Problemen ist das Internet daher ein gern herangezogenes Mittel, um Informationen oder den Austausch mit anderen zu suchen. So kann es darüber hinaus zudem als Zufluchtsort dienen. Viele gehen online, um negative Erlebnisse aus ihrem Leben, wie etwa Konflikte mit den Eltern oder sogar einen sexuellen Missbrauch zu verarbeiten. Traurigkeit, Einsamkeit und Unsicherheit prägt das Leben dieser Betroffenen. Im Internet erhoffen sich viele Minderjährige jemanden zu finden, der sich ihren Problemen annimmt, ihnen zuhört und das Gefühl von Geborgenheit gibt.[457]

Daneben ist der Aspekt der Kommunikation mit Gleichaltrigen von enormer Bedeutung.[458] Studien haben erwiesen, dass der gegenseitige Austausch unter Jugendlichen hilfreich im Hinblick auf die Bewältigung typischer Pubertätsprobleme ist. Daher wird das Medium vor allem auch genutzt, um soziale Kontakte zu intensivieren und zu pflegen.[459] Kernpunkt medialer Nutzung ist dabei immer die Suche nach Vorbildern, der Orientierung an anderen oder auch der Abgrenzung von Erwachsenen.[460]

Dieses starke Bedürfnis an der Interaktion mit anderen erfüllen soziale Netzwerke optimal. Sie sind sehr gut mit diversen Kommunikationsmöglichkeiten ausgestattet, z.B. mit E-Mail, Gruppen, Chats oder Foren.

---

456 Quayle/Jonsson/Lööf, Online behaviour related to child sexual abuse, 36 ff., verfügbar unter http://childcentre.info/robert/public/Interviews_with_affected_young_people.pdf [03.06.2016].

457 Quayle/Jonsson/Lööf, Online behaviour related to child sexual abuse, S. 31 ff., verfügbar unter http://childcentre.info/robert/public/Interviews_with_affected_young_people.pdf [03.06.2016].

458 1. Teil, Kapitel 2, II. 2. a).

459 *Reich/Subrahmanyam/Espinoza,* Developmental psychology 48.2 (2012): 356–368 (356) m.w.N.

460 *Kimmel* in: Kamin/Meister/Schulte (Hrsg.), Kinder-Eltern-Medien, S. 101, 102 f.

Bislang kam Chatrooms[461] eine gewichtige Bedeutung zu.[462] Chatrooms dienten häufig als Beziehungsmedium. In einer von *Katzer* durchgeführten Studie berichteten etwa 50 % der interviewten Kinder und Jugendlichen über Chatrooms neue („echte") Freunde gefunden zu haben. In den überwiegenden Fällen verabredeten sich die jungen Chatter mit ihren Freunden online. Es handelte sich meist um gezielte Treffen. Fast die Hälfte der befragten Interviewpartner traf sich nahezu immer mit den gleichen Leuten im Chat. Ungefähr 75 % der Befragten gaben an, eine oder mehrere bestimmte Personen zu haben, mit denen sie häufiger im Chat „reden" als mit anderen. Ein Drittel der jugendlichen Chatpartner erklärte, in einer richtigen Chatclique zu sein. Für 21 % der Chatter spielen die Chatpartner in ihrem Leben eine wichtige Rolle und für 40 % schließlich, sind diese sogar so wichtig wie echte Schulfreunde (wobei ein Teil der Chatfreunde auch Schulfreunde sind). *Katzer* und *Fetchenhauer* zufolge seien Chatrooms bei Kindern und Jugendlichen *„als realer Lebensraum zu betrachten und nicht nur als rein fiktionales Medium."*[463] Sexuelle Gewalt in Chatrooms könne daher nicht als *„unechtes, unbedeutendes Handeln bezeichnet werden."*[464]

Durch die Vernetzung mithilfe virtueller Freundschaften kann man in sozialen Netzwerken – wie im wahren Leben – Freundschaften schließen und Kontakte pflegen.[465] Die Anzahl der Online-„Freundschaften" spielt dabei eine gewichtige Rolle,[466] die nicht nur den Aspekt der Kommunikation betreffen, sondern insbesondere auch die Selbstdarstellung. Je mehr Online-„Freundschaften" geschlossen werden, desto höher ist das Ansehen in der Peer Group.[467] In ständiger Verbindung mit anderen zu stehen erfüllt viele mit Selbstbestätigung

---

461 *Katzer* in: Innocence in Danger Sektion Deutschland e.V.; Bundesverein zur Prävention von Sexuellem Missbrauch an Mädchen und Jungen e.V. [Red.: Marion Mebes] (Hrsg.), Mit einem Klick zum nächsten Kick, S. 11, 15 f.; zur Nutzung von Chatrooms bei Tätern des Cyber-Groomings, s. *Malesky,* Journal of child sexual abuse 16.2 (2007): 23–32 (26); *Wolak/Finkelhor/Mitchell,* Journal of Adolescent Health 35.5 (2004): 424-e11-424-e20 (424 e-15); s. auch Robert Project, online behavior related to sexual abuse, S. 62; *Weiler,* Im Netz, S. 64.

462 S. aber 1. Teil, Kapitel 2, II. 2. a) zur Bedeutung von „Facebook".

463 *Katzer/Fetchenhauer* in: Gollwitzer (Hrsg.), Gewaltprävention bei Kindern und Jugendlichen, S. 123, 125.

464 *Katzer/Fetchenhauer* in: Gollwitzer (Hrsg.), Gewaltprävention bei Kindern und Jugendlichen, S. 123, 125.

465 *Kimmel* in: Kamin/Meister/Schulte (Hrsg.), Kinder-Eltern-Medien, S. 101, 110.

466 Vgl. auch *Grove-Hills/Bifulco/Pham* in: Webster u.a. (Eds.), Online Offending Behaviour and Child Victimization, S. 120, 125.

467 *Weiler,* Im Netz, S. 26.

und dem Gefühl bedeutsam, nicht einsam zu sein und dazu zu gehören.[468] Die Anzahl der Online-„Freunde" steht oft im Zusammenhang mit einem Statussymbol. Je mehr „Freunde" man online hat, desto beliebter ist man.[469] Bei der Auswahl ihrer Online-„Freunde" sind Kinder und Jugendliche generell nicht sehr wählerisch. Das Prinzip Quantität statt Qualität scheint hier voll und ganz Geltung zu erlangen. Ergebnisse der EOGP-Studie[470] ergaben, dass die befragten Kinder und Jugendlichen zwischen 50 und sogar 1000 Online-„Freundschaften" bei „Facebook" geschlossen hatten, wobei der Durchschnitt bei einer Zahl von rund 400 lag. Ob und inwiefern die neuen „Freunde" dabei aus der realen Welt bekannt sind, ist irrelevant. Maßgeblich ist nur die Steigerung der Anzahl insgesamt. Ausnahmen von einem derart blauäugigen Vorgehen sind möglich. Es gibt beispielsweise Kinder und Jugendliche, welche die Profile ihres neuen potentiellen „Freundes" genauer inspizieren und prüfen, ob es zwischen ihnen gemeinsame „Freunde" gibt.[471]

Soziale Netzwerke, insbesondere „Facebook", gehören auch heute noch zu den beliebtesten Nutzungsmöglichkeiten für Jugendliche in Netz.[472] Dies liegt unter anderem daran, dass sie viele Interessen junger Menschen treffen und viele Bedürfnisse bedienen, die im Zuge der persönlichen Entwicklung von Bedeutung sind, vor allem jedoch der Selbstdarstellung dienen.[473] Je „cooler" das erstellte Profilbild ist, je aufreizender hochgeladene Bilder sind, desto höher ist die Anerkennung im Umfeld. Kein Heranwachsender will als Außenseiter gelten.[474] In sozialen Netzwerken sind der Kreativität im Hinblick auf die Präsentation der eigenen Persönlichkeit so gut wie keine Grenzen gesetzt. Man kann in diverse Rollen schlüpfen und „Verbotenes tun", ohne dabei elterliche Sanktionen fürchten zu müssen. Interessen und soziales Umfeld spiegeln die Persönlichkeit wider, was wiederum zu Anerkennung durch andere führt.[475]

---

468 *Quayle/Jonsson/Lööf*, Online behaviour related to child sexual abuse, S. 38 ff., verfügbar unter http://childcentre.info/robert/public/Interviews_with_affected_young_people.pdf [03.06.2016].

469 *Weiler*, Im Netz, S. 28 f.; *Grove-Hills/Bifulco/Pham* in: Webster u.a. (Eds.), Online Offending Behaviour and Child Victimization, S. 120, 125 f.

470 S. zur EOGP-Studie 1. Teil, Kapitel 2, I. 2. c).

471 *Grove-Hills/Bifulco/Pham* in: Webster u.a. (Eds.), Online Offending Behaviour and Child Victimization, S. 120, 125 ff.

472 S. auch 1. Teil, Kapitel 2, II. 2. a).

473 *Kimmel* in: Kamin/Meister/Schulte (Hrsg.), Kinder-Eltern-Medien, S. 101, 110.

474 *Weiler*, Im Netz, S. 56.

475 *Kimmel* in: Kamin/Meister/Schulte (Hrsg.), Kinder-Eltern-Medien, S. 101, 110.

Soziale Netzwerke weisen vor diesem Hintergrund eine Vielzahl an Eigenschaften auf, die es für Minderjährige gegenüber klassischen Chatrooms sehr viel attraktiver macht. Die oben dargestellten Kennzahlen bestätigen den Trend weg von der Nutzung alt bekannter Chatrooms hin zu modernen Plattformen wie „Facebook".[476]

Tatsache ist weiter, dass für viele Kinder und Jugendliche als Digital Natives die Online-Welt zu einer zweiten Realität geworden ist. Das Internet ist von Anfang an Bestandteil des Alltags und gestaltet die Jugendphase prägend mit. Viele Kinder und Jugendliche erleben ihre persönliche Realität als *„ein Kontinuum aus Offline- und Online-Welt."*[477]

Nicht von der Hand zu weisen ist deshalb auch der Aspekt, dass das Internet für viele Minderjährige eine neue Art von Freiheit ist. Eine schier endlose Zahl an unterschiedlichen Inhalten kann zu jeder Zeit konsumiert werden. Die Kontrolle der Eltern oder Erziehungsberechtigten kann leicht umgangen werden,[478] was in Anbetracht der Versiertheit, mit welcher Kinder und Jugendliche mit neuen Medien umgehen, nicht verwundert. Wie die obigen Studien gezeigt haben, besitzt buchstäblich „jedes Kind" heutzutage ein eigenes Smartphone, mit dem man fast überall zu jeder Zeit online gehen kann.[479] Dabei wird ein autonomes Verhalten von vielen als wichtiger Aspekt herausgestellt. Kaum sonst bietet sich einem die Möglichkeit, das zu tun, wonach einem gerade ist und einen Raum zu finden, in welchem man sich selbst treu sein kann.[480]

3. Zusammenfassung

Sowohl Erwachsene mit sexuellem Interesse an Jüngeren – mithin potentielle Täter des Cyber-Groomings – als auch Minderjährige – also mögliche Opfer des Cyber-Groomings – ziehen aus dem Internet eine Vielzahl an Vorteilen für ihre jeweilige Situation. Potentielle Täter finden Zuspruch für ihre Neigungen durch Gleichgesinnte und erfahren von neuen Möglichkeiten, ihre Begehren zu stillen. Kinder und Jugendliche treffen auf Personen und erlangen Informationen, die

---

476 1. Teil, Kapitel 2, II. 2. a).

477 *Kimmel* in: Kamin/Meister/Schulte (Hrsg.), Kinder-Eltern-Medien, S. 101, 101; Weiler, Im Netz, S. 29.

478 *Kimmel* in: Kamin/Meister/Schulte (Hrsg.), Kinder-Eltern-Medien, S. 101, 102.

479 1. Teil, Kapitel 2, II. 2. a).

480 *Quayle/Jonsson/Lööf*, Online behaviour related to child sexual abuse, S. 35 f., verfügbar unter http://childcentre.info/robert/public/Interviews_with_affected_young_people.pdf [03.06.2016].

ihnen bei der Bewältigung von (pubertären) Problemen helfen. In Zusammenschau der obigen Darstellungen hierzu zeigt sich, dass das Internet als idealer Treffpunkt für beide Seiten erscheint. Vor allem auch die Gruppe Heranwachsender ist deshalb sowie unter Berücksichtigung des Aspekts, dass das Interesse am kommunikativen Austausch mit anderen im Internet mit steigendem Alter wächst, als besonders gefährdet anzusehen.

Katzer beschreibt das Internet als rechtsfreien Raum, in dem jegliche Art von Kriminalität vorzufinden ist. Insbesondere Chatrooms seien ein „idealer Tatort", der es Tätern besonders einfach mache, potentielle Opfer aufzuspüren und für ihre Zwecke auszunutzen.[481] Entweder seien Schutz- und Kontrollmechanismen völlig abstinent oder aber sie könnten mühelos umgangen werden. Vor allem in sogenannten Flüsterräumen seien dem Treiben der Täter keine Grenzen gesetzt.[482] Wenn in Chatrooms in ihrem Tun bestärkte Erwachsene mit pubertierenden Minderjährigen zusammentreffen, scheinen sich die jeweiligen Interessen nahezu perfekt zu ergänzen.

Doch ist angesichts aktueller Entwicklungen davon auszugehen, dass klassische Chatrooms mehr und mehr an Bedeutung verlieren werden. An deren Stelle treten vermehrt soziale Netzwerke wie „Facebook".[483] Derartige Internetseiten sind aus den benannten Gründen jedoch nicht nur für Minderjährige attraktiver als Chatrooms, sondern sie bieten auch für potentielle Täter „Vorteile", die die Gefahr des Cyber-Groomings erhöhen können. Täter können sich beispielsweise die Blauäugigkeit von Minderjährigen, die diese bei der Annahme von Kontaktanfragen häufig an den Tag legen, zu Nutze machen. Es genügt wenn nur ein Kind oder Jugendlicher die „Freundschaftsanfrage" annimmt und diese „Freundschaft" vom Täter für weitere Kontaktaufnahmen instrumentalisiert wird. Bestehen „gemeinsame Freunde" kann dies Vertrauen erwecken und zu

---

481 Vgl. auch *Malesky*, Journal of child sexual abuse 16.2 (2007): 23–32 (26); *Walsh/Wolak*, Child Maltreatment 10.3 (2005): 260–271 (264); *Wolak/Finkelhor/Mitchell*, Journal of Adolescent Health 35.5 (2004): 424-e11-424-e20 (424 e 15); *Quayle/Jonsson/Lööf*, Online behaviour related to child sexual abuse, S. 59, verfügbar unter http://childcentre.info/robert/public/Interviews_with_affected_young_people.pdf [03.06.2016]; *Weiler*, Im Netz, S. 64; s. betreffend Seiten sozialer Netzwerke *Mitchell/Finkelhor/Jones/Wolak*, Journal of Adolescent Health 47.2 (2010): 183–190; *Ybarra/Mitchell*, Pediatrics 121.2 (2008): e350-e357 (e 355).

482 Vgl. *Katzer* in: Innocence in Danger Sektion Deutschland e.V.; Bundesverein zur Prävention von Sexuellem Missbrauch an Mädchen und Jungen e.V. [Red.: Marion Mebes] (Hrsg.), Mit einem Klick zum nächsten Kick, S. 11, 15 ff.

483 S. 1. Teil, Kapitel 2, II. 2. a).

weiteren „Freundschaftsannahmen“ führen. Seiten sozialer Netzwerke bieten darüber hinaus viel mehr Einsichtsmöglichkeiten in private Daten, häufig besuchte Orte, Hobbies oder Interessen von Nutzern. So können gezielt „geeignete“ Opfer für einen potentiellen Missbrauch ausgesucht werden. Auch die Eigenpräsentation auf Täterseite ist in sehr viel detaillierter Form möglich als in klassischen Chatrooms. Potentiellen Tätern bietet sich die Möglichkeit passgenau gefälschte Profile anzufertigen, die bei potentiellen Opfern Interesse wecken können, was im Falle einer Kontaktanfrage zu einer schnellen Annahme durch die angesprochenen Minderjährigen führen kann. Die nachfolgende Untersuchung wird bestätigen, dass einige Täter tatsächlich gezielt nach speziellen Profilen Minderjähriger im Internet Ausschau halten, die entweder deren sexuelle Interessen treffen oder es ihnen erlauben, besonders „leichte“ Opfer ausfindig zu machen.

Kapitel 3. Täterbetrachtung

I. Vorbemerkung zu Viktimisierungsformen und Täterkategorien

1. Viktimisierungsformen

Die Arten sexueller Viktimisierung im Internet sind denkbar vielfältig. Schon die Lektüre des § 176 Abs. 4 Nr. 3 StGB deutet aufgrund der Differenzierung von § 176 Abs. 4 Nr. 3 lit. a) und lit. b) StGB auf divergierende Zielsetzungen der Täter, mithin auch auf unterschiedliche Täterkategorien und Viktimisierungsformen hin.

§ 176 Abs. 4 Nr. 3 StGB grenzt konkret nach Tätern ab, die auf das Kind einwirken, um es zu sexuellen Handlungen zu bringen, die es an oder vor dem Täter oder einer dritten Person vornehmen oder vom Täter oder einer dritten Person an sich vornehmen lassen soll (lit. a) sowie nach Tätern, die auf ein Kind einwirken um eine Tat nach § 184b Abs. 1 Nr. 3 StGB (Herstellen einer kinderpornografischen Schrift) oder nach § 184b Abs. 3 StGB (Sich-Verschaffen oder Besitz einer kinderpornografischen Schrift) (lit. b) zu begehen. Damit sind neben Tätern, die Kinder zu sexuellen Handlungen überreden wollen, auch jene erfasst, die „lediglich" ein Interesse an kinderpornografischem Material haben.

Auch im Schrifttum finden sich einige Ausführungen zu möglichen Formen sexueller Gewalt im Internet. *Davidson* und *Gottschalk* etwa unterscheiden – ähnlich wie es das Gesetz in § 176 Abs. 4 Nr. 3 StGB vorsieht – zwischen Online-Grooming[484] und Handlungen im Zusammenhang mit kinderpornografischem Material[485].[486]

Bei *Weiler* findet sich eine weitergehende Differenzierung. Objektiv könne danach zwar festgehalten werden, dass sexualisierte Gewalt im Internet bei der Konfrontation mit sexualisierten Aussagen beginne und über das Zusenden von pornografischem Material bis hin zu einem persönlichen Treffen mit Vergewaltigung reiche. Was in subjektiver Hinsicht allerdings unter einer sexuellen Viktimisierung im Internet verstanden werden könne, sei nicht derart klar zu

484 Kontaktaufnahme und Vorbereitung des sexuellen Missbrauchs.

485 Betrachten, Produktion und/oder Herstellung.

486 *Davidson/Gottschalk* in: Webster u.a. (Eds.), Online Offending Behaviour and Child Victimization, S. 1, 4.

umreißen, da das Erleben von sexualisierter Gewalt maßgeblich von der Wahrnehmung der Betroffenen abhänge. Während es einige als Grenzüberschreitung betrachten, im Chat ungewollt sexualisiert angesprochen zu werden, empfinden dies andere als reizvoll und aufregend.[487]

In Anlehnung an *Durkin*, der vier Formen kriminellen Verhaltens von Tätern im Internet im Zusammenhang mit sexueller Gewalt festgestellt hat,[488] ergänzt *Katzer* die Differenzierung im Zuge ihrer Studie zum Chatverhalten von 11- bis 17-jährigen um eine weitere Form.[489] Zunächst sind direkte sexuelle Online-Übergriffe auf Minderjährige (beispielsweise in Chatrooms) zu benennen, die sich auf verbale Konfrontationen von Kindern und Jugendlichen mit sexuellen Inhalten beziehen. Als leichte Viktimisierungsformen werden hier Sachverhalte benannt, in welchen Kinder gegen ihren Willen mit anderen in Chatrooms über Sex reden sollten, nach dem Aussehen des Körpers oder sexuellen Erfahrungen gefragt wurden oder in welchen Minderjährigen von sexuellen Erfahrungen des Chatpartners erzählt wurde.[490] Schwere Viktimisierungen betreffen Fälle, in denen den befragten Kindern und Jugendlichen Nacktfotos von anderen Personen oder Pornofilme geschickt wurden oder in welchen Minderjährige zur Vornahme sexueller Handlungen vor der Webcam aufgefordert wurden.[491] Entsprechend den Ergebnissen der Studie war auffallend, dass deutlich mehr Mädchen als Jungen von Formen leichter Viktimisierung betroffen waren, wohingegen Jungen mehr mit schweren sexuellen Viktimisierungsformen konfrontiert wurden, was allerdings auch am höheren Interesse von Jungen an sogenannten Pornochats liegen könnte.[492]

---

487 *Weiler*, Im Netz, S. 59.

488 Der Handel mit Kinderpornografie, das Auffinden von Kindern zum sexuellen Missbrauch, Kinder in unangebrachte sexuelle Konversationen zu verwickeln und schließlich die Kommunikation mit Gleichgesinnten, *Durkin*, *Fed. Probation* 61 (1997): 14–18 (14).

489 *Katzer* in: Hofmeister (Hrsg.), Sexualisierte Gewalt an Kindern und Jugendlichen, S. 181, 183 ff.

490 *Katzer* in: Hofmeister (Hrsg.), Sexualisierte Gewalt an Kindern und Jugendlichen, S. 181, 184.

491 *Katzer* in: Hofmeister (Hrsg.), Sexualisierte Gewalt an Kindern und Jugendlichen, S. 181, 185.

492 *Katzer* in: Innocence in Danger Sektion Deutschland e.V.; Bundesverein zur Prävention von Sexuellem Missbrauch an Mädchen und Jungen e.V. [Red.: Marion Mebes] (Hrsg.), Mit einem Klick zum nächsten Kick, S. 11, 20.; s. ferner *Mitchell/Wolak/Finkelho*, Journal of adolescent health 40.2 (2007): 116–126 (124).

Als zweite Erscheinungsform sexueller Gewalt im Internet benennt *Katzer* den Vertrauensaufbau über das Internet zur Anbahnung realer Treffen mit dem Ziel sexueller Übergriffe („Grooming“).[493]

Die sexuelle Viktimisierung durch das Hochladen von Videos über Plattformen wie „YouPorn“, die insbesondere auch mit Hilfe eines Smartphones aufgenommen wurden, ist als weitere Form sexueller Online-Gewalt zu benennen. *Katzer* weist dabei vor allem auf die überdimensionalen Ausmaße hin, die solche Viktimisierungen annehmen können. Problematisch sei einerseits, dass bei den Usern keine Identitätsprüfung erfolgt. Meist ist nur die Angabe einer E-Mail-Adresse erforderlich, die allerdings gefälscht sein kann. Andererseits ist an die schnelle und massive Verbreitung solcher Filme zu denken. Zudem finden die Darstellungen öffentlich statt, da jeder, der Zugang zum Internet hat, sich automatisch auch Zugriff zu den hochgeladenen Videos verschaffen kann. Zu denken ist schließlich an den Aspekt der „Endlos-Viktimisierung“, wenn die im Internet hochgeladenen Inhalte nie wieder vollständig entfernt werden können.[494]

Einen weiteren Typus sexueller Online-Gewalt stellt außerdem die kommerzielle Erstellung und Verbreitung von Kinderpornografie über das Internet dar. Die größte Masse kinderpornografischen Materials werde über das Internet vertrieben, wobei nur in den wenigsten Fällen eine Aufdeckung gelinge. Ein weiteres Problem sei, dass zum einen die Opfer immer jünger werden, während zum anderen die Abbildungen immer deutlicher und gewalttätiger werden (beispielsweise Geschlechtsverkehr oder Oralsex mit einem Kind; Babys und 3- bis 5-jährige, Vergewaltigungen und Folter).[495]

Schließlich deutet *Katzer* auch auf die Gefahr der umfangreichen Kommunikationsmöglichkeiten unter Gleichgesinnten hin,[496] die weitere Viktimisierungen ermöglichen. Erwähnt werden hier Konstellationen, in welchen potentielle Opfer über das Internet zu sexuellem Missbrauch angeboten oder gesucht werden sowie andere Personen zu Missbrauchshandlungen angestiftet oder Treffen arrangiert werden, um Kinder untereinander zu tauschen.[497]

---

493 S. bereits 1. Teil, Kapitel 1.

494 *Katzer* in: Hofmeister (Hrsg.), Sexualisierte Gewalt an Kindern und Jugendlichen, S. 181, 186.

495 Vgl. *Katzer* in: Hofmeister (Hrsg.), Sexualisierte Gewalt an Kindern und Jugendlichen, S. 181, 186 f.

496 S. auch 1. Teil, Kapitel 2, II. 1.

497 *Katzer* in: Hofmeister (Hrsg.), Sexualisierte Gewalt an Kindern und Jugendlichen, S. 181, 187.

In der englischsprachigen Literatur findet sich vor allem folgende Unterscheidung von Viktimisierungsformen Minderjähriger im Internet wieder: Differenziert wird zwischen sexuellen Ersuchen,[498] mithin ungewollten Anfragen darüber, mit einer Person über sexuelle Themen zu sprechen, sexuelle Aktivitäten vorzunehmen oder persönliche Informationen sexueller Art preiszugeben. Unabhängig vom Willen des Konfrontierten sind Anfragen mit denselben Inhalten stets unter diese Gruppe gefasst, wenn sie seitens Erwachsener gegenüber Minderjährigen erfolgen. Die aggressivere Form sexueller Anmachen[499] betrifft Anfragen desselben Charakters, die via Post-Kontakt, telefonisch oder persönlich erfolgen. Erfasst sind auch Anfragen, die darauf abzielen, ein reales Treffen zu arrangieren. Als weitere Form der Online-Viktimisierung sind Drohungen oder sonst angreifendes Verhalten ohne sexuellen Bezug[500] aufgeführt, unabhängig davon ob diese unmittelbar gegenüber Minderjährigen erfolgen oder im Internet zur Kenntnissnahme durch Dritte öffentlich hochgeladen werden. Zudem wird die unbeabsichtigte Konfrontation mit pornografischen Inhalten erfasst,[501] etwa wenn online recherchiert wird, im Internet „gesurft“ wird, E-Mails oder Links in E-Mails geöffnet werden. Schließlich wird die Form verstörender sexueller Ersuchen und (neutraler) Belästigungen erwähnt, die von Minderjährigen als besonders verstimmend oder beängstigend wahrgenommen werden[502].[503]

2. Täterkategorien

Eine Vielfalt an Viktimisierungsformen im Internet geht mit einer Vielzahl an möglichen Tätertypen einher.

---

498 Sinngemäße Übersetzung der Begrifflichkeit “Sexual Solicitations“.

499 Sinngemäße Übersetzung der Begrifflichkeit “Aggressive Sexual Solicitaions“.

500 Sinngemäße Übersetzung des Begriffs “Harassment“.

501 Sinngemäße Übersetzung der Begrifflichkeit “Unwanted exposure to sexual material“.

502 Sinngemäße Übersetzung der Begrifflichkeit “Distressing sexual soliciatation and harassment“.

503 *Mitchell/Jones/Finkelhor/Wolak,* Trends in unwanted online experiences and sexting, S. 1, verfügbar unter http://scholars.unh.edu/cgi/viewcontent.cgi?article=1048&context=ccrc [14.08.2016]; vgl. auch *Finkelhor/Mitchell/Wolak* in: S.W. Cooper R.J. Estes, A.P. Giardino, N.D. Kellog & V.I. Vieth (Eds.), Medical, legal, and social science aspects of child sexual exploitation: A comprehensive review of pornography, prostitution, and Internet crimes, Vol 1 (pgs. 437–467) St. Louis, MO: GW Medical Publishing Inc., S. 437, 440, verfügbar unter http://www.unh.edu/ccrc/pdf/jvq/CV47.pdf [19.08.2016].

Insbesondere aus dem englischsprachigen Raum haben sich bestimmte Täterbezeichnungen herausgebildet, die auf Unterschiede in Begehungsformen Bezug nehmen. Als „Trader" werden danach Täter bezeichnet, die online mit kinderpornografischem Material handeln und/oder solches sammeln.[504]

„Traveler"[505] hingegen sind Täter, die online mit Kindern kommunizieren und aufgrund ihrer manipulativen Fähigkeiten das Kind beeinflussen, um ein persönliches Treffen mit Sexualkontakt zu arrangieren. Ob dabei der Täter das Kind aufsucht oder umgekehrt, ist irrelevant.[506] *Katzer* trifft diesbezüglich eine noch weitere Differenzierung. Unter dem Begriff „Traveler" seien Täter zu verstehen, die Kinder und Jugendliche im Internet beispielsweise über Grooming manipulieren, um sie zu sexuellen Handlungen im Internet zu „verführen" (Cybersex-Offending[507]) oder um ihnen im realen, alltäglichen Umfeld sexuelle Gewalt anzutun.[508]

Schließlich werden als „Combination Trader-Travelers" Täter bezeichnet, die, wie der Name schon vermuten lässt, eine Mischung aus „Tradern" und „Travelern" im vorbezeichneten Sinne sind.[509]

---

504 *Alexy/Burgess/Baker*, Journal of Interpersonal Violence 20.7 (2005): 804–812 (808); *Lanning*, Child Molesters, S. 119, verfügbar unter http://citeseerx.ist.psu.edu/viewdoc/download?doi=10.1.1.692.6218&rep=rep1&type=pdf [18.04.2016].

505 Als Synonym wird teilweise die Begrifflichkeit "solicitation offender" verwendet (vom englischen Verb "to solicit", „jemandem sexuelle Dienste anbieten", „um etwas werben", „etwas dringend erbitten", abgeleitet; "offender", Englisch für „Täter"), *Seto/Wood/Flynn/Babchishin*, Law and Human Behavior 36.4 (2012): 320–330 (320).

506 *Alexy/Burgess/Baker*, Journal of Interpersonal Violence 20.7 (2005): 804–812 (808). Daher kommt auch der Begriff "Travelers", Englisch für „Reisender".

507 Unter der Begrifflichkeit "Online (cyber) child sexual abuse", Englisch für „sexueller Kindesmissbrauch im Internet", werden Handlungen erfasst, wie die Produktion, die Verbreitung, das Herunterladen und das Betrachten kinderpornografischen Materials (sowohl Bilder als auch Videos) sowie die Kontaktierung von Kindern und Jugendlichen im Internet, um kinderpornografisches Material herzustellen. Ebenso sind Verhaltensweisen wie die Kontaktierung von Kindern und Jugendlichen, um sie in sexuelle Konversationen oder andere sexuelle Aktivitäten zu verwickeln oder, um ein reales Treffen mit sexueller Absicht zu vereinbaren, sowie Tätigkeiten zur Herbeiführung aller eben bezeichneten Handlungen gemeint, *Quayle/Lööf/Soo/Ainsaar* in: Ainsaar/Lööf (Eds.), Online behaviour related to child sexual abuse, S. 10, verfügbar unter http://www.childcentre.info/robert/public/Online_behaviour_related_to_sexual_abuse.pdf [03.06.2016].

508 *Katzer* in: Hofmeister (Hrsg.), Sexualisierte Gewalt an Kindern und Jugendlichen, S. 181, 192.

509 *Alexy/Burgess/Baker*, Journal of Interpersonal Violence 20.7 (2005): 804–812 (808).

Betont wird allerdings, dass sich die Einordnung von Tätern nach den benannten Gruppen im Einzelfall sehr schwierig gestalten kann. So kann ein Täter, der beispielsweise Kinder via Internet zur Herbeiführung sexueller Handlungen kontaktiert, hingegen kinderpornografisches Material ohne Hinzuziehung eines Computers tauscht, nicht als „Combination-Trader-Traveler", sondern „nur" als „Traveler" bezeichnet werden. Ferner fallen Täter, die zwar online mit kinderpornografischem Material handeln und in der realen Welt ohne vorherige Online-Kontaktierung Kinder zum sexuellen Missbrauch aufsuchen, lediglich unter die Kategorie „Trader", was ein geringeres Handlungsunrecht implizieren könnte, als tatsächlich eingetreten. Kategorisierungen anhand der benannten Gruppen können daher zu Verzerrungen insofern führen, als dass sie nicht das ganze Spektrum der von den Tätern jeweils begangenen Handlungen wiedergeben.[510]

Tätertypologisierungen auf diesem Gebiet erweisen sich darüber hinaus aber auch deshalb als schwieriges Unterfangen, weil eine klare Grenzziehung zwischen Tätern, die im Internet Minderjährige zum sexuellen Missbrauch kontaktieren, und Tätern, die ein Interesse an kinderpornografischem Material haben, kaum möglich ist. Während des Grooming-Prozesses werden beispielsweise pornografische Materialien eingesetzt, um eine sexuelle Desensibilisierung der Opfer zu erreichen.[511] Auch gibt es Täter, die ihren Opfern während der Online-Interaktion anrüchige Bilder abpressen, um damit spätere Druckmittel in der Hand zu haben.[512] Zudem haben Studien gezeigt, dass Täter die Minderjährige online kontaktieren, teilweise auch immense Mengen an kinderpornografischem Material besitzen.[513]

Obwohl es Untersuchungen gibt, die sich nur auf Täter konzentrieren wollen, die Kinder mittels Informations- und Kommunikationstechnologie für persönliche Treffen aufsuchen[514] und andere Studien den Fokus auf die Analyse

---

510 *Alexy/Burgess/Baker*, Journal of Interpersonal Violence 20.7 (2005): 804–812 (811).

511 *Briggs/Simon/Simonsen,* Sexual Abuse 23.1 (2011): 72–91 (82 ff.); s. auch 1. Teil, Kapitel 2, I. 1. a) dd); 1. Teil, Kapitel 2, I. 2. a) ee); 1. Teil, Kapitel 2, I. 2. b) bb).

512 1. Teil, Kapitel 2, I. 1. a) ee); 1. Teil, Kapitel 2, I. 2. a) ee); 1. Teil, Kapitel 2, I. 2. c) ee).

513 *Webster/Davidson/Gottschalk* in: Webster u.a. (Eds.), Online Offending Behaviour and Child Victimization, S. 55, 87 f.; vgl. auch *Seto/Wood/Flynn/Babchishin*, Law and Human Behavior 36.4 (2012): 320–330 (327 ff.).

514 *Quayle/Allegro/Hutton/Sheath/Lööf,* Online behaviour related to child sexual abuse, verfügbar unter http://childcentre.info/robert/public/Interviews_online_offenders.pdf [03.06.2016]; *Webster/Davidson/Gottschalk/Caretti/Pham/Grove-Hills/Turley/Tompkins/Ciulla/Milazzo/Schimmenti/Craparo,* European Online Grooming Project – Final Report, verfügbar unter https://www.researchgate.net/publication/257941820_European_Online_Grooming_Project_-_Final_Report [14.05.2016];

von Personen legen, die Taten im Zusammenhang mit kinderpornografischem Material begehen,[515] ist eine klare Segmentierung von Tätertypen aufgrund der benannten Überschneidungen kaum realisierbar.[516] Die hier bereits erwähnten Täterdefinitionen und die in den nachfolgenden Kapiteln näher erörterten Kategorisierungen sollen daher mehr im Sinne einer Heranführung an die Vielfalt möglicher Täter im Zusammenhang mit § 176 Abs. 4 Nr. 3 StGB, denn eine strenge Zuordnung und abschließende Darstellung verstanden werden.

Zuletzt wird in diesem Kapitel eine Erörterung betreffend konventionelle Täter des sexuellen Kindesmissbrauchs, mithin Täter, die ohne jegliche technische Hilfsmittel Kinder sexuell misshandeln, erfolgen, um im Anschluss mögliche Parallelen und Unterschiede zu Tätern des Cyber-Groomings aufzuzeigen.

II. Täter im Sinne des § 176 Abs. 4 Nr. 3 lit. a) StGB

1. Tätermerkmale

Bislang gibt es nur relativ wenige Studien, die sich auf die Untersuchung von Tätereigenschaften in Fällen des Cyber-Groomings, speziell betreffend Täter im Sinne des § 176 Abs. 4 Nr. 3 lit. a) StGB fokussieren. Eine abschließende Feststellung in diesem Zusammenhang ist nach derzeitigem Forschungsstand daher noch nicht möglich. Der Schwerpunkt weiterer Untersuchungen könnte beispielsweise auf der Frage liegen, inwiefern ältere Jugendliche Übergriffe auf Jüngere verüben und in welchem Maß auch Frauen als Täterinnen in Betracht kommen. Zwar zeigen die bisherigen Ergebnisse, dass die Mehrzahl der Tathandlungen von männlichen, erwachsenen Personen erfolgt. Allerdings soll damit nicht der Schluss gezogen werden, dass Minderjährige oder Frauen als Delinquenten ausgeschlossen sind.[517] Darüber hinaus könnte vertieft der Frage nachgegangen werden, ob es sich bei Tätern des Cyber-Groomings um den

---

Whittle/Hamilton-Giachritsis/Beech/Collings, Aggression and violent behavior *18.1 (2013): 62–70*, verfügbar unter http://www.mensenhandelweb.nl/system/files/documents/13%20jul%202015/a%20review%20of%20online%20grooming%20characteristics%20and%20concerns.pdf [12.05.2016].

515 *Quayle/Taylor*, Deviant Behavior 23.4 (2002): 331–361; *O'Brien/Webster*, Sexual Abuse 19.3 (2007): 237–256.

516 *Davidson/Webster* in: Webster u.a. (Eds.), Online Offending Behaviour and Child Victimization, S. 21, 21.

517 Vgl. auch *Finkelhor/Mitchell/Wolak*, Online Victimization (2000), S. 45, verfügbar unter http://files.eric.ed.gov/fulltext/ED442039.pdf [18.03.2017]; *Weiler*, Im Netz, S. 76 ff.

Opfern fremde Personen oder auch um Personen aus dem Bekanntenkreis der Minderjährigen handelt.[518] Schließlich ist auch von Interesse, inwiefern Täter, die zwar Konsumenten von kinderpornografischem Material sind, nicht aber Kinder über das Internet kontaktieren, mit Tätern des Cyber-Groomings vergleichbar sind.[519] Lediglich die Studie von *Alexy, Burgess* und *Baker* hat insofern ergeben, dass kaum signifikante Unterschiede zwischen den vorbezeichneten Gruppen festzustellen ist.[520]

a) Demografische Daten

Die überwiegende Anzahl der Täter ist männlichen Geschlechts.[521] Nur die Studie von *Alexy* u.a. stellte mit einem Wert von weniger als 5 % weibliche Täterinnen fest.[522]

Die Mehrzahl der Täter weist ferner eine gute Schulbildung auf.[523] Das Durchschnittsalter der Delinquenten mit meist kaukasischen Wurzeln[524] liegt bei 35 Jahren[525] und nur die wenigsten weisen eine kriminelle Historie auf.[526]

---

518 *Katzer* in: Hofmeister (Hrsg.), Sexualisierte Gewalt an Kindern und Jugendlichen, S. 181, 191.

519 *Webster/Davidson/Gottschalk* in: Webster u.a. (Eds.), Online Offending Behaviour and Child Victimization, S. 55, 56.

520 *Alexy/Burgess/Baker*, Journal of Interpersonal Violence 20.7 (2005): 804–812 (806 ff.).

521 *Walsh/Wolak*, Child Maltreatment 10.3 (2005): 260–271 (263); *Alexy/Burgess/Baker*, Journal of Interpersonal Violence 20.7 (2005): 804–812 (806 f.); *Malesky*, Journal of child sexual abuse 16.2 (2007): 23–32 (25); *Webster* in: Webster u.a. (Eds.), Online Offending Behaviour and Child Victimization, S. 39, 49; *Mahler*, JSt 2012, 22, 22.

522 *Alexy/Burgess/Baker*, Journal of Interpersonal Violence 20.7 (2005): 804–812 (806 f.).

523 *Alexy/Burgess/Baker*, Journal of Interpersonal Violence 20.7 (2005): 804–812 (806 f.); *Young*, Journal of Behavioral Profiling 5.1 (2005): 1–18, (zit. nach *Webster/Davidson/Gottschalk* in: Webster u.a. (Eds.), Online Offending Behaviour and Child Victimization, S. 55, 56); *Malesky*, Journal of child sexual abuse 16.2 (2007): 23–32 (25); *Webster* in: Webster u.a. (Eds.), Online Offending Behaviour and Child Victimization, S. 39, 49; *Seto/Wood/Flynn/Babchishin*, Law and Human Behavior 36.4 (2012): 320–330 (326).

524 *Walsh/Wolak*, Child Maltreatment 10.3 (2005): 260–271 (263 f.); *Malesky*, Journal of child sexual abuse 16.2 (2007): 23–32 (25).

525 *Walsh/Wolak*, Child Maltreatment 10.3 (2005): 260–271 (263 f.); *Alexy/Burgess/Baker*, Journal of Interpersonal Violence 20.7 (2005): 804–812 (806 f.); *Webster* in: Webster u.a. (Eds.), Online Offending Behaviour and Child Victimization, S. 39, 49.

526 *Young*, Journal of Behavioral Profiling 5.1 (2005): 1–18, (zit. nach *Webster/Davidson/Gottschalk* in: Webster u.a. (Eds.), Online Offending Behaviour and Child Victimization, S. 55 ff.); *Webster* in: Webster u.a. (Eds.), Online Offending Behaviour and Child Victimization, S. 39, 49; *Walsh/Wolak*, Child Maltreatment 10.3 (2005): 260–271 (268).

Walsh und *Wolak* fanden außerdem im Rahmen ihrer Untersuchung heraus, dass 30 % der Täter berufliche oder ehrenamtliche Positionen mit einem engen Bezug zu Kindern und Jugendlichen innehielten, beispielsweise als Lehrer oder Trainer (sogenannte Elternersatzberufe).[527]

Insgesamt ergibt sich damit nach aktuellem Forschungsstand das Profil eines männlichen Täters mittleren Alters mit solider Ausbildung und keiner kriminellen Vergangenheit.

b) Charakteristische Persönlichkeitsmerkmale

In Anbetracht der Tatsache, dass der Grooming-Prozess darauf ausgelegt ist, das Vertrauen des Opfers zu gewinnen, um damit dessen Widerstand schleichend und unbemerkt zu überwinden, mithin dessen Kooperation zu erreichen, ist die im Schrifttum vertretene Annahme, dass Täter des Cyber-Groomings grundsätzlich gewaltlos vorgehen,[528] kaum verwunderlich. Wie bereits geschildert, sind die Täter im Umgang mit potentiellen Opfern sehr geschickt. Strategien werden an die Bedürfnisse des auserwählten Opfers angepasst. Meist wird sich nur langsam an sexuelle Inhalte herangetastet, um den „Erfolg" des Vorgehens nicht vorschnell zu vereiteln. Die Täter beweisen ein gutes Fingerspitzengefühl für die jeweilige Situation und die individuellen Bedürfnisse ihrer Opfer. Je geschickter und geduldiger sie vorgehen, desto wahrscheinlicher ist es, eine Vertrauensbeziehung zu etablieren und einen Missbrauch herbeizuführen und aufrechtzuerhalten. So gelingt es Tätern oft, ihre Opfer zu einem „freiwilligen" Treffen zu bewegen, ohne dass es überhaupt erforderlich ist, Gewalt anzuwenden oder das Kind zu entführen. Erstaunlich ist, in wie vielen Fällen sich ein potentielles Opfer der Tatsache bewusst ist, dass der neue „Freund" aus dem Internet wesentlich älter als es selbst ist. Da dem Täter jedoch aufgrund vorangegangener Manipulation mittlerweile großes Vertrauen entgegengebracht wird, „willigt" es trotzdem in ein persönliches Treffen ein.[529]

---

527 *Walsh/Wolak*, Child Maltreatment 10.3 (2005): 260–271 (263 f.).

528 *Wolak/Finkelhor/Mitchell/Ybarra*, American Psychologist 63.2 (2008): 111–128 (119); *Wolak*/Finkelhor/*Mitchell*, Journal of Adolescent Health 35.5 (2004): 424-e11–424-e20 (424 e 18).

529 *Lanning*, Child Molesters, S. 26 ff., verfügbar unter http://citeseerx.ist.psu.edu/viewdoc/download?doi=10.1.1.692.6218&rep=rep1&type=pdf [18.04.2016].; *Wolak/Finkelhor/Mitchell/Ybarra*, American Psychologist 63.2 (2008): 111–128 (119); *Quayle/Jonsson/Lööf*, Online behaviour related to child sexual abuse, S. 46 ff., verfügbar unter http://childcentre.info/robert/public/Interviews_with_affected_young_people.pdf [03.06.2016].

In engem Zusammenhang damit steht auch die Fähigkeit, Empathie für Opfer zu zeigen. Im Schrifttum wird vertreten, dass Täter des Cyber-Groomings schon aufgrund „der Natur der Sache“ gegenüber ihren Opfern zumindest ein gewisses Maß an Mitgefühl und Empathie aufbringen müssen.[530] Der im Fokus des Grooming-Prozesses stehende Aspekt der Vertrauensgewinnung setzt nämlich voraus, dass sich Täter mit Interessen, Wünschen und Bedürfnissen ihrer Opfer auseinandersetzen. Daher erscheint es naheliegend anzunehmen, dass sie auch die Fähigkeit besitzen, sich in die Position ihres Opfers hineinzuversetzen, um dementsprechend ihre weitere Vorgehensweise anpassen zu können.[531] Deutlich wird dies vor allem auch dort, wo es darauf ankommt, die Reaktionen des Kindes richtig einzuschätzen, um den Fortgang des Geschehens nicht zu vereiteln.[532]

Charakteristisch ist für Täter des Cyber-Groomings weiter, die Realität der Geschehnisse zu leugnen und zu negieren. Mit dem Ziel des sexuellen Missbrauchs vor Augen priorisieren sie ihre eigenen Bedürfnisse in starkem Maß gegenüber denen ihrer Opfer und verharmlosen – vor allem auch aus Selbstschutzgründen – ihre Handlungen.[533]

Eine Studie, die im Rahmen des ROBERT Projects zur Analyse des Grooming-Verhaltens von Online-Tätern durchgeführt wurde, bestätigt dies.[534] Aus den Interviews der untersuchten Täter trat deutlich hervor, wie diese durch Beschönigungen Negatives verdrängten und die Unterhaltungen mit den Minderjährigen fortsetzten. Einige Täter äußerten in diesem Zusammenhang beispielsweise:

„Ich realisierte meine eigenen Fantasien, indem ich mir einredete, niemand wird verletzt werden, wir sind nicht zusammen, niemand wird verletzt werden, es ist maßgeblich was L [das Opfer] wollte und ich habe es auch so verstanden, als würde sie es so wollen.“[535]

---

530 *Craven/Brown/Gilchrist*, Journal of Sexual Aggression 12.3 (2006): 287–299 (296); s. hierzu ferner *Ray/Kimonis/Seto*, Sexual Abuse 26.6 (2014): 523–545 (525).

531 *Craven/Brown/Gilchrist*, Journal of Sexual Aggression 12.3 (2006): 287–299 (296).

532 *Craven/Brown/Gilchrist*, Journal of Sexual Aggression 12.3 (2006): 287–299 (296); s. ferner *Marshall/Hudson/Jones/Fernandez*, Clinical psychology review 15.2 (1995): 99–113 (101 ff.).

533 *Weiler*, Im Netz, S. 83 f.; *Craven/Brown/Gilchrist*, Journal of Sexual Aggression 12.3 (2006): 287–299 (292).

534 *Quayle/Allegro/Hutton/Sheath/Lööf*, Online behaviour related to child sexual abuse, verfügbar unter http://childcentre.info/robert/public/Interviews_online_offenders.pdf [03.06.2016].

535 Wörtlich lautet das Zitat: "I was acquiring my own visions by saying effectively nobody's going to get hurt, we're not together, nobody's going to get hurt, it's basically

„Ich meine, zu dieser Zeit habe ich sie nicht als Opfer angesehen.“[536]

“Ich meine ja, je nachdem wer es war, manche Mädchen hatten Webkameras, andere nicht … sie sahen nur mich, vom Hals abwärts, und wie ich schon sagte, ich habe es nur angesehen als … ich habe niemanden verletzt.“[537]

Häufig findet sich dabei auch das Argument wieder, das Kind oder der Jugendliche hätte doch wegbleiben können und nicht immer wieder zurückkehren müssen. Die Täter verdrängen dabei, dass sie es waren, die ihre Opfer in eine missliche Lage und einen Zwiespalt hinein manipuliert haben, aus dem das Opfer keinen Ausweg mehr findet. Sie verdrängen, dass ihr Tun verboten ist und leugnen jegliche Verantwortung für ihre Handlungen. Das natürliche Verhalten der Opfer – wie etwa die Neugier von Jugendlichen an Sexualität[538] – legen Täter stets in ihrem Sinne aus und blenden den Umstand aus, dass Kinder und Jugendliche die Konsequenzen ihrer Verhaltensweisen überhaupt nicht überblicken können.[539] Strategien, die während des Grooming-Prozesses angewandt werden, wenn etwa Handlungen als Aufklärung und Vorbereitung für das spätere Leben gerechtfertigt werden, können daher ebenfalls als Mittel der Verdrängung verstanden werden.[540]

Schließlich gelingt es Tätern, durch eine Beschönigung wahrer Tatsachen ihr reales Leben wie gewöhnlich weiterzuführen. Unterstützend wirkt hier der

---

what L wanted and I saw her as wanting this”, *Quayle/Allegro/Hutton/Sheath/Lööf*, Online behaviour related to child sexual abuse, S. 35, verfügbar unter http://childcentre.info/robert/public/Interviews_online_offenders.pdf [03.06.2016].

536 Wörtlich lautet das Zitat: “I mean, at that time, I didn’t look on these people as victims”, *Quayle/Allegro/Hutton/Sheath/Lööf*, Online behaviour related to child sexual abuse, S. 35, verfügbar unter http://childcentre.info/robert/public/Interviews_online_offenders.pdf [03.06.2016].

537 Wörtlich lautet das Zitat: “I mean, yes, depending on who it was, some girls had webcams at the other end, sometimes they didn’t…they only saw me, from neck downwards, and as I say, I just looked at it as…I wasn’t doing any harm”, *Quayle/Allegro/Hutton/Sheath/Lööf*, Online behaviour related to child sexual abuse, S. 35, verfügbar unter http://childcentre.info/robert/public/Interviews_online_offenders.pdf [03.06.2016].

538 1. Teil, Kapitel 2, II. 2. b).

539 *Weiler*, Im Netz, S. 84 f.; *Quayle/Allegro/Hutton/Sheath/Lööf*, Online behaviour related to child sexual abuse, S. 43, verfügbar unter http://childcentre.info/robert/public/Interviews_online_offenders.pdf [03.06.2016].

540 *Ost*, Child pornography and sexual grooming, S. 42; *Berliner/Conte, Child abuse & neglect* 14.1 (1990): 29–40 (33).

Umstand, dass es, anders als beim konventionellen Missbrauch, mit Hilfe des Internets möglich ist, zwischen Online- und Offline-Welt zu differenzieren – jedenfalls bis zum Zeitpunkt, an dem es zu einem realen Treffen mit dem Opfer kommt.[541] Die Online-Welt wird von Tätern des Cyber-Groomings als ein privater Raum mit neuen Freiheiten wahrgenommen, wo geheime Fantasien endlich ausgelebt werden können. Die Untersuchungen aus der oben erwähnten Studie des ROBERT Projects zeigten, dass der sexuelle Reiz für einige Täter sogar nur aufgrund der Interaktion mit Minderjährigen im Internet auflebte.[542] Der Aspekt „Anonymität" spielt hier freilich auch eine bedeutende Rolle. So beschreibt ein Täter:

> *„Das Internet ist ein Mittel, mit dem man vorgeben kann, jemand zu sein, der man nicht ist und die Anonymität ... Ich konnte dort Dinge sagen, die ich in der realen Welt nie sagen würde. Du bist hinter einem Monitor und du kannst tun und lassen was du willst und niemand sieht was du tust, darum ist es einfacher für mich."*[543]

Darüber hinaus wird im Schrifttum insbesondere betreffend „Chatroom-Tätern"[544] vertreten, dass die Motivation zu ihren Taten weniger auf allgemein kriminelle Eigenschaften oder sexuelle Devianzen zurückzuführen ist, denn auf Aspekte sozialer Isolation und Dysphorie, die darauf beruhen, dass diese Personen relativ viel Zeit für Internet und Online-Communities aufbringen. Die soziale Vereinsamung in der realen Welt stehe dabei in Korrelation mit einer

---

541 *Weiler*, Im Netz, S. 82 ff.; *Quayle/Allegro/Hutton/Sheath/Lööf*, Online behaviour related to child sexual abuse, S. 33 ff., verfügbar unter http://childcentre.info/robert/public/Interviews_online_offenders.pdf [03.06.2016].

542 *Quayle/Allegro/Hutton/Sheath/Lööf*, Online behaviour related to child sexual abuse, S. 33, verfügbar unter http://childcentre.info/robert/public/Interviews_online_offenders.pdf [03.06.2016].

543 Wörtlich lautet das Zitat: "The internet is a sort of means of pretending almost that you're something you're not and the anonymity of – I could say things on there that I would never say in real life. You're behind a screen and you can do what you want and no one is seeing what you're doing, that's why it's easier for me.", *Quayle/Allegro/Hutton/Sheath/Lööf*, Online behaviour related to child sexual abuse, S. 35, verfügbar unter http://childcentre.info/robert/public/Interviews_online_offenders.pdf [03.06.2016].

544 Aus dem Englischen "Chat room sex offender" übersetzt, gemeint sind damit Täter des Cyber-Groomings, die speziell in Chatrooms Jugendliche kontaktieren mit dem Ziel reale, sexuelle „Beziehungen" aufzubauen, vgl. *Briggs/Simon/Simonsen*, Sexual Abuse 23.1 (2011): 72–91 (74).

steigenden Teilnahme am Online-Leben.[545] In diesem Zusammenhang wurde die Hypothese aufgestellt, dass je mehr sich eine Person im Internet auf sexuelle Handlungen einlässt, desto weniger beschäftigt sie sich in der Konsequenz mit zwischenmenschlichen und sexuellen Beziehungen in der realen Welt.[546]

Hinzukommen weitere Aspekte, die eine Isolation von „Chatroom-Tätern" vertiefen und letztlich die Ursache sexueller Übergriffe im Internet verstärken können. Das Internet bietet einer sozial isolierten Person beispielsweise einen idealen Ort, um „Beziehungen" zu anderen aufzubauen. Zum einen besteht hier nicht die Gefahr und somit die Angst vor einer persönlichen Abfuhr. Zum anderen können insbesondere auch Kontakte und „Beziehungen" zu Minderjährigen leichter etabliert werden. Der Vorteil aus Sicht einer sozial isolierten Person ist es, dass „Beziehungen" mit wesentlich Jüngeren als weniger schwierig angesehen werden, wenn man z.B. als reiferer und erfahrener Partner wahrgenommen wird.[547] Das Risiko eines Scheiterns wird mithin als geringer eingeschätzt. Die Ergebnisse der vorbezeichneten Studie des ROBERT Projects ergaben insofern, dass sobald der Kontakt zu einem Minderjährigen einmal hergestellt ist, dies mit einer Reihe positiver Gefühle einhergeht. Neben der sexuellen Erregung, die gleichsam alle untersuchten Täter erlebten, fühlten sich andere erleichtert, endlich jemanden gefunden zu haben, der ihnen zuhört. Für manche wiederum dienten die Online-Unterhaltungen dazu, Probleme aus der realen Welt zu vergessen und zu verdrängen.[548] Daneben spielen jedoch auch ganz pragmatische Aspekte eine Rolle, etwa der einfache Zugang zu einer Vielzahl anderer Personen.[549]

---

545 A. a. *Wall/Pearce/McGuire,* Psychology, Crime & Law 17.5 (2011): 381–401 (385 f.).

546 *Briggs/Simon/Simonsen,* Sexual Abuse 23.1 (2011): 72–91 (87).

547 *Middleton/Elliott/Mandeville-Norden/Beech,* Psychology, Crime & Law 12.6 (2006): 589–603 (598 f.); *Quayle/Allegro/Hutton/Sheath/Lööf,* Online behaviour related to child sexual abuse, S. 38 ff., verfügbar unter http://childcentre.info/robert/public/Interviews_online_offenders.pdf [03.06.2016]; s. ferner *Laulik/Allam/Sheridan,* Psychology, Crime & Law 13.5 (2007): 523–535 (524; 531 f.).

548 *Quayle/Allegro/Hutton/Sheath/Lööf,* Online behaviour related to child sexual abuse, S. 34, verfügbar unter http://childcentre.info/robert/public/Interviews_online_offenders.pdf [03.06.2016].

549 *Putnam,* CyberPsychology & Behavior 3.4 (2000): 553–563 (554 ff.); vgl. auch *Quayle/Allegro/Hutton/Sheath/Lööf,* Online behaviour related to child sexual abuse, S. 26 ff., verfügbar unter http://childcentre.info/robert/public/Interviews_online_offenders.pdf [03.06.2016].

c) *Zum Aspekt der Pädophilie*

Die gesellschaftlich weit verbreitete Annahme, es handle sich bei Tätern des Cyber-Groomings im Sinne des § 176 Abs. 4 Nr. 3 StGB stets um pädophile Männer,[550] entspricht nicht der Realität. Pädophilie wird allgemein als eine Neigung definiert, ausschließlich oder vorzugsweise sexuelle Betätigung oder Erregung bei Kindern vor der Pubertät zu suchen.[551]

Bezogen auf die Altersgruppe fokussieren sich die hiesigen Täter jedoch eher auf Jugendliche oder ältere Kinder als auf präpubertierende Kinder[552] und fallen damit nicht in die Kategorie der Pädophilen per definitionem.[553] Die Untersuchungen der EOGP-Studie[554] ergaben, dass die präferierten Opfer zu einem deutlich höheren Anteil in der Altersgruppe der 13- und 15-Jährigen als in den jüngeren Vergleichsgruppen (5 bis 9 und 10 bis 12 Jahre) lagen.[555] Auch der Studie von *Wolak* u.a. (2004) zufolge waren die Opfer eher älter. Danach waren 99 % der Opfer zwischen 13 und 17 Jahre alt.[556]

Präferiert sind außerdem weibliche Opfer[557], wenngleich männliche Minderjährige nicht als Opfer auszuschließen sind.[558]

Für die sexuelle Präferenz gegenüber Jugendlichen wird der Begriff Hebephilie oder Ephebophilie verwendet, wobei dadurch allerdings nicht pathologische Zustände beschrieben werden.[559] Vielmehr werden bei sexuellen

---

550 *Briggs/Simon/Simonsen,* Sexual Abuse 23.1 (2011): 72–91 (73).

551 *Rasch,* Forensische Psychiatrie, S. 295.

552 *Walsh/Wolak,* Child Maltreatment 10.3 (2005): 260–271 (263 f.); *Wolak*/Finkelhor/*Mitchell,* Journal of Adolescent Health 35.5 (2004): 424-e11–424-e20 (424e15).

553 *Wolak/Finkelhor/Mitchell/Ybarra,* American Psychologist 63.2 (2008): 111–128 (118 f.); *Caretti/Schimmenti/Bifulco* in: Webster u.a. (Eds.), Online Offending Behaviour and Child Victimization, S. 91, 92 ff.

554 S. hierzu bereits, 1. Teil, Kapitel 2, I. 2. c).

555 *Caretti/Schimmenti/Bifulco* in: Webster u.a. (Eds.), Online Offending Behaviour and Child Victimization, S. 91, 92.

556 *Wolak*/Finkelhor/*Mitchell,* Journal of Adolescent Health 35.5 (2004): 424-e11-424-e20 (424 e16).

557 *Wolak*/Finkelhor/*Mitchell,* Journal of Adolescent Health 35.5 (2004): 424-e11-424-e20 (424 e15); *Mitchell/Finkelhor/Wolak,* American journal of preventive medicine 32.6 (2007): 532–537 (534 ff.); *Whittle/Hamilton-Giachritsis/Beech/Collings,* Aggression and violent behavior 18.1 (2013): 135–146, verfügbar unter http://opus.bath.ac.uk/43117/1/Whittle_et_al._2013_Vulnerability_final_text.pdf [27.07.2016], s. dort auf S. 5.

558 *Walsh/Wolak,* Child Maltreatment 10.3 (2005): 260–271 (263).

559 *Wolak/Finkelhor/Mitchell/Ybarra,* American Psychologist 63.2 (2008): 111–128 (119).

Handlungen zwischen Jugendlichen und Erwachsenen primär rechtliche und soziale Normen verletzt.[560]

Interessant ist in diesem Zusammenhang, dass einige Täter explizit auf die körperliche Entwicklung der Minderjährigen achten. Die Ergebnisse der EOGP-Studie bestätigen, dass physische Reife bei einigen Tätern ein klares Auswahlkriterium bezüglich einer Kontaktaufnahme zum potentiellen Opfer ist.[561]

Allerdings kann die Präferenz körperlich reiferer Opfer allein kein ausschlaggebendes Abgrenzungskriterium sein, da auch bei Tätern des Cyber-Groomings im Sinne des § 176 Abs. 4 Nr. 3 lit. a) StGB teilweise enorme Sammlungen an kinderpornografischem Material vorzufinden sind, weshalb keine ausschließliche Fokussierung auf Jugendliche gegeben sein kann.[562] Es wird daher vertreten, dass sexuelle Übergriffe, die insbesondere in Chatrooms gegenüber Jugendlichen stattfinden, eher opportunistischer Natur seien. Hierfür spreche, dass Jugendliche aufgrund ihrer natürlichen Neugierde an Sexualität generell vulnerablere Opfer im Internet seien[563], offener gegenüber Beziehungen im Internet stünden sowie eine allgemeine Bereitschaft für persönliche Treffen mit erwachsenen Chatpartnern aufweisen würden.[564]

Wolak u.a. erklären zudem, dass es für Pädophile schwieriger ist, das Internet zur Kontaktierung ihrer bevorzugten Opfer zu nutzen.[565] Jüngere Kinder seien online nicht in gleichem Maße wie Jugendliche verfügbar. Sie nutzen das Internet weniger zur Kommunikation und sie werden im Hinblick auf ihre Online-Aktivitäten mehr überwacht als Jugendliche.[566] Diese Annahme wird durch die Ergebnisse der KIM- beziehungsweise JIM-Studien bestätigt. Das Interesse an der Nutzung von Social-Web-Angeboten zur Kommunikation mit anderen steigt entsprechend dem Alter der Nutzer.[567] Außerdem seien jüngere Kinder

560 *Berliner*, The APSAC Advisor, 14(2), 2–4. (zit nach *Wolak/Finkelhor/Mitchell/Ybarra*, American Psychologist 63.2 (2008): 111–128 (119)).

561 1. Teil, Kapitel 2, I. 2. c); s. auch *Quayle/Allegro/Hutton/Sheath/Lööf*, Online behaviour related to child sexual abuse, S. 42 f., verfügbar unter http://childcentre.info/robert/public/Interviews_online_offenders.pdf [03.06.2016].

562 Dies jedenfalls sofern auch jüngere Kinder abgebildet sind, *Mitchell/Wolak/Finkelhor*, Sexual Abuse 17.3 (2005): 241–267 (260).

563 S. auch 1. Teil, Kapitel 2, II. 2. b).

564 *Briggs/Simon/Simonsen*, Sexual Abuse 23.1 (2011): 72–91 (74); vgl. auch *Wolak/Mitchell/Finkelhor*, Journal of adolescence 26.1 (2003): 105–119 (115).

565 *Wolak/Finkelhor/Mitchell/Ybarra*, American Psychologist 63.2 (2008): 111–128 (118 f.).

566 *Wang/Bianchi/Raley*, Journal of Marriage and Family 67.5 (2005): 1249–1258 (1257).

567 S. 1. Teil, Kapitel 2, II. 2.

aufgrund ihrer psychischen Entwicklung und dem damit einhergehend geringeren Interesse an Sexualität weniger empfänglich für sexuelle Anmachen der Täter.[568] Pädophile würden das Internet ferner nicht zur direkten Kontaktierung von Kindern nutzen, sondern vielmehr, um über Dritte – beispielsweise die Eltern – Zugang zu möglichen Opfern zu verschaffen. Oder aber sie nutzen das Internet, um sich kinderpornografisches Material zu verschaffen.[569]

Vor diesem Hintergrund gibt es Stimmen in der Literatur, die Täter des Cyber-Groomings im Sinne des § 176 Abs. 4 Nr. 3 lit. a) StGB aus psychopathologischer Perspektive nicht als Pädophile klassifizieren. Vielmehr wird eine antisoziale Persönlichkeitsstörung angenommen.[570] Hauptmerkmal einer solchen Störung ist neben der Manipulation und Täuschung anderer, auch ein tiefgreifendes Muster von Missachtung und Verletzung der Rechte anderer. Bereits im Kindesalter oder in der frühen Adoleszenz zeichnet sich eine antisoziale Persönlichkeitsstörung ab und dauert bis in das Erwachsenenalter fort. Als Synonyme werden auch die Begrifflichkeiten „Psychopathie", „Soziopathie" oder „dissoziale Persönlichkeitsstörung" verwendet. Es handelt sich um eine Persönlichkeitsstörung, die durch Missachtung sozialer Verpflichtungen und Ignoranz gegenüber Gefühlen anderer gekennzeichnet ist. Das Verhalten weicht erheblich von sozialen Normen ab. Zudem ist dieses Verhalten nicht durch negative Erfahrungen oder Bestrafungen änderungsfähig. Ferner zeigen Betroffene eine geringe Frustrationstoleranz und eine niedrige Schwelle für aggressives und auch gewalttätiges Verhalten. Es besteht eine Neigung, andere zu beschuldigen oder das eigene Fehlverhalten zu rationalisieren. Ein Muster von Impulsivität kann durch das Versagen, vorausschauend zu planen, hervortreten. Leichte Reizbarkeit und fehlende Reue für Missetaten zählen ebenfalls zu charakteristischen Merkmalen solcher Personen. Gefühlsmäßige Beziehungen sind nur schwach ausgeprägt und ein rücksichtsvoller Umgang mit anderen ist kaum vorhanden. Während das eigene Gefühlsrepertoire zwar beschränkt sein kann, können betroffene Personen die Gefühle anderer gut wahrnehmen und manipulierend für ihre Zwecke (z.B. Geld, Sex oder Macht) ausnutzen.[571]

---

568 *DeLamater/Friedrich*, Journal of sex research 39.1 (2002): 10–14 (10 f.).

569 *Wolak/Finkelhor/Mitchell/Ybarra*, American Psychologist 63.2 (2008): 111–128 (118 f.).

570 *Caretti/Schimmenti/Bifulco* in: Webster u.a. (Eds.), Online Offending Behaviour and Child Victimization, S. 91, 100 ff.

571 *Saß/Houben*, Diagnostisches und statistisches Manual psychischer Störungen, S. 729 ff.

Auf Grundlage der EOGP-Studie ist man zum Ergebnis gelangt, dass eher die eben erwähnten Kriterien einer antisozialen Persönlichkeitsstörung bei Tätern des Cyber-Groomings erfüllt sind, als dass Pädophilie im klinischen Sinne vorliegt.[572] Wenig verwunderlich ist angesichts der Natur des Grooming-Prozesses, dass bei den untersuchten Tätern der Studie vor allem Charakteristika wie Ausdauer, Beharrlichkeit und ein enorm stark ausgeprägtes manipulatives Verhalten festgestellt wurden.

2. Klassifizierungen

Obwohl es sich beim Cyber-Grooming um ein noch relativ junges Phänomen handelt, existieren dennoch bereits einige Klassifizierungsmodelle zur Erfassung von Tätertypen. Die wichtigsten dieser Modelle sind Gegenstand der nunmehr folgenden Darstellung.

a) Klassifizierung nach Briggs, Simon *und* Simonsen

Briggs u.a. haben auf Basis ihrer Studie eine Klassifizierung vorgenommen, die aus den Verhaltensweisen der untersuchten Täter entwickelt wurde und sich konkret auf Täter, die Jugendliche in Chatrooms kontaktierten, bezieht. *Briggs* u.a. kamen zu einer zweigliedrigen Kategorisierung von Tätern in „contact driven“[573] und „fantasy driven“[574]. Dabei stellen die Differenzierungen auf die hinter den Verhaltensweisen der Täter liegenden Motivationen ab.[575]

aa) Tätertyp: Contact driven[576]

Maßgebliches Ziel dieser Tätergruppe ist es, ein reales Treffen mit sexuellem Kontakt zu arrangieren. Jegliche Handlungen online sind einzig auf die Herbeiführung eines persönlichen Treffens ausgerichtet. Geprägt ist das Grooming-Verhalten von eindeutig sexuellen Gesprächsinhalten und sexuellen Handlungen. Es wird gezielt eine sexuell vulgäre Sprache eingesetzt, um „geeignete“ Opfer ausfindig zu machen. „Geeignet“ bedeutet insofern, dass die Täter gezielt nach bereits sexuell aktiven Minderjährigen suchen, die Interesse an sexuellen Interaktionen

572 *Caretti/Schimmenti/Bifulco* in: Webster u.a. (Eds.), Online Offending Behaviour and Child Victimization, S. 91, 100 ff.

573 Sinngemäße Übersetzung „Täter, die einen persönlichen Kontakt anstreben“.

574 Sinngemäße Übersetzung „Täter, die von Fantasien geleitet handeln“.

575 *Briggs/Simon/Simonsen,* Sexual Abuse 23.1 (2011): 72–91 (85 ff.).

576 Sinngemäße Übersetzung „Täter, die einen persönlichen Kontakt anstreben“.

mit Erwachsenen haben könnten und bei denen von einer Geheimhaltung der Geschehnisse ausgegangen werden kann. Der Online-Kontakt wird nur solange wie notwendig aufrechterhalten, mithin bis eine Vereinbarung zum persönlichen Treffen erfolgt ist. Der Online-Kontakt ist hier nur Mittel zum Zweck.[577]

bb) Tätertyp: Fantasy driven[578]

Den Tätern dieser Gruppe kommt es weniger darauf an, ein persönliches Treffen mit Minderjährigen zu vereinbaren, um in realen, sexuellen Kontakt zu treten. Von Interesse ist hier vielmehr die Online-Konversation selbst, aus der die sexuelle Befriedigung erlangt wird. Namentlich handelt es sich um Täter, deren primäres Ziel auf Cyber-Sex ausgerichtet ist. Dementsprechend dauert der Grooming-Prozess hier viel länger, als bei Tätern der Gruppe „contact driven". Im Durchschnitt hielten die „Online-Beziehungen" mit den Kindern und Jugendlichen in der von *Briggs* u.a. durchgeführten Studie knapp 33, maximal jedoch 180 Tage an.[579]

b) Klassifizierung nach dem European Online Grooming Project[580]

Anknüpfend an die eben vorgestellte Studie von *Briggs, Simon* und *Simonsen* wird die Typologisierung im Rahmen der EOGP-Studie weitergeführt und um weitere Tätertypen ergänzt. Den Autoren zufolge gebe die Kategorisierung von *Briggs, Simon* und *Simonsen* nicht das gesamte Spektrum möglicher Tätertypen wieder. Beim Typus „fantasy driven" etwa hat die EOGP-Studie ergeben, dass auch einige Täter, die unter diese von *Briggs, Simon* und *Simonsen* erstellte Kategorie fallen könnten, persönliche Treffen mit den Opfern vereinbarten, mithin nicht allein durch die Online-Konversation sexuelle Befriedigung erlangten/erlangen wollten.

Bei den Tätern des Cyber-Groomings sei von einer sehr heterogenen Gruppe auszugehen, die nicht durch eine lediglich zweiteilige Unterteilung wiedergegeben werden könne.[581] Mit dem Ziel, diese Heterogenität wiederzugeben, fanden bei der Entwicklung der Täterklassifizierung folgende Aspekte Berücksichtigung:

---

577 *Briggs/Simon/Simonsen,* Sexual Abuse 23.1 (2011): 72–91 (85 f.).

578 Sinngemäße Übersetzung „Täter, die von Fantasien geleitet handeln".

579 *Briggs/Simon/Simonsen,* Sexual Abuse 23.1 (2011): 72–91 (86).

580 S. hierzu bereits, 1. Teil, Kapitel 2, I. 2. c).

581 Vgl. *Webster/Davidson/Gottschalk* in: Webster u.a. (Eds.), Online Offending Behaviour and Child Victimization, S. 55, 81.

- Vorverurteilungen wegen sexuellen Missbrauchs;
- Nutzung der eigenen oder einen fremden Identität beim Grooming-Prozess;
- Natur und Ausmaß des Konsums pornografischen[582] Materials;
- Kontaktaufnahme zu anderen Tätern im Internet;
- Handlungsmotivationen;
- Zeitinvestition in den Cyber-Grooming-Prozess;
- Art und Weise der Kontaktherstellung und -aufrechterhaltung;
- Ziel der Kontaktaufnahme (nur Online- und/oder Offline-Kontakt).[583]

Unter Berücksichtigung dieser Aspekte generierten die EOGP-Experten eine Kategorisierung nach drei Typen:

aa) Tätertyp: Intimacy-seeking[584] [585]

Der Kontakt zu den Opfern stellt für diese Tätergruppe eine „echte" Beziehung, geprägt von Intimität und Vertrautheit, dar. Sie investieren online viel Zeit in die „Beziehung" und intensivieren diese mittels Telefonkontakt. Wenn es zum Treffen kommt, geht es den Tätern nicht primär um die sexuelle Befriedigung, sondern um die Etablierung und Aufrechterhaltung einer „intimen Beziehung".[586]

In Anlehnung an die oben genannten Kriterien treffen auf die Täter dieser Gruppe folgende Attribute zu:

- Keine Vorverurteilungen wegen sexuellen Missbrauchs;
- Handlungsmotivation: Der Kontakt zum Opfer als „einvernehmliche" Beziehung;
- Keine Änderung der Identität online;
- Kein Konsum kinderpornografischen Materials;

---

582 Die Autoren sprechen von "indecent image use", wörtliche Übersetzung „Nutzung anrüchigen/unanständigen Materials", *Webster/Davidson/Gottschalk* in: Webster u.a. (Eds.), Online Offending Behaviour and Child Victimization, S. 55, 82.

583 *Webster/Davidson/Gottschalk* in: Webster u.a. (Eds.), Online Offending Behaviour and Child Victimization, S. 55, 82.

584 Sinngemäße Übersetzung „Täter, die Vertrautheit suchen".

585 Diesen Tätertyp gibt es auch beim Phänomen des Stalking. Auch dort versucht der Täter eine romantische Beziehung zum Opfer herzustellen. Wesentlicher Unterschied zum Groomingtypus ist jedoch, dass das Opfer nicht, wie beim ähnlichen Stalkertypus, stark idealisiert wird. S. näher zum Stalkertypus *Voß*, Stalking in Deutschland, S. 16; *Hoffmann*, Stalking, S. 73.

586 *Webster/Davidson/Gottschalk* in: Webster u.a. (Eds.), Online Offending Behaviour and Child Victimization, S. 55, 82.

- Kein Online-Kontakt mit Gleichgesinnten;
- Hohe Zeitinvestition vor einem realen Treffen;
- Ziel der Kontaktaufnahme: Entwicklung einer „intimen Beziehung".[587]

Als Beispiel zitieren die Experten einen 42 Jahre alten, alleinerziehenden Familienvater, der viel Zeit zu Hause verbrachte und das Internet häufig nutzte, um beispielsweise nach neuen Arbeitsangeboten oder Spielen für seine Kinder zu suchen. In Momenten der Einsamkeit suchte er online Kontakt zu anderen Erwachsenen und Jugendlichen, um etwa Online-Spiele zu spielen. Bei kontinuierlicher Steigerung des Internetkonsums traf er eines Tages in einem Chatportal zufällig auf ein 15-jähriges Mädchen. Die Gesprächsinhalte sind dabei von sehr unterschiedlicher Natur, zunächst jedoch nicht sexueller Art gewesen. Nach einigen Wochen kam es vom Online-Chat zu Telefonaten, schließlich zur Verabredung eines persönlichen Treffens. Der reale Kontakt lief über mehrere Monate hinweg. Der sexuelle Akt fand in Hotels statt. Der Täter sagte, es ginge ihm dabei nie primär um das Sexuelle, sondern vielmehr um Freundschaft und Gesellschaft. Ihm war dabei bewusst, dass er etwas „Falsches" tat, traf sich jedoch aus „Verliebtheit" weiter mit dem Mädchen. Auf die Frage der Experten hin, ob er kinderpornografisches Material konsumiere, reagierte der Täter empört und antwortete, er finde so etwas widerlich.[588]

Aus psychologischer Perspektive werden die Typen „intimacy-seeker" als Personen charakterisiert, welche den Kontakt zu ihren Opfern als eine „Beziehung" basierend auf gegenseitigem „Einverständnis" sehen. Zu dieser Tätergruppe sollen häufig Personen gehören, die in realen Beziehungen zu Gleichaltrigen mit unterschiedlichen Problemen konfrontiert sind und sich in Online-„Beziehungen" daher besser akzeptiert fühlen. In der Literatur wird daher teilweise angenommen, dass diese Tätertypen, ähnlich wie es auch bei einigen Tätern des konventionellen sexuellen Kindesmissbrauchs sein soll, Minderjährige sexuell attraktiv finden und mit ihnen besser als mit gleichaltrigen Sexualpartnern aufgrund einer emotionalen Unreife oder einer gesellschaftlichen Nonkonformität umgehen können.[589] Intimität mit den Opfern kann für diese Täter von genauso hoher Bedeutung sein, wie der spätere sexuelle Akt. Daher umgarnen sie ihre Opfer mit Geschenken und Aufmerksamkeit und rationalisieren ihre

587 *Webster/Davidson/Gottschalk* in: Webster u.a. (Eds.), Online Offending Behaviour and Child Victimization, S. 55, 82.

588 *Webster/Davidson/Gottschalk* in: Webster u.a. (Eds.), Online Offending Behaviour and Child Victimization, S. 55, 82 f.

589 S. auch 1. Teil, Kapitel 3, II. 1. b).

Verhaltensweisen mit dem Argument, eine „einvernehmliche Beziehung“ mit dem Opfer zu haben. Die Gefahr, die von diesen Tätern ausgeht, beruht weniger auf einer potentiellen Gewaltanwendung gegenüber den Opfern, sondern vielmehr auf dem Gedanken der Manipulation und Verführung der Opfer, wodurch deren emotionale Entwicklung negativ beeinflusst wird. Zudem ist aus den Ergebnissen der EOGP-Studie hervorgetreten, dass die Täter dieser Gruppe in vielen Fällen ein reales Treffen mit ihren Opfern vereinbaren.[590]

bb) Tätertyp: Adaptable online groomer[591]

Wesentliche Charaktereigenschaft dieser Tätergruppe ist deren Anpassungsfähigkeit. Sowohl Identität als auch Verhaltensweisen werden während des Grooming-Prozesses entsprechend des Online-Auftretens der Kinder und Jugendlichen, sowie deren Reaktionen im Nachgang zur jeweils ersten Kontaktierung angepasst. Dementsprechend variiert auch der Zeitrahmen des Grooming-Prozesses. Je nach Opfer investieren Täter mehr oder weniger Zeit in die Online-Kommunikation. Für die hiesigen Täter stellt sich der Kontakt zu den Opfern, anders als bei den Typen der Gruppe „intimacy seeking“, nicht als eine „echte Beziehung“ dar. Im Fokus steht vielmehr allein die sexuelle Befriedigung, sei es nur online oder aber auch offline.[592]

Nach Maßgabe der oben erwähnten Faktoren zur Täterkategorisierung erfüllen diese Tätertypen folgende Eigenschaften:

- Vorverurteilungen wegen sexuellen Kindesmissbrauchs gegeben;
- Anpassung der Identität entsprechend der Opferprofile und -reaktionen;
- Sammlungen kinderpornografischen Materials vorhanden, dabei jedoch in geringem Umfang;
- Kein signifikanter Kontakt mit Gleichgesinnten online;
- Handlungsmotivation: Befriedigung eigener sexueller Bedürfnisse, Betrachtung der Opfer als „reife Partner“;
- Zeitinvestition in den Grooming-Prozess variabel je nach Opfer;
- Ziel der Kontaktaufnahme: Erfüllung eigener sexueller Bedürfnisse.[593]

---

590 *Caretti/Schimmenti/Bifulco* in: Webster u.a. (Eds.), Online Offending Behaviour and Child Victimization, S. 91, 96 f.

591 Sinngemäße Übersetzung „der anpassungsfähige Online-Groomer“.

592 *Webster/Davidson/Gottschalk* in: Webster u.a. (Eds.), Online Offending Behaviour and Child Victimization, S. 55, 83 ff.

593 *Webster/Davidson/Gottschalk* in: Webster u.a. (Eds.), Online Offending Behaviour and Child Victimization, S. 55, 83 ff.

Zur Konkretisierung dieses Tätertyps führen die Experten das Beispiel von *Derek* an – einem 49 Jahre alten, alleinstehenden Mann. *Derek* wurde in der Vergangenheit bereits wegen Cyber-Groomings verurteilt und befand sich in Bewährungszeit, als er erneut Minderjährige online kontaktierte. *Derek* berichtet darüber, in den letzten Monaten seit seiner Verurteilung von weiteren Taten abgesehen zu haben. Allerdings überkam ihn eines Tages sein innerer Drang, abermals Kinder und Jugendliche in Online-Chatrooms anzusprechen. Im Bewusstsein des Risikos der Entdeckung, kaufte sich *Derek* einen neuen Laptop, den er nur für Online-Chats nutzen wollte. Sein regulärer Computer konnte damit von seinen Bewährungshelfern weiterhin geprüft werden. *Derek* berichtete, dass er sich aufgrund seiner bisherigen Erfahrungen gut im Umgang mit Kindern und Jugendlichen online auskannte. Nachdem er anfangs schlechte Erfahrungen bei der Verwendung seiner wahren Identität gemacht hatte, änderte er sein Online-Profil. Er gab sich als 19-Jähriger aus und stellte das Bild eines attraktiven jungen Mannes online. Nachdem er viel Zeit in Online-Chatrooms verbracht hatte, erwarb er mehr und mehr Kenntnisse über die beste Strategie, um Minderjährige online in sexuelle Gespräche zu verwickeln. Dementsprechend suchte *Derek* gezielt nach jungen Mädchen, die sexuell anrüchige Bilder in ihren Profilen hochgeladen hatten oder in sexueller Art und Weise mit ihren Freunden online kommunizierten. So ein Mädchen erschien für *Derek* als offensichtlich sexuell reif. *Derek* nahm mit mehreren Mädchen zur gleichen Zeit Kontakt auf und innerhalb nur weniger Minuten wurde die Konversation ins Sexuelle gelenkt, indem *Derek* die Mädchen über ihre körperliche Erscheinung oder ihre sexuellen Erfahrungen befragte. Parallel forderte *Derek* Bilder von den Mädchen und präsentierte sich dabei selbst in onanierender Gestalt. In manchen Fällen kam es zu persönlichen Treffen, wobei *Derek* hierzu Geschenke mitbrachte. In anderen Fällen hingegen blieb es ausschließlich beim Online-Kontakt. Schließlich berichtete *Derek*, dass er nur gelegentlich Kontakt zu Gleichgesinnten aufnahm, dies im Wesentlichen, um pornografisches Material zu tauschen.[594]

Insbesondere die Fähigkeit dieser Täter, sich manipulativ Zugang zu ihren Opfern zu verschaffen, wird als maßgebliche Gefahr für Kinder und Jugendliche herausgestellt. Bei dieser noch relativ wenig erforschten Tätergruppe wird vermutet, dass sie aus einer klinischen Perspektive mehr psychopathische

---

594 *Webster/Davidson/Gottschalk* in: Webster u.a. (Eds.), Online Offending Behaviour and Child Victimization, S. 55, 85.

Wesenszüge aufweisen, als Täter der Gruppe „intimacy seeking". Ihre Verhaltensweisen sind von starker Manipulation und Täuschung der Opfer geprägt. Zudem zeigen sie nur relativ wenig Empathie für ihre Opfer, stellen ihre eigenen Bedürfnisse in den Vordergrund und behaupten, dass ihre Opfer eigenständig über ihre sexuellen Aktivitäten mit den Tätern entscheiden können.[595]

cc) Tätertyp: Hyper-sexualized[596]

Pornografie und Sexualität stehen im Vordergrund der Interessen von Tätern dieser Gruppe. Diese Tätertypen besitzen enorm umfangreiche Sammlungen von kinderpornografischem Material. Zudem wird ein reger Austausch mit Gleichgesinnten im Internet gepflegt. Die Online-Konversationen mit den Minderjährigen sind stark geprägt von sexuellen Inhalten. Ein intimer Kontakt zu den Opfern steht für diese Täter absolut im Hintergrund. Primäres Ziel ist es, sexuelle Befriedigung im Rahmen der Online-Interaktion zu erlangen. Im Vergleich zu den vorbezeichneten Tätergruppen kommt es hier weniger häufig zu realen Treffen.[597]

Charakteristisch sind für diesen Tätertyp folgende Merkmale:

- Vorverurteilungen wegen Besitzes kinderpornografischen Materials;
- Nutzung verschiedener Identitäten, teilweise Nutzung von Profilbildern mit Abbildung der eigenen Genitalien;
- Enorme Sammlungen an pornografischem und kinderpornografischem Material;
- Stark ausgeprägter Online-Kontakt mit Gleichgesinnten;
- Handlungsmotivation: „Entmenschlichung" der Minderjährigen;
- Schnelle Kontaktaufnahme zu Jugendlichen, geringe Zeitinvestition in den Grooming-Prozess, Kontaktierung einer großen Vielzahl an Minderjährigen;
- Sexuelle Prägung des Kontakts mit Kindern und Jugendlichen;
- Ziel der Kontaktaufnahme: stark sexuell geprägte Online-Interaktion mit Minderjährigen (Cyber-Sex).[598]

---

595 *Caretti/Schimmenti/Bifulco* in: Webster u.a. (Eds.), Online Offending Behaviour and Child Victimization, S. 91, 97.

596 Sinngemäße Übersetzung „der hyper-sexualisierte Tätertyp".

597 *Webster/Davidson/Gottschalk* in: Webster u.a. (Eds.), Online Offending Behaviour and Child Victimization, S. 55, 87.

598 *Webster/Davidson/Gottschalk* in: Webster u.a. (Eds.), Online Offending Behaviour and Child Victimization, S. 55, 87.

Als zusammenfassendes Beispiel zitieren die Experten den Fall von *Bob*, einen 29 Jahre alten Mann, der in einer Wohngemeinschaft mit seinem Freund lebte. *Bob* wurde in der Vergangenheit wegen Besitzes von kinderpornografischem Material bereits mehrfach verurteilt. *Bob* beschrieb sich selbst als nicht sehr sozial und verbrachte daher viel Zeit online, um im Internet zu surfen, mit anderen zu chatten oder um pornografisches Material zu konsumieren. Er erzählte, wie fasziniert er von Pornografie war und dass es für ihn oft keine klare Grenze zwischen Erwachsenen- und Kinderpornografie gab. Bei der Inspektion seines Computers wurden neben extremer Erwachsenenpornografie (sehr brutale Formen von Pornografie) auch immense Mengen kinderpornografischer Daten sichergestellt. *Bob* berichtete zudem, extreme Fantasien mit Minderjährigen zu haben und dass er sich darüber mit anderen Gleichgesinnten im Internet austauschte. Einerseits war sich *Bob* dessen bewusst, dass seine sexuelle Neigung gegenüber Minderjährigen „falsch" ist. Andererseits rechtfertigte er den Konsum kinderpornografischen Materials damit, dass dies so gut wie nicht real sei, wodurch Gewissensbisse verdrängt wurden.[599]

Als Online-Profilbild nutze *Bob*, neben einem erfunden Nutzernamen, eine Abbildung seines Penis in nicht erigiertem Zustand. Die Online-Kontakte zu Minderjährigen fanden in häufigen Abständen statt, verliefen schnell und waren in hohem Maß sexuell geprägt. In einigen Fällen fragte *Bob* bereits innerhalb weniger Sekunden nach einem Bild des Gesprächspartners oder nach „graphic sexual chat"[600]. Parallel übermittelte er den Minderjährigen manchmal auch Erwachsenenpornografie. Abweisungen seitens der Kinder und Jugendlichen ließen *Bob* unberührt, da er nicht auf eine „Beziehung" aus war. Zudem konnte *Bob* ohne große Zeitverzögerung sexuellen Kontakt zu einem anderen jungen Chatpartner herstellen.[601]

Charakteristisch für Täter dieser Gruppe ist entsprechend dem Beispiel von *Bob*, dass sie den Grooming-Prozess in abgeschwächter Form vollziehen, da sie sofort auf das Sexuelle eingehen. Hierzu blenden sie die psychologischen und entwicklungsbedingten Eigenschaften ihrer Opfer aus. Parallelen finden sich bei Tätern dieser Gruppe zu Tätertypen des konventionellen sexuellen Kindesmissbrauchs, etwa dem Typus, der zwar kein primäres sexuelles Interesse an Minderjährigen hat, diese jedoch aufgrund von Verfügbarkeit anstelle anderer Personen

599 *Webster/Davidson/Gottschalk* in: Webster u.a. (Eds.), Online Offending Behaviour and Child Victimization, S. 55, 87.

600 Sinngemäße Übersetzung „graphischer Sex-Chat".

601 *Webster/Davidson/Gottschalk* in: Webster u.a. (Eds.), Online Offending Behaviour and Child Victimization, S. 55, 87 f.

missbraucht.[602] Ebenso finden sich in dieser Gruppe Typen der Kategorie „sadistische Pädophile“ wieder, die sexuelle Befriedigung durch die Zufügung von Leid und Schmerzen am Opfer erlangen.[603]

c) *Klassifizierung nach* Tener, Wolak *und* Finkelhor

Eine der aktuellsten Täter-Klassifizierungen haben *Tener, Wolak* und *Finkelhor* unternommen. Differenziert wird hier nach vier verschiedenen Tätertypen, die diverse Arten moderner Informations- und Kommunikationstechnologien zur Kontaktaufnahme und während des Grooming-Prozesses einsetzen. Entwickelt wurde die Typologisierung unter Berücksichtigung diverser Faktoren, insbesondere der Motivation der Täter und Aspekten der Täter-Opfer-Beziehung. Berücksichtigung fand darüber hinaus das Online-Kommunikationsverhalten der Täter sowie deren demografischer Hintergrund. Ähnlich wie in den bisher vorgestellten Klassifizierungen betonen die Autoren auch hier, dass es sich bei Tätern des Cyber-Groomings um eine sehr heterogene Gruppe mit den unterschiedlichsten Handlungsmotivationen handelt.[604]

aa) Tätertyp: The experts[605]

Zu diesem Tätertyp zählen Personen, die als „gesellschaftlicher Stereotyp“ eines Täters bezeichnet werden können. Es handelt sich um Täter, die ein hohes kriminelles Wissen in Kombination mit einer geringen Empathie für Opfer zeigen.

Innerhalb dieser Gruppe haben Täter immer mehr als ein Opfer, in manchen Fällen sogar Hunderte. Ihre Opfer suchen sie sich systematisch entsprechend der persönlichen Präferenzen bezüglich Alter und Geschlecht aus. Einige fokussieren sich auf besonders „leicht“ erscheinende Opfer. Beispielsweise suchen sie gezielt nach Opfern, die übergewichtig sind und daher Probleme mit ihrem Selbstbewusstsein haben oder aber sie zielen auf einsame Opfer ab, die auf der Suche nach Aufmerksamkeit sind. Um ein Opfer zu überreden, investieren die Täter teilweise viel Zeit in den Grooming-Prozess und beschenken diese mit

---

602 S. hierzu *Brockhaus/Kolshorn* in: Amann/Wipplinger(Hrsg.), Sexueller Missbrauch, S. 89, 97.

603 *Caretti/Schimmenti/Bifulco* in: Webster u.a. (Eds.), Online Offending Behaviour and Child Victimization, S. 91, 97 f.

604 *Tener/Wolak/Finkelhor*, Journal of Aggression, Maltreatment & Trauma 24.3 (2015): 319–337 (319, 324 ff., 334 f.).

605 Wörtliche Übersetzung „die Experten“.

materiellen Gegenständen. Je nach Opfer werden unterschiedliche und sehr ausgeklügelte Strategien angewendet. In einigen Fällen ist eine Interaktion mit Gleichgesinnten gegeben, etwa bei der Suche nach neuen Opfern oder aber beim Austausch kinderpornografischen Materials.[606]

Bei den Festnahmen der untersuchten Täter fanden sich meist enorme Mengen kinderpornografischen Materials (bis zu einer Million kinderpornografischer Bilder in einem Fall). Meist war den festgenommenen Tätern eine Vielzahl Minderjähriger zum Opfer gefallen.

Alle Täter sind sich der Strafbarkeit ihrer Handlungen bewusst. Einige wenden extreme Maßnahmen an, um eine Entdeckung zu vereiteln. Sie sind kaum emotional in die „Beziehung" mit ihren Opfern eingebunden. Ziel der Online-Kommunikation, die meist innerhalb sozialer Netzwerke stattfindet, ist es, entweder Nacktfotos von den Minderjährigen zu erlangen oder aber ein persönliches Treffen zu vereinbaren. Im Vordergrund steht stets die Befriedigung eigener sexueller Interessen.[607]

bb) Tätertyp: The cynical[608]

Die Täter dieser Gruppe weisen einige Gemeinsamkeiten mit Tätern der eben beschriebenen Gruppe auf, allerdings gehen die hiesigen Täter generell weniger professionell und in weniger extremem Ausmaß vor. In der Regel fallen ihnen nur ein beziehungsweise wenige Minderjährige zum Opfer. In den Fällen, in denen die Täter mehr als ein Opfer haben, ist dies meist lediglich Resultat eines Zufalls (etwa wenn die Opfer Geschwister haben). Zudem fokussieren sie sich auf Minderjährige, die ihren persönlichen Präferenzen entsprechen. Durch spezifische Vorlieben schränkt sich folglich die Auswahl potentieller Opfer ein, was insgesamt Auswirkungen auf die Anzahl der Missbrauchsopfer haben kann. Werden beispielsweise Kinder oder Jugendliche einer bestimmten Altersgruppe präferiert, so weicht der Täter hiervon auch nicht ab. Der Grooming-Prozess findet in weit weniger intensivem Maß, als bei Tätern der Gruppe „the experts", statt.[609]

---

606 *Tener/Wolak/Finkelhor,* Journal of Aggression, Maltreatment & Trauma 24.3 (2015): 319–337 (327).

607 *Tener/Wolak/Finkelhor,* Journal of Aggression, Maltreatment & Trauma 24.3 (2015): 319–337 (327 ff.).

608 Wörtliche Übersetzung „der Zynische".

609 *Tener/Wolak/Finkelhor,* Journal of Aggression, Maltreatment & Trauma 24.3 (2015): 319–337 (329).

Eine Interaktion mit Gleichgesinnten findet meist nicht statt. Ähnlich wie bei der Gruppe der „experts", ist ihnen die Strafbarkeit ihres Tuns bewusst und sie sind ebenfalls relativ wenig emotional in die „Beziehung" mit dem Opfer involviert. Bei der Kontaktaufnahme richten sie ihr Verhalten am jeweiligen Opfer aus und wenden eine entsprechend angepasste Überzeugungsstrategie an. Viele der Täter konzentrieren sich dabei auf Minderjährige, die ihnen bereits aus der realen Welt bekannt sind.[610] Zudem sind hier Fälle zu verzeichnen, in welchen der Kontakt aufgrund einer zunächst bestehenden Online-„Beziehung" später in der realen Welt weitergeführt wird. Der Besitz kinderpornografischen Materials ist ebenfalls gegeben, allerdings in einem geringeren Maß als bei Tätern der Gruppe „the experts".[611]

cc) Tätertyp: The affection-focused[612]

Täter dieser Gruppe empfinden meist „echte" Liebe und Zuneigung für ihre minderjährigen Online-„Partner". Im Rahmen der Online-Kommunikation legen sie ihre wahre Identität stets offen und verfolgen „keine schlechten Absichten". Oftmals ist ihnen zu Beginn des Online-Kontakts nicht bekannt, dass sie mit Minderjährigen interagieren. Wenn sich zu einem späteren Zeitpunkt das wahre Alter der Kinder und Jugendlichen herausstellt, so wird der Kontakt jedoch aufgrund nunmehr stark vorhandener Gefühle nicht abgebrochen. In einigen Fällen handelt es sich bei den Tätern um ältere Jugendliche,[613] die sich des illegalen Kontexts der „Beziehung" zum jüngeren Kind oder Jugendlichen nicht bewusst sind. Die online entstandene „Beziehung" basiert ihrer Empfindung nach auf wechselseitigen Gefühlen ohne Zwang und Manipulation. Meist entwickelt sich der Kontakt in eine „romantische Liebesbeziehung". Die wenigsten dieser Tätertypen besitzen kinderpornografisches Material.[614]

---

610 Die Autoren zitieren ein Beispiel in dem der Täter Onkel eines 14-jährigen Mädchens war und es mittels sexuell eindeutiger Handynachrichten zu einem Treffen überreden wollte, *Tener/Wolak/Finkelhor*, Journal of Aggression, Maltreatment & Trauma 24.3 (2015): 319–337 (330).

611 *Tener/Wolak/Finkelhor*, Journal of Aggression, Maltreatment & Trauma 24.3 (2015): 319–337 (330).

612 Sinngemäße Übersetzung „Täter, die auf Zuneigung fokussiert sind".

613 Als Beispielsfall zitieren die Autoren die „Beziehung" zwischen einem 19-jährigen Jugendlichen und einem 11-jährigen Mädchen, *Tener/Wolak/Finkelhor*, Journal of Aggression, Maltreatment & Trauma 24.3 (2015): 319–337 (331).

614 *Tener/Wolak/Finkelhor*, Journal of Aggression, Maltreatment & Trauma 24.3 (2015): 319–337 (330 f.).

dd) Tätertyp: The sex-focused[615]

Wesentliches Ziel dieser Tätergruppe ist es, unmittelbar sexuellen Kontakt herzustellen. Sie konzentrieren sich dabei nicht primär auf Kinder oder Jugendliche als potentielle Sexualpartner. Wenn sie jedoch mit ihnen in Kontakt kommen, stehen sie einem sexuellen Akt mit diesen nicht entgegen. Ihre sexuellen Interessen, ebenso wie ihre wahre Identität, legen sie von Anfang an offen. Potentielle Sexualpartner sind sich demnach sowohl bezüglich der sexuellen Intention, als auch hinsichtlich des wahren Alters ihrer Kontaktperson bewusst. In einigen Fällen initiieren die minderjährigen Opfer sogar die Online-Interaktion und stellen sich selbst als vermeintlich Erwachsene mit ausgeprägtem Interesse an sexuellen Beziehungen dar. Im Gegensatz zu den Tätertypen der Gruppen „the experts" und „the cynical" ist die „Beziehung" gekennzeichnet von gegenseitigem „Einverständnis", da sowohl Täter als auch Opfer sexuelles Interesse zeigen. Anders als Täter der Gruppe „the affection-focused" sind Täter der hiesigen Gruppe jedoch nicht auf eine „intime Liebesbeziehung" aus. Der Kontakt zwischen Täter und Opfer kommt meist in sexuell ausgerichteten Internetseiten zustande. Dabei findet ein Grooming-Prozess in der Regel nicht statt und die Online-Kommunikationen werden sehr kurz gehalten. Der Inhalt der Konversationen ist auf den Austausch sexueller Interessen gerichtet und zielt maßgeblich auf die Vereinbarung eines realen Treffens mit sexuellem Kontakt ab.[616]

ee) Fazit: Heterogenität statt Homogenität

Obwohl die Autoren vier konkrete Tätertypen entwickelt haben, betonen sie doch die Heterogenität der Täter im Allgemeinen. Das Stereotyp eines „klassischen" Cyber-Grooming-Täters gebe es nicht. Die Annahme, dass die Täter stets sehr versiert und professionell anmutend minderjährige Opfer ausfindig machen und sie gezielt zur Vorbereitung eines realen sexuellen Übergriffs vorbereiten und ausnutzen, sei zwar nicht falsch, doch entspreche sie nicht der tatsächlichen Vielfalt möglicher Tätertypen.[617] Folgende Grafik soll eine mögliche Vielfalt illustrieren.

---

615 Sinngemäße Übersetzung „der auf Sex fokussierte Täter".

616 *Tener/Wolak/Finkelhor*, Journal of Aggression, Maltreatment & Trauma 24.3 (2015): 319–337 (331 f.).

617 *Tener/Wolak/Finkelhor*, Journal of Aggression, Maltreatment & Trauma 24.3 (2015): 319–337 (332 ff.).

Abbildung 4: Mögliche Typologien bei Online-Tätern[618]

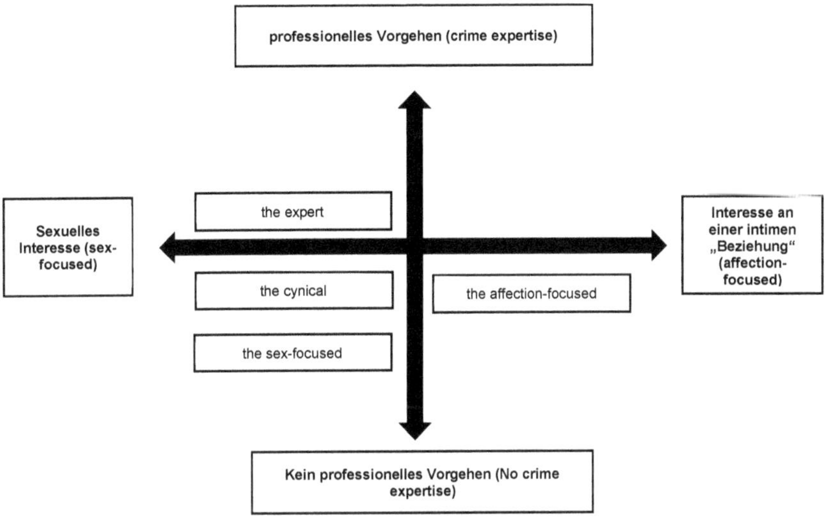

Quelle: Tener/Wolak/Finkelhor, Journal of Aggression, Maltreatment & Trauma 24.3 (2015): 319–337 (333).[619]

Die horizontale Linie stellt ein Kontinuum zwischen den beiden Polen „Sexuelles Interesse“ auf der einen Seite und „Interesse an einer intimen Beziehung“ auf der anderen Seite dar, die vertikale Linie ein Kontinuum zwischen dem Pol „professionelles Vorgehen“ und dem Gegenpol „kein professionelles Vorgehen“. Theoretisch könne jede der vier zuvor erörterten Tätergruppen an jeder Stelle auf den jeweiligen Achsen wiedergefunden werden. So sei es theoretisch möglich, dass ein Täter der Kategorie „the experts“ Liebe und Zuneigung empfinden kann, während er gleichzeitig bei seiner Vorgehensweise systematisch ausgereifte Methoden zur Manipulation der Opfer anwendet, im Sinne der Grafik also professionell vorgeht.[620]

618 Wörtlich lautet die Bezeichnung “Online offender’s typology distribution“.

619 Die vorliegende Darstellung ist in leicht abgeänderter Form vom Original wiedergegeben.

620 Vgl. *Tener/Wolak/Finkelhor,* Journal of Aggression, Maltreatment & Trauma 24.3 (2015): 319–337 (332 f.).

3. Zusammenfassung

Insgesamt ergibt sich ein sehr heterogenes Bild möglicher Tätertypen, die unterschiedlichste Motivationen und Vorgehensweisen aufweisen.[621] Das Spektrum reicht von Tätern, die sehr viel Zeit und Aufwand in den Prozess des Cyber-Groomings investieren, über jene, die sofort „zur Sache kommen", bis hin zu solchen, die ein wahres Interesse an einer „echten" Liebesbeziehung haben. Im Hinblick auf Tätermerkmale, lässt sich zusammenfassend feststellen, dass es sich überwiegend um gut gebildete Männer mittleren Alters handelt, die in der Regel wenig gewalttätig und aggressiv vorgehen und keine pädophilen Neigungen im klinischen Sinne aufweisen. Auch wenn die aufgezeigten Studien zur Typologisierung von Tätern des Cyber-Groomings im Sinne des § 176 Abs. 4 Nr. 3 lit. a) StGB wegen unterschiedlicher Untersuchungsmethoden nur schwer miteinander vergleichbar sind,[622] so lässt sich jedenfalls aus allen die erwähnte Heterogenität an Tätertypen ableiten.

III. Täter im Sinne des § 176 Abs. 4 Nr. 3 lit. b) StGB

Täter des Cyber-Groomings können neben solchen, die auf Minderjährige einwirken um sie zu sexuellen Handlungen zu bewegen (§ 176 Abs. 4 Nr. 3 lit. a) StGB), auch solche sein, deren Zweck sich primär auf die Herstellung oder Besitzverschaffung kinderpornografischen Materials richtet (§ 176 Abs. 4 Nr. 3 lit. b) StGB). Letztere sollen Gegenstand der folgenden Darstellung sein.[623]

Anzumerken bleibt vorab, dass es bisher kaum Studien gibt, die sich auf eine spezifische Analyse von Tätern im Sinne des § 176 Abs. 4 Nr. 3 lit. b) StGB konzentrieren. Bisher sind primär Untersuchungen vorzufinden, die sich allgemein auf die Analyse von Konsumenten beziehungsweise Besitzern kinderpornografischen Materials beziehen, wobei generell auch die Rede von „Kinderpornografie-Tätern" ist.[624] Somit ist eine gezielte Darstellung allein betreffend die Täter im Sinne des § 176 Abs. 4 Nr. 3 lit. b) StGB nur schwer möglich. Verstärkt wird

621 Vgl. auch *Alexy/Burgess/Baker*, Journal of Interpersonal Violence 20.7 (2005): 804–812 (810 f.).

622 Vgl. auch *Tener/Wolak/Finkelhor*, Journal of Aggression, Maltreatment & Trauma 24.3 (2015): 319–337 (321).

623 Täter, die aus kommerziellen Zwecken handeln, bleiben bei der Betrachtung außen vor.

624 Im englischen Original "child pornography offenders", vgl. z.B. *Seto/Eke*, Sexual abuse 17.2 (2005): 201–210.

dies zusätzlich durch Divergenzen im Zusammenhang mit der Definition von Kinderpornografie. Um dennoch zumindest einen Einblick in die mögliche Tätervielfalt des § 176 Abs. 4 Nr. 3 lit. b) StGB zu ermöglichen, wird insbesondere eine der umfassendsten Kategorisierungen von *Krone* vorgestellt. Vorab jedoch werden einige Tätercharakteristika von im Internet agierenden „Kinderpornografie-Tätern" näher erläutert.

1. Tätermerkmale

a) Demografische Daten

Über die Vielfalt an Tätertypen, deren Eigenschaften und persönlichen Merkmale besteht in der Literatur weitestgehend Einigkeit.[625] Konsens besteht weiter bezüglich bestimmter Tätermerkmale in demografischer Hinsicht.

Die überwiegende Anzahl der Täter ist kaukasischer Herkunft und männlich.[626] Weibliche Täterinnen sind allerdings nicht auszuschließen.[627] Der größte Anteil der Täter befindet sich in der Altersgruppe zwischen 26 und 40,[628] beziehungsweise 25 und 50 Jahren.[629] Die meisten Täter haben eine relativ gute Schul- und Berufsausbildung und weisen einen relativ hohen Intelligenzquotienten auf.[630] Im Hinblick auf die kriminelle Historie lässt sich feststellen, dass beim

625 *Kirwan/Power*, Cybercrime, S. 140; *Houtepen/Sijtsema/Bogaerts*, Aggression and violent behavior 19.5 (2014): 466–473 (467 ff.); *McCarthy*, Journal of Sexual Aggression 16.2 (2010): 181–195 (182 ff.); *Ray/Kimonis/Seto*, Sexual Abuse 26.6 (2014): 523–545 (524 ff.).

626 *Webb/Craissati/Keen*, Sexual abuse 19.4 (2007): 449–465 (452 ff.); *Seto/Eke*, Sexual abuse 17.2 (2005): 201–210 (201); *Wolak/Finkelhor/Mitchell*, Sexual Abuse 23.1 (2011): 22–42 (22).

627 *Weiler*, Im Netz, S. 136; *Seigfried/Lovely/Rogers*, International Journal of Cyber Criminology 2.1 (2008): 286 (291 f.).

628 *Wortley/Smallbone*, Child pornography on the internet, S. 14, verfügbar unter http://citeseerx.ist.psu.edu/viewdoc/download?doi=10.1.1.501.4289&rep=rep1&type=pdf [16.07.2016].

629 *Houtepen/Sijtsema/Bogaerts*, Aggression and violent behavior 19.5 (2014): 466–473 (467); *McCarthy*, Journal of Sexual Aggression 16.2 (2010): 181–195 (182.).

630 *Seigfried/Lovely/Rogers*, International Journal of Cyber Criminology 2.1 (2008): 286 (291 f.); *Wolak*/Finkelhor/*Mitchell*, Child-Pornography Possessors Arrested in Internet-Related Crimes, S. 1 ff., verfügbar unter http://scholars.unh.edu/cgi/viewcontent.cgi?article=1032&context=ccrc [13.08.2016]. *Jung/Ennis/Stein/Choy/Hook*, Journal of sexual aggression 19.3 (2013): 295–310 (301 f.); *Faust/Bickart/Camp*, Sexual Abuse 27.5 (2015): 460–478 (467 f.).

größten Teil der Täter weder Vorverurteilungen wegen Straftaten des sexuellen Kindesmissbrauchs, noch wegen sonstiger, nicht damit im Zusammenhang stehender Delikte zu finden sind.[631]

b) Charakteristische Persönlichkeitsmerkmale

Eine analytische Untersuchung von charakteristischen Persönlichkeitsmerkmalen hat sich als besonders schwierig erwiesen. Wie erwähnt, sind Studien konkret betreffend Täter des § 176 Abs. 4 Nr. 3 lit. b) StGB nicht vorhanden. Darüber hinaus sind die Grenzen zu Tätern des § 176 Abs. 4 Nr. 3 lit. a) StGB fließend. Die beiden Tätergruppen schließen sich gegenseitig nicht aus.

Die Durchsicht der Literatur auf diesem Themengebiet der im Internet tätigen „Kinderpornografie-Täter" gibt jedenfalls kein einheitliches Persönlichkeitsbild wieder.[632]

Einige Studien fokussierten sich unter anderem auf die Analyse von Charakteristika im Zusammenhang mit antisozialen Verhaltensweisen der Täter, die zu teilweise widersprüchlichen Ergebnissen gelangten. Einerseits wurde festgestellt, dass „Kinderpornografie-Täter" im Vergleich zu konventionellen Tätern des sexuellen Kindesmissbrauchs weniger dissoziale Eigenschaften, wie etwa aggressives beziehungsweise dominantes Verhalten oder psychopathische Strukturen aufwiesen.[633] Andere Stimmen aus dem Schrifttum wiederum stellen keine signifikanten Differenzen im Hinblick auf Persönlichkeitsmerkmale betreffend das soziale Verhalten der Täter fest.[634] *Gallwitz* und *Paulus* zufolge ist Kinderpornografie häufig bei Personen vorzufinden, die aufgrund von Lebensumständen und ihrer Sozialisation den Lebensbereich der Sexualität nicht anders ausleben können. Es handelt sich um Erwachsene, die im Hinblick auf ihre sexuelle Identität sehr unsicher sind, psychologische Defizite aufweisen und die ihre Sexualität mit Hilfe von einfachen Objekten, Bildern und Filmen ausleben. Vor allem Kinder

---

631 *McCarthy*, Journal of Sexual Aggression 16.2 (2010): 181–195 (187); *Wolak*/Finkelhor/*Mitchell*, Child-Pornography Possessors Arrested in Internet-Related Crimes, S. 3, verfügbar unter http://scholars.unh.edu/cgi/viewcontent.cgi?article=1032&context=ccrc [13.08.2016]; *Faust/Bickart/Camp*, Sexual Abuse 27.5 (2015): 460–478 (468); *Webb/Craissati/Keen*, Sexual abuse 19.4 (2007): 449–465 (456).

632 Vgl. auch *Briggs/Simon/Simonsen*, Sexual Abuse 23.1 (2011): 72–91 (74).

633 *Magaletta/Faust/Bickart/Mclearen*, International journal of offender therapy and comparative criminology 58.2 (2014): 137–153 (147).

634 *Reijnen/Bulten/Nijman*, Journal of child sexual abuse 18.6 (2009): 611–622 (617).

gelten hier als besonders unschuldige und ungefährliche Objekte der sexuellen Begierde. Der fehlende Bezug zur Sexualität sei gerade das Reizvolle.[635]

Uneinigkeit besteht in der Literatur des Weiteren bezüglich der Wahrnehmung von sexuellen Kindesmissbrauchstaten bei den Konsumenten. Einerseits wird vertreten, dass „Kinderpornografie-Täter" im Vergleich zu konventionellen Tätern des sexuellen Missbrauchs die Opfer eher als sexuelle Subjekte ansehen. Beispielsweise treffen die Täter Äußerungen wie:

> *„Manchmal lassen Kinder den sexuellen Kontakt mit Erwachsenen aus Neugier am Sex zu oder aber weil sie selbst Gefallen daran finden."*[636]

Bates und *Metcalf* hingegen treffen eine dem entgegengesetzte Aussage, wonach es gerade nicht „Kinderpornografie-Täter" sind, die im Vergleich zu konventionellen Tätern sexuelle Kindesmissbrauchstaten verharmlosen.[637]

Quayle und *Taylor* fanden wiederum heraus, dass bei Konsumenten von Kinderpornografie im Internet individuelle Schutzmechanismen zur Rechtfertigung eigener Handlungen von den Tätern entwickelt werden.[638] So nehmen die Täter eine Art „moralische Kategorisierung" bei der Auswahl der Bilder die sie konsumieren vor. Danach entscheiden sie sich für Bilder, die ihrer Ansicht nach „annehmbar" sind, um sie für ihre sexuelle Befriedigung zu verwenden. Die Entscheidung der „Annehmbarkeit" wird etwa nach Alter und Geschlecht der abgebildeten Opfer sowie dem Inhalt des Materials an sich getroffen. Bei der Abbildung von lächelnden Opfern beispielsweise, findet sich die eben bereits zitierte Äußerung der Täter wieder, die betroffenen Kinder würden das Geschehen als etwas Angenehmes empfinden.[639] Andere Täter differenzieren zwischen dem eigentlichen Akt des Missbrauchs und dem „bloßen" Betrachten auf Bildern und distanzieren sich so von der Verwerflichkeit des Geschehens. Der Konsum kinderpornografischer Bilder wird als „nicht so schwerwiegend", wie der sexuelle Akt selbst, eingeordnet. Schließlich schaffen manche Täter eine Distanz zum Missbrauch, indem sie das gesammelte Material lediglich als Gegenstandsobjekt

---

635 Vgl. *Gallwitz/Paulus*, Kinderfreunde – Kindermörder, S. 62.

636 Sinngemäße Übersetzung des Satzes "Sometimes children don't say no to sexual activity with an adult because they are curios about sex or they enjoy it.", *Houtepen/Sijtsema/Bogaerts*, Aggression and violent behavior 19.5 (2014): 466–473 (468).

637 *Bates/Metcalf*, Journal of Sexual Aggression 13.1 (2007): 11–20 (11).

638 Vgl. auch *Lanning*, Child Molesters, S. 89, verfügbar unter http://citeseerx.ist.psu.edu/viewdoc/download?doi=10.1.1.692.6218&rep=rep1&type=pdf [18.04.2016].

639 *Quayle/Taylor*, Deviant Behavior 23.4 (2002): 331–361 (340).

qualifizieren, etwa als Sammlerstück, Tauschobjekt oder als eine Art „Trophäe", um beispielsweise vor Gleichgesinnten im Internet damit prahlen zu können.[640]

Demzufolge kann jedenfalls davon ausgegangen werden, dass auch Täter des § 176 Abs. 4 Nr. 3 lit. b) StGB das „Verbotene" an ihren Handlungen leugnen und beschönigen. Deutlich wird dies vor allem auch dort, wo Täter im Kreise Gleichgesinnter Anerkennung für gesammeltes Material erlangen. Je größer oder bedeutender die Sammlung wird, desto mehr Anerkennung gewinnt ein Täter und desto mehr wird er in seinem Tun bestätigt.[641]

Insgesamt muss an dieser Stelle festgehalten werden, dass kaum fundierte Aussagen über die persönliche Charakterisierung von Tätern im Sinne des § 176 Abs. 4 Nr. 3 lit. b) StGB getroffen werden können. Weder gibt es hierzu konkrete Studien, noch sind die bisher auf diesem Gebiet vorhandenen Untersuchungen im Zusammenhang mit kinderpornografischen Taten miteinander vergleichbar. Problematisch ist dabei nicht nur die Anwendung unterschiedlichster Untersuchungsmethoden, sondern vor allem auch das Fehlen einheitlicher Definitionen zu den jeweils untersuchten Tätern und dem Begriff der Kinderpornografie.

c) Zum Aspekt der Pädophilie

Wie die obige Darstellung betreffend Täter im Sinne des § 176 Abs. 4 Nr. 3 lit. a) StGB ergeben hat, sind dort weniger pädophile, denn hebephile Neigungen festzustellen.[642]

Eine derart klare Feststellung ist im Fall von Tätern im Sinne des § 176 Abs. 4 Nr. 3 lit. b) StGB nicht möglich. Allein der gesetzliche Bezug zu kinderpornografischen Schriften (§ 184b Abs. 1 Nr. 3, Abs. 3 StGB) kann noch keine pädophile Neigung begründen.[643] Zum einen liegt eine kinderpornografische Schrift nach der Legaldefinition des § 184b Abs. 1 Nr. 1 StGB dann vor, wenn Kinder unter 14 Jahren abgebildet werden. Pädophile präferieren aber Kinder im präpubertären Alter, mithin weitaus jüngere Kinder. Zum anderen wurde bereits ausgeführt, dass die Kontaktaufnahme zu Minderjährigen über insbesondere Chatrooms wegen tatsächlicher Gegebenheiten, wie etwa dem vorwiegend bei älteren Kindern

---

640 *Quayle/Taylor*, Deviant Behavior 23.4 (2002): 331–361 (344 ff.); vgl. auch *Sheldon/Howitt*, Sex offenders and the Internet, S. 119 f.

641 *Lanning*, Child Molesters, S. 89, verfügbar unter http://citeseerx.ist.psu.edu/viewdoc/download?doi=10.1.1.692.6218&rep=rep1&type=pdf [18.04.2016].

642 S. 1. Teil, Kapitel 3, II. 1. c).

643 S. aber *Briggs/Simon/Simonsen*, Sexual Abuse 23.1 (2011): 72–91 (74).

und Jugendlichen anzutreffenden Interesse an einem kommunikativen Online-Austausch mit anderen, eher zu älteren denn zu jüngeren Kindern erfolgt,[644] was gegen die (jedenfalls ausschließliche) Annahme pädophiler Neigungen spricht.

Seto u.a. fanden ferner zwar heraus, dass „Traveler"[645] im Vergleich zu konventionellen Tätern des sexuellen Kindesmissbrauchs mehr kinderpornografisches Material[646] konsumierten. Gleichzeitig wurde jedoch auch eine hebephile Sexualpräferenz festgestellt.[647]

Darüber hinaus wird vertreten, dass Pädophile beispielsweise Chatrooms aufgrund geringerer Verfügbarkeit „geeigneter" Opfer weniger aufsuchen,[648] woraus der Schluss gezogen werden könnte, dass auch Täter des § 176 Abs. 4 Nr. 3 lit. b) StGB weniger wahrscheinlich Pädophile im klinischen Sinne sind.

Zudem ist selbst bei Tätern, die ausschließlich Handlungen im Zusammenhang mit Kinderpornografie begehen (etwa herstellen, verbreiten, konsumieren), nicht eindeutig festgestellt worden, dass es sich nur um Pädophile handelt.[649] Die Studie von *Neutze* u.a. hat zwar festgestellt, dass bei 47 % der Probanden[650] pädophile Sexualpräferenzen vorlagen,[651] allerdings wird an anderer Stelle im Schrifttum auch betont, dass es weiterer Studien zu diesem Thema bedarf, um eine fundierte Aussage über pädophile Präferenzen bei im Internet handelnden „Kinderpornografie-Tätern" treffen zu können.[652]

2. Klassifikationen

a) Vier Täter-Hauptgruppen

Generell wird in der Literatur zwischen vier Hauptgruppen von im Internet tätigen „Kinderpornografie-Tätern" differenziert. Zwei dieser Gruppen betreffen

644 S. 1. Teil, Kapitel 2, II. 2.

645 S. zum Begriff 1. Teil, Kapitel 3, I. 2.

646 Angemerkt sei, dass in der Studie der Begriff „Kinderpornografie" nicht näher definiert wird und es damit unklar ist, ob es sich dabei um Abbildungen handelt, die nur jüngere Kinder im präpubertären Alter abbilden.

647 *Seto/Wood/Flynn/Babchishin*, Law and Human Behavior 36.4 (2012): 320–330 (327).

648 *Wolak/Finkelhor/Mitchell/Ybarra*, American Psychologist 63.2 (2008): 111–128 (118).

649 *Houtepen/Sijtsema/Bogaerts*, Aggression and violent behavior 19.5 (2014): 466–473 (469); *Kuhnen*, Kinderpornographie und Internet, S. 197.

650 "Child Pornography", „Kinderpornografie" – Täter, eine nähere Definition findet sich in der Untersuchung nicht.

651 *Neutze/Seto/Schäfer/Mundt/Beier*, Sexual Abuse 23.2 (2011): 212–242 (229).

652 *Houtepen/Sijtsema/Bogaerts*, Aggression and violent behavior 19.5 (2014): 466–473 (469).

Täter, die den sexuellen Missbrauch bei Minderjährigen selbst ausführen und durch die Aufnahme der stattfindenden Handlungen pornografisches Material herstellen.[653] In diese Kategorie werden auch kommerziell handelnde Täter verortet.[654] Die beiden anderen Gruppen betreffen zum einen Täter, die kinderpornografisches Material impulsiv oder aus Neugier heraus konsumieren.[655] Zum anderen sind auch solche Täter erfasst, die sich kinderpornografisches Material beschaffen oder damit handeln, um ihr sexuelles Interesse an Kindern zu befriedigen, ohne dabei jedoch auch selbst Kinder real sexuell missbraucht zu haben[656].[657]

Ähnlich wie bei Tätern im Sinne des § 176 Abs. 4 Nr. 3 lit. a) StGB, ist hier betreffend der Täterprofile eher von Heterogenität, denn Homogenität auszugehen.

In einer der umfangreichsten Kategorisierungen, die zum Gegenstand der nachfolgenden Erörterung gemacht wird, versucht *Krone,* diese Heterogenität mit insgesamt neun Tätergruppen darzustellen. Dabei erwähnt *Krone* explizit die Täterkategorie „Online-Grooming" und bezieht sich damit auf Täter, die den Kontakt zu ihren Opfern mittels Internet herstellen und während des Grooming-Prozesses kinderpornografisches Material einsetzen.

b) Klassifizierung nach Krone

Krone's Typologisierung ist nach dem Schweregrad der Tathandlungen ausgerichtet. Dabei konkretisiert *Krone* den jeweiligen Schweregrad mit Hilfe von drei Faktoren: Der Natur des Missbrauchs im Sinne einer direkten und indirekten Viktimisierung, dem Maß an „networking"[658] sowie dem Aufwand der zur Verhinderung einer Entdeckung betrieben wird. Je stärker diese Faktoren ausgeprägt sind, desto intensiver ist auch der Schweregrad der Tathandlung einzuschätzen.[659]

---

653 Sogenannte "direct victimization offenders".

654 Sogenannte "commercial exploitations offenders".

655 Sogenannte "periodically purient offenders".

656 Sogenannte "fantasy-only offenders".

657 *Houtepen/Sijtsema/Bogaerts,* Aggression and violent behavior 19.5 (2014): 466–473 (469 ff.); s. auch *Elliott/Beech,* Aggression and Violent Behavior 14.3 (2009): 180–193 (181).

658 Sinngemäße Übersetzung „Verbindung mit Gleichgesinnten aufnehmen; Beziehungen pflegen".

659 *Krone,* A typology of online child pornography offending, S. 3 ff., verfügbar unter http://aic.gov.au/media_library/publications/tandi_pdf/tandi279.pdf [25.08.2016].

aa) Tätertyp: Browser[660]

Der „Browser" trifft zunächst nur zufällig auf kinderpornografisches Material im Internet, erlangt dieses beispielsweise als Spam-E-Mail, entscheidet sich dann jedoch bewusst dafür, das Material zu behalten. *Krone* definiert dies als indirekte Form des Missbrauchs.[661]

bb) Tätertyp: Private Fantasy[662]

Die Grenze der Strafbarkeit könne *Krone* zufolge dann überschritten sein, wenn die sexuelle Fantasie einer Person mit einem Kind nicht nur eine bloße Fantasie bleibt, sondern in irgendeiner Art und Weise physisch manifestiert wird, beispielsweise in Form eines pornografischen Textes oder digital auf dem Computer. Die Gefahr der Entdeckung ist bei diesem Tätertyp generell gering, besteht jedoch dann, wenn Dritte Zugriff auf den vom Täter genutzten Computer haben. Auch hier handelt es sich um eine indirekte Art des Missbrauchs.[663]

cc) Tätertyp: Trawler[664]

Bei der Tätergruppe „Trawler" handelt es sich um Täter, die aktiv nach kinderpornografischem Material mittels gewöhnlicher Internet-Browser suchen. Dabei treffen sie nur wenige Sicherheitsvorkehrungen und kommunizieren nur wenig mit Gleichgesinnten. Die Form des Missbrauchs wird als indirekt kategorisiert. In diese Kategorie fallen drei konkrete Arten von Internetnutzern. Erstens User, die an jeglichem sexuellen Material interessiert sind, wobei Kinderpornografie nur ein Teil davon ist, nicht jedoch im primären Fokus steht. Zweitens der sexuell neugierige User, der mit kinderpornografischem Material experimentiert hat, daran jedoch kein weiteres Interesse zeigt. Schließlich diejenigen,

---

660 Vom englischen Verb "to browse"; umgangssprachlich in Deutschland als „surfen" bekannt, wörtliche Übersetzung „schmökern, etwas durchstöbern".

661 *Krone*, A typology of online child pornography offending, S. 4, verfügbar unter http://aic.gov.au/media_library/publications/tandi_pdf/tandi279.pdf [25.08.2016].

662 Wörtliche Übersetzung „private Fantasie". Gemeint sind damit Personen, die von sexuellen Handlungen mit Kindern fantasieren, *Krone*, A typology of online child pornography offending, S. 4, verfügbar unter http://aic.gov.au/media_library/publications/tandi_pdf/tandi279.pdf [25.08.2016].

663 *Krone*, A typology of online child pornography offending, S. 4, verfügbar unter http://aic.gov.au/media_library/publications/tandi_pdf/tandi279.pdf [25.08.2016].

664 Wörtliche Übersetzung „Schlepper".

die den Anspruch erheben, jegliches Material konsumieren zu dürfen, auf das sie gerade Lust haben.[665]

dd) Tätertyp: Nonsecure Collector[666]

Dieser Tätertyp nutzt öffentlich zugängliche Quellen im Internet oder Chatrooms, die ohne Passwörter oder ähnliche Sicherheitsmaßnahmen zugänglich sind, um kinderpornografisches Material zu erwerben, herunterzuladen oder zu tauschen. Es herrscht ein relativ hoher Kommunikationsaustausch mit Gleichgesinnten. Die Form des Missbrauchs ist indirekt.[667]

ee) Tätertyp: Secure Collector[668]

Auch hier erfolgt der Missbrauch indirekt. Es handelt sich um Täter, die hohe Sicherheitsvorkehrungen bei der Beschaffung kinderpornografischen Materials treffen. Neben Verschlüsselungen und Passwörtern stellen Online-Gruppen bestimmte Anforderungen an User, die der Gruppierung beitreten wollen. Der 1998 aufgedeckte Club „W0nderland“[669] beispielsweise forderte 10.000 kinderpornografische Bilder von „Bewerbern“, ehe sie Mitglied werden konnten. Die Motivation dieser Täter ist es, eine enorm umfangreiche Sammlung an kinderpornografischem Material aufzubauen. In England wurde vor einigen Jahren z.B. ein Täter festgenommen, der insgesamt mehr als 10 Millionen kinderpornografische Bilder angesammelt hatte.[670]

ff) Tätertyp: Online Groomer[671]

Der Typ “Online Groomer” wird *Krone* zufolge als eine Person beschrieben, die einen Online-Kontakt mit einem Kind initiiert hat, um eine sexuelle Beziehung aufzubauen, die entweder zu Cybersex oder Sex in der realen Welt führt. Kinderpornografie wird während des Grooming-Prozesses eingesetzt, um die sexuellen Hemmungen des Kindes herabzusenken. Der Online-Austausch mit

665 *Krone*, A typology of online child pornography offending, S. 4, verfügbar unter http://aic.gov.au/media_library/publications/tandi_pdf/tandi279.pdf [25.08.2016].
666 Sinngemäße Übersetzung „der waghalsige Sammler“.
667 *Krone*, A typology of online child pornography offending, S. 4, verfügbar unter http://aic.gov.au/media_library/publications/tandi_pdf/tandi279.pdf [25.08.2016].
668 Sinngemäße Übersetzung „der vorsichtige Sammler“.
669 Ein international operierender Pädophilen-Ring.
670 *Krone*, A typology of online child pornography offending, S. 4, verfügbar unter http://aic.gov.au/media_library/publications/tandi_pdf/tandi279.pdf [25.08.2016].
671 Oder auch Cyber-Groomer.

Gleichgesinnten variiert. Sicherheitsvorkehrungen werden an das jeweilige Opfer angepasst, die Form des Missbrauchs erfolgt hier direkt.[672]

gg) Tätertyp: Physical Abuser[673]

Täter dieser Gruppe sind aktiv in einen real stattfindenden körperlichen Missbrauch von Kindern involviert, sodass die Art des Missbrauchs als direkt qualifiziert wird. Sie nutzen kinderpornografisches Material, um ihr sexuelles Begehren zu befriedigen. Der körperliche Missbrauch kann in manchen Fällen für den persönlichen Gebrauch des Missbrauchstäters aufgenommen werden, wobei keine Intention zur Verbreitung des Materials besteht. Auch hier variiert der Austausch mit Gleichgesinnten und die Sicherheitsmaßnahmen werden ja nach Opfer getroffen.[674]

hh) Tätertyp: Producer[675]

Tätertypen der Gruppe „Producer" nehmen am körperlichen Missbrauch teil und filmen diesen. Das Material wird sodann an Konsumenten von Kinderpornografie weiter verbreitet. Die Form des Missbrauchs ist direkt, der Austausch mit Gleichgesinnten variiert, ebenso wie die Sicherheitsvorkehrungen, die abhängig vom Opfer erfolgen.[676]

ii) Tätertyp: Distributor[677]

Der letzte Typ schließlich hat nicht zwingend ein Interesse an Kinderpornografie. Im Fokus steht die Intention zur Verbreitung des Materials. Diese erfolgt durch das Hochladen der Bilder im Netz, den Austausch via E-Mail, Instant-Messenger, newsgroups oder bulletin boards. Der Austausch mit Gleichgesinnten variiert, es besteht eher eine Tendenz dazu, Sicherheitsvorkehrungen zu treffen. Die Art des Missbrauchs ist indirekt.[678]

---

672 *Krone*, A typology of online child pornography offending, S. 4, verfügbar unter http://aic.gov.au/media_library/publications/tandi_pdf/tandi279.pdf [25.08.2016].

673 Sinngemäße Übersetzung „Täter, die Kinder körperlich missbrauchen".

674 *Krone*, A typology of online child pornography offending, S. 4, verfügbar unter http://aic.gov.au/media_library/publications/tandi_pdf/tandi279.pdf [25.08.2016].

675 Wörtliche Übersetzung „Hersteller/Produzent".

676 *Krone*, A typology of online child pornography offending, S. 4, verfügbar unter http://aic.gov.au/media_library/publications/tandi_pdf/tandi279.pdf [25.08.2016].

677 Wörtliche Übersetzung „Vertreiber".

678 *Krone*, A typology of online child pornography offending, S. 4, verfügbar unter http://aic.gov.au/media_library/publications/tandi_pdf/tandi279.pdf [25.08.2016].

c) *Zusammenfassung*

Die aufgezeigte Klassifizierung von *Krone*, ebenso wie die generelle Unterteilung von vier Hauptgruppen bei „Kinderpornografie-Tätern", deuten zunächst auf eine Vielzahl an Motivationen[679] hin, die Personen bei Handlungen im Zusammenhang mit kinderpornografischem Material verfolgen können. Wie im Fall des § 176 Abs. 4 Nr. 3 lit. a) StGB, ist hier ebenfalls von einem sehr heterogenen Täterbild auszugehen. Dabei sind einzelne Täter nicht stets einer spezifischen Tätergruppe zuzuordnen. Vielmehr sind die entsprechenden Tathandlungen in einem Kontinuum zu sehen,[680] sodass eine strikte Kategorisierung von Tätern realitätsfern erscheint.

IV. Konventionelle Täter des sexuellen Kindesmissbrauchs

1. Demografische Daten und charakteristische Persönlichkeitsmerkmale

Ähnlich wie bei Tätern des Cyber-Groomings gestaltet sich die Beschreibung eines „typischen Täters" hier ebenso schwierig. Es handelt sich ebenfalls um eine sehr heterogene Gruppe. Das einzige Merkmal, das übergreifend festgestellt werden kann, ist, dass die meisten Täter – die den Opfern oftmals vor dem sexuellen Übergriff bekannt sind[681] – männlich sind.[682] Der Frauenanteil hingegen ist relativ gering.[683]

Unter den Tätern werden weiter – wie im Fall des Cyber-Groomings – hauptsächlich Erwachsene registriert,[684] wobei die größte Anzahl in der Altersgruppe

---

679 Vgl. hierzu ferner *Kuhnen*, Kinderpornographie und Internet, S. 196 ff.

680 *Lanning*, Child Molesters, S. 81, verfügbar unter http://citeseerx.ist.psu.edu/viewdoc/download?doi=10.1.1.692.6218&rep=rep1&type=pdf [18.04.2016].

681 *Bange/Deegener*, Sexueller Mißbrauch an Kindern, S. 49; *Ost*, Child pornography and sexual grooming, S. 27 f.

682 *Eisenberg/Kölbel*, Kriminologie, § 45 Rdnr. 61; *Kaiser*, Kriminologie, S. 785 f.; vgl. auch *Egg*, Sexueller Missbrauch von Kindern, S. 25 f.; *Beier*, Dissexualität im Lebenslängsschnitt, S. 139; *Brockhaus/Kolshorn*, Sexuelle Gewalt gegen Mädchen und Jungen S. 67 ff.

683 Vgl. z.B. PKS 2015 – Zeitreihen Übersicht Tatverdächtigentabellen: Tatverdächtige männlich – ab 1987, Tatverdächtige weiblich – ab 1987, jeweils verfügbar unter https://www.bka.de/DE/AktuelleInformationen/StatistikenLagebilder/Polizeiliche-Kriminalstatistik/PKS2015/Zeitreihen/zeitreihenTatverdaechtige.html;jsessionid=FE740C4F1414F6357338887A88525BE6.live0612?nn=51356 [23.02.2017].

684 *Kaiser*, Kriminologie, S. 768.

der 30- bis 40-Jährigen vorzufinden ist.[685] Nicht jeder konventionelle Täter des sexuellen Kindesmissbrauchs ist pädophil im klinisch definitorischen Sinne.[686]

Im Hinblick auf tatsituative Merkmale ist festzustellen, dass es nur in den wenigsten Fällen zu Gewaltanwendungen und Drohungen kommt.[687] Der Einsatz von Gewalt ist aber auch nur in wenigen Fällen erforderlich, da sich nur etwa ein Drittel der kindlichen Opfer ablehnend verhält.[688] Ungefähr die Hälfte der Opfer nimmt den Missbrauch passiv hin, 10 bis 15 % sollen sich sogar aktiv am Missbrauch beteiligen oder diesen initiieren.[689] Ablehnendes Verhalten ist am häufigsten bei verbalen und exhibitionistischen sexuellen Handlungen vorzufinden. Bei genitalen, analen oder oralen Kontakten wird dagegen der höchste Anteil an aktivem Opferverhalten festgestellt.[690] Grund hierfür soll sein, dass bei intensiven Sexualkontakten die körperlichen Abwehrmaßnahmen seltener bekannt und andererseits intensivere Sexualkontakte meist nur mit entgegenkommenden Kindern gepflegt werden.[691] Der Anteil der Opfer, die sich der Tat widersetzen, steigt dabei mit zunehmendem Alter.[692] Unkenntnis und Hilflosigkeit in der Missbrauchssituation seien Grund für das passive oder duldende Verhalten jüngerer Kinder.[693]

Bezüglich charakteristischer Persönlichkeitsmerkmale findet sich im Schrifttum teilweise die Auffassung, es handle sich um Personen mit geringem Selbstwertgefühl und Persönlichkeiten voller Schamgefühle. Sie seien auf emotionaler Ebene unsicher, ängstlich, depressiv, würden sich häufig isoliert fühlen und ständig mit der Sorge zu versagen leben. Es handle sich um Männer, die ihr

---

685 *Kaiser*, Kriminologie, S. 785; vgl. auch *Bange/Deegener*, Sexueller Mißbrauch an Kindern, S. 50 m.w.N., wonach die meisten Täter zwischen 19 und 50 Jahre alt sind; anders *Eisenberg/Kölbel*, Kriminologie, § 45 Rdnr. 60 und *Göppinger*, Kriminologie, S. 527, wonach die Tatverdächtigenbelastung bei den unter 21-Jährigen am stärksten sei, was auch auf das altersgemäße Bedürfnis nach sexueller Betätigung zurückzuführen sei. Eine gleichfalls relativ hohe Tatverdächtigenbelastung sei bei alternden Menschen (60 Jahre und älter) vorzufinden.

686 *Göppinger*, Kriminologie, S. 530; *Renzikowski* in: MüKo, § 176 Rdnr. 11.

687 *Kaiser*, Kriminologie, S. 787.

688 *Körner*, Sexualkriminalität im Alter S. 66 ff.; *Baurmann*, Sexualität, Gewalt und psychische Folgen, S. 313 ff.

689 *Kaiser*, Kriminologie, S. 787; vgl. auch *Göppinger*, Kriminologie, S. 532.

690 *Kaiser*, Kriminologie, S. 787.

691 *Körner*, Sexualkriminalität im Alter S. 67 f.; *Schönfelder*, Die Rolle des Mädchens, S. 63 f.

692 *Körner*, Sexualkriminalität im Alter S. 66.

693 Vgl. *Kaiser*, Kriminologie, S. 787 f.

eigenes Ohnmachts- und Hilflosigkeitsgefühl, ihre eigenen Ängste und Minderwertigkeitsgefühle sowie Hass und Wut auf Kosten ihrer Opfer befriedigen.[694] Die Missbrauchshandlung sei Ausdruck all dieser Gefühle.[695] So werden Missbrauchstäter als psychisch beeinträchtigt oder auffällig beschrieben.[696]

Andererseits wird darauf verwiesen, dass diese Annahmen empirisch nicht haltbar seien. Durchgeführte Untersuchungen würden an diversen Mängeln leiden und eine Typologisierung im vorbezeichneten Sinne nur perpetuieren, wenn zum einen die Probanden unter den vorgenannten Voranahmen ausgewählt würden und zum anderen mit inhaftierten Tätern durchgeführt werden.[697]

Von einem „abartigen Triebverbrechen"[698] sei jedenfalls in den selteneren Fällen auszugehen. Bei sexuellem Kindesmissbrauch handle es sich um ein Aggressionsdelikt, das primär auf die Unterwerfung und Demütigung des Opfers abzielt.[699] Daneben kann die Ausübung sexueller Gewalt auch als Ersatztat für die Erfüllung anderer, unbefriedigter Bedürfnisse dienen.[700] Insgesamt werden sexuelle Kindesmissbrauchstaten nicht von krankhaften Persönlichkeiten verübt. Vielmehr weichen die Täterprofile im Schnitt nicht von der gesellschaftlichen Norm ab.[701]

Vor dem Hintergrund, dass sexueller Kindesmissbrauch häufig in sozial randständigen, isolierten Familien stattfinde,[702] in denen es überdurchschnittlich häufig auch zu Gewaltakten ohne Sexualbezug gegenüber Kindern und Lebenspartner komme, sowie durch hinzukommende Auswirkungen von Alkoholmissbrauch und fehlender sozialer Absicherung, ergebe sich eine grundsätzliche Vermutung, dass sexueller Kindesmissbrauch zu einer Gesamtsituation gehöre, *„in der sich kriminorelevante Faktoren gegenseitig verstärken."*[703]

---

694 Vgl. *Bange/Deegener,* Sexueller Mißbrauch an Kindern, S. 56.

695 Vgl. *Brockhaus/Kolshorn* in: Amann/Wipplinger(Hrsg.), Sexueller Missbrauch, S. 89, 97.

696 *Brockhaus/Kolshorn,* Sexuelle Gewalt gegen Mädchen und Jungen S. 78.

697 Vgl. *Brockhaus/Kolshorn,* Sexuelle Gewalt gegen Mädchen und Jungen S. 78.

698 *Renzikowski* in: MüKo, § 176 Rdnr. 11.

699 Vgl. *Renzikowski* in: MüKo, § 176 Rdnr. 11; s. auch *Brockhaus/Kolshorn,* Sexuelle Gewalt gegen Mädchen und Jungen S. 78 ff.

700 *Brockhaus/Kolshorn* in: Amann/Wipplinger(Hrsg.), Sexueller Missbrauch, S. 89, 97.

701 *Brockhaus/Kolshorn* in: Amann/Wipplinger(Hrsg.), Sexueller Missbrauch, S. 89, 92.

702 S. zum Problem der „Schichtzugehörigkeit" *Bange/Deegener,* Sexueller Mißbrauch an Kindern, S. 151 ff.

703 *Göppinger,* Kriminologie, S. 529.

Trotz dieser Divergenzen finden sich in der Literatur zahlreiche Klassifikationsmodelle,[704] die sich an den jeweiligen Interessen und Zielsetzungen der Autoren ausrichten[705] und einen Überblick über mögliche Tätertypen geben. Angemerkt sei an dieser Stelle, dass im Schrifttum generell umstritten ist, ob Sexualdelikte – solche des sexuellen Kindesmissbrauchs inkludiert – überhaupt von bestimmten Tätertypen mit bestimmten Persönlichkeitsmerkmalen begangen werden.[706]

Um dennoch zumindest ansatzweise eine Gegenüberstellung mit Tätern des Cyber-Groomings zu ermöglichen und eine erste Annäherung im Hinblick auf die Vergleichbarkeit beider Tätergruppen zu gewähren, werden im Folgenden zwei dieser Klassifikationsmodelle näher vorgestellt.

2. Klassifikationsmodelle

Wie bereits erwähnt, finden sich in der einschlägigen Fachliteratur zahlreiche Ansätze zur Typologisierung von sexuellen Missbrauchstätern.[707] Dabei hat sich eine Einteilung in zwei Hauptgruppen international durchgesetzt, nämlich in a) sexuelle Gewalttäter (Vergewaltiger) und b) sexuelle Missbrauchstäter, insbesondere Kindesmissbraucher.[708] Eine der weltweit bekanntesten Klassifizierungen geht auf *Knight* und *Prentky*[709] zurück, die für beide dieser Gruppen weitere Unterteilungen vorgenommen haben. Für die hier relevanten Kindesmissbraucher haben *Knight* und *Prentky* eine Klassifikation mit zwei unabhängigen Achsen etabliert. Die erste Achse bezieht sich auf die „Fixierung auf Kinder", womit auf das Ausmaß pädosexueller Fantasien und Neigungen sowie auf die Stärke der sozialen Kompetenz Bezug genommen wird. Hieraus resultieren vier Tätertypen.

Auf der zweiten Achse werden Missbrauchstäter bezüglich der Häufigkeit der tatsächlichen Kontakte zu den kindlichen Opfern aufgeführt. Eine weitere Unterteilung erfolgt bei Tätern mit vielen Kontakten nach der Bedeutung der Beziehungen zu Kindern (interpersonell versus narzisstisch). Bei Tätern mit

---

704 z.B. Modell von *Knight* und *Prentky*, *Knight/Prentky* in: Marshall W.L. u.a. (eds.), Handbook of Sexual Assault, S. 23, 29 ff.; Modell von *Rehder*, *Rehder* in: Pecher (Hrsg.), Justizvollzugspsychologie in Schlüsselbegriffen, S. 237, 246 ff.; Modell von *Beier*, *Beier*, Dissexualität im Lebenslängsschnitt, S. 139; s. auch die Übersicht in *Göppinger*, Kriminologie, S. 530 ff.

705 *Egg* in: Volbert (Hrsg.), Handbuch der Rechtspsychologie, S. 38, 43.

706 *Kaiser*, Kriminologie, S. 770.

707 1. Teil, Kapitel 3, IV. 1.

708 *Egg* in: Volbert (Hrsg.), Handbuch der Rechtspsychologie, S. 38, 43.

709 *Knight/Prentky* in: Marshall W.L. u.a. (eds.), Handbook of Sexual Assault, S. 23, 23 ff.

wenigen Kontakten wird hingegen nach dem Ausmaß der physischen Verletzungen (gering versus erheblich) sowie nach dem Vorliegen sadistischer Fantasien oder Verhaltensweisen unterschieden.[710] Durch diese Differenzierungen werden letztlich sechs weitere Tätertypen generiert. Die Kombination beider Achsen führt zu insgesamt 24 theoretisch möglichen Tätertypen, wovon allerdings nur 13 praxisrelevant sind.[711]

Nähere Erörterung erfahren im Folgenden die Modelle von *Groth*[712] und *Lanning*[713], die sich beide auf sexuelle Kindesmissbrauchstäter beziehen. Während *Groth* sein Modell auf klinische Studienergebnisse stützt, basiert die von *Lanning* entwickelte Typologisierung auf einer Jahrzehnte langen praktischen Erfahrung beim amerikanischen FBI. Obwohl beide Klassifizierungen auf sehr unterschiedlichen Untersuchungsmethoden beruhen, finden sich doch einige Gemeinsamkeiten. Sowohl *Groth* als auch *Lanning* differenzieren zunächst zwischen zwei Gruppen, die eine erste grobe Unterscheidung von Tätern vorsieht: Täter, die ein primäres sexuelles Interesse an Kindern haben, und jene, die ohne derartige Präferenzen handeln. *Lanning* untergliedert weiter in mehrere Untergruppen, wobei sich auch ein Typ der „Grooming-Täter" in der Kategorisierung wiederfindet.

a) *Klassifizierung nach* Groth

Groth hat bereits in den 1970er Jahren eine Klassifizierung von sexuellen Kindesmissbrauchstätern vorgeschlagen und unterscheidet grundsätzlich zwischen zwei Obergruppen von Tätern, dem fixierten und dem regressiven Typ. Der fixierte Typ weist eine primäre Anziehungskraft zu Kindern auf. Beim regressiven Typ hingegen findet sich eine derartige Neigung nicht.[714]

aa) Fixierter Tätertyp

Zu diesem Typus zählen Täter, die bereits in einem frühen Stadium ihres psychosexuellen Reifeprozesses eine primäre und ausschließliche Anziehungskraft gegenüber Kindern entwickeln. Täter dieser Gruppe wurden demnach schon seit ihrer Jugend hauptsächlich oder ausschließlich von deutlich jüngeren Personen

---

710 *Knight/Prentky* in: Marshall W.L. u.a. (eds.), Handbook of Sexual Assault, S. 23, 29 ff.

711 *Egg* in: Volbert (Hrsg.), Handbuch der Rechtspsychologie, S. 38, 44.

712 *Groth* in: Burgess (Ed.), Sexual assault of children and adolescents, S. 3 ff.

713 *Lanning*, Child Molesters, S. 121 ff., verfügbar unter http://citeseerx.ist.psu.edu/viewdoc/download?doi=10.1.1.692.6218&rep=rep1&type=pdf [18.04.2016].

714 *Groth* in: Burgess (Ed.), Sexual assault of children and adolescents, S. 3, 6 ff.; s. auch *Deegener*, Sexueller Mißbrauch, S. 193 ff.

sexuell angezogen. Diese erotische Anziehungskraft bleibt dabei über viele Jahre hinweg – ein Leben lang – bestehen, unabhängig davon, welche sexuelle Erfahrungen erlebt wurden. *Groth* bezeichnet diesen Tätertypen als Pädophilen („the fixated Pedophile“[715]).[716]

Bevorzugte Objekte sexueller Interessen dieser Täter sind von Beginn an Kinder. An dieser Tatsache ändert auch der Umstand nichts, dass einige Täter zudem sexuelle Begegnungen mit Erwachsenen haben können. Generell sind solche sexuellen Beziehungen aber nicht von den Pädophilen initiiert oder aktiv verfolgt. Vielmehr reagieren „fixierte Pädophile“ auf sexuelle Einladungen oder Forderungen von Gleichaltrigen.[717]

Kennzeichnend ist, dass das pädophile Begehren für den Täter selbst nicht störend in dem Sinne ist, als dass dabei Gefühle von Schuld, Scham oder Reue empfunden werden. Der fixierte Pädophile fühlt sich mit seiner sexuellen Anziehung gegenüber Kindern wohl und zufrieden. Obwohl der Täter mit seinen sexuellen Wünschen auch verzweifelt sein kann, erlebt er seine erotische Anziehung gegenüber Kindern als etwas Zwanghaftes, etwas, dem er nicht widerstehen oder ausweichen kann. Sexuelle Fantasien mit Kindern nehmen ihn völlig ein und das Interesse an solchen Fantasien reicht bis hin zur Besessenheit. *Groth* beschreibt den Täter generell als sexuell „abhängig“ von Kindern beziehungsweise als sexuell „süchtig“ in Bezug auf Kinder.[718]

Sexuelle Beziehungen zu Erwachsenen hingegen werden aus diversen Gründen gemieden. Hierzu gehören einerseits die Aspekte Furcht vor Ablehnung und/oder Strafe, Gefühle der Unzulänglichkeit und Minderwertigkeit sowie Schüchternheit, Schuldgefühle und Angst oder Verlegenheit. Andererseits kann ein fehlendes Interesse an Beziehungen zu Erwachsenen auch schlicht auf die Fixierung des erotischen Interesses auf Kinder zurückzuführen sein.[719]

Dabei basiert die sexuelle Orientierung auf Kinder auf einer Identifizierung der Täter mit selbigen und dem Wunsch, selbst noch Kind zu sein. Die Verhaltensweisen und Interessen der Täter passen sich dementsprechend dem Niveau des Kindes an, auch mit der Absicht, dass das Kind den Täter als seinesgleichen akzeptiert.[720]

---

715 Wörtliche Übersetzung „der fixierte Pädophile“.

716 *Groth* in: Burgess (Ed.), Sexual assault of children and adolescents, S. 3, 6.

717 *Groth* in: Burgess (Ed.), Sexual assault of children and adolescents, S. 3, 6 f.

718 *Groth* in: Burgess (Ed.), Sexual assault of children and adolescents, S. 3, 7.

719 *Groth* in: Burgess (Ed.), Sexual assault of children and adolescents, S. 3, 7.

720 *Deegener*, Sexueller Mißbrauch, S. 194.

bb) Regressiver Tätertyp

Im Gegensatz zum fixierten Typ sind die sozio-sexuellen Interessen dieses Tätertyps während der sexuellen Entwicklung primär oder ausschließlich auf gleichaltrige oder ältere Personen gerichtet. Ein signifikantes, sexuelles Interesse gegenüber deutlich jüngeren Personen ist nicht vorhanden.[721]

Im Erwachsenenalter werden diese Beziehungen jedoch aufgrund steigender Verantwortung in Beruf, Familie und der finanziellen Situation konflikthaft. Durch hinzutretende Schicksalsschläge (z.B. Krankheit, Untreue und Einkommensverlust) fühlen sich Männer dieser Gruppe außer Stande, allen Verantwortungen gerecht zu werden. Diese Krisensituation führt letztlich zu einem sexuellen Kontakt mit Kindern. *Groth* beschreibt den sexuellen Übergriff selbst als einen Akt der Verzweiflung, der „symptomatisch" ist für die Unfähigkeit, mit Stress- und Krisensituationen adäquat umgehen zu können.[722]

Charakteristisch ist weiter, dass das sexuelle Interesse an Kindern eine Abweichung von den sonstigen, konventionellen Orientierungen gegenüber Gleichaltrigen ist. Aktiviert wird diese Abweichung durch übermäßigen Stress oder durch die Kombination von Stress-Ereignissen.[723]

Nachdem Täter dieser Gruppe sexuelle Missbrauchstaten vollzogen haben, empfinden sie Gefühle von Scham, Schuld und Reue. Im Zeitpunkt der sexuellen Aktivität befinden sie sich für gewöhnlich in einer depressiven Situation, in welcher ihnen alles egal ist. Prinzipien werden ausgeblendet, eine geringe Selbstkontrolle ist anzutreffen und verhält sich – zumindest teilweise – im Widerspruch zum sonstigen Verhalten. Während dieser „regressiven" Phase werden parallel – neben der sexuellen Interaktion mit Kindern – erotische Beziehungen mit Erwachsenen unterhalten.[724]

Die sexuelle Anziehungskraft gegenüber Kindern bei Tätern dieser Gruppe kann auf zwei unterschiedliche Gründe zurückgeführt werden. Zum einen kann sie sich sekundär zu einer Fixierung ausbilden, wobei die sexuelle Orientierung gegenüber Kindern dann als das Ergebnis einer sozio-sexuellen Entwicklungshemmung anzusehen ist. Zum anderen ist es möglich, dass die sexuelle Orientierung Resultat einer nach und nach zunehmenden oder plötzlich auftretenden

---

721 *Groth* in: Burgess (Ed.), Sexual assault of children and adolescents, S. 3, 8 f.

722 *Groth* in: Burgess (Ed.), Sexual assault of children and adolescents, S. 3, 9.

723 *Groth* in: Burgess (Ed.), Sexual assault of children and adolescents, S. 3, 9; *Deegener*, Sexueller Mißbrauch, S. 194.

724 *Groth* in: Burgess (Ed.), Sexual assault of children and adolescents, S. 3, 9.

Verschlechterung von emotional bedeutungsvollen und befriedigenden Beziehungen zu Gleichaltrigen ist, mithin auf einer Regression beruht.[725]

Regressive Missbrauchstäter versuchen dementsprechend, ihre unbefriedigende und konfliktbehaftete Beziehung zu Erwachsenen durch sexuellen Kontakt mit Kindern zu ersetzen. Da Kinder als Ersatzobjekte erscheinen, tendieren diese Täter dazu, die „Beziehung" zum Kind wie zu einer erwachsenen Person zu sehen.[726]

cc) Zwischenergebnis

Zusammenfassend führt *Groth* aus, dass sexuelle Übergriffe gegenüber Minderjährigen dahingehend differenziert werden können, ob das „pädophile" Verhalten einerseits auf einer chronischen Krankheit – a fixation – oder andererseits auf einer akuten Situation – a regression – in ihrer sexuellen Lebensweise beruht.

Der fixierte Täter hat im Gegensatz zum regressiven Täter nur wenig oder gar keine bedeutungsvolle sexuelle Interaktion mit Gleichaltrigen oder sexuelle Beziehungen mit Erwachsenen erfahren. Noch dazu hat er auch kein Verlangen, eine solche Erfahrung zu machen. Stattdessen sucht er sich stets minderjährige Personen aus, die seine primäre und präferierte Quelle sexueller Aktivität sind. Dieses sexuelle Interesse ist ein chronischer und beständiger Zwang.

Der regressive Täter hingegen weist eine sexuelle Orientierung in Bezug auf Gleichaltrige auf. Die sexuelle Zuwendung gegenüber Kindern ist das Resultat von Konflikten innerhalb der Beziehung mit Erwachsenen.

Für beide Tätertypen – sowohl fixiert als auch regressiv – ist die sexuelle Interaktion mit einem Kind das Symptom einer inneren, psychosozialen Krise. Beim fixierten Tätertyp ist der Höhepunkt dieser Krise im Jugendalter und resultiert in einer primär sexuellen Orientierung gegenüber Kindern. Beim regressiven Tätertyp kommt es erst im Erwachsenenalter aufgrund einer Überforderung durch Stressfaktoren und Schicksalsschlägen zum Höhepunkt der Krise. Das sexuelle Interesse an Kindern ist dann ein Rückzug vom Gefühl der Überforderung.[727]

---

725 *Deegener*, Sexueller Mißbrauch, S. 194.

726 *Groth* in: Burgess (Ed.), Sexual assault of children and adolescents, S. 3, 9; *Deegener*, Sexueller Mißbrauch, S. 194.

727 *Groth* in: Burgess (Ed.), Sexual assault of children and adolescents, S. 3, 10 f.

b) Klassifizierung nach Lanning

Lanning unterscheidet ähnlich wie *Groth*, zunächst nach zwei Obergruppen von Tätern des sexuellen Kindesmissbrauchs: „Situational offenders“[728] und „preferential offenders“[729], wobei jeweils weitere Differenzierungen in unterschiedliche Untergruppen vorgenommen werden.[730]

aa) Tätertyp: Situational offenders[731]

In sexueller Hinsicht bevorzugen diese Täter nicht primär Kinder. Diverse Gründe können Ursache für sexuelle Handlungen mit Kindern sein. Es kann sich um einmalige bis hin zu immer wiederkehrenden Missbrauchstaten handeln. Diesem Tätertyp fallen eher weniger Kinder zum Opfer. Ältere, kranke oder behinderte Menschen können ebenso gefährdet sein.[732]

Innerhalb dieser Gruppe differenziert *Lanning* weiter nach Tätertypen der Kategorien „regressed“[733], „morally indiscriminate“[734] sowie „inadequate“[735].

Täter der Untergruppe „regressed“ haben meist wenig Selbstbewusstsein und suchen sich Kinder als Ersatz für den eigentlich präferierten erwachsenen Sexualpartner. Stress kann Auslöser der Missbrauchshandlung sein, wobei Opfer lediglich nach Verfügbarkeit ausgesucht werden, sodass häufig auch die eigenen Kinder missbraucht werden. „Einwilligendes“ oder duldendes Verhalten der kindlichen Opfer ist nicht gegeben. Es ist nicht ausgeschlossen, dass dieser Tätertyp auch über kinderpornografisches Material verfügt. Wenn solches vorhanden ist, handelt es sich meist um selbstaufgenommene Bilder oder Videos eigener Missbrauchshandlungen.[736]

Für den Typus „morally indiscrimate“ stellt der Kindesmissbrauch nur einen Teil aller unternommenen Missbrauchshandlungen dar. Klinisch wird dieser Tätertypus häufig als Psychopath oder als Täter mit einer antisozialen

---

728 Sinngemäße Übersetzung „Täter, die situationsbezogen handeln“.

729 Sinngemäße Übersetzung „Täter, die aufgrund gezielter Vorlieben handeln“.

730 *Lanning*, Child Molesters, S. 122 ff., verfügbar unter http://citeseerx.ist.psu.edu/view doc/download?doi=10.1.1.692.6218&rep=rep1&type=pdf [18.04.2016].

731 Sinngemäße Übersetzung „Täter, die situationsbezogen handeln“.

732 *Lanning*, Child Molesters, S. 35 f., verfügbar unter http://citeseerx.ist.psu.edu/view doc/download?doi=10.1.1.692.6218&rep=rep1&type=pdf [18.04.2016].

733 Wörtliche Übersetzung „unterentwickelt/zurückgeblieben“.

734 Wörtliche Übersetzung „moralisch-rücksichtslos“.

735 Wörtliche Übersetzung „unzulänglich“.

736 *Lanning*, Child Molesters, S. 36, verfügbar unter http://citeseerx.ist.psu.edu/viewdoc/download?doi=10.1.1.692.6218&rep=rep1&type=pdf [18.04.2016].

Persönlichkeitsstörung bezeichnet. Neben Kindern missbraucht dieser Typus seine Ehefrau, Freunde oder Kollegen. Er lügt, betrügt und stiehlt zu jeder Gelegenheit. Mit Gewalt und Manipulation beherrscht er seine Opfer. Kindliche Opfer befinden sich eher im pubertierenden Alter. Ebenso bilden kinderpornografische Materialien mehr pubertierende denn jüngere Kinder ab. Auch Erwachsenen-Pornos sind vorzufinden, wobei hier eine Neigung zu gewalttätigen Inhalten zu erkennen ist.[737]

Täter des Typus „inadequate" sind jene, die sozial als generell nicht eingegliedert gelten und als Außenseiter bezeichnet werden. Teilweise sind bei diesem Tätertyp psychologische Störungen, wie etwa Psychosen, Exzentrik oder geistige Unterentwicklung festzustellen. Die sexuellen Kindesmissbrauchshandlungen scheinen aus einer Unsicherheit oder aus Neugier heraus zu resultieren. Diese Täter finden Kinder weniger einschüchternd als Erwachsene, sodass sie mit ihnen ihre sexuellen Interessen einfacher ausleben können. Kinder dienen als Ersatzobjekte anstelle von Erwachsenen, die aus Angst nicht angesprochen werden. Oft ist die Missbrauchshandlung auch ein Ventil für Gefühle von Wut und Feindseligkeit. Den Tätern fällt es schwer, diese Gefühle auszudrücken, die sie dann an Kindern auslassen, teilweise auch in brutaler Art und Weise. Zu den präferierten Opfern können neben Kindern auch ältere Menschen gehören. Jedes Opfer, das primär „Verwundbarkeit" und „Schwäche" ausstrahlt, erscheint als geeignet. Der Konsum pornografischen Materials ist möglich, konzentriert sich aber auf Erwachsenen-Pornografie. Diesem Tätertyp fehlen in der Regel die sozialen Kompetenzen, um den Missbrauch im Rahmen eines Grooming-Prozesses herbeizuführen.[738]

bb) Tätertyp: Prefential Offenders[739]

Lanning zufolge stehen diese Täter Pädophilen – wegen ihrer klaren sexuellen Präferenz von Kindern – am nächsten.

Allerdings fallen hierunter auch solche Tätertypen, die zwar nicht aus einem primären erotischen Interesse an Kindern sexuelle Handlungen an diesen vornehmen, sondern dies generell tun, um ihre sexuellen Fantasien ausleben zu können. Deviante Sexualinteressen werden mit gleichaltrigen Partnern aus

737 *Lanning*, Child Molesters, S. 36, verfügbar unter http://citeseerx.ist.psu.edu/viewdoc/download?doi=10.1.1.692.6218&rep=rep1&type=pdf [18.04.2016].

738 *Lanning*, Child Molesters, S. 36 f., verfügbar unter http://citeseerx.ist.psu.edu/viewdoc/download?doi=10.1.1.692.6218&rep=rep1&type=pdf [18.04.2016].

739 Sinngemäße Übersetzung „Täter, die aufgrund bestimmter Vorlieben handeln".

Angst vor Scham nicht geteilt. Kindliche Opfer erscheinen daher als taugliche Alternativlösung, da sie als weniger bedrohlich und fordernd angesehen werden. Diese Täter werden trotz ihres nicht vordergründig vorhandenen sexuellen Interesses an Kindern unter die Tätergruppe der „preferential offenders" gefasst, weil sie aufgrund ihrer (geheimen) sexuellen Fantasien triebhafte Verhaltensweisen zeigen.

Diejenigen, die Kinder als Sexualpartner vorziehen, haben aufgrund dessen auch das starke Bedürfnis, den sexuellen Akt mehrfach zu wiederholen. Die Missbrauchshandlung ist nicht etwa Resultat einer Stresssituation, sondern vielmehr Ausdruck sexueller Begierde. Eine Vielzahl an – vordergründig männlichen – Minderjährigen fällt diesem Tätertyp zum Opfer. Die Kombination triebhaften Verhaltens und dem Willen, den Missbrauchsakt mehrfach zu wiederholen, stellt *Lanning* bei diesen Tätern als besondere Gefahr für minderjährige Opfer heraus.[740]

Auch innerhalb dieser Gruppe differenziert *Lanning* nach weiteren Untergruppen: „seduction[741]", „introverted"[742], „sadistic"[743] und „diverse"[744].

Die erste Untergruppe „seduction" erfasst Täter, die manipulativ auf Opfer einwirken, um den Missbrauch herbeizuführen („Grooming-Täter"). *Lanning* vergleicht die Vorgehensweise der Täter ähnlich wie den Prozess der Annäherung unter Erwachsenen. Die Täter verführen ihre Opfer mit Hilfe von Geschenken oder durch Zuneigung über einen längeren Zeitraum und desensibilisieren diese sodann schrittweise in sexueller Hinsicht. Die Manipulation der Opfer reicht so weit, dass diese selbst „gewillt" sind, Sex gegen die ihnen entgegengebrachte Aufmerksamkeit zu tauschen. Täter dieser Gruppe haben meist mehrere Opfer gleichzeitig. Insbesondere die Fähigkeit, sich mit den Opfern zu identifizieren, macht diese Täter zu wahren Profis der Verführungskunst. Sie wissen genau, wie sie sich gegenüber ihren Opfern verhalten müssen und vor allem, dass sie ihnen sehr genau zuhören müssen, um eine entsprechende Manipulationsstrategie zu entwickeln. Grundsätzlich sind zwar alle Kinder gleichermaßen gefährdet, insbesondere jedoch jene, die aus schwierigen Familienverhältnissen stammen, beziehungsweise physische und psychische Vernachlässigung erleben. Größtes „Problem" dieser Täter ist *Lanning* zufolge nicht, wie sie ihre Opfer an

740 *Lanning*, Child Molesters, S. 37, verfügbar unter http://citeseerx.ist.psu.edu/viewdoc/download?doi=10.1.1.692.6218&rep=rep1&type=pdf [18.04.2016].

741 Wörtliche Übersetzung „Verführung/Verlockung".

742 Wörtliche Übersetzung „introvertiert".

743 Wörtliche Übersetzung „sadistisch".

744 Wörtliche Übersetzung „verschieden/unterschiedlich".

sich binden, sondern wie sie diese wieder loswerden, wenn das sexuelle Interesse erloschen ist. Drohungen und körperliche Gewalt werden nur angewandt, wenn eine Aufdeckung des Missbrauchs droht oder das Opfer sich weigert, den Missbrauch fortzusetzen.[745]

Zu der Gruppe „introverted" gehören solche Täter, die sexuell zwar in erster Linie Kinder präferieren, allerdings nicht die soziale Kompetenz besitzen, ihre Opfer in ähnlich professioneller Art und Weise, wie Täter der vorangegangenen Gruppe, zu verführen. Daher findet hier ein nur geringer, kommunikativer Austausch zwischen den Tätern und – den meist fremden oder besonders jungen – Opfern statt. *Lanning* vergleicht Täter dieser Kategorie mit Männern, die altbekannten Stereotypen von sexuellen Kindesmissbrauchstätern entsprechen. Männer etwa, die sich häufig an Spielplätzen beziehungsweise generell an Orten aufhalten, an denen vermehrt Kinder vorzufinden sind. Sie verhalten sich exhibitionistisch, führen obszöne Telefongespräche mit Kindern oder kontaktieren diese übers Internet. Einige reisen in fremde Länder, um sexuelle Handlungen an Kindern vorzunehmen oder aber sie missbrauchen Kinder, die sich prostituieren müssen. Im äußersten Fall heiraten sie sogar Frauen, um später ihre eigenen Kinder bereits im Kleinkindalter zu missbrauchen.[746]

Für Täter der Gruppe „sadistic" ist es charakteristisch, dass sie durch die Zufügung von psychischem oder physischem Schmerz an ihren Opfern sexuelle Erregung oder Befriedigung erlangen. Der Zugang zu Opfern wird durch Verlockung oder aber mittels Gewaltanwendung erreicht. Anders als bei den bisher vorgestellten Tätertypen der Obergruppe „preferential" ist es bei Tätern dieser Kategorie nicht unwahrscheinlich, dass sie ihre Opfer entführen oder sogar töten. Diese Täter legen großen Wert darauf, dass ihre Handlungen nicht entdeckt werden, weshalb sie sich größtenteils auf völlig fremde Opfer konzentrieren, zu denen bisher keine Verbindung bestand. Die große Gefahr, die von diesen Tätern ausgeht, ist, dass sie extrem gewalttätig handeln und den Tod des Kindes in Kauf nehmen, um eine Entdeckung zu vereiteln. Allerdings sei nur ein relativ geringer Anteil aller Missbrauchstäter in dieser Gruppe vertreten.[747]

Täter der letzten Untergruppe „diverse" schließlich werden als Personen bezeichnet, die ein breit gefächertes sexuelles Interesse haben, das beispielsweise

745 *Lanning*, Child Molesters, S. 37 f., verfügbar unter http://citeseerx.ist.psu.edu/viewdoc/download?doi=10.1.1.692.6218&rep=rep1&type=pdf [18.04.2016].

746 *Lanning*, Child Molesters, S. 38, verfügbar unter http://citeseerx.ist.psu.edu/viewdoc/download?doi=10.1.1.692.6218&rep=rep1&type=pdf [18.04.2016].

747 *Lanning*, Child Molesters, S. 38 f., verfügbar unter http://citeseerx.ist.psu.edu/viewdoc/download?doi=10.1.1.692.6218&rep=rep1&type=pdf [18.04.2016].

in bestimmte Fetisch-Richtungen geht. Sie probieren alles aus, was sie sexuell anregen könnte. Eine ausschließliche oder starke sexuelle Präferenz von Kindern ist dementsprechend nicht gegeben. Wesentliche Intention von Tätern dieser Gruppe bei sexuellen Handlungen mit Minderjährigen ist daher oft rein experimenteller Natur, wobei Kinder entweder als neue Erfahrung oder aber als weniger einschüchternd betrachtet werden. Der Reiz an sexuellen Handlungen mit Kindern kann unterschiedlicher Art sein, etwa das Opfer zu demütigen, ein Tabu zu brechen oder eine verbotene Form von Sexualität auszuüben. Oft handelt es sich bei den Opfern um die eigenen (Stief-)Kinder oder aber um Kinder anderer Täter, die untereinander getauscht werden sowie um Kinder, die in Gruppen-Sex-Aktivitäten missbraucht werden.[748]

cc) Zwischenergebnis

Lanning betont, dass die Grenzen der einzelnen Kategorien fließend sind und die Klassifizierung weniger in einem starren Rahmen als vielmehr in einem fortlaufenden Kontinuum verstanden werden muss. Die bei den jeweiligen Tätergruppen aufgezeigten Eigenschaften und Motivationen schließen sich nicht zwangsläufig gegenseitig aus. Charakteristika beider Obergruppen können sich vielmehr bei allen aufgezeigten Täterkategorien wiederfinden.[749]

c) Untergruppe: Pädophile

Die Klassifizierungen von *Groth* und *Lanning* unterscheiden gleichsam jeweils zwischen Tätern, die ein primäres sexuelles Interesse an Kindern haben und jenen, die ohne ein solches sexuelle Handlungen mit Kindern verfolgen. Pädophilie scheint daher ein Aspekt zu sein, der bei Tätern des konventionellen sexuellen Kindesmissbrauchs eine Rolle spielt.[750] Aus diesem Grund folgt an dieser Stelle der Vollständigkeit halber ein kurzer Einblick in die „Welt der Pädophilen".

aa) Begriff der Pädophilie

Der Begriff „Pädophilie" stammt ursprünglich aus dem Griechischen, der übersetzt „Liebe zum Kind" bedeutet. Weil damit eine rein positive Interpretation im Sinne einer „Kinderfreundlichkeit" ermöglicht wird und der Terminus den

---

748 *Lanning*, Child Molesters, S. 39, verfügbar unter http://citeseerx.ist.psu.edu/viewdoc/download?doi=10.1.1.692.6218&rep=rep1&type=pdf [18.04.2016].

749 *Lanning*, Child Molesters, S. 32 f., verfügbar unter http://citeseerx.ist.psu.edu/viewdoc/download?doi=10.1.1.692.6218&rep=rep1&type=pdf [18.04.2016].

750 S. auch *Schorsch*, Sexualstraftäter; *Beier*, Dissexualität im Lebenslängsschnitt.

sexuellen Aspekt außen vor lässt, wird in der neuen Fachliteratur meist der Begriff „Pädosexualität" verwendet, der entsprechend als Synonym gebraucht wird.[751] *Dannecker* beschreibt Pädosexualität als

> *„eine erotisch-sexuelle Präferenz für Kinder, die immer mit entsprechenden bewusstseinsfähigen sexuellen Wünschen und häufig mit entsprechenden sexuellen Handlungen einhergeht".*[752]

bb) Tätermerkmale und Opferpräferenzen

Eine Charakterisierung von Tätern als „Pädophilen" schlechthin ist kaum möglich.[753] *Dannecker* schreibt in diesem Zusammenhang:

> *„Das auf Kinder sich richtende sexuelle Interesse ist das einzig Gemeinsame der Pädosexuellen. Darüber hinaus bietet die Pädosexualität wie andere Sexualitäten auch eine Vielfalt von Begehrensmodalitäten, sexuellen Praktiken, Beziehungsformen, die im Hinblick auf ihre seelischen Auswirkungen auf Kinder zu differenzieren sind."*[754]

Meist handelt es sich um männliche Täter die aus allen sozialen Schichten der Bevölkerung stammen können.[755] *Groth* zufolge handele es sich um Täter, die sich von anderen isoliert oder entfremdet haben, unfähig sind, zwischenmenschliche Beziehungen mit Gleichaltrigen einzugehen, von tiefen Gefühlen der Unzulänglichkeit geprägt sind und sich selbst als hilflose Opfer eines sie überfordernden Umfelds ansehen.[756] Vertreten wird teilweise, dass sie in der Regel ein ausgesprochen geringes Selbstbewusstsein sowie eine gestörte Geschlechtsrollenidentität vorweisen, folglich zu Unsicherheiten im Ausdruck der Sexualität neigen und mit Konflikten im zwischenmenschlichen Bereich nicht gut umgehen können.[757]

Hierin spiegelt sich die bereits oben erwähnte Identifizierung sexueller Kindesmissbrauchstäter mit ihren Opfern wieder.[758] Obwohl Pädophile meist nicht

---

751 Diese Begriffe werden im Rahmen dieser Arbeit ebenfalls als Synonym verwendet.

752 *Dannecker* in: Bange/Körner (Hrsg.), Handwörterbuch sexueller Missbrauch, S. 390, 390.

753 *Stöckel*, Pädophilie, S. 27 ff.

754 *Dannecker* in: Bange/Körner (Hrsg.), Handwörterbuch sexueller Missbrauch, S. 390, 391.

755 *Portykus/Wöbcke*, Sexualität zwischen Kindern und Erwachsenen, S. 41; *Bernard*, Kinderschänder?, S. 77.

756 *Groth* in: Burgess (Ed.), Sexual assault of children and adolescents, S. 3, 23.

757 *Fatke* in: Schuh/Bauhofer (Hrsg.), Sexualdelinquenz, S. 149, 156 f.; s. aber differenzierend *Schorsch*, Sexualstraftäter, S. 145 ff.

758 1. Teil, Kapitel 3, IV. 2. a) aa).

homosexuell sind, bevorzugen sie in vielen Fällen Jungen aufgrund einer höheren Identifikation mit dem gleichen Geschlecht.[759] Ein Pädophiler

> *„sucht die Nähe zu Kindern nicht ausschließlich und primär zum Zwecke der Triebbefriedigung. Er sucht die Nähe zu Kindern, um in ihre Welt, die seiner eigenen Innenwelt entspricht, einzutauchen. Er möchte mit den Kindern als Kind leben, um sein eigenes, ihm verhaßtes Erwachsenendasein ungeschehen zu machen.“*[760]

Ein Pädosexueller erklärt:

> *„Ich hatte einfach Interesse am Jungen-Leben, ein Interesse, das über die bloße Sexualität weit hinausging. Ich bewegte mich gern unter Jungen, spielte und alberte mit ihnen, unternahm etwas. In gewisser Weise bin ich selbst ein großer Junge geblieben, dem es darum geht, in der Nähe von seinesgleichen zu sein.“*[761]

Nicht unumstritten ist im Schrifttum allerdings, ob sich bei Pädosexuellen die Geschlechterpräferenz eindeutig auf Jungen konzentriert. Fakt sei nur, dass die meisten Pädosexuellen auf *ein* Geschlecht fixiert sind,[762] wobei tendenziell eher Jungen betroffen sein sollen.[763]

Was das Alter der von Pädosexuellen begehrten Kindern angeht, steht zwar fest, dass sich diese im präpubertären Alter befinden, doch ist damit lediglich eine Altersspanne, denn ein genaues Alter festgelegt.[764] Erotisiert wird *Bundschuh* zufolge die Entwicklungsphase an der Schwelle zum Jugend- beziehungsweise Erwachsenenalter.[765] Die Pubertät scheint für Pädosexuelle eine wichtige Trennlinie des sexuellen Interesses darzustellen, wobei es wichtiger ist, wie sich das Kind verhält und wie weit seine körperliche Erscheinung fortgeschritten ist, denn wie alt das Kind tatsächlich ist.[766] Demnach stehen insbesondere physische Anziehungspunkte im Vordergrund. Sobald die Kinder

---

759 *Fatke* in: Schuh/Bauhofer (Hrsg.), Sexualdelinquenz, S. 149, 157.

760 *Dannecker* in: Jäger (Hrsg.), Sexualwissenschaft und Strafrecht, S. 71, 80.

761 *Leopardi*, Der pädosexuelle Komplex, S. 138 f.

762 *Groth* in: Burgess (Ed.), Sexual assault of children and adolescents, S. 3, 33.

763 *Kuhnen*, Kinderpornographie und Internet, S. 144.; *Lanning*, Child Molesters, S. 56, verfügbar unter http://citeseerx.ist.psu.edu/viewdoc/download?doi=10.1.1.692.6218&rep=rep1&type=pdf [18.04.2016].

764 *Lautmann*, Die Lust am Kind, S. 27; *Kuhnen*, Kinderpornographie und Internet, S. 141 f.; *Bernard*, Kinderschänder?, S. 28.

765 *Bundschuh*, Pädosexualität, S. 35.

766 *Lanning*, Child Molesters, S. 56, verfügbar unter http://citeseerx.ist.psu.edu/viewdoc/download?doi=10.1.1.692.6218&rep=rep1&type=pdf [18.04.2016].

älter werden und kindliche Merkmale verblassen, lässt auch das erotische Interesse der Täter nach.[767]

Lautmann zitiert in diesem Zusammenhang einige Aussagen Pädophiler wie folgt:

> *„Ich liebe es, wenn so ein paar ganz leichte Härchen schon zu sehen sind. So ganz sachte aber nur, drei, vier Haare. Man darf sie gerade eben erkennen können, mehr sollte nicht sein. Wenn es mehr wird, zeigt es dir, daß die Beziehung zu Ende gehen kann. Es kann jeden Tag passieren, daß er sagt: ‚Mein Gott, eigentlich ist das alles schön und gut, was wir da machen; aber es gibt ein Mädchen, das mich noch mehr interessiert'".*[768]

> *„Für mich muß die Brust ein bißchen Ansätze haben, aber noch total kindliche Formen. Ich mag die knapp entwickelten Brüste, wenn sie gerade so kleine Halbkügelchen sind. Für mich ist das Entscheidende, daß die Brustwarzen gerade so ein bisschen ausknopsen".*[769]

Ähnlich wie bei den bisher untersuchten Tätergruppen, lässt sich an dieser Stelle zum einen feststellen, dass es sich bei Pädosexuellen um Täter handelt, die im Hinblick auf Tätermerkmale eine heterogene Gruppe darstellen.[770] Zum anderen kann festgehalten werden, dass sie bezüglich der von ihnen begehrten Opfer klare Präferenzen betreffend die physische Erscheinung der Kinder haben. Während Pädosexuelle sehr kindliche Züge bevorzugen, sind es bei Tätern des Cyber-Groomings teilweise eher reifer erscheinende Jugendliche, die ein sexuelles Begehren auslösen.[771]

cc) Merkmale pädophiler „Beziehungen"

Fatke zufolge ist eine pädophile „Beziehung" dadurch gekennzeichnet, dass in der Regel ein männlicher Erwachsener oder älterer Jugendlicher/Heranwachsender mit einem (meist) Jungen eine sexuell getönte und sexuell geprägte „Beziehung" eingeht. Konstitutiver Bestandteil dieser „Beziehung" ist das strukturell gegebene Macht- und Autoritätsgefälle zwischen Erwachsenen und Kindern.[772] Das Kind ist dabei den Bedürfnissen des Erwachsenen nach Nähe, Zuwendung, Jugend und Macht aufgrund seiner kognitiven Unterlegenheit sowie seiner emotionalen und sozialen Abhängigkeit mehr oder weniger stark ausgeliefert. Seine Bedürfnisse erfüllt der Erwachsene dabei häufig, nicht jedoch zwingend in Form

767 *Bundschuh*, Pädosexualität, S. 35.
768 *Lautmann*, Die Lust am Kind, S. 21 f.
769 *Lautmann*, Die Lust am Kind, S. 22 f.
770 S. auch *Schorsch*, Sexualstraftäter, S. 145 ff.
771 S. 1. Teil, Kapitel 3, II. 1. c); 1. Teil, Kapitel 3, III. 1. c).
772 Vgl. auch *Dannecker* in: Jäger (Hrsg.), Sexualwissenschaft und Strafrecht, S. 71, 78 ff.

sexueller Handlungen, wodurch es zu einer Instrumentalisierung sowie emotionaler und körperlicher Ausbeutung des Kindes kommt.[773]

Die Andeutung aus *Fatke's* Beschreibung, nach welcher das sexuelle Interesse bei den Tätern zwar vorhanden ist, nicht aber im Vordergrund stehen muss, findet sich auch an anderer Stelle in der Literatur wieder.[774]

Dannecker etwa beschreibt, dass für Pädosexuelle ein tiefes Interesse an der Persönlichkeit der Kinder und das Bestreben besteht, mit ihnen länger dauernde „Beziehungen“ einzugehen.[775]

Ein von *Lautmann* untersuchter Pädosexueller schildert:

> *„Ich interessiere mich für kleine Jungen, aber nicht auf sexueller Ebene. Ich spiele auch ganz gern mit Kleinen. Ich habe jetzt einen fünfjährigen Jungen kennengelernt. Das war Liebe auf den ersten Blick, kann man fast sagen, aber da kam ich nicht auf die Idee, dass etwas Sexuelles laufen könnte. In dem Alter könne man ja durch Manipulation leicht was lenken, das lehne ich aber total ab.“*[776]

Dennoch lässt sich das Vorliegen eines primär sexuellen Interesses an Kindern nicht leugnen.[777] Allerdings geht die „Beziehung“ zum Kind für viele Täter mit einer Verliebtheit in die Person des Kindes einher, die zwar ein stets gewalt-, manipulations- und missbrauchsfreies Verhalten gegenüber dem Kind andeuten lässt. Tatsächlich sind die meisten pädophilen „Beziehungen“ auch nicht durch Drohungen und Gewaltanwendungen der Täter gekennzeichnet.[778] Pädophile behandeln Kinder mehr als „Subjekt“ denn „Objekt“[779] und legen großen Wert auf ein „freiwilliges“ Mitmachen der Kinder, dies nicht nur aus ethischen Gründen, sondern vor allem auch aus sexueller Motivation heraus.[780]

In der Realität sind die „Beziehungen“ jedoch alles andere als manipulationsfrei. Ähnlich wie in Fällen des (Cyber-)Groomings entwickeln Pädophile diverse Strategien, um Kontakt zu einem potentiellen Opfer herzustellen und aufrechtzuerhalten. Sie gehen äußerst vorsichtig und bedacht vor und konzentrieren

---

773 *Fatke* in: Schuh/Bauhofer (Hrsg.), Sexualdelinquenz, S. 149, 153 f.

774 S. auch *Schorsch*, Sexualstraftäter, S. 145 ff.; *Bernard*, Kinderschänder?, S. 28.

775 *Dannecker* in: Jäger (Hrsg.), Sexualwissenschaft und Strafrecht, S. 71, 83.

776 *Lautmann*, Die Lust am Kind, S. 54.

777 *Dannecker* in: Jäger (Hrsg.), Sexualwissenschaft und Strafrecht, S. 71, 78 ff.

778 *Brongersma/Werres*, Das verfemte Geschlecht, S. 191; *Stöckel*, Pädophilie, S. 29; *Fatke* in: Schuh/Bauhofer (Hrsg.), Sexualdelinquenz, S. 149, 155; *Portykus/Wöbcke*, Sexualität zwischen Kindern und Erwachsenen, S. 46.

779 *Lautmann*, Die Lust am Kind, S. 80.

780 *Lautmann*, Die Lust am Kind, S. 99.

sich schon bei der Auswahl der Kinder auf Attribute, die sie für den Missbrauch als „geeignet“ erscheinen lassen.

So erklärt ein Pädosexueller in diesem Zusammenhang:

> *„Du kannst nicht jeden nehmen. Das ist wie ein Magnet. Das merkst du schon, wenn dich einer anspricht, oder du sprichst ihn an, und der geht auf deine Rede ein. Da kannst du schon sagen, mit dem kannst du eventuell was machen. Wenn einer nichts im Sinn hat, der läßt dich sowieso links liegen“.*[781]

Zwar halten sich Pädophile häufig auch an Orten auf, an welchen im Alltag viele Kinder anzutreffen sind, z.B. in Schwimmbädern, an Spielplätzen oder vor Schulen.[782] Allerdings suchen sich viele Täter ihre Opfer auch aus ihrer unmittelbaren Umgebung. Häufig handelt es sich um Verwandte, Nachbarn oder Bekannte.[783] Zudem üben viele Pädosexuelle sogenannte Elternersatzberufe (Lehrer, Erzieher, Sozialarbeiter, Jugendgruppenleiter usw.) aus.[784] Das ermöglicht ihnen fast täglich, mit Kindern in Kontakt zu kommen. Sie können ganz in Ruhe aussondieren, wer für eine pädophile Beziehung in Frage kommt.[785]

Die Verhaltensweisen im Vorfeld und während eines Missbrauchs sind dabei sehr strategischer Natur. *„Im allgemeinen weiß ein Mann, der Erfahrung im Umgang mit Jungen hat, sehr schnell, wie er sie herumkriegt.“*[786] Meistens wird zunächst alles daran gesetzt, eine freundschaftliche Beziehung zum Kind aufzubauen. Zur emotionalen Abhängigkeit, die daraus bestenfalls resultieren soll, kommen oft noch materielle oder finanzielle Zuwendungen, die den Kindern das Gefühl vermitteln, dankbar oder verpflichtet sein zu müssen.[787] Die Parallelen zum Prozess des (Cyber-Groomings sind an dieser Stelle besonders groß. *Fatke* beschreibt die Merkmale einer pädophilen „Beziehung“ wie folgt:

Während die „Beziehung“ zunächst nicht außergewöhnlich erscheint, der Erwachsene sich um das Kind ausgiebig kümmert, es mit Geschenken und Vergünstigungen verwöhnt und so das Verhältnis vertieft, erfolgt zugleich eine sexuelle Desensibilisierung des Kindes. Scheinbar zufällig kommt es zu sexuellen Berührungen, über die entweder gar nicht gesprochen wird oder die als „Spiel“ dargestellt werden. Es kommt zu Gesprächen über Sexualität, wobei dem Kind

---

781 *Lautmann*, Die Lust am Kind, S. 87.

782 *Stöckel*, Pädophilie, S. 30.

783 *Fatke* in: Schuh/Bauhofer (Hrsg.), Sexualdelinquenz, S. 149, 154 f.

784 *Fatke* in: Schuh/Bauhofer (Hrsg.), Sexualdelinquenz, S. 149, 157.

785 *Lautmann*, Die Lust am Kind, S. 18, 86 f.; vgl. auch *Kuhnen*, Kinderpornographie und Internet, S. 140 f.

786 *Brongersma*/*Werres*, Das verfemte Geschlecht, S. 191.

787 *Stöckel*, Pädophilie, S. 67.

oft pornografisches Material gezeigt wird. Man zeigt sich gegenseitig nackt, was als „Aufklärung" oder „Spiel" getarnt wird. Wenn es um die Geheimhaltung des Missbrauchs geht, bedarf es häufig keiner besonderen Anstrengung seitens des Erwachsenen. Dies vor allem dann, wenn die „Beziehung" die einzige Form von Nähe und Zuwendung ist, die das Kind jemals erlebt hat und deshalb nicht verlieren will.

In anderen Fällen ist das Schamgefühl oder die Verwirrung des Kindes so groß, dass es sich scheut, anderen davon zu berichten. Zudem gibt es Fälle, in denen sich Opfer mitverantwortlich fühlen, weil die ihnen zugetragene Zuneigung genossen wird. Oft kommt es aber auch zu Drohungen, wie:

> *„Wenn das rauskommt, steckt man dich in ein Heim." – „Dann halten dich alle für schwul." – „Wenn deine Mutter das erfährt, wird sie ganz krank und vielleicht sogar sterben." „Ich bringe dich um."*[788]

d) Zusammenfassung

Die hier beispielhaft vorgestellten Klassifizierungsmodelle von *Groth* und *Lanning* sollten zum einen mögliche Tätertypen aus unterschiedlicher Untersuchungsperspektive wiedergeben und zum anderen einen Hinweis dahingehend erlauben, dass auch bei Tätern des konventionellen sexuellen Kindesmissbrauchs von einer – wie auch die Klassifizierung von *Knight* und *Prentky* bestätigt[789] – sehr heterogenen Gruppe auszugehen ist. Teilweise finden sich bei der Schilderung einzelner Tätertypen Parallelen zu den im vorhergehenden Kapitel näher untersuchten Tätern des Cyber-Groomings.[790] Insbesondere die Erörterung pädophiler „Beziehungen" hat gezeigt, dass auch Pädosexuelle vermehrt „Grooming-Strategien" zur Herbeiführung sexueller Handlungen mit Kindern einsetzen.

V. Zusammenfassende Gegenüberstellung

Zusammenfassend lassen sich bezüglich der dargestellten Tätertypen folgende Ergebnisse festhalten:

Zu den Gemeinsamkeiten zählt neben dem Fakt, dass es sich meist um männliche Täter handelt, vor allem die Tatsache, dass die Tätergruppen jeweils sehr heterogener Natur sind. Dies nicht nur bezüglich einer Vielfalt möglicher

788 *Fatke* in: Schuh/Bauhofer (Hrsg.), Sexualdelinquenz, S. 149, 155.
789 S. 1. Teil, Kapitel 3, IV. 2.
790 1. Teil, Kapitel 3, II.; 1. Teil, Kapitel 3, III.

Tätertypen, sondern auch im Hinblick auf die jeweiligen Motivationen, Tätermerkmale und Handlungsweisen. Zunächst ist demnach eine Vielzahl an Täterprofilen als Aspekt dieser Heterogenität zu erwähnen, der sich in allen Gruppierungen – von Tätern des § 176 Abs. 4 Nr. 3 lit. a) StGB, Tätern des § 176 Abs. 4 Nr. 3 lit. b) StGB, über konventionelle Täter des sexuellen Kindesmissbrauchs bis hin zu Pädophilen widerspiegelt.

Pädophile sind dabei sowohl bei Tätern des § 176 Abs. 4 Nr. 3 StGB, als auch bei konventionellen Tätern des sexuellen Kindesmissbrauchs als eine Randgruppe zu qualifizieren.[791] Randgruppe insofern, als nicht jeder Täter des Cyber-Groomings und nicht jeder konventionelle Kindesmissbrauchstäter pädophil sein muss, wobei bei Tätern im Sinne des § 176 Abs. 4 Nr. 3 lit. a) StGB kaum von Pädophilie auszugehen ist. Selbst im Fall des § 176 Abs. 4 Nr. 3 lit. b) StGB und dem direkten Bezug zur Kinderpornografie kann nicht von einer generell pädophilen Neigung der Täter gesprochen werden. Bei konventionellen Missbrauchstätern machen Pädophile ebenfalls nur einen Teil möglicher Tätertypen aus. Die Motivationen zu sexuellem Kindesmissbrauch können zwar auf pädophile Neigungen zurückgeführt werden[792], sie sind allerdings nicht immer ausschlaggebender Faktor. Oft beruht der Missbrauch auf anderen Motiven, beispielsweise stellt der sexuelle Übergriff eine Ersatzhandlung für fehlende soziale Kontakte zu Gleichaltrigen dar oder erfolgt aufgrund von Neugier, Tabus zu brechen oder dem Willen, neue sexuelle Fantasien auszuleben, ohne dabei Abweisungen oder sonst negativen Konfrontationen ausgesetzt zu sein. Dies trifft nicht nur auf konventionelle Kindesmissbraucher[793] zu, sondern gilt vor allem auch für Täter im Sinne des § 176 Abs. 4 Nr. 3 StGB.[794] Ähnlich wie es bei Pädophilen vertreten wird, finden sich auch unter Tätern des Cyber-Groomings, speziell im Sinne des § 176 Abs. 4 Nr. 3 lit. a) StGB Täter, die vor allem eine „einvernehmliche" Beziehung mit Minderjährigen eingehen wollen.[795] Im Unterschied zur Untergruppe der Pädophilen gibt es im Fall des Cyber-Groomings allerdings Fälle, in welchen

791 Bei Tätern des Cyber-Groomings sind Pädophile jedenfalls und insbesondere mit Blick auf § 176 IV Nr. 3 lit. b) StGB nicht auszuschließen.

792 z.B. fixierte Tätertyp, 1. Teil, Kapitel 3, IV. 2. a) aa) oder introverted-preferential offenders, 1. Teil, Kapitel 3, IV. 2. b) bb).

793 Vgl. regressive Tätertyp, 1. Teil, Kapitel 3, IV. 2. a) bb) sowie Tätertyp situational offenders, 1. Teil, Kapitel 3, IV. 2. b) aa).

794 Z.B. Tätertyp fantasy driven, 1. Teil, Kapitel 3, II. 2. a) bb), Täterypy private fantasie, 1. Teil, Kapitel 3, III. 2. b) bb).

795 Tätertyp Intimacy seeking, 1. Teil, Kapitel 3, II. 2. b) aa), Tätertyp affection-focused, 1. Teil, Kapitel 3, II. 2. c) cc).

die Erwachsenen zunächst von einer nicht minderjährigen Person ausgehen. Manipulative Strategien, die vor allem auch bei Pädophilen vorliegen, sind bei entsprechenden Tätertypen des Cyber-Groomings[796] allerdings nicht festzustellen. Neben diesen Tätern, die „wahre Beziehungen“ suchen, sind andere wiederum allein vom Ziel der Befriedigung ihrer sexuellen Bedürfnisse getrieben.[797]

Bei den demografischen Daten und Tätermerkmalen sowie bei den Verhaltensweisen und Handlungsstrategien der Täter ergibt sich weiter ebenfalls ein jeweils sehr heterogenes Bild. Sowohl bei Tätern im Sinne des § 176 Abs. 4 Nr. 3 StGB, als auch bei Tätern des konventionellen sexuellen Kindesmissbrauchs, sind diesbezüglich Unterschiede innerhalb der Tätergruppen gegeben. Während es Tätern auf der einen Seite darum geht, die Phase der Verführung, Verlockung und Manipulation der Opfer so kurz wie möglich zu halten,[798] investieren andere viel Zeit und Aufwand in den Verführungsprozess.[799] Dabei variieren nicht nur die Handlungsstrategien an sich, sondern auch die Intensität und Raffinesse der jeweiligen Verführungstaktik, die von eher weniger ausgeprägtem[800] bis hin zu sehr professionellem und bedachtem Vorgehen reicht.[801]

Eine weitere Parallele neben der erwähnten Heterogenität in unterschiedlichen Bereichen zeigt sich schließlich auch bei der Betrachtung tatsituativer Merkmale, insbesondere betreffend das generell gewaltlose Vorgehen der Täter. Sowohl bei Tätern des Cyber-Groomings, als auch bei konventionellen Tätern des sexuellen Kindesmissbrauchs sind Gewaltanwendungen und Drohungen gegenüber den Opfern eher die Ausnahme. Während es Täter beider Gruppen verstehen, ihre Opfer zu verführen und zu manipulieren und so auf

---

796 Tätertyp Intimacy seeking, 1. Teil, Kapitel 3, II. 2. b) aa), Tätertyp affection-focused, 1. Teil, Kapitel 3, II. 2. c) cc).

797 so z.B. Täter der Gruppen hyper-sexualized, 1. Teil, Kapitel 3, II. 2. b) cc); sex-focused, 1. Teil, Kapitel 3, II. 2. c) dd); regressive Tätertyp, 1. Teil, Kapitel 3, IV. 2. a) bb); situational offender, 1. Teil, Kapitel 2, IV. 2. b) aa); nonsecure collector, 1. Teil, Kapitel 3, III. 2. b) dd); secure collector, 1. Teil, Kapitel 3, III. 2. b) ee).

798 So z.B. Täter der Gruppen hyper-sexualized, 1. Teil, Kapitel 3, II. 2. b) cc); sex-focused, 1. Teil, Kapitel 3, II. 2. c) dd); inadequate, 1. Teil, Kapitel 3, IV. 2. b) aa); introverted, 1. Teil, Kapitel 3, IV. 2. b) bb).

799 So z.B. Täter der Gruppen adaptable online groomer, 1. Teil, Kapitel 3, II. 2. b) bb); Online-Groomer, 1. Teil, Kapitel 3, III. 2. b) ff); the experts, 1. Teil, Kapitel 3, II. 2. c) aa); seduction, 1 Teil, Kapitel 3, IV. 2. b) bb).

800 Tätertyp the cynical, 1. Teil, Kapitel 3, II. 2. c) bb).

801 Tätertyp the experts, 1. Teil, Kapitel 3, II. 2. c) aa); Tätertyp: the adaptable online groomer, 1. Teil, Kapitel 3, II. 2. b) bb).

den Missbrauch vorzubereiten, kommt bei Tätern des konventionellen Kindesmissbrauchs hinzu, dass ihnen oft auch jüngere Kinder zum Opfer fallen, die aufgrund ihrer Hilflosigkeit und Unkenntnis in der fremden Situation den Missbrauch dulden und passiv hinnehmen. Gewalthandlungen oder Drohungen, zumindest während der Vorbereitung des Missbrauchs, sind daher schon deshalb nicht erforderlich.

Ungeachtet dieser hier herausgestellten Parallelen gibt es Stimmen in der Literatur, die bei Tätern des Cyber-Groomings von einem völlig neuen Tätertypus ausgehen. *Seto* u.a. schließen aufgrund ihrer Untersuchung von unter anderem soziodemografischen und psychologischen Variablen ganz deutlich auf einen neuen Tätertyp, der sowohl mit den bisher bekannten konventionellen Kindesmissbrauchern als auch mit „Kinderpornografie-Tätern“[802] nicht vergleichbar sei.[803]

Darüber hinaus sollen konventionelle Missbrauchstäter im Schnitt ein geringeres Maß an Empathie für Opfer von sexuellem Kindesmissbrauch aufzeigen.[804] Konkret sollen sich derartige Haltungen beispielsweise in Aussagen wie den Folgenden offenbaren:

> *„Das Opfer hat das Erlebte genossen.“, „Das Opfer hat keine Langzeitschäden davon getragen.“, „Das Opfer hatte die Situation unter Kontrolle.“*[805]

Betont sei allerdings, dass dies nicht gleichlautendes Ergebnis einer Vielzahl von Studien ist. Zudem mag dies auch angesichts der Tatsache bezweifelt werden, dass unter konventionellen Tätern häufig ebenfalls ein Grooming-Prozess stattfindet,[806] weshalb im Ergebnis von einer zumindest ansatzweise vorhandenen Fähigkeit der Täter, Empathie und Mitgefühl für die Opfer aufzubringen, ausgegangen werden muss.[807]

Ganz allgemein stellt sich abschließend die Frage, ob es sich bei Tätern des Cyber-Groomings um eine völlig neue „Täterspezies“ handelt oder ob es „nur“ die bisher bekannten, konventionellen Täter des sexuellen Kindesmissbrauchs sind, die sich „lediglich“ moderner Informations- und Kommunikationsmittel

---

802 *Seto* u.a. sprechen wörtlich von “Child Pornography Offenders“, wörtliche Übersetzung „Kinderpornografie Täter“, *Seto/Wood/Flynn/Babchishin*, Law and Human Behavior 36.4 (2012): 320–330 (320).

803 *Seto/Wood/Flynn/Babchishin*, Law and Human Behavior 36.4 (2012): 320–330 (320).

804 *Bates/Metcalf*, Journal of Sexual Aggression 13.1 (2007): 11–20 (11).

805 *Elliott/Beech/Mandeville-Norden*/Hayes, Sexual abuse 21.1 (2009): 76–92 (87).

806 S. hierzu 1. Teil, Kapitel 2, I. 1.

807 S. 1. Teil, Kapitel 3, II. 1. b).

bedienen, um Missbrauchstaten herbeizuführen. Fraglich ist dabei bereits, ob überhaupt noch zwischen konventionellen Kindesmissbrauchern und Tätern des Cyber-Groomings angesichts der festen Integrierung neuer Medien in unserer Gesellschaft unterschieden werden kann. Diese Frage ist noch Gegenstand wissenschaftlicher Studien.[808] Während auf der einen Seite davon ausgegangen wird, dass sich sexuelle Missbrauchstaten von konventionellen Tätern nicht von Taten online-agierender Täter unterscheiden,[809] wird auf der anderen Seite betont, dass einige wesentliche Unterschiede festzumachen sind.[810] Da im Schrifttum bislang kaum Vergleichsstudien vorhanden sind und bisher durchgeführte Untersuchungen von Tätern des Cyber-Groomings sowie des konventionellen Kindesmissbrauchs aufgrund sehr unterschiedlicher Forschungsmethoden nur schwer miteinander vergleichbar sind, ist eine abschließende Antwort auf die vorab gestellte Frage der Vergleichbarkeit zum derzeitigen Zeitpunkt kaum möglich.

In Anbetracht der Ergebnisse dieser Untersuchung jedenfalls, könnte der Schluss gezogen werden, dass es sich „lediglich“ um die bisher bekannten konventionellen „Kindesmissbraucher“ in modernem Gewand handelt. Dies nicht nur aufgrund der aufgezeigten Parallelen innerhalb der Tätergruppen (vorwiegend die sich in verschiedenen Aspekten widerspiegelnde Heterogenität), sondern vor allem auch wegen der deutlichen Überschneidungen im Zusammenhang mit dem Grooming-Prozess an sich. Da das Phänomen des Cyber-Groomings derart viele Gemeinsamkeiten zum bisher bekannten „Offline-Grooming“ aufweist, ist der in der Literatur geäußerten Annahme zuzustimmen, der zufolge die Frage nach einem neuen Tätertypus obsolet ist. Dies deshalb weil neue Medien und das Internet derart stark in den Alltag unserer Gesellschaft integriert sind, dass konventionelle Täter des Cyber-Groomings „lediglich“ zu modernen Kommunikationsmitteln zur Kontaktaufnahme zu Minderjährigen zurückgreifen.

Unabhängig davon, zu welchem Ergebnis man insofern in Zukunft kommen mag, ist es Ziel vieler Täteruntersuchungen (ob mittelbar oder unmittelbar), neue Erkenntnisse in präventiver Hinsicht zu erlangen. Diesbezüglich kann eine umfassende Beurteilung jedoch nicht ohne Beleuchtung der Opferseite erfolgen. Vor allem unter Berücksichtigung des hohen Stellenwerts, den neue Medien im

808 *Tener/Wolak/Finkelhor,* Journal of Aggression, Maltreatment & Trauma 24.3 (2015): 319–337 (320).

809 *Wolak/Finkelhor/Mitchell,* Trends in Arrests of “Online Predators” (2009), S. 7 f., vefügbar unter http://scholars.unh.edu/cgi/viewcontent.cgi?article=1051&context=ccrc [28.08.2016].

810 *Webb/Craissati/Keen,* Sexual abuse 19.4 (2007): 449–465 (455).

Alltag von Kindern und Jugendlichen eingenommen haben und der Möglichkeit, sich im Internet grundsätzlich frei zu bewegen, ist es von Bedeutung herauszufinden, welche Rolle den Opfern bei der Viktimisierung zukommt. Der Fokus der nachfolgenden Erörterung liegt daher auf einer Betrachtung der Opferseite, insbesondere der Untersuchung des Online-Verhaltens Minderjähriger und möglicher damit im Zusammenhang stehender Risikofaktoren.

Kapitel 4. Risikofaktoren und Folgen für die Opfer

I. Risikofaktoren auf Opferseite

An vielen Stellen in der Literatur findet sich die Feststellung, dass Mädchen im pubertierenden Alter zu den präferierten Opfern von Tätern des Cyber-Groomings zählen.[811] Einerseits mag dies auf die Präferenzen der Täter zurückzuführen zu sein, andererseits jedoch können auch Faktoren aus der Opfersphäre für erhöhte Viktimisierungsraten unter Mädchen der Grund sein.

Bei der Untersuchung des Online-Verhaltens von Kindern und Jugendlichen im Rahmen der KIM- und JIM-Studien hat sich gezeigt, dass insbesondere jugendliche Mädchen im Vergleich zu Jungen einen signifikant höheren Anteil ihrer Online-Zeit der Kommunikation mit anderen widmen.[812] Sie sind in Chatrooms aktiver als Jungen, interagieren häufig auch mit Fremden, übersenden diesen persönliche Informationen und legen sogar selbst erotisch provokative Verhaltensweisen an den Tag.[813] Die obigen Darstellungen zur Täteranalyse bestätigen, dass viele Täter gerade auf offensichtlich sexuelle Anzeichen, wie etwa anrüchige Profilbilder in sozialen Netzwerken oder sexuell aufreizende Nutzernamen, bei der Auswahl „geeigneter" Opfer achten.[814] Dies suggeriert ein

---

811 *Mitchell/Finkelhor/Wolak*, American journal of preventive medicine 32.6 (2007): 532–537 (536); *Wolak/Finkelhor/Mitchell/Ybarra*, American Psychologist 63.2 (2008): 11–128 (118); *Soo/Bodanovskaya* in: Ainsaar/Lööf (Eds.), Online behaviour related to child sexual abuse, S. 46, 46, verfügbar unter http://www.childcentre.info/robert/public/Online_behaviour_related_to_sexual_abuse.pdf [03.06.2016]; *Bifulco/Pham* in: Webster u.a. (Eds.), Online Offending Behaviour and Child Victimization, S. 142, 147; *Katzer* in: Innocence in Danger Sektion Deutschland e.V.; Bundesverein zur Prävention von Sexuellem Missbrauch an Mädchen und Jungen e.V. [Red.: Marion Mebes] (Hrsg.), Mit einem Klick zum nächsten Kick, S. 11, 20; s. auch *Ybarra/Alexander/Mitchell*, Journal of Adolescent Health 36.1 (2005): 9–18 (15); s. auch 1. Teil, Kapitel 3, II. 1. c).

812 S. 1. Teil, Kapitel 2, II.; vgl. auch *Mitchell/Jones/Finkelhor/Wolak*, Trends in unwanted online experiences and sexting, S. 3, verfügbar unter http://scholars.unh.edu/cgi/viewcontent.cgi?article=1048&context=ccrc [14.08.2016].

813 *Bifulco/Pham* in: Webster u.a. (Eds.), Online Offending Behaviour and Child Victimization, S. 142, 147.

814 1. Teil, Kapitel 2, I. 2. c) bb).

allgemeines Interesse an Sexualität und erhöht damit das Risiko einer sexuellen Viktimisierung im Internet.[815]

Festgestellt wurde weiter, dass sich viele Minderjährige im Internet auch älter ausgeben als sie tatsächlich sind. Erstaunlich ist dabei, dass dadurch gerade darauf abgezielt wird mit Erwachsenen online zu kommunizieren oder sich mit diesen persönlich zu treffen.[816] Die betroffenen Kinder und Jugendlichen setzen damit ein Risiko der Viktimisierung auch dort, wo unter Umständen ursprünglich gar kein Interesse eines Erwachsenen an einem Kontakt zu Minderjährigen bestand. Wie die Darstellung von Täterprofilen gezeigt hat, gibt es Täter des Cyber-Groomings, die anfangs gar nicht wissen, dass sie mit Minderjährigen interagieren. Sie begeben sich mit der Intention ins Netz, eine „echte Partnerschaft" zu suchen, und wollen dann – aufgrund wahrer Gefühle und in Kenntnis des tatsächlichen Alters der Minderjährigen – den Kontakt aufrechterhalten.[817] Allerdings wird im Schrifttum betont, dass der rege Austausch mit fremden Erwachsenen im Internet nicht die einzige Ursache einer erhöhen Viktimisierungsgefahr ist. Vielmehr führt erst das Zusammenspiel mit weiteren Faktoren, wie z.B. schwierige Lebensumstände oder psychische Probleme, zu einem erhöhten Risiko der Viktimisierung.[818]

Im Hinblick auf mögliche Risikofaktoren sind ferner auch spezifische Vorteile des Internets von Relevanz, etwa die Aspekte Anonymität, Schnelllebigkeit und die Möglichkeit, in verschiedene Rollen zu schlüpfen. Oft ist es vor diesem Hintergrund für Minderjährige viel einfacher in der Online-Welt als im echten Leben, Kontakte zu knüpfen und offen über die unterschiedlichsten Dinge zu

---

815 *Katzer* in: Innocence in Danger Sektion Deutschland e.V.; Bundesverein zur Prävention von Sexuellem Missbrauch an Mädchen und Jungen e.V. [Red.: Marion Mebes] (Hrsg.), Mit einem Klick zum nächsten Kick, S. 11, 22; *De Graaf/ Vanwesenbeeck*, Sex is a game, (zit. nach *Soo/Bodanovskaya* in: Ainsaar/Lööf (Eds.), Online behaviour related to child sexual abuse, S. 46, 47, verfügbar unter http://www.childcentre.info/robert/public/Online_behaviour_related_to_sexual_abuse.pdf [03.06.2016]).

816 *Quayle/Jonsson/Lööf*, Online behaviour related to child sexual abuse, S. 49, verfügbar unter http://childcentre.info/robert/public/Interviews_with_affected_young_people.pdf [03.06.2016].

817 S. 1. Teil, Kapitel 3, II. 2. b) aa); 1. Teil, Kapitel 3, II. 2. c) cc).

818 *Ybarra/Mitchell/Finkelhor/Wolak*, Archives of Pediatrics & Adolescent Medicine 161.2 (2007): 138–145 (144); *Wolak/Finkelhor/Mitchell*, CyberPsychology & Behavior 11.3 (2008): 340–343 (342 f.); *Wells/Mitchell*, Child Maltreatment (2008), S. 7, verfügbar unter http://citeseerx.ist.psu.edu/viewdoc/download?doi=10.1.1.943.1521&rep=rep1&type=pdf [11.03.2017].

kommunizieren.[819] Ein besonderes Risiko, Opfer sexueller Gewalt zu werden, besteht dabei unter anderem dann, wenn intensive Online-„Beziehungen" aufgebaut werden, die für (insbesondere) Mädchen eine tiefe emotionale Involvierung mit sich bringen können.[820] Gerade im Internet sind Jugendliche unter Umständen mehr dazu bereit, ausgiebiger über intime Themen mit Erwachsenen zu sprechen, als in persönlichen Unterhaltungen. Online bestehen keine Barrieren aufgrund des Altersunterschieds oder des sozialen Hintergrundes, die im Rahmen einer realen Kommunikation auftreten können und Jugendliche daran hindern könnten, sich bei sexuellen Themen an einen Erwachsenen ihres Vertrauens zu wenden.[821] Hinzu kommt, dass Kinder und Jugendliche im Internet aufgrund einer Abschirmung von der Außenwelt weniger Hemmungen haben, sensible Themen anzusprechen. Geschützt vor den Reaktionen anderer können sie ohne Angst vor Bloßstellung ihre Gedanken offen kommunizieren.[822] Gerade diesen Aspekt machen sich Täter im Internet zu Nutze.[823] Sie treten als eine Art „Mentor" auf und stehen den Minderjährigen mit Ratschlägen zu ihren jeweiligen Problemen zur Seite.[824] Tatsächlich belegen Studien einen Zusammenhang zwischen der Kommunikation mit Fremden im Internet und einer erhöhten Viktimisierungsgefahr.[825]

Generell ist ferner die Gruppe Jugendlicher mehr als die Gruppe jüngerer Kinder gefährdet.[826] Dies kann neben der Tatsache, dass Letztere eher weniger an

---

819 S. 1. Teil, Kapitel 2, II. 2.

820 S. ferner *McKenna/Green/Gleason*, Journal of social issues 58.1 (2002): 9–31 (28 ff.).

821 S. 1. Teil, Kapitel 2, II. 2.

822 *Wolak/Finkelhor/Mitchell/Ybarra*, American Psychologist 63.2 (2008): 111–128 (121); vgl. auch *Soo/Bodanovskaya* in: Ainsaar/Lööf (Eds.), Online behaviour related to child sexual abuse, S. 46, 47, verfügbar unter http://www.childcentre.info/robert/public/Online_behaviour_related_to_sexual_abuse.pdf [03.06.2016].

823 *Soo/Bodanovskaya* in: Ainsaar/Lööf (Eds.), Online behaviour related to child sexual abuse, S. 46, 47, verfügbar unter http://www.childcentre.info/robert/public/Online_behaviour_related_to_sexual_abuse.pdf [03.06.2016].

824 *Weiler*, Im Netz, S. 66.

825 *Mitchell/Jones/Finkelhor/Wolak*, American journal of preventive medicine 32.6 (2007): 532–537 (536); *Mitchell/Jones/Finkelhor/Wolak*, Jama 285.23 (2001): 3011–3014 (3013); *Mitchell/Wolak/Finkelhor*, Child abuse & neglect 32.2 (2008): 277–294 (292); *Soo/Bodanovskaya* in: Ainsaar/Lööf (Eds.), Online behaviour related to child sexual abuse, S. 46, 47, verfügbar unter http://www.childcentre.info/robert/public/Online_behaviour_related_to_sexual_abuse.pdf [03.06.2016].

826 *Wells/Mitchell*, Child Maltreatment (2008), S. 6, verfügbar unter http://citeseerx.ist.psu.edu/viewdoc/download?doi=10.1.1.943.1521&rep=rep1&type=pdf

sozialen Netzwerken im Internet interessiert sind,[827] vor allem auch mit spezifischen Aspekten der Adoleszenz zusammenhängen.[828]

Die Lebensphase der Pubertät ist geprägt von Unsicherheiten über die eigene Identität, Problemen mit den Eltern, Auseinandersetzungen mit Freunden und unter Umständen auch mit Schwierigkeiten in der Schule. Je weniger stark der Rückhalt in der Familie oder unter Freunden ist, desto mehr isolieren sich Jugendliche und suchen neue Wege, um sich Rat zu holen oder sich jemandem anzuvertrauen. Das Internet bietet hierzu eine optimale Plattform. Untersuchungen haben gezeigt, dass viele Jugendliche eine Internetbekanntschaft der sie sich anvertrauen konnten, als große Erleichterung empfunden haben.[829] Vor allem jugendliche Mädchen teilen sich Fremden im Internet schneller mit, als Jungen oder jüngere Kinder.[830] Weitere problematische Lebensumstände wie Depressionen, Gefühle von Einsamkeit oder auch eine Traumatisierung aufgrund eines bereits erlebten Missbrauchs sind für eine erhöhte Viktimisierungsgefahr ebenfalls von Bedeutung.[831] Plausibel erscheint dies vor allem unter Berücksichtigung des Aspekts, dass generell vulnerable Kinder und Jugendliche mehr gefährdet sind

---

[11.03.2017]; *Finkelhor/Mitchell/Wolak* in: S.W. Cooper R.J. Estes, A.P. Giardino, N.D. Kellog & V.I. Vieth (Eds.), Medical, legal, and social science aspects of child sexual exploitation: A comprehensive review of pornography, prostitution, and Internet crimes, Vol 1 (pgs. 437–467) St. Louis, MO: GW Medical Publishing Inc., S. 437, 459, verfügbar unter http://www.unh.edu/ccrc/pdf/jvq/CV47.pdf [19.08.2016].

827 S. 1. Teil, Kapitel 2, II. 2. a).

828 S. 1. Teil, Kapitel 2, II. 2. b).

829 *Quayle/Jonsson/Lööf*, Online behaviour related to child sexual abuse, S. 101, verfügbar unter http://childcentre.info/robert/public/Interviews_with_affected_young_people.pdf [03.06.2016].

830 *Ybarra/Alexander/Mitchell*, Journal of Adolescent Health 36.1 (2005): 9–18 (15).

831 *Bifulco/Pham* in: Webster u.a. (Eds.), Online Offending Behaviour and Child Victimization, S. 142, 147. *Soo/Bodanovskaya* in: Ainsaar/Lööf (Eds.), Online behaviour related to child sexual abuse, S. 46, 46 ff., verfügbar unter http://www.childcentre.info/robert/public/Online_behaviour_related_to_sexual_abuse.pdf [03.06.2016]; *Wolak/Mitchell/Finkelhor*, Journal of adolescence 26.1 (2003): 105–119 (116); *Wolak/Finkelhor/Mitchell*, Journal of Adolescent Health 35.5 (2004): 424-e11-424-e20 (424.e19); *Wolak/Finkelhor/Mitchell/Ybarra*, American Psychologist 63.2 (2008): 111–128 (117); *Mitchell/Ybarra/Finkelhor*, Child maltreatment 12.4 (2007): 314–324 (322); *Mitchell/Jones/Finkelhor/Wolak*, Jama 285.23 (2001): 3011–3014 (3013); s. auch *Ybarra/Alexander/Mitchell*, Journal of Adolescent Health 36.1 (2005): 9–18 (15); *Wells/Mitchell*, Child Maltreatment (2008), S. 6, verfügbar unter http://citeseerx.ist.psu.edu/viewdoc/download?doi=10.1.1.943.1521&rep=rep1&type=pdf [11.03.2017].

als andere. Jeder „Mangel", der von Tätern ausfindig gemacht werden kann, wird als Anknüpfungspunkt für eine einschmeichelnde Verführungsstrategie funktionalisiert.[832]

Eine besonders hohe Gefahr besteht dabei für Jugendliche, wenn Probleme mit den Eltern[833] oder Freunden bereits so manifestiert sind, dass ein Rückzug in einem späteren Stadium des Grooming-Prozesses keine Alternative ist.[834] Hinzu kommt, dass Minderjährige, die eine schlechte Beziehung zu ihren Eltern oder Freunden haben, auch deshalb besonders gefährdet sind, weil sie nur wenig Unterstützung in problematischen Lebenssituationen erhalten. Bei der Suche nach „Vertrauenspersonen" im Internet tendieren sie dann dazu, unrealistische Fantasien über Personen im Netz zu spinnen und ihnen in einem gefährlichen Maß Vertrauen zu schenken. Minderjährige hingegen, die guten Rückhalt in ihrer Familie und ihrem Freundeskreis genießen, fallen Tätern im Internet weniger wahrscheinlich zum Opfer. Sie haben nicht nur echte Vertrauenspersonen aus ihrem realen Leben, sondern sind darüber hinaus unter Umständen realistischer und vorsichtiger im Umgang mit Online-Kontakten.[835]

Zu betonen ist jedoch, dass nicht nur Minderjährige in problematischen Lebensverhältnissen zu einer Gefahrengruppe gehören. Zu Berücksichtigen ist nämlich auch folgender Umstand: Während der Pubertät ist das Interesse am Aufbau sozialer Netzwerke, der Etablierung enger Beziehungen, aber auch die Neugier an sexuellen Themen besonders hoch. Die eigene Entwicklung ist geprägt von rebellischem und riskantem Verhalten.[836] Das Internet und insbesondere Chatrooms betrachten viele Jugendliche oft als idealen Ort der sexuellen Selbsterfahrung.[837] Doch genau dies sind Aspekte, die einen weiteren Risikofaktor im Hinblick auf sexuelle Online-Viktimisierung ausmachen. Es besteht die

---

832 S. 1. Teil, Kapitel 2, I. 1. a) aa); s. auch 1. Teil, Kapitel 2, I. 2. a) aa); 1. Teil, Kapitel 2, I. 2. b) aa); 1. Teil, Kapitel 2, I. 2. c) bb).

833 *Bifulco/Pham* in: Webster u.a. (Eds.), Online Offending Behaviour and Child Victimization, S. 142, 147.

834 *Quayle/Jonsson/Lööf*, Online behaviour related to child sexual abuse, S. 50 ff., verfügbar unter http://childcentre.info/robert/public/Interviews_with_affected_young_people.pdf [03.06.2016].

835 *Wolak/Mitchell/Finkelhor*, Journal of adolescence 26.1 (2003): 105–119 (116); s. auch *Mitchell/Jones/Finkelhor/Wolak*, Jama 285.23 (2001): 3011–3014 (3013).

836 S. 1. Teil, Kapitel 2, II. 2. b).

837 *Katzer* in: Hofmeister (Hrsg.), Sexualisierte Gewalt an Kindern und Jugendlichen, S. 181, 189 f.

Gefahr, sich aus reiner Wissbegier oder aus Leichtsinnigkeit auf sexuelle Annäherungen Erwachsener im Internet einzulassen.[838]

Prägend für die Lebensphase der Pubertät ist die Neugierde, Sexualität kennenzulernen und zu erfahren. Selbstfindung spielt dabei eine wichtige Rolle. Sexuelle Aufklärung und der Austausch mit anderen ist nirgendwo so einfach wie im Internet. Das Angebot an Seiten, die Sexualität erklären wollen, ist riesig. Die Kommunikation mit Gleichaltrigen oder bereits erfahrenen Erwachsenen ist in hunderten von Chatrooms ohne Weiteres möglich. Hierbei ist nicht nur die immense Fülle an Angeboten von Bedeutung, sondern abermals die Anonymität des Internets, die es Jugendlichen erleichtert, ihre sexuellen Interessen offenzulegen.

Ein besonderes Gefahrpotential besteht in diesem Zusammenhang vor allem für Jugendliche, die sich über ihre sexuelle Orientierung noch im Unklaren sind.[839] Die Suche nach Informationen über spezifische Themen von Homosexualität in speziell darauf ausgerichteten Chatrooms bietet einen geradezu hervorragenden Ort für Täter, potentielle Opfer aufzufinden und in sexuelle Gespräche zu verwickeln.[840]

Darüber hinaus wird das Bedürfnis Minderjähriger, sich mit Gleichaltrigen zu vernetzen, im Internet durch die einfache und schnelle Kontaktmöglichkeit optimal bedient. Die Anforderungen an eine Online-„Freundschaft" sind dabei sehr niedrig.[841] Oft glauben diese schon nach wenigen Sätzen, ihre Chatpartner gut zu kennen, geben vorschnell persönliche Informationen preis und versenden anrüchige Fotos und Videos.[842] Interviews mit Opfern des Cyber-Groomings belegen, welches tiefe Vertrauen den Tätern – jedenfalls zu Beginn des Grooming-Prozesses – entgegengebracht wird. Betroffene

---

838 *Svedin* in: Ainsaar/Lööf (Eds.), Online behaviour related to child sexual abuse, S. 37, 37, verfügbar unter http://www.childcentre.info/robert/public/Online_behaviour_related_to_sexual_abuse.pdf [03.06.2016].

839 *Bodanovskaya/Khramchenkova* in: Ainsaar/Lööf (Eds.), Online behaviour related to child sexual abuse, S. 66, 66, verfügbar unter http://www.childcentre.info/robert/public/Online_behaviour_related_to_sexual_abuse.pdf [03.06.2016].

840 *Wolak/Finkelhor/Mitchell/Ybarra*, American Psychologist 63.2 (2008): 111–128 (116); s. auch *Subrahmanyam/Greenfield/Tynes*, Journal of applied developmental psychology 25.6 (2004): 651–666, verfügbar unter https://www.researchgate.net/publication/222413231_Constructing_sexuality_and_identity_in_an_online_teen_chat_room [10.09.2016], s. dort auf S. 3.

841 S. auch 1. Teil, Kapitel 2, II. 2.

842 *Weiler*, Im Netz, S. 55; s. ferner *Livingstone/Bober/Helsper*, Internet literacy among children and young people, S. 15 f.

Minderjährige sprechen von innigen „Beziehungen“, die sie glücklich machen.[843] Online fühlen sie sich zudem besonders sicher, da es unvorstellbar ist, zu Hause im vertrauten Umfeld etwas Schlimmes zu erleben.[844] Die Schnelllebigkeit des Internets und das große Angebot an potentiellen neuen „Freunden“ im Netz schüren riskante Verhaltensweisen der Jugendlichen noch mehr. Aus Angst davor, für andere nicht mehr interessant zu sein, werden regelmäßig neue, immer extremere Videos und Bilder hochgeladen, um weiterhin Komplimente von anderen zu erhalten und um buchstäblich nicht von der Bildfläche zu verschwinden. Der Druck, in sozialen Netzwerken „cool“ zu sein und dazuzugehören, ist stets treibender Motor. Die Grenze zwischen harmlosen sexualisierten Verhaltensweisen und ernstzunehmenden sexuellen Übergriffen verschwimmt immer mehr.[845]

Obwohl es viele Jugendliche gibt, die über potentielle Gefahren im Internet aufgeklärt sind und ein gutes Gespür für dubiose Chatpartner entwickeln können,[846] fallen sie dennoch den Maschen der Täter zum Opfer. Die Gründe hierfür sind vielschichtig. Angenommen wird beispielsweise, dass Heranwachsende sich bezüglich ihrer Kenntnisse im Zusammenhang mit Sexualität überschätzen.[847] Glaubt ein/e Jugendliche/r, gut über sexuelle Dinge Bescheid zu wissen, sinken die Hemmungen, Sachen selbst auszuprobieren. Je höher die sexuelle Desensibilisierung ist, desto geringer sind auch die Berührungsängste. Bei einer sexuellen Interaktion mit erwachsenen Tätern erkennen Jugendliche oft gar nicht das Ausmaß und die möglichen Folgen der Sexualisierung.[848] Teilweise wirken

843 *Quayle/Jonsson/Lööf*, Online behaviour related to child sexual abuse, S. 101, verfügbar unter http://childcentre.info/robert/public/Interviews_with_affected_young_people.pdf [03.06.2016].

844 *Drewes* in: Enders (Hrsg.), Zart war ich, bitter war's, S. 425, 428.

845 *Weiler*, Im Netz, S. 56 f.

846 *Grove-Hills/Bifulco/Pham* in: Webster u.a. (Eds.), Online Offending Behaviour and Child Victimization, S. 120, 134; *De Graaf/Vanwesenbeeck*, Sex is a game, (zit. nach *Soo* in: Ainsaar/Lööf (Eds.), Online behaviour related to child sexual abuse, S. 61, 62, verfügbar unter http://www.childcentre.info/robert/public/Online_behaviour_related_to_sexual_abuse.pdf [03.06.2016]).

847 *Weiler*, Im Netz, S. 100; *Cauffman/Steinberg*, Behavioral sciences & the law 18.6 (2000): 741–760 (756 ff.); s. auch *Lanning*, Child Molesters, S. 26, verfügbar unter http://citeseerx.ist.psu.edu/viewdoc/download?doi=10.1.1.692.6218&rep=rep1&type=pdf [18.04.2016].

848 *Lanning*, Child Molesters, S. 26, verfügbar unter http://citeseerx.ist.psu.edu/viewdoc/download?doi=10.1.1.692.6218&rep=rep1&type=pdf [18.04.2016].

einige Heranwachsende schon abgebrüht und sehen sogar sexuelle Kontakte mit Erwachsenen als völlig gewöhnlich an.[849] Zudem sind Minderjährige im Internet Fremden gegenüber erstaunlich vertrauensselig und ahnen zunächst nichts Schlimmes.[850] Vor allem sind es jedoch die äußerst ausgeklügelten Strategien der Täter, die es Jugendlichen schwer machen, die wahren Hintergründe entgegengebrachter (vermeintlicher) Zuneigung zu erkennen. Die Täter wissen genau, was ihre jungen Chatpartner beschäftigt, wie sie sie „um den Finger wickeln" und wie sie ihnen das Gefühl geben können, echtes Interesse an ihrer Person zu haben. Das Machtgefälle zwischen Täter und Opfer ist unübersehbar vorhanden. Genau hier setzen Täter des Cyber-Groomings an und halten während des gesamten Grooming-Prozesses daran fest. Für ihre Opfer ist es schier unmöglich, den sich anbahnenden Missbrauch zu erkennen.[851]

Erschwerend kommt hinzu, dass es für Minderjährige von besonderem Reiz ist, ihre im Netz neu erlebte Freiheit ohne Kontrolle und Sanktionen Erwachsener soweit wie nur möglich zu bewahren und ausleben zu wollen.[852] Gefährliche Interaktionen mit erwachsenen Chatpartnern werden daher oft geheim gehalten.[853] Kommt es zu einem späteren Zeitpunkt zur Aufdeckung des Missbrauchs, kommt die Hilfe für die Betroffenen oft zu spät.[854]

---

849 *Quayle/Jonsson/Lööf*, Online behaviour related to child sexual abuse, S. 48 f., verfügbar unter http://childcentre.info/robert/public/Interviews_with_affected_young_people.pdf [03.06.2016].

850 *Drewes* in: Enders (Hrsg.), Zart war ich, bitter war's, S. 425, 428 f.; *Weiler*, Im Netz, S. 71; *Quayle/Jonsson/Lööf*, Online behaviour related to child sexual abuse, S. 47 ff., verfügbar unter http://childcentre.info/robert/public/Interviews_with_affected_young_people.pdf [03.06.2016].

851 *Weiler*, Im Netz, S. 100 ff.; *Quayle/Jonsson/Lööf*, Online behaviour related to child sexual abuse, S. 47 ff., verfügbar unter http://childcentre.info/robert/public/Interviews_with_affected_young_people.pdf [03.06.2016].

852 S. 1. Teil, Kapitel 2, II. 2. b).

853 *Mitchell/Jones/Finkelhor/Wolak*, Trends in unwanted online experiences and sexting: Final report. (2014), S. 22, verfügbar unter http://scholars.unh.edu/cgi/viewcontent.cgi?article=1048&context=ccrc [14.08.2016]; *Mitchell/Finkelhor/Wolak*, Journal of Aggression, Maltreatment & Trauma 8.1–2 (2004): 1–39 (29), verfügbar unter http://www.unh.edu/ccrc/pdf/jvq/CV90.pdf [17.03.2017].

854 *Quayle/Jonsson/Lööf*, Online behaviour related to child sexual abuse, S. 59 ff., verfügbar unter http://childcentre.info/robert/public/Interviews_with_affected_young_people.pdf [03.06.2016].

II. Opferprofile

Die vorausgegangenen Ausführungen haben dargelegt, dass mehrere Ursachen in Betracht kommen, die die Gefahr einer Viktimisierung im Internet für Minderjährige erhöhen können. Dabei betrifft dies nicht nur Faktoren, die ohne Zutun von Kindern und Jugendlichen existent sind (etwa defizitäre Beziehungen zu den Eltern, Depressionen, Traumatisierungen etc.), sondern auch solche, die gerade von Minderjährigen selbst und bewusst generiert werden (z.B. gezielt Kontakt zu Älteren suchen). Dies lässt bereits vermuten, dass es nicht nur naive, unerfahrene oder scheue Kinder und Jugendliche sind, die Opfer von Cyber-Grooming werden, sondern auch solche, die nicht in das – sofern davon überhaupt die Rede sein kann – „typische“ Bild eines vulnerablen Opfers passen. Im Schrifttum finden sich hierzu die nachfolgend geschilderten Ansätze wieder, die verschiedene Opfertypen kategorisieren wollen.

1. Klassifizierung auf Grundlage des European Online Grooming Projects

Bei den im Zuge der EOGP-Studie[855] durchgeführten Täterstudien wurden aufgrund der Täterbefragungen und den Informationen zu deren Erfahrungen mit Minderjährigen insgesamt drei Opfertypen festgestellt: „Vulnerable victims“[856], „risk-taking victims“[857], „resilient victims“[858]. Obwohl die zuletzt genannte Gruppe den größten Anteil unter den Opfern ausmacht, wird diese nicht differenziert dargestellt, sondern lediglich benannt. Die folgenden Ausführungen betreffen daher lediglich die ersten beiden Gruppen der „vulnerable victims“ und „risk-taking victims“.[859]

a) Vulnerable victims[860]

In diese Kategorie werden Opfer gefasst, die ein besonders hohes Bedürfnis an Zuneigung zeigen. Diese Opfer werden als nur wenig selbstbewusst, schüchtern und unsicher beschrieben. Sie haben Probleme mit ihren Eltern oder stammen

855 S. zur EOGP-Studie bereits 1. Teil, Kapitel 2, I. 2. c).

856 Wörtliche Übersetzung „vulnerable Opfer“.

857 Wörtliche Übersetzung „risikofreudige Opfer“.

858 Wörtliche Übersetzung „widerstandsfähige/belastbare Opfer“.

859 *Bifulco/Pham* in: Webster u.a. (Eds.), Online Offending Behaviour and Child Victimization, S. 142, 152 ff.

860 Wörtliche Übersetzung „vulnerable Opfer“.

aus sogenannten „broken homes". Im Internet sind sie auf der Suche nach „Liebe". Den Kontakt zum Täter verstehen sie als „wahre Beziehung". Aus Angst, die „Beziehung" würde sonst zum Täter abbrechen und die ihnen geschenkte Zuwendung würde ein Ende finden, behalten sie den Missbrauch für sich.

b) *Risk-taking victims*[861]

Opfer dieser Gruppe werden als besonders risikofreudig mit einem ausgeprägten Interesse an sexuellen Abenteuern beschrieben, die hierüber auch offen im Internet kommunizieren. Ihre Online-Profile gestalten sie in eindeutig sexueller Art und Weise durch die Verwendung erotischer Usernames oder dem Hochladen aufreizender Fotos. Sie gelten als extrovertiert und selbstsicher. Dieses (vermeintlich) selbstbewusste Auftreten interpretierten einige der untersuchten Täter als generelles Einverständnis in sexuelle Online-Interaktionen, so etwa, wenn die Konversation von den Opfern selbst ins Sexuelle gelenkt wurde.[862]

Betont wird allerdings, dass selbst wenn einige Opfer in der beschriebenen Art und Weise auftreten, dies nicht gleichbedeutend mit einem entsprechenden Selbstbewusstsein im realen Leben ist. In Fällen, in denen es zu persönlichen Treffen zwischen den Tätern und Opfern kam, waren die Opfer plötzlich zurückgezogen und schüchtern. Das dem völlig entgegengesetzte Online-Auftreten wird als Verschleierung tatsächlich gegebener Unsicherheiten verstanden.[863]

2. Klassifizierung nach *Katzer* und *Fetchenhauer*

Im Rahmen einer Studie des sozialpsychologischen Instituts der Universität Köln untersuchten *Katzer* und *Fetchenhauer* das Chatverhalten von 1.700 Schülern im Alter zwischen 10 und 19 Jahren im Raum Nordrhein-Westfalen.[864] Die Studie analysierte unter anderem wie häufig die unterschiedlichsten Formen sexueller Viktimisierung in Chats auftreten, wie diese von den Opfern empfunden werden und wie die Betroffenen auf solche Erlebnisse reagieren beziehungsweise wie sie damit umgehen (Coping). Außerdem wurden mögliche Zusammenhänge zwischen sexueller Viktimisierung und bestimmten Merkmalen der Opfer

861 Wörtliche Übersetzung „risikofreudige Opfer".
862 *Bifulco/Pham* in: Webster u.a. (Eds.), Online Offending Behaviour and Child Victimization, S. 142, 153 f.
863 *Bifulco/Pham* in: Webster u.a. (Eds.), Online Offending Behaviour and Child Victimization, S. 142, 153 f.
864 *Katzer/Fetchenhauer* in: Gollwitzer (Hrsg.), Gewaltprävention bei Kindern und Jugendlichen, S. 123, 123 ff.

untersucht.[865] Die Kategorisierung der Opfer erfolgt hier in drei Gruppen, wobei diese auf Grundlage der eigenen Opferwahrnehmungen erstellt wurden.[866]

a) Brave-schockierte/traumatisierte Opfer

Mädchen dieser Gruppe, die etwa 30 % der Befragten ausmachten, erfahren am stärksten akute Belastungen (z.B. Angst, Frustration, Niedergeschlagenheit) und emotionale Langzeitbelastungen (nicht Vergessen-Können) durch die sexuelle Anmache im Internet, obwohl sie „nur" Opfer leichter sexueller Viktimisierung wurden (z.B. nach Sex gefragt werden, von sexuellen Erfahrungen anderer erfahren, nach Aussehen des Körpers oder nach eigenen sexuellen Erfahrungen gefragt werden).

Als Erklärung hierfür wird das relativ junge Alter der betroffenen Opfer geliefert. Meist sind es die jüngsten Opfer der Studie (13 und 14 Jahre), die in dieser Opferkategorie vorzufinden sind. In dieser Altersgruppe verfügen die Mädchen über vergleichsweise wenig sexuelle Erfahrungen. Zudem handelt es sich um eher „brave" Mädchen, die kaum Interesse an sexuellen Themen in Chatrooms zeigen und auf sexuelle Anmachen „geschockt" reagieren.[867]

b) Die Unbelasteten

Diese Mädchen sind mit 14,5 bis 15 Jahren etwas älter und machten im Rahmen der Studie insgesamt 63 % aller Opfer aus. Infolge einer sexuellen Viktimisierung im Chatroom zeigten sie keine emotionalen Belastungen.

Hierfür spreche, dass etwas ältere Mädchen bereits gewisse Chaterfahrungen sammeln konnten und unangenehme Chaterlebnisse nichts völlig Neues sind. Durch erste sexuelle Kontakte (Küssen, Petting) sei zudem keine völlige Unerfahrenheit im sexuellen Kontext gegeben. Ein Teil der in der Studie untersuchten Mädchen war delinquent (Diebstahl, Missbrauch von Substanzen wie z.B. Alkohol) und hatte schon einmal Kontakt zu pornografischen Inhalten im Internet.[868]

---

865 *Katzer* in: Innocence in Danger Sektion Deutschland e.V.; Bundesverein zur Prävention von Sexuellem Missbrauch an Mädchen und Jungen e.V. [Red.: Marion Mebes] (Hrsg.), Mit einem Klick zum nächsten Kick, S. 11, 11.

866 *Katzer* in: Hofmeister (Hrsg.), Sexualisierte Gewalt an Kindern und Jugendlichen, S. 181, 188.

867 *Katzer* in: Hofmeister (Hrsg.), Sexualisierte Gewalt an Kindern und Jugendlichen, S. 181, 188.

868 *Katzer* in: Hofmeister (Hrsg.), Sexualisierte Gewalt an Kindern und Jugendlichen, S. 181, 188.

c) *Die Abenteuerinnen*

Als „Abenteuerinnen" werden schließlich die Mädchen bezeichnet, die Opfer der schwersten sexuellen Viktimisierungen in Chatrooms werden. Sie erhalten pornografisches Material, Nacktfotos und werden zu sexuellen Handlungen vor der Webcam aufgefordert. Die häufigsten und stärksten Viktimisierungen sind in dieser Gruppe vorzufinden. Dennoch fühlen sich die befragten Mädchen hiervon kaum negativ belastet. Ungefähr 7 % der befragten Mädchen waren in dieser Gruppe vorzufinden. Das Durchschnittsalter betrug 13,2 Jahre.

Als Grund hierfür wird angebracht, dass es sich nicht um „rein zufällige" Opfer handelt. Vielmehr zeigen diese Mädchen ein eigenes starkes Interesse an der „erotischen Erwachsenenwelt", etwa durch den Besuch von sogenannten Porno-Chatrooms oder dem Spaß an sexuellen Gesprächen. Die Mädchen werden als frühreif und risikofreudig beschrieben. Sie nutzen sexuelle Spitznamen, flirten und führen Sexgespräche in Chatrooms, zeigen insgesamt also ein sexuell provokantes Verhalten.[869]

3. Zusammenfassung

Auch wenn die aufgezeigten Ansätze zur Entwicklung von Opferprofilen nur sehr sporadischer Natur sind und die Ergebnisse der EOGP-Studie zudem nicht auf Opferanalysen beruhen, mithin kaum fundierte Resultate betreffend charakteristischer Opfereigenschaften aufzeigen können, so ergibt sich aus den Darstellungen doch die Vermutung, dass nicht „nur" besonders vulnerable Kinder und Jugendliche Cyber-Grooming zum Opfer fallen können. Unter Berücksichtigung einer Vielzahl möglicher Tätertypen und der großen Vielfalt unterschiedlicher Handlungsmotivationen sei an dieser Stelle betont, dass der Blick nicht nur auf „typische" kindliche Opfer gerichtet werden darf. Es muss vielmehr ein Bewusstsein dafür entwickelt werden, dass Minderjährige unabhängig von ihrer psychischen Verfassung, ihrem Umfeld oder Online-Verhalten viktimisiert werden können.[870] Die Tatsache, dass viele Täter nach spezifischen „Opfer-Defiziten" Ausschau halten, steht dem nicht entgegen. Cyber-Grooming ist – wie erörtert – ein komplexer Prozess, der nicht auf lediglich einen Risikofaktor beschränkt werden darf.

---

869 *Katzer* in: Hofmeister (Hrsg.), Sexualisierte Gewalt an Kindern und Jugendlichen, S. 181, 189.

870 S. auch *Mitchell/Jones/Finkelhor/Wolak*, Jama 285.23 (2001): 3011–3014 (3013); *Mitchell/Finkelhor/Wolak*, ISPCAN Vol 10 No. 2: 1–2 (1), verfügbar unter: http://www.unh.edu/ccrc/pdf/jvq/CV129.pdf [11.03.2017].

III. Negative Folgen für die Opfer

In Fällen, in denen es nach einer Kontaktanbahnung im Internet zu einem realen Treffen mit sexuellem Kontakt kommt, liegen die negativen und traumatisierenden Folgen für die Opfer auf der Hand. Neben körperlichen Schäden kommt es zu erheblichen seelischen Folgen, die die Opfer davontragen und teilweise jahrelang belasten.[871] Die frühere Diskussion zur Legitimierung des § 176 StGB und der Skepsis im Hinblick auf die Ungewissheit über die Schädlichkeit des sexuellen Missbrauchs an Kindern,[872] ist mittlerweile überholt. Auf Grundlage empirischer Untersuchungen kann nunmehr davon ausgegangen werden, dass sexueller Missbrauch von Kindern schädliche Kurz-, Mittel- oder auch Langzeitfolgen für die Opfer nach sich zieht. Dies gilt jedenfalls für sexuelle Missbrauchshandlungen mit Körperkontakt.[873]

Schwieriger ist die Beurteilung allerdings in Fällen, in denen ein körperlicher Kontakt zwischen Tätern und Opfern gänzlich fehlt. Im Hinblick auf das Phänomen Cyber-Grooming stellt sich mithin die Frage, ob a) überhaupt schädliche Folgen auftreten können, die b) auch auf die Handlungen der Täter kausal zurückzuführen sind. § 176 Abs. 4 Nr. 3 StGB zielt zwar auf Fälle ab, in denen es den Tätern auf ein persönliches Treffen mit sexuellem Kontakt ankommt, allerdings ist zur Vollendung des Tatbestands nicht erforderlich, dass ein ebensolcher Kontakt tatsächlich realisiert wird. Es genügt einzig und allein die darauf gerichtete Absicht des Täters. Wenn im (früheren) Schrifttum schon Zweifel über die Schädlichkeit sexuellen Missbrauchs mit Körperkontakt gehegt wurden, müssten solche erst recht bei Konstellationen ohne körperlichen Kontakt aufkommen. In der Tat ist der Tatbestand des § 176 Abs. 4 Nr. 3 StGB insofern auf Kritik gestoßen.[874] Es komme hier tatsächlich zu gar keiner Verletzung des geschützten Rechtsguts, vielmehr werde lediglich ein Verhalten im Vorfeld eines sexuellen Missbrauchs pönalisiert.[875] Der Tatbestand stößt also bereits an dieser Stelle im Hinblick auf eine hinreichende Legitimation[876] schnell an seine Grenzen. Hinzu

---

871 S. hierzu *Bange/Deegener*, Sexueller Mißbrauch an Kindern, S. 59 ff., S. 171 ff.; *Burger*, Sexueller Mißbrauch von Kindern und Jugendlichen, S. 12 ff.; *Deegener* in: Egg (Hrsg.), Sexueller Missbrauch von Kindern, S. 187, 187 ff.

872 *Eisele* in: Schönke/Schröder, § 176 Rdnr. 1 a; *Wolters* in: SK-StGB, § 176 Rdnr. 2; *Göppinger*, Kriminologie, S. 528.

873 *Hörnle* in: Festschr. für U. Eisenberg, S. 321, 327 ff. *Hörnle* in: LK, Vor § 174 Rdnr. 35 f.

874 S. hierzu näher 2. Teil, Kapitel 3, IV.

875 *Renzikowski* in: MüKo, § 176 Rdnr. 41; *Wolters* in: SK-StGB, § 176 Rdnr. 24.

876 S. hierzu näher 2. Teil, Kapitel 3.

kommt, dass bislang unklar ist, wie oft es in Fällen des Cyber-Groomings zur Verabredung eines Offline-Treffens mit sexuellem Kontakt kommt oder welche Gefahren tatsächlich für die Opfer bestehen.[877]

Diverse Studien zu diesem Thema kommen zu sehr unterschiedlichen Ergebnissen. Die Zahlen reichen von über 20 % bis hin zu über 70% der Fälle, in welchen es bei intergenerationalen Internetbekanntschaften zu einem realen Treffen kommt.[878] Eine Studie von *Wolak/Finkelhor/Mitchell* ergab, dass es in 74 % der untersuchten Fälle[879] zu einem Offline-Treffen kam. Meist wurden dabei auch sexuelle Handlungen vorgenommen (insgesamt 93 %). In 89 % der Fälle kam es zu Geschlechtsverkehr, Oralverkehr oder einer anderen Art sexueller Penetration am Opfer.[880] Ergebnissen der JIM-Studie aus dem Jahr 2010 zufolge hat sich jeder vierte jugendliche Internetnutzer schon einmal mit Personen getroffen, die nicht zum realen Bekanntenkreis gehören, sondern zu denen der Kontakt erstmals im Internet hergestellt wurde. Bei den 12- bis 13-Jährigen haben sich 11 % mit einer Internetbekanntschaft getroffen, während es unter den 18- bis 19-Jährigen 39 % sind.[881]

Bisher existieren kaum spezifische Studien darüber, welche Auswirkungen Cyber-Grooming (insbesondere auch ohne ein persönliches Treffen) auf die jungen Opfer hat.[882] Angesichts unterschiedlicher Viktimisierungsformen im

---

877 *Gercke*, ZUM 2005, 612, 613.

878 *Livingstone/Haddon/Görzig/*Ólafsson, EU kids online: final report, S. 26, verfügbar unter http://eprints.lse.ac.uk/39351/1/EU_kids_online_final_report_[LSERO].pdf [15.05.2016]; *Svedin* in: Ainsaar/Lööf (Eds.), Online behaviour related to child sexual abuse, S. 37, 43 ff., verfügbar unter http://www.childcentre.info/robert/public/Online_behaviour_related_to_sexual_abuse.pdf [03.06.2016]; *Wolak/Finkelhor/Mitchell*, Journal of Adolescent Health 35.5 (2004): 424-e11-424-e20 (424-e17 f.).

879 Die Studie basiert auf Daten betreffend sexuelle Kindesmissbrauchshandlungen, die auf eine Kontaktanbahnung im Internet zurückzuführen sind. Gesammelt und ausgewertet wurden die Daten von insgesamt 2.574 Strafverfolgungsbehörden in den USA.

880 *Wolak/Finkelhor/Mitchell*, Journal of Adolescent Health 35.5 (2004): 424-e11-424-e20 (424-e17 f.).

881 JIM-Studie 2010 S. 50, verfügbar unter http://www.mpfs.de/fileadmin/JIM-pdf10/JIM2010.pdf [08.07.2016], Aussagen darüber, ob es zu sexuellen Handlungen kam, werden nicht getroffen.

882 *Davidson/Webster* in: Webster u.a. (Eds.), Online Offending Behaviour and Child Victimization, S. 21, 26; *McAlinden*, 'Grooming' and the sexual abuse of children, S. 129 f.

Internet[883] und in Anbetracht heterogener Opfergruppen[884] ist zu vermuten, dass es ebenso wie in Fällen des körperlichen Missbrauchs[885] im Hinblick auf die Qualifizierung von Schadensfolgen auf unterschiedliche Modalitäten ankommt. Von Relevanz können Faktoren, wie die persönliche Verfassung der Opfer, eine bereits bestehende Anfälligkeit für psychische Erkrankungen, die Beschaffenheit der Lebensumstände und der familiären Verhältnisse und schließlich die Reaktionen des Umfelds nach Aufdeckung der Tat sein.[886]

1. Primärviktimisierung

Eine nähere Analyse von Aspekten der Primärviktimisierung ist angesichts nur spärlich vorhandener Studien auf dem Gebiet des Cyber-Groomings[887] kaum möglich. Hinzu kommt, dass für die in besonderem Maß betroffene Gruppe Jugendlicher[888] ebenfalls kaum empirische Daten im Hinblick auf die Folgen sexuellen Missbrauchs vorhanden sind. Die Forschung beschränkt sich überwiegend auf die Untersuchung von Kindern unter 14 Jahren. Fraglich ist, ob diese Ergebnisse ohne Weiteres auf Jugendliche über 14 Jahren übertragbar sind,[889] da sich Heranwachsende – anders als Kinder unter 14 Jahren – (jedenfalls nach Ansicht des Gesetzgebers) in einem psychischen und sexuellen Entwicklungsprozess befinden, sodass bei ihnen auch nicht per se von einer gänzlich fehlenden Einwilligungsfähigkeit in sexuelle Kontakte mit Älteren ausgegangen wird.[890]

McAlinden jedenfalls betont, dass der Grooming-Prozess an sich bereits geeignet sei, erhebliche Folgen bei den Opfern hervorzurufen. Vor allem betreffend die psychischen Langzeitfolgen führe Grooming zu erheblicheren Schäden als ein körperlicher Missbrauch.[891] Allerdings bezieht sich *McAlinden* auf Grooming im allgemeinen Sinn und nicht auf Cyber-Grooming speziell. Ob die Annahme der Autorin also ebenso auf Fälle des Cyber-Groomings übertragbar ist,

---

883 S. 1. Teil, Kapitel 3, I. 1.
884 S. 1. Teil, Kapitel 4, II.
885 S. hierzu *Hörnle* in: Festschr. für U. Eisenberg, S. 321, 329.
886 S. auch 1. Teil, Kapitel 4, I.
887 *Davidson/Webster* in: Webster u.a. (Eds.), Online Offending Behaviour and Child Victimization, S. 21, 26; *McAlinden*, 'Grooming' and the sexual abuse of children, S. 129 f.
888 S. 1. Teil, Kapitel 3, II. 1. c); 1. Teil, Kapitel 4, I.
889 *Hörnle* in: LK, Vor § 174 Rdnr. 37.
890 S. hierzu näher 2. Teil, Kapitel 1, III. 2.
891 *McAlinden*, 'Grooming' and the sexual abuse of children, S. 129 f.

ist fraglich. Dies insbesondere aufgrund der Tatsache, dass beim „Offline-Grooming“ der persönliche Kontakt zu einer intensiveren Wahrnehmung durch die Opfer führen könnte.

Eine der wenigen Studien auf diesem Gebiet wurde von *Quayle/Jonsson/Lööf* durchgeführt. Befragt wurden 27 Kinder und Jugendliche im Alter zwischen 11 und 17 Jahren (meist weiblichen Geschlechts[892]), die Opfer von Cyber-Grooming wurden. In allen Fällen kam es auch zu körperlichem Kontakt mit unterschiedlichen Formen sexueller Handlungen,[893] sodass spezifische Aussagen allein über die Online-Viktimisierung und deren entsprechenden Auswirkungen auf die Opfer nicht möglich sind. Die Befragungen ergaben jedoch, dass vor allem der im Vorfeld des körperlichen Missbrauchs erfahrene Vertrauensmissbrauch als besonders gravierend wahrgenommen wurde. So schilderten die Opfer, dass die Entwicklung einer anfangs als „ganz normal“ erscheinenden „Beziehung“ hin zu einem Verhältnis, in dem sie lediglich als sexuelles Objekt ausgenutzt wurden, besonders schwer zu verarbeiten war. Betont wurde, dass zu Beginn des Online-Kontakts noch das Gefühl von Kontrolle über das Geschehen bestand, das nach und nach jedoch immer schwächer wurde, während die Täter schrittweise die Oberhand in der „Beziehung“ gewinnen konnten. Geradezu „ohnmächtig“ wurde dieser schleichende Kontrollverlust hingenommen, bis zu dem Zeitpunkt als ein Ausbrechen für die Opfer schließlich unmöglich erschien. Vor allem auch Erpressungen, welche die Opfer in einem späten Stadium des Cyber-Grooming-Prozesses erfuhren, empfanden sie als besonders belastend. Erpresst wurden sie etwa damit, dass die Geschehnisse Dritten gegenüber offenbart würden, wenn sie nicht den Aufforderungen der Täter folgten. Die Angst vor Bloßstellung, Scham und Abneigung im sozialen Umfeld war besonders groß. Erst viel später wurde den untersuchten Opfern bewusst, dass die am Anfang als harmonisch wirkende „Beziehung“ nur Strategie der Täter war, um sexuelle Interaktionen herbeizuführen.[894]

An anderer Stelle im Schrifttum wird ebenfalls betont, dass Erpressungen und Drohungen, wie etwa während des Online-Kontakts ausgetauschte anrüchige Bilder zu veröffentlichen oder an die Eltern weiterzuleiten, als sehr belastend empfunden wurden. Zu den unmittelbaren Folgen zählen hier Aspekte wie

---

892 In der Studie waren 82 % der interviewten Minderjährigen weiblich.

893 *Quayle/Jonsson/Lööf,* Online behaviour related to child sexual abuse, S. 23, verfügbar unter http://childcentre.info/robert/public/Interviews_with_affected_young_people.pdf [03.06.2016].

894 *Quayle/Jonsson/Lööf,* Online behaviour related to child sexual abuse, S. 49 ff., verfügbar unter http://childcentre.info/robert/public/Interviews_with_affected_young_people.pdf [03.06.2016].

der Verlust der Fähigkeit, einer Person Vertrauen entgegenbringen zu können, schwerwiegende Verletzungen des Selbstwertgefühls sowie Probleme beim Aufbau emotionaler Bindungen. Langzeitfolgen sind z.B. Depressionen und Suizidversuche, die vor allem im Nachgang zu in erheblichem Maß vorhandenen Schuld- und Schamgefühlen folgen.[895] Es ist erstaunlich, wie weit die Manipulation durch die Täter reichen kann, welche die Opfer in eine derartige Situation bringt, die Schuld des Missbrauchs bei sich selbst zu suchen. Auch lange nach Aufdeckung des Geschehens sehen viele Opfer die Verantwortung nicht beim Täter, sondern betrachten vielmehr ihre eigenen Verhaltensweisen als ausschlaggebenden Faktor bei der Herbeiführung und Aufrechterhaltung des Missbrauchs.[896]

Die in Deutschland von *Katzer* und *Fetchenhauer* durchgeführte Studie[897] ergab, dass sexuelle Viktimisierungen in Chatrooms vor allem für jüngere Opfer eine stärker ausgeprägte und länger andauernde emotionale Belastung darstellen können. Insbesondere Mädchen empfinden sexuelle Viktimisierungen stärker belastend als Jungen. Die Ergebnisse der Studie ergaben, dass insgesamt 65 % der weiblichen Opfer, die erlebte Viktimisierung als unangenehm empfunden haben, 46 % hegten Gefühle von Wut, 20 % waren frustriert und schließlich 12 % fühlten sich niedergeschlagen.

Bei einem Teil der Opfer haben sich langfristige Auswirkungen gezeigt. 22 % der betroffenen Mädchen hatten die sexuelle Online-Viktimisierung zum Zeitpunkt der Untersuchung nicht vergessen, 14 % dachten oft daran zurück und 9 % gaben eine noch andauernde, starke Belastung an.[898]

Nicht zu vergessen ist schließlich auch der Umstand einer Mehrfach- beziehungsweise Endlosviktimisierung. Während des Cyber-Grooming-Prozesses hergestellte oder ausgetauschte Nacktfotos, die in die Hände des Täters gelangen, sind für immer in dessen Gewahrsam und im Netz. Es besteht dann eine unkontrollierbare Gefahr, dass eine große Vielzahl dritter Personen davon Kenntnis erlangt. Diese damit einhergehende und andauernde Ungewissheit führt dazu,

---

895 *Palmer/Stacey*, Just one click, (zit. nach *Bifulco/Pham* in: Webster u.a. (Eds.), Online Offending Behaviour and Child Victimization, S. 142, 148 f.).

896 *Quayle/Jonsson/Lööf*, Online behaviour related to child sexual abuse, S. 48, 57, verfügbar unter http://childcentre.info/robert/public/Interviews_with_affected_young_people.pdf [03.06.2016].

897 S. zur Studie bereits 1. Teil, Kapitel 4, II. 2.

898 *Katzer* in: Hofmeister (Hrsg.), Sexualisierte Gewalt an Kindern und Jugendlichen, S. 181, 190.

dass die Geschehnisse immer wieder ins Bewusstsein zurückgeholt werden und niemals vollständig verarbeitet oder vergessen werden können.[899]

2. Sekundärviktimisierung

Neben einer Primärviktimisierung spielt wie in wohl allen Fällen der Aufdeckung und prozessualen Verfolgung einer Missbrauchstat auch der Aspekt einer Sekundärviktimisierung eine Rolle. Zu den Initialfolgen eines Missbrauchs können sekundäre Traumatisierungsfolgen hinzutreten, die entweder durch Erlebnisse der Opfer im privaten Bereich (etwa Reaktionen Familienangehöriger, Freunde etc.) vor allem aber im Rahmen institutioneller Strafverfolgung eintreten können.[900]

Ohnehin ist ein Strafverfahren ein „viktimisierungsgeneigtes Handlungsfeld"[901], das aufgrund seiner „natürlichen" Struktur geeignet ist, Sekundärviktimisierungen hervorzurufen.

> *„Auf der institutionellen Ebene ist dort das gesamte Prozessgeschehen auf den Konflikt zwischen Vorwurfsnachweis und -abwehr ausgerichtet. Dies macht den Zeugen zu einer Beweisführungsgröße, die für die klägerischen Überführungsinteressen ebenso instrumentalisiert wie für die Verteidigungsziele destruiert werden muss. Allein schon dadurch, dass sich ein professioneller Prozessakteur bei seinem Tun primär an seiner jeweiligen Funktion orientiert, wird die geschädigte Person von ihm immer zuerst als Zeuge behandelt und nicht als ein Opfer. Über das rollengebundene Aufklärungs- und Verteidigungsverhalten bringt die typische Verfahrenssituation (also die prozessuale Einbindung als Ganzes) folglich für die Tatbetroffenen ‚naturgemäß' eine Reihe von Stressoren hervor."*[902]

Vertreten wird, dass die mit einem Strafprozess einhergehenden Folgen, etwa die abermalige Konfrontation mit den Geschehnissen, Stressfaktoren sind, die bei den Opfern je nach individueller Disposition zu Angstzuständen, Schlaf-, Appetit- und Konzentrationsstörungen sowie Stimmungsveränderungen führen können.[903]

---

899 *Bifulco/Pham* in: Webster u.a. (Eds.), Online Offending Behaviour and Child Victimization, S. 142, 148 f.; *Katzer* in: Innocence in Danger Sektion Deutschland e.V.; Bundesverein zur Prävention von Sexuellem Missbrauch an Mädchen und Jungen e.V. [Red.: Marion Mebes] (Hrsg.), Mit einem Klick zum nächsten Kick, S. 11, 16.; *Aslan*, Journal of Forensic Psychology Practice 11.5 (2011): 406–431 (408).

900 *Laubenthal*, JZ 1996, 335, 338; vgl. auch *Quayle/Jonsson/Lööf*, Online behaviour related to child sexual abuse, S. 69 ff., verfügbar unter http://childcentre.info/robert/public/Interviews_with_affected_young_people.pdf [03.06.2016].

901 *Kölbel*, ZStW 119 (2007), 334, 336.

902 *Kölbel*, ZStW 119 (2007), 334, 336 f.

903 *Laubenthal*, JZ 1996, 335, 338.

Allerdings kann auf Grundlage des derzeitigen empirischen Forschungsstands nicht einheitlich festgestellt werden, welche Voraussetzungen im Einzelnen erfüllt sein müssen, um von einer sekundären Viktimisierung sprechen zu können. Weder lässt sich daraus ableiten, welche spezifischen Handlungen und Ereignisse zu bestimmten Folgen bei den Opfern führen. Noch ist geklärt, welche Auswirkungen und vor allem welches Maß an Beeinträchtigungen erreicht sein muss, um von einer Sekundärviktimisierung ausgehen zu können. Trotzdem sehen sich Kriminologie und Viktimologie nicht daran gehindert, den Begriff der „Sekundärviktimisierung" mit großer Selbstverständlichkeit zu benutzen.[904] Inhaltlich stehe der Begriff mit dem Gedanken in Verbindung, „*dass aus den Abläufen im strafrechtlichen Verfahren für eben jene Opfer, deren deliktische Verletzung es jeweils juristisch aufzuarbeiten gilt, eine Beeinträchtigung erwachsen könne, die sich nachgerade als abermalige Opferwerdung auszunehmen drohe.*"[905]

Obwohl über die Quantität und Qualität der Problematik der Sekundärviktimisierung auf Grundlage nationaler und internationaler Studien kaum einheitliche Aussagen getroffen werden können, vielmehr lediglich festgestellt werden kann, dass das Phänomen überhaupt existent ist,[906] hat der schon Jahre andauernde rechtspolitische Diskurs über die Thematik[907] zu einer auch jüngst vollzogenen Gesetzesreform zum Schutz von insbesondere kindlichen Opfern bei strafprozessualen Vernehmungen geführt.

In Art. 23 und 24 der bis November 2015 umzusetzenden Opferschutzrichtlinie 2012/29/EU sind Schutzansprüche von Opfern mit besonderen Schutzbedürfnissen beziehungsweise von Opfern im Kindesalter während des Strafverfahrens vorgesehen. So soll etwa die Verwendung von Kommunikationstechnologie zur Vermeidung von Blickkontakt zwischen Täter und Opfer[908] oder die audiovisuelle Aufzeichnung sämtlicher Vernehmungen kindlicher Opfer in strafrechtlichen Ermittlungen ermöglicht werden sowie sichergestellt werden, dass die Aufzeichnung als Beweismittel im Strafverfahren verwendet werden

904 *Kölbel/Bork*, Sekundäre Viktimisierung als Legitimationsformel, S. 38 ff.

905 *Kölbel/Bork*, Sekundäre Viktimisierung als Legitimationsformel, S. 38.

906 *Kölbel/Bork*, Sekundäre Viktimisierung als Legitimationsformel, S. 74.

907 *Kölbel/Bork*, Sekundäre Viktimisierung als Legitimationsformel, S. 13 ff.

908 Art. 23 Abs. 3 lit. a) Richtlinie 2012/29/EU des Europäischen Parlaments und des Rates vom 25.10.2012 über Mindeststandards für die Rechte, die Unterstützung und den Schutz von Opfern und Straftaten, ABl. EU 2012 L 315, S. 57.

kann.[909] Im Regierungsentwurf zum 3. Opferrechtsreformgesetz wurde zwar betont, dass „*viele der in der Opferschutzrichtlinie vorgesehenen Rechtsinstrumente zum Schutz des Verletzten dem deutschen Verfahrensrecht bereits bekannt [sind und dass] gerade die durch die Opferrechtsreformgesetze eingeführten Neuerungen (...) in Teilen über den neuen europäischen Mindeststandard hinaus[gehen].*“[910] Dennoch werde durch die Opferschutzrichtlinie in verschiedenen Bereichen des Strafverfahrensrechts Umsetzungsbedarf ausgelöst, dem eine Anpassung des geltenden Rechts durch konkretisierende Änderungen Rechnung getragen werden soll.[911] Als Schwerpunkt der Richtlinienumsetzung wird eine Neustrukturierung der Hinweispflichten verstanden,[912] die sich durch die Einführung von § 406i Abs. 3 StPO infolge des 3. Opferrechtsreformgesetzes[913] in der Strafprozessordnung manifestiert hat. Danach sollen minderjährige Verletzte und ihre Vertreter im weiteren Verfahren an geeigneter Stelle auf die Vorschriften hingewiesen werden, die ihrem Schutze dienen, insbesondere auf die §§ 58a, 255a Abs. 2 StPO, wenn die Anwendung dieser Vorschriften in Betracht kommt.[914] Einzug in die Strafprozessordnung fand im Zuge dessen auch die Vorschrift des § 48 Abs. 3 StPO. Die Neuregelung sieht vor, dass bei Zeugen, die zugleich Verletzte sind, die sie betreffenden Verhandlungen, Vernehmungen und sonstigen Untersuchungshandlungen stets unter Berücksichtigung ihrer besonderen Schutzbedürftigkeit durchzuführen sind. Damit soll dem gesetzgeberischen Willen zufolge „*eine zentrale Einstiegsnorm für die Feststellung einer entsprechenden Schutzbedürftigkeit und der daraus folgenden Notwendigkeit besonderer Schutzmaßnahmen zugunsten des Verletzten geschaffen*“[915] werden. Mit der „Bündelung“ der in § 48 Abs. 3 StPO vorgesehenen Maßnahmen in einer „Einstiegsnorm“ verbindet der Gesetzgeber zugleich noch eine „*wichtige Klarstellung: Die aufgeführten Mittel sollten in Verfahren mit vulnerablen Opfern die Regel und nicht die Ausnahme darstellen.*“[916]

909 Art. 24 Abs. 1 lit. a) Richtlinie 2012/29/EU des Europäischen Parlaments und des Rates vom 25.10.2012 über Mindeststandards für die Rechte, die Unterstützung und den Schutz von Opfern und Straftaten, ABl. EU 2012 L 315, S. 57; vgl. auch *Krüger* in: MüKo StPO, § 255a StPO Rdnr. 3.

910 BR-Drs. 56/15 S. 2.

911 BR-Drs. 56/12 S. 2; s. zur Frage ob auch das materielle Strafrecht etwas zum innerprozessualen Opferschutz beitragen kann *Kölbel*, ZStW 119 (2007), 334, 334 ff.

912 BR-Drs. 56/15 S. 32.

913 BGBl. 2015 I 2525.

914 vgl. auch *Krüger* in: MüKo StPO, § 255a StPO Rdnr. 3.

915 BR-Drs. 56/15 S. 15.

916 BR-Drs. 56/15 S. 21; vgl. auch *Krüger* in: MüKo StPO, § 255a StPO Rdnr. 3.

Abschlussbemerkung zum kriminologischen Teil

Die zuletzt aufgezeigte Tendenz des Gesetzgebers, besonders vulnerable Opfer im Hinblick auf ihre Schutzbedürftigkeit zu privilegieren, zeigt sich nicht nur in der Strafprozessordnung, sondern auch im materiellen Recht, nicht zuletzt auch durch die jüngste Reform des § 176 Abs. 4 Nr. 3 StGB im Zuge des 49. StÄG vom 21.1.2015[917]. Die Kritik, die dabei im Rahmen des Prozessrechts vorgebracht wird, nämlich dass sich ein immer fortwährender Prozess in der Rechtspolitik hin zu einem verstärkten Opferschutz in Strafverfahren zeigt, ohne dass jedoch hinreichende empirische Erkenntnisse über das Phänomen der Sekundärviktimisierung in diesem Zusammenhang vorhanden sind,[918] kann ebenso auf das Cyber-Grooming übertragen werden. Die Begründung des Gesetzgebers zur Einführung eines Tatbestands in das deutsche Strafgesetzbuch zum Schutz von Kindern vor Cyber-Grooming stützt sich ohne jegliche Bezugnahme auf empirische Grundlagen lediglich auf pauschal getroffene Aussagen privater und öffentlicher Stellen sowie auf die Vermutung, dass in Deutschland Fälle des Cyber-Groomings ähnlich wie in den USA denkbar sein könnten.[919]

Die Darstellungen des kriminologischen Teils dieser Arbeit haben deutlich werden lassen, dass die Thematik des Cyber-Groomings in der Tat noch relativ unerforscht ist. Weder existieren klare Kennzahlen über das Auftreten des Phänomens, noch ist geklärt, wie häufig es dabei zu körperlichen Kontakten kommt, vor denen das Gesetz Kinder gerade bewahren will. Eine weitere Problematik stellt sich betreffend die Legitimierbarkeit des Straftatbestands vor dem Hintergrund, ob es allein durch Cyber-Grooming ohne körperlichen Kontakt zu schädlichen Initialfolgen bei den Opfern kommen kann. Der Tatbestand stößt bereits hier mangels hinreichenden Rechtsgutsbezugs an die Grenzen seiner Rechtfertigung.[920] Inkonsistent zeigt sich die Norm aufgrund offensichtlich nicht stattgefundener empirischer Untersuchungen ferner auch im Hinblick auf den erfassten Personenkreis auf Opferseite. Die Vorschrift beschränkt sich auf den Schutz von Kindern unter 14 Jahren. Hingegen hat die vorliegende Untersuchung gezeigt, dass vor allem auch Jugendliche ab 14 Jahren verstärkt betroffen sein können.[921] Vor diesem Hintergrund stellt sich zwar einerseits die Frage, ob

---

917 BGBl. I 10.

918 S. hierzu näher *Kölbel/Bork*, Sekundäre Viktimisierung als Legitimationsformel, S. 38 ff.

919 S. bereits 1. Teil, Einleitung, I.

920 S. hierzu im Einzelnen 2. Teil, Kapitel 3, II.

921 S. 1. Teil, Kapitel 3, II. 1. c); 1. Teil, Kapitel 3, III. 1. c); 1. Teil, Kapitel 4, I.

es beim Tatbestand des § 176 Abs. 4 Nr. 3 StGB in seiner aktuellen Fassung an praktischer Relevanz mangelt und ob nicht vielmehr mit Blick auf einen umfassenden Opferschutz de lege ferenda der Schutzbereich der Norm auf Jugendliche ab 14 Jahren erweitert werden sollte. Freilich muss dabei andererseits aber der Umstand Berücksichtigung finden, dass die Regelung bereits in ihrer aktuellen Fassung im Schrifttum auf heftige Kritik gestoßen ist und generell Zweifel an ihrer Legitimation bestehen.[922] An dieser Stelle soll jedoch noch kein Ergebnis über diese Frage formuliert werden. Vielmehr widmet sich der nunmehr nachfolgende strafrechtsdogmatische Teil gänzlich dieser Problematik.

922 S. hierzu 2. Teil, Kapitel 3, IV.

2. Teil Strafrechtsdogmatische Betrachtung

Einleitung

I. Problemaufriss

Die Untersuchung des strafrechtsdogmatischen Teils dieser Arbeit widmet sich im Kern einer zentralen Frage: Ist der Tatbestand des § 176 Abs. 4 Nr. 3 StGB in seiner aktuellen Fassung legitimierbar? Diese Frage ist dabei in zwei Richtungen zu verstehen:

Zum einen geht es angesichts der Ergebnisse der kriminologischen Darstellung darum, herauszuarbeiten, ob de lege ferenda eine Erweiterung des Schutzbereichs auf Jugendliche ab 14 Jahren erforderlich ist. Statistische Werte belegen, dass primär ältere Kinder und Jugendliche ein großes Interesse am kommunikativen Austausch mit anderen im Internet haben.[923] Wenngleich konkrete Kennzahlen über das Vorkommen von Cyber-Grooming nicht bekannt sind, kann wegen der hohen Präsenz sozialer Netzwerke bei Minderjährigen und der Vorteile, die diese gegenüber klassischen Chatrooms auch für potentielle Täter aufweisen,[924] die Vermutung aufgestellt werden, dass hier ein erhöhtes Gefahrpotential für Kinder und Jugendliche besteht, Opfer von Cyber-Grooming zu werden. Dies gilt vor allem für Heranwachsende und beruht insbesondere auf der Tatsache, dass gerade die Kombination aus typischen Begleiterscheinungen der Adoleszenz und der Nutzung sozialer Netzwerke ein nicht zu verachtender Risikofaktor ist.[925] Der aktuellen Gesetzeslage zufolge bleibt ein Schutz Jugendlicher vor Cyber-Grooming indes völlig aus. Obwohl die europarechtliche Vorgabe[926] eine Altersbegrenzung bei 14 Jahren nicht vorsieht, hielt der deutsche Gesetzgeber bei der Pönalisierung von Fällen des Cyber-Groomings an dieser Grenze fest. Die Gründe hierfür blieben allerdings im Verborgenen. Der Gesetzgeber beruft sich zur Einführung des Cyber-Grooming-Tatbestands im Rahmen des SexualdelÄndG[927] lediglich pauschal auf europarechtliche Vorgaben und allgemeine Aussagen wie etwa, dass es erforderlich ist *„Verbrechen, bei denen*

923 S. 1. Teil, Kapitel 2, II. 2.

924 S. 1. Teil, Kapitel 2, II. 1; 1. Teil, Kapitel 2, II. 3.

925 S. 1. Teil, Kapitel 2, II. 2. b); 1. Teil, Kapitel 2, II. 3.

926 S. 1. Teil, Kapitel 1, II.

927 BGBl. I 3007.

Kinder durch Tricks oder Verführungskünste zu Treffen verleitet würden"[928], mit dem Strafgesetz zu erfassen.[929]

Zum anderen zielt die Frage der Legitimation darauf ab, herauszufinden, ob der Tatbestand de lege lata auf strafrechtsdogmatischer Grundlage überhaupt zu rechtfertigen ist oder ob die im Schrifttum vorzufindende Kritik nicht vielmehr zu Recht geäußert wurde und ob dies in der Konsequenz entweder zu einer Streichung der Norm oder doch wenigstens zu Alternativen bei der Formulierung der Tatbestandsvoraussetzungen führen müsste.

II. Gang der Untersuchung im strafrechtsdogmatischen Teil

Der folgende Abschnitt widmet sich daher zunächst einer Untersuchung dahingehend, ob die Begrenzung der Pönalisierung von Fällen des Cyber-Groomings bei unter 14-jährigen Opfern ausreichend ist oder ob darin eine nicht zu rechtfertigende Schutzlücke zu Lasten jugendlicher Opfer ab dem 14. Lebensjahr zu sehen ist. Hierzu wird zunächst – nach einem kurzen historischen Abriss zum gesetzgeberischen Wandel betreffend die Normen des 13. Abschnitts – auf das zentrale Schutzgut dieses Teils eingegangen, welches mit dem Begriff der sexuellen Selbstbestimmung überschrieben ist. Im Nachgang wird die Bedeutung der sexuellen Selbstbestimmung bei Kindern im Sinne von § 176 StGB erörtert, bevor die Einzelheiten des sexuellen Selbstbestimmungsrechts bei Sexualkontakten Jugendlicher ab 14 Jahren mit älteren Personen näher diskutiert werden (Kapitel 1).

Anschließend erfolgt eine gesetzessystematische Betrachtung in Bezug auf die Jugendschutzdelikte des 13. Abschnitts (Kapitel 2). Dies mit der Intention darzulegen, welche Grundgedanken der Gesetzgeber bei Erlass der jeweiligen Normen verfolgte und ob hieraus Argumente für oder gegen eine weitere Gesetzesänderung im Hinblick auf die Ausweitung des Schutzes vor Cyber-Grooming auf Jugendliche ab 14 Jahren festgemacht werden können.

Ziel des ersten Teils der strafrechtsdogmatischen Untersuchung ist es demzufolge herauszustellen, ob Differenzierungsmerkmale bestehen, die eine unterschiedliche Behandlung von Kindern und Jugendlichen bezüglich des Schutzes vor Cyber-Grooming begründen können. Angesichts des Ergebnisses, dass dies nicht der Fall ist (Kapitel 2, IV.) und ausgehend von der Annahme, dass der Schutz von Kindern und Jugendlichen vor Cyber-Grooming grundsätzlich – wenn überhaupt – gleichermaßen zu verfolgen ist, schließt sich hier der zweite

928 BT-Drs. 15/350 S. 17.

929 S. bereits 1. Teil, Einleitung, I.

Teil der strafrechtsdogmatischen Untersuchung an. Dieser widmet sich im Kern der Frage, ob der Tatbestand in seiner aktuellen Fassung auf Grundlage strafrechtlicher Legitimationsprämissen zu rechtfertigen ist (Kapitel 3). Unter Berücksichtigung des Untersuchungsergebnisses, dass § 176 Abs. 4 Nr. 3 StGB den Anforderungen einer hinreichenden Legitimation nicht genügt (Kapitel 3, III) sowie unter Bezugnahme auf die am Tatbestand geäußerte Kritik im Schrifttum (Kapitel 3, IV), werden im letzten Kapitel schließlich alternative Lösungsmöglichkeiten vorgeschlagen (Kapitel 4).

Kapitel 1. Das Recht der sexuellen Selbstbestimmung

I. Gesetzgebung im Wandel – Rechtsgüterschutz im Fokus der Gesetzgebung seit dem 1. StrRG

In den 1960er und 1970er Jahren begannen intensive Diskussionen über die Reform des Sexualstrafrechts. Während der Gesetzgeber noch eher konservative Ansichten vertrat und eine Ausdehnung der Straftaten gegen die Sittlichkeit[930] (etwa durch neue Verbote z.B. gegen die Anpreisung empfängnisverhütender Mittel)[931] plante, setzte sich eine auf Liberalisierung drängende Gegenposition durch. Danach zeichnete sich sowohl in der Strafrechtswissenschaft[932] als auch in der Rechtsprechung des Bundesgerichtshofs[933] ein Paradigmenwechsel ab, wonach moralische Anschauungen und die Bewertung rechtlicher Regelungen voneinander zu trennen seien und die Aufgabe des Strafrechts allein in der Verhinderung sozialschädlichen Verhaltens gesehen werden sollte.[934] Federführend für diesen Umbruch war die Abhandlung *Jägers* zum Rechtsgüterschutz bei Sittlichkeitsdelikten,[935] worin kritisch zum Einfluss moralischer Werte auf die Gesetzgebung Stellung genommen wird und eine Abkehr hiervon sowie eine Anpassung an das Rechtsgüterprinzip gefordert wurde.[936]

Diese Abgrenzung von moralischen Werten manifestierte sich sodann zunächst in der Reform durch das 1. StrRG vom 30.6.1969[937] und weiter durch 4. StrRG vom 23.11.1973.[938] Im Zuge des 4. StrRG wurde der Leitgedanke fortgesetzt, dass „*das Strafrecht nur die äußere Ordnung sozialen Verhaltens zu wahren hat*“[939]. Im Zuge dessen führte der Gesetzgeber die neue Abschnittsüberschrift

930 BT-Drs. IV/650 S. 45 ff.

931 BT-Drs. IV/650 S. 48.

932 *Hanack*, ZStW 77 (1965), 398, 404 f.; *Jäger*, Strafgesetzgebung und Rechtsgüterschutz bei Sittlichkeitsdelikten, S. 38 ff.

933 BGHSt 23, 40, 43 f.

934 *Hörnle* in: LK, Vor § 174 Rdnr. 5.

935 *Jäger*, Strafgesetzgebung und Rechtsgüterschutz bei Sittlichkeitsdelikten.

936 *Jäger*, Strafgesetzgebung und Rechtsgüterschutz bei Sittlichkeitsdelikten, S. 38 ff., 116 ff.

937 BGBl. I 645.

938 BGBl. I 1725.

939 BT-Drs. VI/1552 S. 15.

„Straftaten gegen die die sexuelle Selbstbestimmung“ ein, zeigte damit eine Abkehr von traditionellen Vorstellungen und machte deutlich, dass als geschütztes Rechtsgut nicht mehr die Erhaltung allgemeiner Sittlichkeit angesehen werde.[940]

Der Bundesgerichtshof stellte im „Fanny-Hill“-Urteil im Jahr 1969 fest:

> *„Denn das Strafgesetz hat nicht die Aufgabe, auf geschlechtlichem Gebiet einen moralischen Standard des erwachsenen Bürgers durchzusetzen, sondern es hat die Sozialordnung der Gemeinschaft vor Störungen und groben Belästigungen zu schützen.“*[941]

Trotz diesen im Kern zu befürwortenden Änderungen wurde im Schrifttum Kritik gegenüber den Reformen laut. Die neu geschaffene Überschrift des 13. Abschnitts „Straftaten gegen die sexuelle Selbstbestimmung“[942] war bereits in der Gesetzgebungsdebatte nicht unumstritten, woraufhin zahlreiche Vorschläge und Umbenennungen während des Reformvorhabens folgten.[943]

So wurde vertreten, dass die Überschrift als gemeinsame Sammelbezeichnung für die Delikte des 13. Abschnitts zu eng sei. Bezweifelt wurde, ob die Formulierung die unterschiedlichen Aspekte und Schutzrichtungen der verschiedenen Delikte in einem hinreichenden Maß umschreiben könne. Nur ein Teil der Regelungen könne von dieser Bezeichnung sinnvoll erfasst werden, wie z.B. die Freiheits- und Missbrauchstatbestände. Insbesondere Tatbestände, die nur vor sexuellen Belästigungen oder die ausschließlich den Jugendschutz betreffen, würden nicht darunterfallen.[944] *Dreher* wandte gegen die Abschnittsüberschrift ein, sie sei im Hinblick auf die jeweils wechselnden Rechtsgüter der Normen des 13. Abschnitts verwirrend.[945]

Weiter stieß die neue Überschrift auch auf sexualwissenschaftlicher Seite auf Widerspruch. Kritisiert wurde, der Begriff der sexuellen Selbstbestimmung sei nichts anderes als eine „idealtypische Fiktion“ oder ein „metaphysisches Postulat“, weil er in seiner Weite an die Willensfreiheit anknüpfe.[946] Gegenstimmen verstehen den Begriff der sexuellen Selbstbestimmung hingegen in einem weiten

---

940 Vgl. *Hörnle* in: LK, Vor § 174 Rdnr. 6.

941 BGHSt 23, 40, 43 f.

942 Der Begriff geht auf Schroeder zurück, *Schroeder*, ZRP 1971, 14, 15.

943 S. hierzu näher *Sick*, Sexuelles Selbstbestimmungsrecht und Vergewaltigungsbegriff, S. 79 ff.

944 Vgl. *Sturm*, JZ 1974, 1, 4; *Wolters* in: SK-StGB, Vorbem. vor §§ 174 StGB Rdnr. 2 f.

945 Vgl. *Dreher*, JR 1974, 45, 47.

946 Vgl. *Dannecker/Schorsch* in: Jäger (Hrsg.), Sexualwissenschaft und Strafrecht, S. 134, 142.

Sinne und befürworten die gesetzgeberische Entscheidung.[947] Auch der Jugendschutz im Sinne einer ungestörten Entwicklung des jungen Menschen sei danach ein Aspekt sexueller Selbstbestimmung.[948]

Nach diesem Umbruch im Jahr 1973 durch das 4. StrRG kam es erst im Jahr 1992 mit dem 26. StÄG vom 14.7.1992[949] zu weiteren wesentlichen Änderungen im 13. Abschnitt des StGB. Dabei soll sich bei vordergründiger Betrachtung der Eindruck eines „roll back“[950] angedeutet haben: Nachdem sich mit dem 4. StrRG Entpönalisierungstendenzen zeigten, zeichnete sich in der späteren Entwicklung[951] eine Strafverschärfung und eine Ausweitung der Strafbarkeit ab.[952]

Charakteristisch für die Änderungen durch das 4. StrRG waren im Wesentlichen drei Aspekte. Erstens wurden detailreiche Ausdifferenzierungen von Straftatbeständen unternommen, die unterschiedlichen Handlungsvarianten und Tatfolgen Rechnung tragen sollten, was vor allem die Delikte zu Lasten Minderjähriger betraf. So wurden die zuvor eher knapp formulierten Bestimmungen in §§ 174 Abs. 1 Nr. 1, 176 Abs. 1 Nr. 3 StGB a.F. zu einer Vielzahl an Verboten in den neuen §§ 174, 176 StGB ausgeweitet. Neben weiteren Änderungen beim sexuellen Missbrauch Erwachsener und der Ausgliederung exhibitionistischer Handlungen (§ 183 StGB) aus dem Tatbestand der Erregung öffentlichen Ärgernisses (§ 183a StGB), kam es insbesondere auch im Bereich der Verbreitung pornografischer Schriften (§ 184 StGB) zu detaillierten Normgestaltungen.[953]

Zweitens milderte das 4. StrRG die Strafrahmen. Bei §§ 174, 176 StGB a.F. war nicht mehr zwingend eine Freiheitsstrafe vorgesehen. Vielmehr wurde die Möglichkeit eingeräumt, Geldstrafen zu verhängen. Zudem wurden die Strafobergrenzen niedriger angesetzt (§§ 174 bis 174b, 176 Abs. 1, Abs. 2, Abs. 5, 179 StGB i.d.F. des 4. StrRG). Auch in anderen Straftatbeständen wurde die Geldstrafe

947 *Schroeder* in: Festschr. für H. Welzel, S. 859, 876 f.; so auch *Sick*, ZStW 103 (1991), 43, 51.

948 Vgl. BGH, StV 1989, 432, 432.

949 BGBl. I 1255.

950 *Renzikowski* in: MüKo, Vor § 174 Rdnr. 80.

951 S. zur historischen Entwicklung ab dem 4. StrRG insbesondere *Renzikowski* in: MüKo, Vor § 174 Rdnr. 81 ff.; *Hörnle* in: LK, Vor § 174 Rdnr. 12 ff.; *Laubenthal*, Handbuch Sexualstraftaten, Rdnr. 31 ff.

952 *Reichenbach*, GA 2003, 550, 556; *Schröder*, JZ 1999, 827, 833; vgl. zum Ganzen *Renzikowski* in: MüKo, Vor § 174 Rdnr. 82 ff.; s. auch *Rengier* in: Bericht über das 23. Triberger Symposium des Justizministeriums Baden-Württemberg am 28. und 29. November 2002 (Hrsg.), Schutz vor Sexualstraftaten als gesamtgesellschaftliche Aufgabe, S. 9, 32 f.

953 *Hörnle* in: LK, Vor § 174 Rdnr. 7.

als mögliche Sanktion neu eingeführt (§ 182 StGB i.d.F. des 4. StrRG) oder die höchstmögliche Freiheitsstrafe herabgesetzt (§§ 183, 183a StGB i.d.F. des 4. StrRG). Für die Vergewaltigung wurde die Mindeststrafe von einem Jahr auf zwei Jahre erhöht (§ 177 Abs. 1 StGB i.d.F. des 4. StrRG), allerdings wurde gleichzeitig die Mindeststrafe für minder schwere Fälle (sechs Monate Freiheitsstrafe, § 177 Abs. 2 StGB i.d.F. des 4. StrRG) niedriger angesetzt. Außerdem wurde auch bei der einfachen sexuellen Nötigung nach dem 4. StrRG die unterste Grenze des Strafrahmens für minder schwere Fälle mit drei Monaten Freiheitsstrafe (§ 178 Abs. 2 StGB i.d.F. des 4. StrRG) festgesetzt.[954]

Schließlich wurden unter anderem die Strafnormen umgestaltet, die nach früherem Recht „unzüchtige" Vorgänge pönalisierten. Betroffen war die Straflosigkeit bestimmter Formen von Kuppelei, etwa der Ehegattenkuppelei, sowie der Verbreitung einfacher Pornografie an Erwachsene. Das Verbot der „Verbreitung unzüchtiger Schriften" wurde aufgehoben und durch Regelungen ersetzt, die die Verbreitung pornografischer Schriften an Minderjährige unterbinden sollten. Hierdurch zeigte sich die liberale Tendenz des 4. StrRG, wonach es nicht Aufgabe des Staates war, sexuelle Aktivitäten Erwachsener zu unterbinden.[955]

Seit dem 26. StÄG, das die Strafbarkeit wegen Menschenhandels verschärfte und erweiterte, kam es dann jedoch wieder zu Verschärfungen, die sich unter anderem bei Reformen von Jugendschutzvorschriften zeigten. So wurde im Zuge des 27. StÄG vom 23.7.1993[956] unter anderem der Strafrahmen des § 184 Abs. 3 und 4 StGB für die Verbreitung von Kinderpornografie erhöht. Das 29. StÄG vom 31.5.1994[957] ersetzte die §§ 175 (Homosexuelle Handlungen) und 182 StGB (Verführung) durch eine geschlechtsneutral gefasste einheitliche Jugendschutzvorschrift. Ziel des 6. StrRG vom 26.1.1998[958] war unter anderem, die Verbesserung des Schutzes für Kinder vor sexuellem Missbrauch zu erreichen. Dementsprechend wurde beispielsweise der Anwendungsbereich des § 176 StGB erweitert und neue qualifizierte Formen des sexuellen Kindesmissbrauchs in § 176a StGB geregelt. Dadurch sollte gegenüber dem alten Recht eine qualifizierte Strafschärfung erreicht werden. Auch im SexualdelÄndG vom 27.12.2003[959] stand der Schutz Minderjähriger im Fokus des Gesetzgebers. Verschärft wurden etwa die Strafdrohungen der §§ 176, 176a StGB. Erwähnenswert ist weiter die

954 *Hörnle* in: LK, Vor § 174 Rdnr. 8.
955 *Hörnle* in: LK, Vor § 174 Rdnr. 9.
956 BGBl. I 1346.
957 BGBl. I 1168.
958 BGBl. I 164.
959 BGBl. I 3007.

Ausdehnung der Sexualdelikte auf abgenötigte sexuelle Handlungen in der Ehe durch das 33. StÄG vom 1.7.1997[960]. Schließlich sollte durch das ProstG vom 20.12.2001[961] die Diskriminierung von Prostituierten beseitigt werden und ihre rechtliche und soziale Situation verbessert werden.[962]

Darüber hinaus fanden über die erwähnten Strafschärfungen seit dem 26. StÄG auch zunehmend präventive Überlegungen Eingang in das Sexualstrafrecht, die die Grenzen zwischen reinem Strafrecht und einem „polizeirechtlich angehauchten Gefahrenabwehrrecht"[963] verwischen. Dies obwohl sich durch die Entwicklungen des 1. und 4. StrRG eine Abkehr von der „strafrechtlichen Verfolgung der Unmoral"[964] hin zu primär am Rechtsgüterschutz ausgerichteten Tatbeständen etablierte. Deutlich wird dies auch in der weiten Vorverlagerung der Strafbarkeit in § 176 Abs. 4 Nr. 3, Abs. 5 StGB.[965]

Insgesamt lasse sich angesichts dieser Entwicklungen ein weiterer Paradigmenwechsel feststellen, wonach sich das Sexualstrafrecht seit dem 4. StrRG mehr und mehr zu einem „Vehikel für kriminalpolitische Neuerungen"[966] entwickelte.[967]

Beispielhaft seien hier die Änderungen nach dem Zeugenschutzgesetz vom 30.4.1998[968] genannt, wonach die gesetzlichen Grundlagen für Video-Vernehmungen von Zeugen geschaffen wurden. Die Notwendigkeit der einzelnen gesetzlichen Regelungen solle zwar generell nicht bestritten werden, auffallend sei allerdings die gesetzgeberische Verbindung zur Sexualdelinquenz. Zudem könne der Einwand – unter Berücksichtigung der Normen betreffend die Videovernehmungen von Zeugen im Ausland sowie besonders gefährdeter Zeugen (§§ 58a Abs. 1 Nr. 2, 168e, 247a StPO) – der Gesetzgeber habe unter dem Deckmantel des Schutzes der Opfer von Sexualdelikten tatsächlich andere Ziele verfolgt (insbesondere den Schutz verdeckter Ermittler und Informanten[969]), nicht ganz unberechtigt sein.[970]

---

960 BGBl. I 1607.
961 BGBl. I 3983.
962 *Renzikowski* in: MüKo, Vor § 174 Rdnr. 88 ff.
963 *Renzikowski* in: MüKo, Vor § 174 Rdnr. 82.
964 *Renzikowski* in: MüKo, Vor § 174 Rdnr. 81.
965 *Renzikowski* in: MüKo, Vor § 174 Rdnr. 82.
966 *Renzikowski* in: MüKo, Vor § 174 Rdnr. 83.
967 Vgl. *Renzikowski* in: MüKo, Vor § 174 Rdnr. 83.; *Albrecht*, ZStW 111 (1999), 863, 864 f.
968 BGBl. I 820.
969 Vgl. auch BT-Drs. 13/7165 S. 4.
970 Vgl. *Renzikowski* in: MüKo, Vor § 174 Rdnr. 85.

Eine Gesamtbewertung aus dem Schrifttum zu den gesetzlichen Entwicklungen nach dem 4. StrRG zeigt allgemein ein kritisches Bild.[971] Infolge der zahlreichen Änderungen der Normen im 13. Abschnitt des Strafgesetzbuchs haben die Regelungen einen hohen *„Grad an Kompliziertheit und Unübersichtlichkeit erreicht, der ihr Verständnis durch die Bürger praktisch"*[972] ausschließe.[973] Der notwendige Zusammenhang zwischen Schutzzwecken und Wirksamkeit der strafrechtlichen Regelungen werde nicht stets hinreichend beachtet.[974] Die erhöhte Unübersichtlichkeit sei zudem immer detaillierteren Tatbestandsalternativen geschuldet, die auf gesetzgeberische Reaktionen auf einzelne Vorfälle zurückgehen und im Ergebnis die Rechtsanwendung erschweren.[975] Hinzu komme, dass die Reformen der letzten Jahrzehnte von zwei Ansätzen geprägt gewesen waren, die sich zwar theoretisch kombinieren lassen, praktisch aber kollidieren.[976] Auf der einen Seite wurde versucht, *„das Ziel der Begrenzung des Strafrechts auf den unerlässlichen Schutz des ‚sexuellen Selbstbestimmungsrechts'"*[977] zu erreichen, auf der anderen Seite *„die Forderung nach Erweiterung und Verbesserung des ‚Opferschutzes'."*[978] So kam es zu einem schwer durchschaubaren teleologischen System des 13. Abschnitts des Strafgesetzbuchs, da es keine einheitliche Reform gegeben hat, sondern hintereinander geschaltete Teilreformen, die jeweils den sich wandelnden kriminalpolitischen Strömungen folgten.[979] Bei den Strafnormen zum Schutz Minderjähriger falle weiter auf, dass Straftaten zu Lasten Jugendlicher[980] nicht derart im Fokus kriminalpolitischer Diskussion und gesetzgeberischem Aktionismus stand, wie Taten im Zusammenhang mit sexuellem Kindesmissbrauch und Kinderpornografie. Problematisch sei hier beispielsweise, dass im

971 Differenzierend *Hörnle* in: LK, Vor § 174 Rdnr. 24 ff.; s. zur Kritik zum 4. StrRG *Eisele* in: Schönke/Schröder, Vorbem. §§ 174 ff. Rdnr. 2; zur Kritik zum 33. StÄG und 6. StrRG *ders.* in: Schönke/Schröder, Vorbem. §§ 174 ff. Rdnr. 7; zur Kritik zum SexualdelÄndG *ders.* in: Schönke/Schröder, Vorbem. §§ 174 ff. Rdnr. 9.

972 *Fischer*, Vor § 174 Rdnr. 4.

973 Vgl. *Fischer*, Vor § 174 Rdnr. 4.; *Renzikowski* in: MüKo, Vor § 174 Rdnr. 82; *Eisele* in: Schönke/Schröder, Vorbem. §§ 174 ff. Rdnr. 9; *Wolters* in: *Satzger/Schluckebier/Widmaier*, Vor §§ 174 ff. Rdnr. 3.

974 Vgl. *Fischer*, Vor § 174 Rdnr. 4.

975 Vgl. *Renzikowski* in: MüKo, Vor § 174 Rdnr. 82.

976 *Frommel* in: NK, Vor §§ 174 ff. Rdnr. 9.

977 *Frommel* in: NK, Vor §§ 174 ff. Rdnr. 9.

978 *Frommel* in: NK, Vor §§ 174 ff. Rdnr. 9.

979 *Frommel* in: NK, Vor §§ 174 ff. Rdnr. 9.

980 Vgl. auch *Hörnle* in: Festschr. für H. Schöch, S. 401, 401 ff.

Zuge des SexualdelÄndG[981] und einer Verschärfung des Strafrahmens von § 176 Abs. 1 StGB, insbesondere der Abschaffung milderer Sanktionen für minder schwere Fälle, eine unrechtsangemessene Sanktionierung nicht mehr möglich sei. Auch die Strafbarkeit reiner Vorbereitungshandlungen in § 176 Abs. 4 Nr. 3 StGB a.F. und § 176 Abs. 5 StGB weise auf eine populistische Gesetzgebung hin, wonach der Anschein erweckt werde, dass die einst gewonnene Ansicht des Gesetzgebers, sich an einem rechtsgutsbezogenen Unrecht für die Strafbarkeit einer Handlung zu orientieren, nach und nach verloren gehe. Thesen wie jene, dass *„bei aller Scheußlichkeit der authentischen kinderpornographischen Videodarstellungen nicht* übersehen werden [dürfe], daß die Verbreitung und der Besitz für sich allein dem Unrechtsgehalt des sexuellen Mißbrauchs nach § *176 StGB selbst ... nicht gleichgesetzt werden*"[982] kann, scheint der Gesetzgeber in der jüngeren Vergangenheit verdrängt zu haben.[983]

Diese kritischen Ansätze aus dem Schrifttum greifen insbesondere auch für die Norm des § 176 Abs. 4 Nr. 3 StGB. Zunächst betrifft dies vor allem den Vorwurf, dass ein hinreichender Zusammenhang zum geschützten Rechtsgut nicht stets durchgehalten wird.[984] Da der Tatbestand des § 176 Abs. 4 Nr. 3 StGB allein schon durch ein nicht notwendig sexuell geprägtes Einwirken auf ein Kind vollendet und ein realer sexueller Kontakt nicht im Entferntesten zur Begründung der Strafbarkeit erforderlich ist, drängt sich die Frage nach einer möglichen Verletzung des geschützten Rechtsguts zwingend auf. Darüber hinaus spiegelt sich gerade auch in der Einführung des Tatbestands zum Schutz vor Cyber-Grooming und dessen Änderung im Zuge des das 49. StÄG vom 21.1.2015[985] die Tendenz wider, den Opferschutz in den Vordergrund legislativer Entscheidungen zu stellen. Der gesetzgeberischen Begründung mangelt es gänzlich an einer Bezugnahme zu empirisch fundierten Kenntnissen und scheint sich vollends an der gesellschaftlichen Forderung eines soweit nur möglich gehenden Kinderschutzes zu orientieren.

Der sich in den letzten Jahrzehnten bereits mehrmals vollzogene Reformwahn des Gesetzgebers im 13. Abschnitt des Strafgesetzbuchs zeigt sich erneut in der jüngsten Reform des Sexualstrafrechts, die vor der Sommerpause 2016 einstimmig vom Bundestag verabschiedet wurde. Ein Gesetzesentwurf, der neben erheblichen Änderungen des Straftatbestands der sexuellen Nötigung

981 BGBl. I 3007.

982 BT-Drs. 12/4883 S. 7.

983 *Hörnle* in: LK, Vor § 174 Rdnr. 26.

984 S. hierzu 2. Teil, Kapitel 3.

985 BGBl. I 10.

(§ 177 StGB) und die Einführung weiterer Straftatbestände zum Schutz der sexuellen Selbstbestimmung (§§ 184i, 184j StGB) ankündigte, hat am 7.7.2016 den Bundestag passiert. Dadurch wurden erhebliche Verschärfungen im Sexualstrafrecht auf den Weg gebracht, die am 23.9.2016 vom Bundesrat gebilligt wurden. Künftig werden damit alle sexuellen Handlungen gegen den erkennbaren Willen einer anderen Person unter Strafe gestellt.

In der Vergangenheit hatte bereits der Bundesrat entsprechende Forderungen formuliert. In seinem Beschluss vom 18.3.2016[986] begrüßte er eine Reform des gesamten 13. Abschnitts im StGB, „*um einen besseren Schutz des in der Menschenwürde verwurzelten und grundrechtlich garantierten Rechts auf sexuelle Selbstbestimmung zu gewährleisten.*“[987] Das Sexualstrafrecht in seiner bisherigen Form erweise sich in bestimmten Punkten defizitär, da auch „*erhebliche Verletzungen der sexuellen Selbstbestimmung mangels Erfüllung der in dem engen Tatbestandskatalog enthaltenen Merkmale nicht als Sexualstraftat sanktioniert werden können.*“[988] Dabei betont der Bundesrat, dass ein hinreichender Schutz des grundrechtlich verankerten Rechts auf sexuelle Selbstbestimmung am effektivsten dann gewährleistet werden kann, wenn jede Verletzung derselben strafrechtlich sanktioniert werde. Der Bundesrat zielte damit auf ein Sexualstrafrecht ohne Strafbarkeitslücken ab, das neben seiner abschreckenden Wirkung, Opfer und Zeugen zur Anzeige ermutige und die Arbeit der Polizei- und Justizbehörden erleichtere. Im Sinne des Gedanken „Nein-heißt-Nein“ vertritt der Bundesrat die Auffassung, dass jede nicht einvernehmliche sexuelle Handlung unter Strafe gestellt werden müsse.[989]

Das besagte Modell „Nein-heißt-Nein“ findet sich schließlich in dem am 10.11.2016 in Kraft getretenen 50. Gesetz zur Änderung des Strafgesetzbuches – Verbesserung des Schutzes der sexuellen Selbstbestimmung[990] wieder.[991] Anstoß zu diesem Reformvorhaben war die bereits vom Bundesrat[992] erwähnte Istanbul-Konvention,[993] wonach in Artikel 36 vorgesehen ist, dass jede nicht einverständliche sexuelle Handlung unter Strafe zu stellen ist. Mit den Ereignissen in Köln in

---

986 BR-Drs. 91/16.
987 BR-Drs. 91/16 S. 1 Anlage.
988 BR-Drs. 91/16 S. 1 Anlage.
989 BR-Drs. 91/16 S. 1 f. Anlage.
990 BGBl. I 2460.
991 *Hörnle*, NStZ 2017, 13, 14.
992 BR-Drs. 162/16.
993 Übereinkommen des Europarats zur Verhütung und Bekämpfung von Gewalt gegen Frauen und häuslicher Gewalt vom 11. Mai 2011, ETS 210 – Istanbul Konvention.

der Silvesternacht vom 31.12.2015 gewann die Diskussion um eine neue Reform massiven Auftrieb.[994] Von politischer Seite wurde behauptet, diese Geschehnisse hätten „eklatante Strafbarkeitslücken" aufgedeckt.[995]

Trotz der im Einzelnen auf Kritik[996] gestoßenen Reform fand der Grundgedanke, wonach bei sexuellen Handlungen der Wille des Opfers vorangestellt werden müsse, in der Literatur auch Zuspruch. Ein hinreichender Schutz der sexuellen Selbstbestimmung könne nur dann erreicht werden, wenn bei sexuellen Kontakten auf einen entgegenstehenden Willen des Opfers abgestellt wird. Das sexuelle Selbstbestimmungsrecht sei nicht nur dann verletzt, wenn weitere Umstände, wie bislang in § 177 Abs. 1 StGB a.F. (Gewalt, Drohung, Ausnutzen einer schutzlosen Lage) und § 179 StGB a.F. (Erkrankung, Behinderung) normiert, bei sexuellen Übergriffen hinzutreten. Selbstbestimmung werde immer dann verletzt, wenn ein entgegenstehender Wille geäußert wurde, der vom Täter vorsätzlich missachtet wird.[997]

Durch das neue Gesetz kam es zu grundlegenden Änderungen in der strafrechtlichen Konzeption von Delikten des Sexualstrafrechts. Die bisherige Trennung zwischen „sexueller Missbrauch" oder „sexuelle Nötigung" ist durch die Vereinigung der früheren Tatbestände des § 177 StGB a.F. und § 179 StGB a.F. in einer umfassenden Norm des § 177 StGB n.F. aufgehoben worden.[998] Der Grundtatbestand in § 177 Abs. 1 StGB etwa ist nicht mehr als Nötigungsdelikt konstruiert, sondern als ein neuartiges Delikt des sexuellen Übergriffs, wonach es für die Strafbarkeit ausreicht, dass sexuelle Handlungen gegen den „erkennbaren" Willen der anderen Person erfolgen. Der Strafrahmen reicht hier von sechs Monaten bis zu fünf Jahren Freiheitsstrafe, was zu einer Inkonsistenz im Verhältnis zu anderen Missbrauchstatbeständen (§§ 174 – 174c, 182 StGB) führt, wo geringere Strafuntergrenzen vorgesehen sind.[999] § 179 StGB a.F. wurde aufgehoben. Körperliche oder psychische Beeinträchtigungen die bislang nach § 179 Abs. 1 StGB a.F. relevant waren, werden nunmehr unter § 177 Abs. 2 Nr. 1 StGB n.F. als Unfähigkeit, einen entgegenstehenden Willen zu bilden oder zu

994 *Fischer*, § 177 Rdnr. 5; *Renzikowski*, NJW 2016, 3553, 3553.

995 *Fischer*, § 177 Rdnr. 5.

996 Hierzu sogleich.

997 Vgl. *Hörnle*, ZRP 2015, 190; vgl. auch *Herning/Illgner*, ZRP 2016, 77, 77 f.

998 *Hörnle*, NStZ 2017, 13, 14; *Renzikowski* in: Müko, § 177 nF Rdnr. 10; *Fischer*, § 177 Rdnr. 3.

999 *Renzikowski*, NJW 2016, 3553, 3554.

äußern, subsumiert.[1000] Neu eingefügt wurden die Regelungen des § 184i StGB und § 184j StGB.[1001]

Nach § 184i StGB macht sich strafbar, wer eine andere Person in sexuell bestimmter Weise körperlich berührt und dadurch belästigt. Sanktioniert werden solche Handlungen mit Freiheitsstrafe bis zu zwei Jahren oder mit Geldstrafe, wenn nicht die Tat in anderen Vorschriften mit schwerer Strafe bedroht ist. Der Gesetzgeber will damit Handlungen unter Strafe stellen, die mangels Erreichens der Erheblichkeitsgrenze keine sexuellen Handlungen im Sinne des § 184h Nr. 1 StGB sind, die aber gleichwohl das Opfer sexuell belästigen.[1002]

Insbesondere § 184j StGB wird als bedenklichster Teil der Strafrechtsreform eingestuft.[1003] Ihr Wortlaut lautet:

> „*Wer eine Straftat dadurch fördert, dass er sich an einer Personengruppe beteiligt, die eine andere Person zur Begehung einer Straftat an ihr bedrängt, wird mit Freiheitsstrafe bis zu zwei Jahren oder mit Geldstrafe bestraft, wenn von einem Beteiligten der Gruppe eine Straftat nach den §§ 177 oder 184i begangen wird und die Tat nicht in anderen Vorschriften mit schwererer Strafe bedroht ist.*“

Anlass waren offenbar die Vorfälle am Hauptbahnhof in Köln am 31.12.2015,[1004] als sexuelle Übergriffe von überwiegend ausländischen Tätern gegenüber Frauen begangen wurden. Der Gesetzgeber beruft sich auf ein „*neues und gewichtiges Phänomen*“[1005]. Der Tatbestand trage dem Umstand Rechnung, dass bestimmte Sexualstraftaten, die aus einer Gruppe heraus begangen werden, ein erhöhtes Gefahrpotential für das Opfer bergen.[1006] Sehr kontrovers wurde die Einführung von § 184j StGB bereits im Bundestag diskutiert. Die Vorschrift wird als „absurd“ beschrieben und als Verstoß gegen das Schuldprinzip qualifiziert.[1007] Auch in der Literatur ist der Tatbestand auf Kritik gestoßen. Der erwähnte Normzweck sei lediglich vorgeschoben. Tatsächlich gehe es um die Vermeidung von Beweisproblemen, wie sie in der Silvesternacht in Köln aufgetreten sind, wo es trotz vieler

---

1000 S. zur Kritik am neuen Tatbestand des § 177 StGB *Renzikowski* in: MüKo, § 177 nF Rdnr. 11 f.

1001 *Hörnle*, NStZ 2017, 13, 14.

1002 BT-Drs. 18/9097 S. 29.

1003 *Renzikowski*, NJW 2016, 3553, 3553.

1004 *Hörnle*, NStZ 2017, 13, 21.

1005 BT-Drs. 18/9097 S. 31.

1006 BT-Drs. 18/9097 S. 31.

1007 Abgeordnete v. BÜNDNIS 90/DIE GRÜNEN und DIE LINKE, Deutscher Bundestag, Plenarprotokoll 18/183, Sitzung v. 7.7.2016, 18003, 18005.

Anzeigen von den Opfern nicht zu einer Verurteilung kam, weil die Täter in den meisten Fällen nicht mehr von den Opfern identifiziert werden konnten.[1008] Darüber hinaus bestehe die im Gesetzgebungsverfahren angedeutete Parallele zu § 231 StGB nicht,[1009] wonach die Beteiligung an einer objektiv gefährlichen Situation geahndet werden solle.[1010] Im Gegensatz zu § 184j StGB fordert § 231 StGB wenigstens eine aktive Beteiligung an einer Schlägerei. Bei § 184j StGB hingegen genüge die zufällige Anwesenheit in einer Menschenmenge mit unlauteren Absichten, um jemanden für ein Sexualdelikt strafrechtlich zu sanktionieren.[1011] Darüber hinaus sei die Norm im 13. Abschnitt des Strafgesetzbuchs systemwidrig platziert worden, weil der Täter des § 184j StGB, durch seine eigens begangene Handlung das Opfer gar nicht in seiner sexuellen Selbstbestimmung verletzt haben muss. Dies verdeutliche sich auch in der Überschrift der Norm „Straftaten aus Gruppen". Zudem könne die Norm auch sonst systematisch nicht überzeugen. Wenn die gesetzgeberische Intention der Umsetzung eines erhöhten Gefahrpotentials für ein Opfer aufgrund gruppendynamischer Prozesse[1012] sachgerecht erfolgen soll, dann hätte es einer allgemeiner formulierten objektiven Bedingung der Strafbarkeit bedurft, die sich nicht auf Sexualdelikte beschränkt. In ihrer jetzigen Ausgestaltung stelle die Norm *„eine systematisch schlecht durchdachte, zu schnell auf öffentliche Empörung reagierende Gesetzesänderung"*[1013] dar.[1014]

Damit reiht sich die jüngste Reform des Sexualstrafrechts in die sich in den vorangegangenen Jahrzehnten immer wieder vollzogenen, unsystematischen Neugestaltungen verschiedener Straftatbestände im 13. Abschnitt des Strafgesetzbuchs ein und führt zu einer weiteren Perpetuierung und Verstärkung der hier vorzufindenden Unübersichtlichkeit. Deutlich wird, dass der Schutz von Opfern unter Betonung des Rechts auf sexuelle Selbstbestimmung abermals verstärkt in den Fokus gestellt wird, während es in der Konsequenz zu weiteren Verschärfungen von Tatbeständen und zu Strafmaßerhöhungen kommt. Für die Zukunft ist die Erwartung in der Literatur an eine Vernunft des Gesetzgebers, sich weg von einer stetigen Verschärfung des Strafgesetzbuchs im Bereich des

1008 Vgl. *Renzikowski*, NJW 2016, 3553, 3557; *Fischer*, § 177 Rdnr. 5.
1009 Vgl. *Renzikowski*, NJW 2016, 3553, 3557.
1010 BT-Drs. 18/9097 S. 20.
1011 Vgl. *Renzikowski*, NJW 2016, 3553, 3557.
1012 S. BT-Drs. 18/9097 S. 31.
1013 *Hörnle*, NStZ 2017, 13, 21.
1014 Vgl. *Hörnle*, NStZ 2017, 13, 21.

Sexualstrafrechts zu bewegen, ernüchternd.[1015] Es scheint, als könne das im Grundgesetz wurzelnde Recht auf sexuelle Selbstbestimmung jeglichen Aktionismus des Gesetzgebers mit lediglich abstrakten und von einer tatsächlichen Gefahr losgelösten Argumenten rechtfertigen.

Wie nun der Begriff der sexuellen Selbstbestimmung definiert wird und welche Rolle er bei Kindern und Jugendlichen einnimmt, wird im folgenden Kapitel erörtert.

II. Begriff der sexuellen Selbstbestimmung

Der Gesetzgeber hat davon abgesehen, eine Definition des Begriffs der sexuellen Selbstbestimmung ins Gesetzbuch aufzunehmen. Entsprechend der Gesetzesbegründung zum 4. StrRG sollte sich durch den Hinweis in § 184c Nr. 1 StGB[1016] auf das „jeweils geschützte Rechtsgut" zeigen, dass sich dieses einheitliche Rechtsgut der sexuellen Selbstbestimmung in einzelnen Tatbeständen in verschiedener Weise konkretisiert.[1017]

Schroeder als Begründer des Begriffs definiert sexuelle Selbstbestimmung als *„die Möglichkeit selbst zu bestimmen, ob und wann man mit Sexualität konfrontiert werden möchte, sowie die sexuelle Betätigung aufgrund hinreichender persönlicher Reife"*.[1018]

Nach allgemeinem Sprachgebrauch lässt sich sexuelle Selbstbestimmung definieren als die Möglichkeit, *„sich sexuell frei und unabhängig zu entfalten sowie Beziehungen selbständig und eigenverantwortlich zu gestalten ohne Zwang und Determination."*[1019]

In dieser Definition sind grundsätzlich zwei Bedeutungskomponenten enthalten. Einerseits kann mit sexueller Selbstbestimmung ein *„freies Gestalten der Sexualsphäre als Ausprägung des Autonomieprinzips gemeint sein (status activus), andererseits kann sexuelle Selbstbestimmung auch als ein Abwehrrecht verstanden werden (...) als Freiheit vor Fremdbestimmung auf sexuellem Gebiet"*.[1020]

1015 *Renzikowski* in: MüKo, § 177 nF Rdnr. 38.

1016 Heute § 184h Nr. 1 StGB.

1017 BT-Drs. 7/514 S. 12; vgl. auch *Sick*, ZStW 103 (1991), 43, 50; s. ferner *Schroeder* in: Festschr. für H. Welzel, S. 859, 868 ff.

1018 *Maurach/Schroeder/Maiwald*, Strafrecht BT/1, § 17 IV Rdnr. 15.

1019 *Sick*, Sexuelles Selbstbestimmungsrecht und Vergewaltigungsbegriff, S. 86.

1020 *Sick*, Sexuelles Selbstbestimmungsrecht und Vergewaltigungsbegriff, S. 86.

Rechtlich gesehen ist allerdings nur die negative Selbstbestimmungsfreiheit im Sinne eines Abwehrrechts gegen Zugriffe anderer erfasst.[1021] Gemeint ist damit die Freiheit davor, zum Objekt fremdbestimmter sexueller Übergriffe herabgewürdigt zu werden. Dabei findet sich die klassische Begriffsbestimmung eines subjektiven Rechts gemäß § 903 BGB auch im sexuellen Selbstbestimmungsrecht wieder.[1022] Nach § 903 BGB gewährleistet das Eigentum die Befugnis, nach Belieben über die Sache zu verfügen und andere von jeder Auswirkung auszuschließen. Sexuelle Selbstbestimmung bedeutet diesem Verständnis nach, *„über das ‚ob' einer sexuellen Begegnung, sowie die Art und Weise (Sexualpraktik), die konkreten Umstände (Zeit, Ort) und die an der sexuellen Interaktion beteiligten Personen“*[1023] frei entscheiden zu können.[1024]

In diesem Sinne ist die sexuelle Selbstbestimmung ein Teilaspekt, der durch Art. 2 Abs. 1 GG garantierten persönlichen Freiheit und somit letztlich der Menschenwürde.[1025] Sexuelle Handlungen gehören in die vom Bundesverfassungsgericht als „unantastbaren Bereich privater Lebensgestaltung“ bezeichnete Sphäre. Jeder sexuelle Kontakt gegen den Willen oder ohne sonst wirksame Einwilligung des Opfers ist damit gleichbedeutend mit einer Verletzung der Intimsphäre und einhergehend mit einer Missachtung der Menschwürde, dies jedenfalls, sofern eine bestimmte Eingriffsintensität erreicht ist.[1026]

In der Literatur wird das Rechtsgut der sexuellen Selbstbestimmung damit jedenfalls aus dem Abwehrrecht nach Art. 2 Abs. 1 GG sowie aus Art. 1 Abs. 1 GG abgeleitet. Aus Art. 2 Abs. 1 GG – der Freiheit vor sexueller Fremdbestimmung – folgt das Recht jedes Einzelnen, von sexuellen Übergriffen Dritter geschützt zu sein und nicht entgegen dem eigenen Willen in sexuelle Handlungen anderer einbezogen zu werden. Der Schutz der Menschenwürde nach Art. 1 Abs. 1 GG soll davor bewahren, nicht zum bloßen Objekt sexuellen Begehrens anderer herabgewürdigt zu werden.[1027]

1021 *Sick*, Sexuelles Selbstbestimmungsrecht und Vergewaltigungsbegriff, S. 86 f.; *Sick*, ZStW 103 (1991), 43, 51; *Maurach/Schroeder/Maiwald*, Strafrecht BT/1, § 17 Rdnr. 16; *Renzikowski* in: MüKo, Vor § 174 Rdnr. 8; *Bottke* in: Festschr. für H. Otto, S. 535, 536 f., 540 f., 553 f.

1022 *Sick/Renzikowski* in: Festschr. für F.C. Schroeder, S. 603, 604; *Renzikowski* in: MüKo, Vor § 174 Rdnr. 7.

1023 *Sick*, ZStW 103 (1991), 43, 51.

1024 *Sick*, ZStW 103 (1991), 43, 51.

1025 *Renzikowski* in: MüKo, Vor § 174 Rdnr. 8.

1026 *Hörnle* in: LK, Vor § 174 Rdnr. 28 ff.

1027 *Funcke-Auffermann*, Symbolische Gesetzgebung, S. 108 f.; *Fischer*, § 177 Rdnr. 2; *Laubenthal*, Handbuch Sexualstraftaten, Rdnr. 94; *Eisele* in: Schönke/Schröder, Vorbem. §§ 174 ff. Rdnr. 1 b; *Frommel*, ZRP 1988, 233, 234.

III. Bedeutung von Selbstbestimmung und Einwilligung bei Kindern und Jugendlichen

Prämisse der Ausübung von Selbstbestimmung ist es, eine Wahlfreiheit zu haben. Eine freie Wahl zu haben setzt wiederum voraus, eine hinreichende kognitive Reife zu besitzen, nach welcher Situationen eingeschätzt, Konsequenzen von Handlungen überblickt und Entscheidungen im Bewusstsein dieser Komponenten getroffen werden, mithin rechtserhebliche Einwilligungen abgegeben werden können. Die sexuelle Selbstbestimmung ist dabei immer dann verletzt, wenn entweder keine wirksame oder überhaupt keine Zustimmung vorliegt, wobei dies sowohl für sexuelle Interaktionen mit Körperkontakt als auch ohne gilt.[1028] Die Wirksamkeit einer abgegebenen Zustimmung oder Einwilligung kann in verschiedenster Art und Weise eingeschränkt werden. Durch Täuschung, Drohung oder sonstige Formen unangemessener Beeinflussung, wobei letztere Fälle im Gesetz häufig als „sexueller Missbrauch" bezeichnet werden.[1029] Das Moment der Selbstbestimmung kommt bei einer Zustimmung beziehungsweise Einwilligung wiederum dadurch zur Geltung, dass der Rechtsgutsinhaber *„über Wert und Vorzugswürdigkeit der widerstreitenden Interessen nach seinem eigenen Ermessen entscheidet."*[1030] Die Einwilligung ist dabei als Instrument der Interessenwahrnehmung zu qualifizieren.[1031] Denn durch das Mittel der Einwilligung wird es dem Rechtsgutsinhaber ermöglicht, Interessenskonflikte über eine „Gewinn- und Verlustrechnung"[1032] durch Aufopferung eines Rechtsguts zu lösen.[1033]

Kindern wird nach dem Gesetz die Fähigkeit, selbstbestimmt in sexuelle Interaktionen einzuwilligen, vollständig abgesprochen.[1034] Dennoch ist das sexuelle Selbstbestimmungsrecht kindlicher Opfer bei Missbrauchstaten ebenfalls verletzt. Dabei scheint es nur vordergründig ein Paradoxon zu sein, bei Kindern einerseits eine freie sexuelle Selbstbestimmung zu negieren, andererseits jedoch eben dieses Schutzgut als verletzt anzusehen.[1035] Nach oben beschriebenem Verständnis, wonach das sexuelle Selbstbestimmungsrecht im Sinne eines

1028 *Sick/Renzikowski* in: Festschr. für F.C. Schroeder, S. 603, 605 f.

1029 *Sick/Renzikowski* in: Festschr. für F.C. Schroeder, S. 603, 605, so z.B. in den Fällen der §§ 174 ff., 179, 182 StGB.

1030 *Baumann/Weber/Mitsch*, Strafrecht AT, § 17 Rdnr. 97; *Amelung*, ZStW 104 (1992), 525, 547.

1031 *Amelung*, ZStW 109 (1997), 490, 515; *Geilen*, Einwilligung, S. 90.

1032 *Köhler*, Strafrecht AT, S. 249; vgl. auch *Rönnau* in: LK, Vor § 32 Rdnr. 192.

1033 *Amelung*, ZStW 104 (1992), 525, 549.

1034 *Hörnle* in: LK, Vor § 174 Rdnr. 39.

1035 S. hierzu vertieft *Schetsche*, MSchrKrim, 1994, 201 ff.

Abwehrrechts gegen Zugriffe anderer ausgelegt wird, wird bei jeglichen sexuellen Handlungen mit oder im Beisein von Kindern das Recht auf Achtung eben dieses Rechts als Teil ihrer Intimsphäre verletzt, selbst wenn diese insofern als Einwilligungsunfähige eingestuft werden.[1036]

Anders als bei Kindern besteht bei Jugendlichen die Grundannahme, dass deren Fähigkeit, Situationen zu erfassen und zu beurteilen sowie (selbst unter Einflussnahme Dritter) dementsprechend zu handeln, in der Entwicklung ist. Besonders schwierig ist es daher vor allem bei Jugendlichen ab 14 Jahren zu entscheiden, wann sie in Ausübung ihres sexuellen Selbstbestimmungsrechts handeln und eine wirksame Einwilligung in sexuelle Handlungen abgeben können. Die Beurteilung dieser Frage bleibt stets einer differenzierten Einzelfallprüfung vorbehalten. Das Gesetz liefert hierfür einige Anhaltspunkte, insbesondere in § 174 StGB und § 182 StGB, *„von denen zu vermuten ist, dass sie die fragilen Urteils- und Durchsetzungsmöglichkeiten Jugendlicher überfordern.“*[1037]

Vor diesem Hintergrund und unter dem Gesichtspunkt der Einschränkung sexuell selbstbestimmten Verhaltens bei Minderjährigen wird als Kernfrage dieses Teils der Untersuchung erörtert, worin die Gründe für die differenzierte Behandlung betreffend die Fälle des Cyber-Groomings bei Kindern unter 14 Jahren und bei Jugendlichen ab 14 Jahren liegen könnten. Dies mit Blick auf das oben erwähnte Ziel[1038], ob die aktuelle Gesetzeslage mit einer Beschränkung des Schutzes Minderjähriger unter 14 Jahren in Bezug auf Cyber-Grooming ausreichend ist oder ob es einer weiteren Gesetzesänderung zu Gunsten der Gruppe Jugendlicher ab 14 Jahren (vorbehaltlich weiterer Legitimationsfragen zum Tatbestand) bedarf.

Hierfür wird zunächst im Zusammenhang mit den eben dargestellten Ausführungen zum sexuellen Selbstbestimmungsrecht auf die Frage eingegangen, warum Sexualkontakte zwischen Kindern und Erwachsenen per se abzulehnen sind, beziehungsweise weshalb Kindern eine Einwilligungsfähigkeit in Sexualkontakte mit Erwachsenen generell abgesprochen wird. Dabei richtet sich das Augenmerk besonders auf den Aspekt, ob Differenzierungskriterien zur unterschiedlichen Behandlung von Kindern und Jugendlichen im Rahmen des sexuellen Selbstbestimmungsrechts ersichtlich sind. In einem weiteren Schritt wird die Selbstbestimmung und Einwilligung bei Jugendlichen ab 14 Jahren

---

1036 *Hörnle* in: LK, § 176 Rdnr. 3; *Renzikowski* in: MüKo, Vor § 174 Rdnr. 9; *Frommel* in: NK, § 176 Rdnr. 10; a.A. *Wolters* in: SK-StGB, § 176 Rdnr. 2.

1037 *Hörnle* in: LK, Vor § 174 Rdnr. 40.

1038 S. 2. Teil, Einleitung, I.

untersucht und geprüft, welche Schlussfolgerungen hieraus für die hier zu behandelnde Thematik gezogen werden können.

1. Selbstbestimmung und Einwilligung bei Kindern

a) Irrelevanz des kindlichen Willens

Die Diskussion um die Relevanz des kindlichen Willens im Rahmen sexueller Handlungen beschäftigte bereits im 18. und 19 Jahrhundert die Rechtswissenschaft. Die „Unzucht mit Mädchen" mit deren Zustimmung wurde beispielsweise als ein Tatbestand der Notzucht konstruiert.[1039] Auf den Willen des Opfers kam es für die Beurteilung der Strafbarkeit seitdem nicht mehr an. Bei Kindern, so heißt es, kommt es *„nicht darauf an, ob so ein Kind etwa in die Tat eingewilligt hatte, denn da es nicht für genügend geistig reif gehalten wurde, um überhaupt in dieser Richtung hin eine freie Willensbestimmung entfalten zu können, galt auch trotz der etwaigen Einwilligung die Tat doch als eine gewaltsame."*[1040] Es wurde ferner als ein „Unsinn" betrachtet, *„von einem wirksamen Konsens eines Kindes, namentlich wenn es noch recht weit von dem Alter der 12 Jahre entfernt ist, zu reden"*.[1041]

Im Jahr 1910 widmete sich eine juristische Dissertation der Frage, warum Personen unter einer bestimmten Altersgrenze sexuellen Kontakten nicht wirksam zustimmen können. Der Autor erkennt grundsätzlich das Vorhandensein eines kindlichen Willens an, stuft diesen aber als rechtlich irrelevant an:

> *„Der Wille der jugendlichen Person ist zwar strafrechtlich irrelevant, tatsächlich aber vorhanden, und deswegen kann man dann nicht sagen, daß das Kind ein willenloses Werkzeug in den Händen des Täters sei, wie das z.B. der Fall ist, wenn der Täter gewaltsam die Hand des Kindes faßt und an seinen Geschlechtsteil führt."*[1042]

Nach Ansicht des Autors seien sexuelle Kontakte mit Kindern nicht deshalb zu bestrafen, weil sie „gegen" den Willen des Kindes vorgenommen würden, sondern „obwohl" sie mit dem Willen des Kindes erfolgten. Diese *„explizite Negation des Selbstbestimmungsrechts des Kindes"*[1043] wurde mit der im 19. Jahrhundert etablierten Annahme erklärt, nach welcher ein Kind sexuellen Handlungen nicht

1039 *Schetsche*, MSchrKrim, 1994, 201, 205.
1040 *Quanter*, Die Sittlichkeitsverbrechen, S. 228.
1041 *Quanter*, Die Sittlichkeitsverbrechen, S. 236.
1042 *Aaron*, Unzüchtige Handlungen mit Kindern, S. 38.
1043 *Schetsche*, MSchrKrim, 1994, 201, 206.

zustimmen könne, weil es sich über die Konsequenzen seiner Handlungen nicht im Klaren sei.[1044]

Dieser Gedanke verlor für die Jurisprudenz nie an Bedeutung. *Jäger* betont in seinem Werk aus 1957 die mangelnde Fähigkeit des Kindes zur „echten Willensbildung“:

> *„Zwar geht es hier nicht immer, wie bei den Gewaltdelikten, um die Überwindung fremder Willensabwehr. Vielmehr besteht die Verletzung in der Mißachtung und Ausnützung der Unerfahrenheit und geringen Widerstandskraft, also darin, daß es bei Kindern noch überhaupt nicht zu einer echten Willensbildung mit den dazugehörigen Erkenntnisfähigkeiten gekommen ist.“*[1045]

Auch heute noch wird diese Auffassung im Schrifttum vertreten.[1046]

b) Verletzung des Selbstbestimmungsrechts bereits dem Grunde nach

Ein weiterer Erklärungsversuch für die Ablehnung sexueller Interaktionen zwischen Kindern mit Erwachsenen findet sich in einem von *Finkelhor* begründeten Ansatz wieder. So verstoßen ausnahmslos alle sexuellen Handlungen Erwachsener gegenüber Kindern gegen deren Selbstbestimmungsrecht. Denn sexuelle Kontakte dieser Art können schon dem Grunde nach niemals als einvernehmlich angesehen werden.

Finkelhor zufolge können sexuelle Kontakte moralisch nur zulässig sein, wenn sie konsensual sind. Dies setzt zweierlei Dinge voraus: Zunächst müssen die involvierten Personen wissen und verstehen, wozu sie zustimmen. Außerdem müssen sie in ihrer Entscheidung für oder gegen den Kontakt völlig frei sein. Bei Kindern aber würden beide Komponenten fehlen. Zum einen sind Kinder nicht in der Lage, einen Konsens auf Basis ausreichender Information und Verständnis zu erklären, weil sie sich sozialer Bedeutung und möglichen Konsequenzen sexueller Handlungen nicht bewusst sind. Zum anderen hat ein Kind nicht die Freiheit, „Ja“ oder „Nein“ zu sagen.[1047]

Außerdem ist auch ein Machtgefälle zwischen Kindern und Erwachsenen anzuerkennen, das Kindern vollends die Möglichkeit nimmt, völlig selbständig und losgelöst von Beeinflussungen Erwachsener eine Entscheidung zu treffen. Im rechtlichen Sinne repräsentiert der Erwachsene die Autoritätsperson. Darüber

---

1044 *Schetsche*, MSchrKrim, 1994, 201, 206.

1045 *Jäger*, Strafgesetzgebung und Rechtsgüterschutz bei Sittlichkeitsdelikten, S. 50.

1046 *Renzikowski* in: MüKo, Vor § 174 Rdnr. 23, 26; *Hörnle* in: LK, Vor § 174 Rdnr. 39.

1047 *Finkelhor*, American Journal of Orthopsychiatry 49.4 (1979): 692 (694 f.).

hinaus ist das Kind auch rein tatsächlich abhängig von Erwachsenen, egal ob dies materielle oder immaterielle Bedürfnisse betrifft.[1048]

c) *Disparität der Wünsche*

Ein psychoanalytisch fundierter Ansatz zur Ablehnung intergenerationaler sexueller Kontakte basiert auf der Annahme einer sogenannten Sprachverwirrung zwischen Erwachsenem und Kind vorzufindenden Disparität der Wünsche.[1049]

Entscheidend ist dabei, *„daß der eine Partner (das Kind) sich diesseits der Pubertät und der andere (der Erwachsene) sich jenseits der Pubertät befindet."*[1050] Erst in der Pubertät kommt es zur Fähigkeit der Objektfindung, *„das präformierte Sexualobjekt [wird] sowohl bewußt als auch endgültig zentriert."*[1051]

Bei Sexualkontakten zwischen Kindern und Erwachsenen hat nur ein Teil – der Erwachsene – die Pubertät hinter sich. Demnach fehle es in solchen Konstellationen an der Reziprozität der Objekte.[1052]

Damit wird allerdings nicht generell angenommen, Kinder seien asexuelle Wesen. Vielmehr werden zärtlich erotische Kontakte zu Erwachsenen als üblich und sogar förderlich für die Entwicklung des Kindes angesehen.[1053]

Allerdings werden diese Kontakte völlig unterschiedlich interpretiert. „Sprachverwirrung" bedeute *Ferenczi* zufolge, dass das Kind den sexuellen Kontakten weder zustimmt noch sie initiiert.[1054] Erwachsene verwechseln Spielereien von Kindern mit Wünschen sexuell reifer Personen.[1055]

Die „Disparität der Wünsche" zeigt sich dabei ganz konkret insofern, als dass das Kind und der Erwachsene ganz unterschiedliche Dinge wollen. Während der Erwachsene eine „Sprache der Leidenschaft" spricht, geht es beim Kind um eine „Sprache der Zärtlichkeit".[1056]

Ein intergenerationaler sexueller Kontakt ist daher stets einseitig und stellt einen Verstoß gegen die Interessen und gegen den Willen des Kindes dar. Dieses kann wegen seiner fehlenden Sexualentwicklung noch gar keine Wünsche nach „genital reifer Sexualität" haben. Gerade die Differenz in der sexuellen

---

1048 *Finkelhor*, American Journal of Orthopsychiatry 49.4 (1979): 692 (695).
1049 *Dannecker*, Das Drama der Sexualität, S. 82 ff.
1050 *Dannecker*, Das Drama der Sexualität, S. 83.
1051 *Dannecker*, Das Drama der Sexualität, S. 83.
1052 Vgl. *Dannecker*, Das Drama der Sexualität, S. 83 f.
1053 *Schetsche*, MSchrKrim, 1994, 201, 208.
1054 *Schetsche*, MSchrKrim, 1994, 201, 208.
1055 *Ferenczi*, Schriften zur Psychoanalyse, S. 308.
1056 *Schetsche*, MSchrKrim, 1994, 201, 208; *Ferenczi*, Schriften zur Psychoanalyse, S. 308.

Entwicklung ergibt eine Unzulässigkeit des Sexualkontakts, wodurch eben dieser zur sexuellen Gewalt wird.[1057]

d) Stellungnahme

Insgesamt lässt sich festhalten, dass die aufgezeigten Lösungsmodelle zur Begründung einer generellen Ablehnung der Fähigkeit zur sexuellen Selbstbestimmung bei Kindern keine handfesten Anhaltspunkte für eine differenzierte Behandlung von Jugendlichen unter dem hier zu untersuchenden Blickwinkel begründen können.

Das erste Modell, welches auf das fehlende Wissen um sexuelle Handlungen rekurriert, kann insofern nicht überzeugen, als dass einerseits bei Kindern etwas unter 14 Jahren durchaus schon sexuelle Erfahrungen stattgefunden haben sowie insbesondere heute – im Zeitalter des Internets – zahlreiche Informationen über Sexualität ohne großen Aufwand gesammelt werden können. Andererseits kann nicht generell angenommen werden, jeder Jugendliche ab dem 14. Lebensjahr besitze hinreichend sexuelle Kenntnisse, um einen – im Sinne dieses Lösungsmodells – relevanten Willen aufzubringen.

Selbiges muss für das zweite, an *Finkelhor* orientierte Lösungsmodell gelten. Auch hier stellt sich die Frage der Differenzierung bezüglich der sexuellen Selbstbestimmung zwischen Kindern und Jugendlichen und der Legitimität einer starren Altersgrenze von 14 Jahren, die über Konsensfähigkeit oder Konsensunfähigkeit entscheiden soll. Hinzu kommt, dass sich gerade in Fällen des Cyber-Groomings eine fehlende Freiheit der betroffenen Opfer – egal ob Kind oder Jugendlicher –, „Ja" oder „Nein" zu sagen, angenommen werden muss. Aufgrund des äußerst manipulativen Verhaltens der Täter gelingt es diesen, ihre Opfer derart in eine vermeintlich von Intimität und Vertrauen geprägte Beziehung zu verwickeln, die es den Betroffenen in einem fortgeschrittenen Stadium des Grooming-Prozesses gerade verwehrt, frei über den weiteren Fortgang des Geschehens zu entscheiden.[1058] Die Bildung eines in diesem Sinne relevanten Konsenses ist wegen der Manipulation durch den Täter und dem Vortäuschen eines wahren Interesses an den Opfern gerade nicht möglich. Auf Grundlage einer falschen „Tatsachengrundlage" ist es den minderjährigen Opfern stets verwehrt, eine Entscheidung zu treffen, die deren ursprünglichen (beispielsweise romantischen oder freundschaftlichen) Annahme über den Verlauf einer Interaktion mit ihrem Online-Partner entspricht. Hierdurch spiegelt sich gerade auch ein

---

1057 *Schetsche*, MSchrKrim, 1994, 201, 208 f.

1058 1. Teil, Kapitel 2, I.

ungleiches Machtverhältnis zwischen Täter und Opfer wider, da die betroffenen Opfer die wahren Hintergründe des Online-Kontakts häufig nicht durchschauen und dem Täter somit „in die Falle tappen".

Schließlich vermag auch das zuletzt genannte Modell keinen Aufschluss über die differenzierte Behandlung von Kindern und Jugendlichen in den hier in Frage stehenden Konstellationen liefern. Eine „Disparität der Wünsche" ist vor allem auch in Fällen des Cyber-Groomings deutlich zu erkennen. Während es den betroffenen Kindern und vor allem auch Jugendlichen um die Befriedigung von Bedürfnissen von Neugier, Anerkennung oder Zuneigung geht, dominiert bei den Tätern meist das Sexuelle.[1059] Auch hier muss demnach stets von einer einseitigen „Beziehung" gesprochen werden, die einen Verstoß gegen die Interessen und den Willen des Minderjährigen darstellt. Dies selbst dann, wenn die Opfer von einer „echten" Liebesbeziehung mit dem Täter ausgehen und sogar den sexuellen Kontakt zu diesem suchen. Denn anders als in „gewöhnlichen" Partnerschaften spielt hier die benannte Manipulation seitens der Täter eine Rolle, die einer gleichen Ausgangsposition der Involvierten im Hinblick auf ihre Erwartungen und Wünsche entgegensteht.

In Abgrenzung hierzu wird im nachfolgenden Kapitel der Frage nachgegangen, wie die sexuelle Selbstbestimmung und Einwilligung konkret bei Jugendlichen über 14 Jahren beurteilt wird und ob sich hieraus handfeste Differenzierungskriterien ableiten lassen, die eine unterschiedliche Behandlung im Hinblick auf den Schutz vor Cyber-Grooming rechtfertigen könnten.

2. Selbstbestimmung und Einwilligung bei Jugendlichen

Wie bereits erwähnt, handelt es sich bei der Gruppe der Jugendlichen ab 14 Jahren um jene, für welche die Beurteilung der Frage, wann eine sexuelle Handlung sich als Akt freier Selbstbestimmung darstellt, beziehungsweise wann eine wirksame Einwilligung vorliegt, am schwierigsten ist. Weder kann wie bei Kindern stets von einer fehlenden Einwilligungsfähigkeit ausgegangen noch wie bei Erwachsenen im Regelfall autonomes Handeln angenommen werden.[1060]

Hörnle zufolge kann nur eine „kontextsensible Analyse"[1061] zu einem sachgerechten Ergebnis führen. Bei Jugendlichen sei der Tatsache Rechnung zu tragen, dass sich kognitive, emotionale und soziale Kompetenzen erst im Laufe der Zeit entwickeln. Zu berücksichtigen seien auch die psychologischen und biologischen

---

1059 S. 1. Teil, Kapitel 2, I.; 1. Teil, Kapitel 2, II. 2. b).

1060 S. 2. Teil, Kapitel 1, III.

1061 *Hörnle* in: Festschr. für H. Schöch, S. 401, 407.

Probleme während der Pubertät und kurz danach. Zudem komme es darauf an, wie die Beurteilungs- und Bewertungsinstrumente des Jugendlichen zum Zeitpunkt der sexuellen Interaktion ausgebildet waren. Maßgeblich sei ferner, ob in der konkreten Handlungssituation bezogen auf die soziale Rolle und das Verhalten des Erwachsenen, ein selbstbestimmtes Handeln des Jugendlichen unmöglich wird.[1062]

Dementsprechend könne weder die These, Minderjährige könnten unter keinen Umständen selbstbestimmt über Sexualkontakte mit anderen Personen entscheiden,[1063] standhalten, noch jene, die auf eine uneingeschränkte Fähigkeit zur sexuellen Selbstbestimmung abstellt.[1064]

Prämisse einer freien Selbstbestimmung ist neben der Einsichtsfähigkeit an sich, auch das Fehlen von Willensmängeln.[1065] Vor allem auch die Berücksichtigung von Willensmängeln ist angesichts der beim Cyber-Grooming häufig anzutreffenden Täuschung oder Erpressung der Opfer[1066] von Bedeutung.

Einwilligungen seitens der Opfer, die beim Cyber-Grooming im Raum stehen, betreffen dabei vielerlei Faktoren und nicht zwingend unmittelbar mit dem geschützten Rechtsgut im Zusammenhang stehende Aspekte. So kann dies etwa die Überbringung persönlicher Informationen, der Bericht privater Probleme sowie die Übermittlung kompromittierender Bilder an den Täter oder die Einwilligung in ein persönliches Treffen mit der Aussicht auf Geschlechtsverkehr sein. Gerade bezüglich des letztgenannten Aspekts erlangt damit die Frage einer wirksamen Opferzustimmung in Sexualkontakte mit dem Erwachsenen unmittelbar Relevanz, während die im Übrigen benannten Einwilligungen seitens der Opfer, den Weg hin zur sexuellen Handlung ebnen und damit jedenfalls mittelbar von Bedeutung sind.

1062 Vgl. *Hörnle* in: Festschr. für H. Schöch, S. 401, 407 f.

1063 Dies schon deshalb nicht, weil Jugendliche heutzutage meist schon lange vor Vollendung des 18. Lebensjahres den ersten Koitus erlebt haben, *Hörnle* in: Festschr. für H. Schöch, S. 401, 405; vgl. auch *Heßling/Bode* in: Bundeszentrale für gesundheitliche Aufklärung (Hrsg.), S. 107 ff., verfügbar unter: http://www.bzga.de/infomaterialien/sexualaufklaerung/studien/?idx=2711 [26.10.2016]; a.A. *Wolters* in: SK-StGB, § 182 Rdnr. 20, der bei Minderjährigen im Alter zwischen 14 und 16 Jahren wie bei Kindern unter 14 Jahren generell von einer fehlenden Fähigkeit zur sexuellen Selbstbestimmung ausgehen will.

1064 *Hörnle* in: Festschr. für H. Schöch, S. 401, 405 ff.

1065 S. 2. Teil, Kapitel 1, II.

1066 S. 1. Teil, Kapitel 2, I.

Daher widmet sich das folgende Kapitel einer umfassenden Betrachtung möglicher Einschränkungen sexueller Selbstbestimmung bei Jugendlichen ab 14 Jahren.[1067] Zum einen ist die Untersuchung dahingehend ausgerichtet, wann eine Einwilligungsunfähigkeit der Ausübung sexuell selbstbestimmten Verhaltens entgegensteht. Zum anderen wird geprüft, inwiefern Willensmängel zum Ausschluss einer wirksamen Einwilligung führen.

Ziel der Analyse ist es abermals herauszustellen, ob vor diesem Hintergrund, einerseits die differenzierte Behandlung von Kindern und Jugendlichen bezüglich des Schutzes vor Cyber-Grooming gerechtfertigt werden kann. Andererseits, ob hieraus Schlussfolgerungen bezüglich einer weiteren Gesetzesänderung zu Gunsten des Schutzes von über 14-Jährigen vor Cyber-Grooming gezogen werden können.

a) Einwilligungs(un)fähigkeit

Im Allgemeinen Teil des Strafgesetzbuchs finden sich keinerlei Aussagen darüber, wann die Fähigkeit, wirksam in Entscheidungen einwilligen zu können, vorliegen soll. Lediglich in den §§ 216, 228 StGB sind punktuelle Regelungen zu den objektiven Schranken der Einwilligung festgelegt. Dabei ist unstreitig anerkannt, dass die Einwilligung auch bei anderen gegen den Einzelnen gerichteten Straftaten das Unrecht der Tat ausschließen kann. Basierend auf dem Grundsatz „volenti non fit iniuria“[1068] hat sich die Erheblichkeit der Einwilligung als Gewohnheitsrecht durchgesetzt.[1069]

Bei der Beurteilung der Einwilligungsfähigkeit von Minderjährigen ist nach der herrschenden Lehre von der Einsichtsfähigkeit[1070] dann von einer strafrechtlich wirksamen Einwilligung auszugehen, wenn der Minderjährige *„nach seiner geistigen und sittlichen Reife imstande ist, Wesen, Bedeutung und Tragweite des*

1067 Dabei soll an dieser Stelle noch keine Differenzierung bezüglich der Schutzaltersgrenzen von Jugendlichen – wie sie im Gesetz angelegt ist – erfolgen, da eine gesetzessystematische Betrachtung einem späteren Kapitel vorbehalten ist. Hier stehen allein die Aspekte der Einwilligungsfähigkeit und der Willensmängel im Fokus.

1068 *Ulpian D.* 47, 10, I § 5 (zit. nach *Göbel*, Die Einwilligung im Strafrecht, S. 17).

1069 *Baumann/Weber/Mitsch*, Strafrecht AT, § 17 Rdnr. 92; *Rönnau* in: LK, Vor § 32 Rdnr. 146; *Stratenwerth/Kuhlen*, Strafrecht AT, § 9 Rdnr. 3; *Maurach/Zipf*, Strafrecht AT/1, § 17 III Rdnr. 32.

1070 A.A. Lehre von der Zivilrechtsakzessorietät, wonach eine Einwilligung dann wirksam ist, wenn Geschäftsfähigkeit im Sinne der §§ 104 ff. BGB gegeben ist, *Heinrich*, Strafrecht AT, Rdnr. 467.

gegen ihn gerichteten Eingriffs und des Verzichts auf den Schutz des Rechtsguts zu erkennen und sachgerecht zu beurteilen.“[1071]

Entscheidend ist danach eine natürliche Einsichtsfähigkeit, wobei die jeweiligen Einzelfallumstände und die persönliche Reife des Betroffenen zu berücksichtigen sind.[1072]

Grundsätzlich besteht sowohl in der Literatur als auch in der Rechtsprechung Einigkeit darüber, dass im Rahmen einer Einzelfallbetrachtung über die Einwilligungsfähigkeit zu entscheiden ist. Konkrete Definitionen des Begriffs der Einwilligungsfähigkeit sind allerdings nicht vorzufinden. Vielmehr werden lediglich pauschale Umschreibungen wiedergegeben, die einer einheitlichen Begriffsbestimmung dessen, was die Einwilligungsfähigkeit konstituiert, entgegenstehen.[1073]

b) Standpunkt der Rechtsprechung

In der Rechtsprechung entwickelten sich erst nach einer Abkehr von der Ansicht, dass die zivilrechtlichen Regelungen über die Geschäftsfähigkeit (§§ 104 ff. BGB) auf die Einwilligung anzuwenden seien, eigenständige Ausführungen zur Einwilligungsfähigkeit.[1074]

Mit der endgültigen Ablösung der Einwilligung von der Willenserklärung durch die Grundsatzentscheidung des sechsten Zivilsenats aus dem Jahre 1958,[1075] fand bezüglich der Einwilligung eines Minderjährigen in einen ärztlichen Heileingriff eine Beurteilung nach eigenen Wirksamkeitsmaßstäben statt.

Danach verlangte das Gericht, dass der Minderjährige „*nach seiner geistigen und sittlichen Reife die Bedeutung und Tragweite des Eingriffs und seiner Gestattung zu ermessen vermag.*“[1076]

Ähnlich wird in jüngerer Rechtsprechung betont, dass es bei der Beurteilung der Einwilligungsfähigkeit von Minderjährigen auf deren individuellen Reifegrad ankommt, wobei die Urteilsfähigkeit nicht generell, sondern in Bezug auf den konkreten Eingriff zu beurteilen ist.[1077] Einwilligungsfähigkeit sei „*daher um*

1071 *Heinrich*, Strafrecht AT, Rdnr. 466.
1072 *Heinrich*, Strafrecht AT, Rdnr. 466.
1073 *Neyen*, Die Einwilligungsfähigkeit, S. 44.
1074 Vgl hierzu näher *Amelung*, ZStW 104 (1992), 525, 535.
1075 BGHZ 29, 33, 36.
1076 BGHZ 29, 33, 36.
1077 BayObLG, NJW 1999, 372, 372.

so eher anzunehmen, je näher der Einwilligende der Volljährigkeitsgrenze oder je geringfügiger die Verletzung ist.“[1078]

Das Bayerische Oberste Landesgericht hat in diesem Zusammenhang über die Einwilligungsfähigkeit eines 15-Jährigen, der zustimmte, sich von drei weiteren Jugendlichen für die Dauer von 1,5 Minuten als Aufnahmetest in eine Jugend-Gang verprügeln zu lassen, ausgeführt, dass alleine diese Tatumstände genügen, um eine ausreichende Urteilsfähigkeit zur Bewertung des zugelassenen Eingriffs in die körperliche Integrität des 15-Jährigen abzulehnen.[1079]

Das Landgericht Göttingen hatte 2008 über einen Fall zu entscheiden, in welchem zwei drogensüchtige Mädchen im Alter von 16 und 17 Jahren Opfer gefährlicher Körperverletzungshandlungen wurden. Bei den zugrundeliegenden Handlungen handelte es sich um massive Schläge auf das unbekleidete Gesäß der Mädchen, die diese unter zuvor erteilter Einwilligung und zur sexuellen Befriedigung der Täter (sogenanntes Spanking) mehrfach über sich ergehen ließen, um sich von der zugesagten Gegenleistung in Form von 100,00 € Drogen kaufen zu können. Das Landgericht bejahte die Einwilligungsfähigkeit der Mädchen mit dem Hinweis, dass die Auswirkungen der begangenen Körperverletzungen auf jeden Fall auch für sie als Minderjährige noch gut absehbar waren.[1080]

Insgesamt wird hieraus zum einen ersichtlich, dass sich unter Bezugnahme auf die Rechtsprechung in der Tat nur allgemeine Aussagen bezüglich der Feststellung der Einwilligungsfähigkeit bei Minderjährigen finden lassen, wenn danach auf einen „individuellen Reifegrad“ und die Möglichkeit, „Bedeutung und Tragweite des Eingriffs und seiner Gestattung“ zu erfassen, abgestellt wird. Zum anderen bleibt fraglich, inwiefern eine Auseinandersetzung mit dem Einzelfall erfolgt, wenn sich die Gerichte in den zwei zuletzt erwähnten Fällen auf Erklärungen wie: „Allein die Umstände des Sich-Verprügeln-Lassens von anderen Jugendlichen genüge, um die Urteilsfähigkeit auszuschließen“ oder „die Auswirkungen der begangenen Körperverletzungen durch die Schläge auf das Gesäß waren absehbar“ beschränken.

Daher sind auch danach nur wenig greifbare Konturen zur konkreteren Umschreibung der Einwilligungsfähigkeit bei Minderjährigen festzumachen.[1081]

1078 LG Göttingen Urt. v. 25.6.2008 – 1 KLs 11/08, BeckRS 2008, 17081; s. ferner *Lenckner/ Sternberg-Lieben* in: Schönke/Schröder, Vorbem. §§ 32 ff. Rdnr. 40 m.w.N.

1079 BayObLG, NJW 1999, 372, 372.

1080 LG Göttingen, Urteil vom 25.6.2008 – 1 KLs 11/08 , BeckRS 2008, 17081.

1081 S. vertieft *Amelung*, ZStW 104 (1992), 525, 537 ff.

Amelung folgert hieraus eine Gefahr *„uneinheitlicher Anwendung und des Gebrauchs der Einwilligungs(un)fähigkeit als Etikett, dessen Einsatz andere, unausgesprochene Entscheidungsgründe verdeckt.“*[1082]

Im Hinblick auf Entscheidungen mit Minderjährigen habe sich diese Gefahr beispielsweise im sogenannten „Gisela-Fall“[1083] gezeigt. Der zweite Strafsenat habe danach ohne Weiteres angenommen, dass eine *„von Liebesleid erfaßte Sechzehnjährige bereits Einsicht genug besitzt, um durch eine Einwilligung in ihre Tötung die täterprivilegierenden Wirkungen des § 216 StGB herbeizuführen.“*[1084] Dabei kritisiert *Amelung* die vom Gericht offenbar nicht in Betracht gezogene Erwägung, dass eine *„vom Sturm der Gefühle erfaßte Sechzehnjährige“*[1085] nicht in der Lage ist, *„die Folgen einer unerfüllbaren Liebe gegen die zahllosen Erfahrungen und Entwicklungsmöglichkeiten eines ganzen Menschenlebens“* abzuwägen.[1086]

Die Verdeckung der wahren Entscheidungsgründe durch Äußerungen zur Einwilligungsfähigkeit habe sich besonders deutlich bei der gerichtlichen Beurteilung eines Schwangerschaftsabbruchs bei Minderjährigen gezeigt. Gerade hier sei klar zu erkennen, dass die Verneinung der Einwilligungsfähigkeit bei der Schwangeren weniger von einer Beurteilung ihrer Persönlichkeit, als von der Einstellung des Richters zum Schwangerschaftsabbruch abhing.[1087]

Das Gericht hatte in seiner Entscheidung die für die Einwilligungsfähigkeit erforderliche geistige und sittliche Reife im Fall der Minderjährigen unter Verweis auf die im Zeitpunkt des Schwangerschaftsabbruchs noch nicht voraussehbaren physischen und vor allem psychischen Folgen von gravierender Art abgelehnt. In Anbetracht dieser nicht absehbaren Folgen, sei auch ein nahezu 17-jähriges Mädchen bei durchschnittlicher Intelligenz und Lebenserfahrung mit der Beurteilung der Situation als überfordert anzusehen. Dies gelte umso mehr, als *„erfahrungsgemäß eine im Frühstadium der Schwangerschaft vorhandene psychische Verweigerungshaltung bei fortschreitender Schwangerschaft in vielen Fällen deren innere Akzeptanz weicht.“*[1088] Dies, sowie die Folgen eines Abbruchs richtig einzuschätzen, setze mindestens einen Entwicklungsstand und ein Erfahrungswissen voraus, wie es im Regelfall für abzuwickelnde vermögensrechtliche Angelegenheiten jedenfalls vom Gesetzgeber erst von einem Menschen im Alter

1082 *Amelung*, ZStW 104 (1992), 525, 537 f.
1083 BGHSt 19, 135, 137.
1084 BGHSt 19, 135, 137.
1085 *Amelung*, ZStW 104 (1992), 525, 538 f.
1086 *Amelung*, ZStW 104 (1992), 525, 538 f.
1087 Vgl. *Amelung*, ZStW 104 (1992), 525, 539.
1088 AG Celle, NJW 1987, 2307, 2308.

ab vollendetem 18. Lebensjahr erwartet werden könne. Bezogen auf die Situation der Minderjährigen beschränkt sich das Gericht lediglich auf die Feststellung, diese weise keinen weiteren Entwicklungsstand als ihre Altersgenossen auf.[1089]

c) Standpunkt der Literatur

Während in der älteren Literatur Uneinigkeit zwischen Zivil- und Strafrechtlern hinsichtlich der rechtsdogmatischen Einordnung der Einwilligungsfähigkeit bestand,[1090] herrscht heute zumindest Einigkeit darüber, dass diese eine eigenständige Rechtsfigur des Strafrechts ist.[1091] Einig ist man sich ferner dahingehend, dass die Beurteilung einer Einwilligungsfähigkeit unabhängig von zivilrechtlichen Regeln zur Geschäftsfähigkeit[1092] und unabhängig von bestimmten Altersgrenzen zu erfolgen hat.[1093] Bis heute ungeklärt ist allerdings, welche spezifischen Voraussetzungen erfüllt sein müssen, um eine Einwilligungsfähigkeit zu begründen.

Zunächst finden sich im Schrifttum einige Parallelen zum eben aufgezeigten Standpunkt der Rechtsprechung.

Wird die Einwilligungsfähigkeit häufig als „natürliche Einsichts- und Urteilsfähigkeit"[1094] umschrieben, so wird diese Formel, ähnlich wie in der Rechtsprechung, näher mit der Erläuterung konkretisiert, es müsse auf die Fähigkeit zur Beurteilung von „Wesen, Bedeutung und Tragweite" der Einwilligung abgestellt werden.[1095] Andere Stimmen in der Literatur sprechen nicht von „natürlicher", sondern von „konkreter" Einsichts- und Urteilsfähigkeit.[1096]

1089 AG Celle, NJW 1987, 2307, 2308.

1090 S. hierzu näher *Amelung*, ZStW 104 (1992), 525, 542.

1091 Statt vieler: *Jescheck/Weigend*, Lehrbuch des Strafrechts AT, S. 381 m.w.N.

1092 S. aber Lehre von der Zivilrechtsakzessorietät bei der Verletzung von Vermögensrechten, *Heinrich*, Strafrecht AT, Rdnr. 467.

1093 S. z.B. *Roxin*, AT I, § 13 Rdnr. 85; *Rönnau* in: LK, Vor § 32 Rdnr. 195; *Neyen*, Die Einwilligungsfähigkeit, S. 2 ff.

1094 *Rönnau* in: LK, Vor § 32 Rdnr. 192, 195; *Jescheck/Weigend*, Lehrbuch des Strafrechts AT, S. 382; *Jakobs*, Strafrecht AT, 7. Abschn. Rdnr. 114; *Weigend*, ZStW 98 (1986), 44, 44; *Roxin*, AT I, § 13 Rdnr. 80 ff.; *Lenckner/Sternberg-Lieben* in: Schönke/Schröder, Vorbem. §§ 32 ff. Rdnr. 39.

1095 *Lenckner/Sternberg-Lieben* in: Schönke/Schröder, Vorbem. §§ 32 ff. Rdnr. 40; *Rönnau* in: LK, Vor § 32 Rdnr. 193; *Maurach/Zipf*, Strafrecht AT/1, § 17 III Rdnr. 57.; *Stratenwerth/Kuhlen*, Strafrecht AT, § 9 Rdnr. 24 ff.

1096 *Helle*, MedR 1987, 65, 68; *Eser/Koch*, MedR 1984, 6, 8; *Lackner/Kühl*, Vor § 32 Rdnr. 16.

Weiter wird betont, dass die Einwilligungsfähigkeit konkret anhand der jeweiligen Einzelfallumstände näher zu bestimmen ist.[1097] *Geilen* zufolge sei hierbei erforderlich, dass sich die Anforderungen an die Einwilligungsfähigkeit nach der Bedeutung des auf dem Spiel stehenden Rechtsgutes auszurichten hätten. Bei folgenschweren Eingriffen seien strengere Maßstäbe anzulegen als bei Bagatellangriffen.[1098]

Außerdem wird teilweise verlangt, der Einwilligende müsse die Fähigkeit besitzen, nach seiner Einsicht zu handeln beziehungsweise entsprechende Entschlüsse zu fassen.[1099]

Amelung äußerte sich in diesem Zusammenhang kritisch[1100] und entwickelte demzufolge einen eigenen Definitionsansatz zur Einwilligungsunfähigkeit.[1101]

Als einwilligungsunfähig ist *Amelung* entsprechend anzusehen, wer

1. wegen Minderjährigkeit, geistiger Behinderung oder geistiger Erkrankung nicht erfassen kann,
   a) welchen Wert oder welchen Rang die von der Einwilligungsentscheidung berührten Güter und Interessen für ihn haben oder
   b) welche Folgen oder Risiken sich aus der Einwilligungsentscheidung ergeben oder
   c) welche Mittel es zur Erreichung der mit der Einwilligung erstrebten Ziele gibt, die ihn weniger belasten.
2. Das gleiche gilt, wenn der Minderjährige, geistig Behinderte oder geistig Erkrankte zwar die erforderliche Einsicht hat, aber nicht in der Lage ist, sich nach ihr zu bestimmen.[1102]

In ähnlicher Weise hat auch *Neyen* eine eigenständige Definition der Einwilligungsfähigkeit vorgestellt. Grundgedanke ist dabei auch hier, dass es aufgrund der Vielschichtigkeit der zu beurteilenden Fälle auf eine Einzelfallentscheidung

1097 *Rönnau* in: LK, Vor § 32 Rdnr. 194; *Lenckner/Sternberg-Lieben* in: Schönke/Schröder, Vorbem. §§ 32 ff. Rdnr. 40; s. auch *Geilen*, Strafrecht AT, S. 113 f.; *Geilen*, Einwilligung, S. 88.

1098 *Geilen*, Strafrecht AT, S. 113 f.; vgl. auch *Odenwald*, Einwilligungsfähigkeit S. 103 f.; *Rönnau* in: LK, Vor § 32 Rdnr. 195.

1099 *Rönnau* in: LK, Vor § 32 Rdnr. 193; *Fischer*, Vor § 32 Rdnr. 3c; *Kern*, MedR 1991, 66, 68.

1100 *Amelung*, ZStW 104 (1992), 525, 541 f.

1101 *Amelung*, ZStW 104 (1992), 525, 558; s. hierzu kritisch *Stief*, Die Einwilligungsfähigkeit, S. 67 ff.; *Odenwald*, Die Einwilligungsfähigkeit im Strafrecht, S. 60 ff.

1102 *Amelung*, ZStW 104 (1992), 525, 558.

ankommt, die vom „*Gegenstand des Verzichts, aber auch von der aktuellen geistigen Verfassung des Verzichtenden*"[1103] abhängig ist. Einwilligungsfähigkeit ist damit gegeben, wenn der Handelnde a) die Rechtsgutsverletzung selbst, b) die möglichen Entscheidungsalternativen und c) die daraus resultierenden Folgen zutreffend einschätzen kann.[1104]

d) Stellungnahme

Die von der Rechtsprechung aufgestellten Grundsätze zur Beurteilung einer Einwilligungsfähigkeit lassen dem Rechtsanwender viel Spielraum. Auffällig ist, dass sich in den zitierten Entscheidungen mehr pauschale Aussagen über die Einwilligungsfähigkeit beziehungsweise Einwilligungsunfähigkeit Minderjähriger finden lassen, als einzelfallbezogene Auseinandersetzungen mit der „geistigen und sittlichen Reife" der Jugendlichen. Insofern ist der Kritik[1105] von *Amelung* zuzustimmen, dass die wenig konturhafte Definition der Einwilligungsfähigkeit durch die Rechtsprechung die Gefahr widersprüchlicher Rechtsanwendung und Verdeckung wahrer Entscheidungsgründe in sich birgt.

Vor allem aber ist hieraus im Hinblick auf die in diesem Kapitel im Zentrum stehende Frage der Rechtfertigung einer Beschränkung des Schutzes von Minderjährigen bis 14 Jahren in Fällen des Cyber-Groomings auch eines ersichtlich: Anhaltspunkte für die differenzierte Behandlung von Jugendlichen über 14 Jahren diesbezüglich sind allein auf Grundlage der aufgezeigten Rechtsprechung nicht abzuleiten.

Unter Berücksichtigung des von den Gerichten aufgestellten Leitgedankens, es komme bei der Beurteilung der Einwilligungsfähigkeit von Minderjährigen neben der Betrachtung der Einzelfallumstände auf deren individuellen Reifegrad an, bleibt eine differenzierte Behandlung von Kindern unter 14 Jahren und Jugendlichen ab 14 Jahren beim Phänomen des Cyber-Groomings unklar. Dabei steht hier nicht im Raum, dass die Einwilligungsfähigkeit bei Kindern im Sinne des § 176 StGB bezüglich sexueller Handlungen per se nicht gegeben ist.[1106] Maßgeblich ist vielmehr die Frage, wie Jugendliche ab 14 Jahren bezüglich ihrer Einwilligungsfähigkeit zu beurteilen sind und ob hier mit Blick auf den Standpunkt der Rechtsprechung in Konstellationen des Cyber-Groomings nicht von einem Ausschluss der Einwilligungsfähigkeit auszugehen ist.

1103 *Neyen*, Die Einwilligungsfähigkeit, S. 45.

1104 *Neyen*, Die Einwilligungsfähigkeit, S. 45.

1105 S. ferner *Stief*, Die Einwilligungsfähigkeit, S. 35 ff.

1106 S. 2. Teil, Kapitel 1, III. 1.

Problematisch ist danach zunächst, wie und vor allem woran der „individuelle Reifegrad" festgemacht werden soll. Dies insbesondere vor dem Hintergrund, dass im heutigen Zeitalter des Internets, Kinder in immer jüngeren Jahren in Berührung mit sexuellen Inhalten kommen und als Digital Natives[1107] sehr versiert im Umgang mit dem Internet sind und sich alle Informationen aus dem Netz besorgen können, die sie gerade erreichen wollen. Wenn die Kenntnis über sexuelle Inhalte einen Aspekt der Bestimmung des individuellen Reifegrades ausmachen würde, so könnte demzufolge auch bei unter 14-Jährigen nicht per se von einer fehlenden Einwilligungsfähigkeit ausgegangen werden. Dies entspricht nach der Konzeption des § 176 StGB jedoch nicht dem gesetzgeberischen Willen. Eine klare Unterscheidung zu Jugendlichen über 14 Jahren, die jedenfalls noch nicht nah an der Volljährigkeitsgrenze sind, lässt sich in diesem Zusammenhang nicht feststellen. Würde man bezüglich der Feststellung des „individuellen Reifegrades" auf die Kenntnis von sexuellen Inhalten abstellen, so wären in vielen Fällen keine wesentlichen Differenzierungskriterien zwischen Kindern und Jugendlichen auszumachen, mit der Konsequenz, dass de lege ferenda eine Erweiterung des Schutzes vor Cyber-Grooming zu Gunsten Jugendlicher ab 14 Jahren vorzunehmen wäre.

Hinzu kommt, dass die untersuchten Opferprofile des ersten Teils gezeigt haben, dass viele jugendliche Opfer, die sexuell aufreizend und provozierend auftreten, nicht zwingend als „reif" eingestuft werden können, da dies nur oberflächliche Erscheinungen sind, die Aussagen über die tatsächliche geistige und psychische Verfassung nicht erlauben.[1108] Vor allem das Internet gibt Pubertierenden schier unbegrenzte Möglichkeiten, neue Sachen auszuprobieren und ihre Persönlichkeit zu erforschen. Ob sich Jugendliche dabei über die Konsequenzen ihrer Handlungen stets im Klaren sind, steht allerdings auf einem anderen Blatt geschrieben. Es stellt sich hier die Frage, ob in solchen Fällen eine Einwilligungsfähigkeit wegen eines nur vermeintlich hohen Reifegrades zu verneinen wäre und ob nicht vielmehr eine Unreife im oben definierten Sinne angenommen werden müsste. Dies insbesondere deshalb, da die Folgen sexueller Interaktionen mit Erwachsenen im Internet auch für anfangs „erfahren" scheinende Jugendliche gerade nicht absehbar sind, beziehungsweise angesichts der häufig anzutreffenden Manipulation gar nicht abgeschätzt werden können. Auch vor diesem Hintergrund sind jedenfalls Differenzierungsgründe zwischen Kindern und Jugendlichen nicht auszumachen, was zu derselben Schlussfolgerung wie oben führt, nämlich einer Erweiterung des Schutzbereichs auf Jugendliche ab 14 Jahren.

1107 S. zum Begriff 1. Teil, Kapitel 2, II. 2. a).

1108 S. 1. Teil, Kapitel 4, II.

Ferner bleibt die Frage offen, ob unter Berücksichtigung der Einzelfallumstände des Cyber-Groomings nicht auch bei Jugendlichen ab 14 Jahren eher von einer fehlenden Einwilligungsfähigkeit im oben definierten Sinne auszugehen ist. Denn Täter passen ihre Handlungen in den Kommunikationsplattformen des Internets auf die Bedürfnisse potentieller Opfer mit dem Ziel der Vertrauensgewinnung spezifisch an. Dabei ist eine Gefährdung von Jugendlichen über 14 Jahren genauso gegeben wie bei Kindern unter 14 Jahren. Gerade in der Pubertät sind Jugendliche über ihre Person verunsichert und besonders empfänglich für vermeintliche Freunde, die ihnen „mit Rat und Tat" zur Seite stehen wollen. Insofern sind Jugendliche über 14 Jahren als ebenso naiv und schutzwürdig einzustufen wie Kinder im Sinne von § 176 StGB. Dies jedenfalls, sofern man nicht von Jugendlichen nahe der Volljährigkeitsgrenze ausgeht.

Ähnlich wie im Fall der Rechtsprechung, lassen sich auch unter Berücksichtigung der Ansichten im Schrifttum zum Begriff der Einwilligungsfähigkeit nur wenig konturstarke Aussagen über die Voraussetzungen beziehungsweise das Fehlen einer Einwilligungsfähigkeit bei Minderjährigen treffen.[1109] Im Wesentlichen entsprechen die Definitionen der Literatur jenen der Rechtsprechung. Daher bleibt die im Fokus stehende Frage der Rechtfertigung einer unterschiedlichen Behandlung von Kindern und Jugendlichen in Fällen des Cyber-Groomings auch danach unbeantwortet.

Offen bleibt beispielsweise, wie zu unterscheiden ist, wenn auf „Wesen, Bedeutung und Tragweite" der Einwilligung abgestellt werden soll. Wie geschildert, ist wesentlicher Kern des Cyber-Groomings gerade die Manipulation durch die Täter mit dem Ziel der Vertrauensgewinnung der Opfer.[1110] Unter diesen Umständen ist eine vernünftige Beurteilung bei der Situation von Opfern über 14 Jahren ebenso wenig zu erwarten, wie von Opfern unter 14 Jahren. Denn wie sollen „Wesen, Bedeutung und Tragweite" der Einwilligung richtig eingeschätzt werden, wenn die Ausgangslage bereits nicht derart beschaffen ist, dass den betroffenen Minderjährigen eine von Störfaktoren uneingeschränkte Entscheidung möglich ist. Vor allem muss dies aber gelten, wenn auch nach Ansicht der Literatur die jeweils konkreten Einzelfallumstände zu Grunde zu legen sind, denn die Tatumstände sind in allen Fällen gleich, egal ob bei Kindern im Sinne von § 176 StGB oder bei Jugendlichen ab 14 Jahren. Die einzige sich ändernde Komponente ist die Strategie der Täter zur Beeinflussung ihrer Opfer. Allein diese kann aber keine derart abweichende Tatmodalität darstellen, die eine unterschiedliche

1109 S. zur Kritik vertiefend *Odenwald*, Die Einwilligungsfähigkeit im Strafrecht, S. 39 ff.
1110 S. 1. Teil, Kapitel 1, I.; 1. Teil, Kapitel 2, I.

Behandlung von Kindern und Jugendlichen begründen könnte. Dass Jugendliche über 14 Jahren unter diesem Aspekt ebenso schutzwürdig sind wie Kinder unter 14 Jahren, bestätigen letztlich die Opferzahlen, wonach die Gruppe der 13- bis 15- beziehungsweise17-Jährigen am stärksten betroffen ist.[1111]

Auch infolge der von *Amelung*[1112] entwickelten Definition zur Einwilligungsunfähigkeit lassen sich keine sachgerechten Abgrenzungskriterien für eine differenzierte Behandlung von Fällen des Cyber-Groomings bei Kindern und Jugendlichen finden. Unter Berücksichtigung des fast unkontrollierbaren Informationsflusses im Netz, der Schnelllebigkeit digitaler Welten und vor allem auch der Relevanz sozialer Netzwerke im Leben Jugendlicher stellt sich insbesondere die Frage, ob diese den „Wert der im Raum stehenden Rechtsgüter" erfassen können. Das eigene sexuelle Selbstbestimmungsrecht weicht oftmals dem Wunsch nach Anerkennung oder Zuwendung und verliert unter dem Druck Gleichaltriger in der digitalen Welt an Wert und zwar noch bevor überhaupt ein Bewusstsein dafür entwickelt werden konnte. Vor allem aber ist auch hier zu betonen, dass die Betroffenen wegen der bestimmenden Einflussnahme seitens der Täter nicht in der Lage sind, die Folgen oder Risiken eines intensiven Austausches mit Erwachsenen im Internet abzuschätzen.[1113] Einer zu Beginn von vermeintlichem Verständnis geprägten „Beziehung" und einer damit einhergehenden Einwilligung in die sexuelle Interaktionen seitens der Jugendlichen (sei es online oder offline), folgt häufig eine bittere Wahrheit, welche die Schutzbedürftigkeit Minderjähriger über 14 Jahren ebenso begründet wie bei Kindern im Sinne von § 176 StGB.

Das Fazit an dieser Stelle lautet danach ebenfalls, dass keine wesentlichen Differenzierungskriterien bei Jugendlichen über 14 Jahren ausgemacht werden können, die sie von Kindern unter 14 Jahren derart abgrenzen, als dass eine unterschiedliche Behandlung bezüglich des Schutzes vor Cyber-Grooming begründet werden könnte. In der Konsequenz führt dies auch hier zum Ergebnis einer Erweiterung des Cyber-Grooming-Tatbestandes zu Gunsten eines Schutzes Jugendlicher ab 14 Jahren.

Nachdem sich unter dem Blickwinkel der Einwilligungs(un)fähigkeit bei Jugendlichen keine Kriterien ergaben, die im Vergleich zu Kindern eine unterschiedliche Behandlung im Hinblick auf den Schutz vor Cyber-Grooming rechtfertigen könnten, wird nunmehr der Frage nachgegangen, ob und inwiefern

1111 S. 1. Teil, Kapitel 3, II. 1 c).

1112 S. 2. Teil, Kapitel 1, III. 2. c).

1113 Selbiges gilt für die Definition nach *Neyen*, der u.a. ebenfalls auf die Fähigkeit der Einschätzung möglicher Folgen abstellt.

unter dem Aspekt von Willensmängeln eine gleichlaufende Schutzbedürftigkeit von Kindern und Jugendlichen zu konstatieren ist.

3. Willensmängel

Wie sich aus den eben erörterten Punkten zur Einwilligungsfähigkeit angedeutet und wie sich vor allem aus der phänomenologischen Untersuchung des ersten Teils dieser Arbeit herausgestellt hat, nehmen Aspekte der Manipulation und Drohung eine bedeutende Rolle beim Cyber-Grooming ein.[1114] Damit stellt sich neben der Frage der Einwilligungsfähigkeit auch jene nach der Wirksamkeit einer von den betroffenen, jugendlichen Opfern des Cyber-Groomings abgegeben Einwilligung unter dem Aspekt der Willensmängel. Auch hier sei angemerkt, dass es um die Bewertung von Einwilligungen Jugendlicher ab 14 Jahren geht und nicht um jene von Kindern im Sinne des § 176 Abs. 1 StGB, wo bereits nach der gesetzlichen Konzeption stets von einer Unwirksamkeit auszugehen ist.[1115]

Im Folgenden soll daher erörtert werden, inwiefern unter diesem Gesichtspunkt der Ausschluss eines selbstbestimmten Handelns von Jugendlichen angenommen werden muss. Dies schließlich mit Blick auf eine Klärung der über diesem Gesamtkapitel stehenden Frage, ob die fehlende Pönalisierung von Fällen des Cyber-Groomings gegenüber Jugendlichen gerechtfertigt werden kann.

In einem ersten Schritt soll hierzu zunächst ein Überblick über die Willensmängeldogmatik in Literatur und Rechtsprechung erfolgen, bevor die Relevanz von Willensmängeln bei Cyber-Grooming erörtert wird.

a) Stand von Literatur und Rechtsprechung zur Willensmängeldogmatik

Während sowohl in der Rechtsprechung als auch in der Literatur Konsens über die Grundaussage herrscht, dass eine Einwilligung als Ausübung individueller Freiheit nur dann als wirksam zu qualifizieren ist, wenn sie frei von wesentlichen Willensmängeln[1116] erteilt wurde, so herrscht im Übrigen Uneinigkeit darüber, welche Irrtümer und welcher Grad an Zwang beziehungsweise Drohung als wesentlich einzustufen sind und somit zur Unwirksamkeit einer Einwilligung führen.[1117]

Die Entwicklung der normativen Relevanz von Willensmängeln bei der Einwilligung lässt sich grob in vier Phasen unterteilen.[1118] Nachdem ursprünglich

---

1114 S. 1. Teil, Kapitel 1. I.; 1. Teil, Kapitel 2, I.

1115 S. 2. Teil, Kapitel 1, III.

1116 S. zum Begriff der Willensmängel *Rönnau*, Willensmängel, S. 185 ff.

1117 *Rönnau*, JURA 2002, 665, 670.

1118 *Murmann*, Die Selbstverantwortung, S. 448.

Einwilligungen als Unterfall von Willenserklärungen betrachtet wurden,[1119] folgte eine eigenständige strafrechtliche Begriffsbildung, die zunächst jeden Willensmangel als beachtlich für die Unwirksamkeit einer Einwilligung anerkannte.[1120] In einer weiteren Phase folgt im Anschluss an die von *Arzt*[1121] begründete Lehre eine normative Begrenzung im Hinblick auf die Relevanz von Willensmängeln. So wird eine Einwilligung nur dann als unbeachtlich angesehen, wenn sie auf einem „rechtsgutsbezogenen" Mangel beruht.[1122] Schließlich findet sich neuerdings wieder eine Rückkehr zur ursprünglich in der Strafrechtsdogmatik vertretenen, sogenannten opferfreundlichen Lehre wieder, wonach die Ansicht für eine weitgehende Berücksichtigung von Willensmängeln wieder an Beachtung gewinnt.[1123]

Obwohl bei Fällen des Cyber-Groomings primär die Fallgruppen von Willensmängeln von Relevanz sind, die auf Täuschung oder Drohung beruhen (aufgrund der durch die Täter erfolgte Manipulation der Opfer und oft auch unter Druck gesetzten Opfer), wird im nachfolgenden Kapitel wegen einiger Überschneidungen zu einfachen Irrtümern bei Opferzustimmungen und schließlich auch der Vollständigkeit halber auf eigenverursachte Irrtümer eingegangen.

b) Umfassende Berücksichtigung von Willensmängeln in der älteren Literatur

Nachdem sich im Strafrecht eine Abkehr von der Anwendung zivilrechtlicher Regeln bei der Einwilligung und der Behandlung von Willensmängeln zeigte, ging die herrschende Strafrechtslehre ganz allgemein davon aus, dass mangelbehaftete Einwilligungen grundsätzlich als unwirksam anzusehen seien.[1124] Allenfalls in Bezug auf Motivirrtümer fand eine Diskussion über Ausnahmen statt.[1125]

1119 S. 2. Teil, Kapitel 1, III. 2. b).

1120 *Murmann*, Die Selbstverantwortung, S. 448; *Rönnau,* JURA 2002, 665, 670 (opferfreundliche Lehre).

1121 *Arzt*, Willensmängel.

1122 *Arzt*, Willensmängel, S. 19 ff.; s. auch *Rönnau,* JURA 2002, 665, 670 (täterfreundliche Lehre).

1123 *Murmann*, Die Selbstverantwortung, S. 448; *Rönnau,* JURA 2002, 665, 670 ff.; *ders.* in: LK, Vor § 32 Rdnr. 198 ff.

1124 *Hirsch* in: LK, Vor § 32 Rdnr. 119 (11. Auflage); *Baumann/Weber/Mitsch*, Strafrecht AT, § 17 Rdnr. 109; *Stratenwerth*, Strafrecht AT (1971), § 10 Rdnr. 397; s. zur älteren Literatur *Kußmann*, Einwilligung und Einverständnis, S. 4 ff.

1125 *Hirsch* in: LK, Vor § 32 Rdnr. 121 (11. Auflage); *Blei*, Strafrecht AT I, S. 111; *Baumann*, Strafrecht AT (1968), S. 311; s. ausführlich *Kußmann*, Einwilligung und Einverständnis, S 4 ff., S. 205 ff., S. 253 ff.

aa) Irrtumsbedingte Einwilligungen

Irrtumsbehaftete Einwilligungen waren nach früherer und damals überwiegender Ansicht auch dann als unwirksam zu qualifizieren, wenn der Irrtum nicht auf Täuschung zurückzuführen ist, sondern ohne Zutun eines Dritten seine Ursache allein in der Person des Einwilligenden hat.[1126] In Bezugnahme auf die zivilrechtliche Terminologie finden sich dabei Argumentationen wieder, wie dass der Verzichtende nicht an Entscheidungen gebunden sein soll, die durch Inhalts- oder Erklärungsirrtümer beeinflusst sind.[1127] So sollen weiter Motivirrtümer grundsätzlich unbeachtlich sein, es sei denn, sie haben *„wie etwa in § 119 Abs. 2 BGB schon fast die Qualität eines Inhaltsirrtums erlangt“*[1128]. Im Hinblick auf Motivirrtümer stellt sich sodann die Frage, wie beachtliche Fehlvorstellungen von unbeachtlichen Motivirrtümern abzugrenzen sind.[1129]

Schmidhäuser zufolge sei die Einwilligung nur so weit anzuerkennen, wie *„der Einwilligende das betroffene Objekt und die Art und die Schwere des Eingriffs kennt. Jedes Handeln des Täters, das über diese bewußte Verfügung des Betroffenen hinausgeht, ist Verletzung von dessen Autonomie und entspricht also den hier in Betracht kommenden Unrechtstatbeständen.“*[1130] Doch auch durch diese formelhafte Differenzierung ist noch keine klare Abgrenzungslinie geschaffen worden. So versuchen andere Stimmen im Schrifttum in Umgehung dieser Problematik unterschiedslos jede irrtumsbehaftete Einwilligung als unwirksam einzustufen.[1131]

bb) Täuschungsbedingte Einwilligungen

Einwilligungen, die auf täuschungsbedingten Irrtümern beruhen, wurden hingegen schlechthin als unwirksam eingestuft.[1132] In solchen Fällen sei die Einwilligung nicht freiwillig[1133] beziehungsweise autonom[1134] abgegeben worden. Zudem

---

1126 S. die Nachweise bei *Kußmann*, Einwilligung und Einverständnis, S. 205 Fn. 1.

1127 *Schönke/Schröder*, Vorbem. § 51 Rdnr. 41 a (16. Auflage);*Baumann*, Strafrecht AT (1968), S. 311.

1128 *Baumann*, Strafrecht AT (1968), S. 311.

1129 Diskutiert wurde daher, ob nicht bei Motivirrtümern Ausnahmen zu machen sind, *Hirsch* in: LK, Vor § 32 Rdnr. 119 (11. Auflage); *Blei*, Strafrecht AT I, S. 111.

1130 *Schmidhäuser*, Strafrecht AT (1975), 8/137.

1131 *Maurach*, Deutsches Strafrecht (1971), S. 244 f.; *Bockelmann*, Strafrecht des Arztes, S. 57.

1132 S. Nachweise bei *Kußmann*, Einwilligung und Einverständnis, S. 4 Fn. 2.

1133 *Honig*, Die Einwilligung des Verletzten, S. 145.

1134 *Stratenwerth*, ZStW 68 (1956), 41, 44 f.

entspreche die Rechtsgutspreisgabe nicht dem „wahren Willen" des Gutsinhabers, an den die Rechtsordnung die haftungsentlastende Wirkung der Einwilligung für den Eingreifenden knüpfe.[1135]

Kritische Stimmen zu dieser uneingeschränkten Berücksichtigung von Willensmängeln fanden sich schon in der älteren Literatur.

So differenzierte bereits *Stofer* im Jahr 1928 zwischen unterschiedlichen Arten der Täuschung.[1136] Wesentlich sei eine Täuschung[1137] vor allem dann, wenn solche Tatsachen betroffen sind, *„die für den Eingriff in ein bestimmtes Rechtsgut selbst bedeutsam sind, diesen z.B. viel schwerer erscheinen lassen als der Einwilligende erwartet."*[1138] Die Wirksamkeit einer Einwilligung sei jedoch dann nicht berührt, wenn sich die Täuschung primär gegen das Vermögen und nur mittelbar gegen ein anderes Rechtsgut richtet oder wenn nur „nebensächliche" Aspekte betroffen sind. Eine Bestrafung aus dem nur mittelbar betroffenen Rechtsgut sei dann „nicht gerecht". Nebensächliche Punkte in diesem Sinne seien dabei immer dann betroffen, wenn der täuschungsbedingte Irrtum zu einer Handlung des Eingreifenden führt, die keine schwerwiegenderen Auswirkungen auf die körperliche Integrität hat, als vom Einwilligenden erwartet.[1139]

Weiter sind *Noll* zufolge Willensmängel bei der Abgabe immer dann beachtlich, wenn *„sie maßgebliche Motive zur Preisgabe des verletzten Rechtsguts überhaupt betreffen."*[1140] Unerheblich sollen dabei Willensmängel sein, die nur die Person des Eingreifenden betreffen, wenn der Rechtsgutsträger grundsätzlich jedoch zur Preisgabe seiner Rechtsgüter bereit ist. *Noll* argumentiert damit ähnlich wie *Stofer*, der dies als „nebensächliche" Punkte beschreibt. So schildert *Noll* ein Beispiel: A veranlasst B durch Drohung, dass dieser seine Kuh von A und nicht von C schlachten lässt. War B ohnehin zur Schlachtung der Kuh entschlossen, so begeht A wohl eine Nötigung, aber kraft der Einwilligung des B in die Schlachtung als solche keine rechtswidrige Sachbeschädigung.[1141] Darüber hinaus soll nach *Noll* auch die Aussicht auf eine finanzielle Entschädigung ein „maßgebliches Motiv" sein:

1135 Vgl. *Geerds*, GA 1954, 262, 268.

1136 *Stofer*, Die Einwilligung des Verletzten, S. 100 ff.; *Stofer* spricht in Anlehnung an § 123 BGB noch von absichtlicher oder arglistiger Täuschung.

1137 *Stofer* spricht auch von Betrug, *Stofer*, Die Einwilligung des Verletzten, S. 100.

1138 *Stofer*, Die Einwilligung des Verletzten, S. 100.

1139 Vgl. *Stofer*, Die Einwilligung des Verletzten, S. 101.

1140 *Noll*, Übergesetzliche Rechtfertigungsgründe, S. 131.

1141 *Noll*, Übergesetzliche Rechtfertigungsgründe, S. 130.

„Läßt jemand einen schweren Eingriff zu Transplantationszwecken nur deswegen an sich vornehmen, weil er irrtümlich glaubt, er werde dafür bezahlt, so ist eine Einwilligung unwirksam“[1142].

Kientzy schließlich differenziert im Hinblick auf die Erheblichkeit von Motiven bei der Erteilung einer Einwilligung dahingehend, ob diese Erwägungen betreffen, die *„nach dem Gesamtbild des Tatbestandes beachtenswert erscheinen.“*[1143] Beachtlich und schützenswert seien Motivationen danach nur insoweit, als sie sich auf Nachteile beziehen, die gerade durch den Rechtsschutzverzicht auftreten können.[1144] Dabei seien ferner umso höhere Anforderungen an den Einwilligenden zu stellen, *„wenn das geschützte Rechtsgut seiner Eigenart nach Beziehungen zu Vorstellungswelten aufweist, deren Bedeutung dem Einwilligenden in etwa bekannt sein muß.“*[1145] Zur Konkretisierung führt *Kientzy* die Einwilligung einer 15-Jährigen im Wege der vis haud ingrata in den Geschlechtsverkehr auf. So sei der Täter zwar nicht wegen Notzucht zu bestrafen, weil die Einwilligung der Minderjährigen in diesem Zusammenhang als wirksam anzusehen sei. Ihrem Einsichtsvermögen zufolge könne sie die körperliche Beeinträchtigung erfassen, die sie durch ihre mäßige Gegenwehr erleiden könne. Hingegen sei der Straftatbestand des § 185 StGB erfüllt, weil der Minderjährigen *„die Bedeutung der Geschlechtsehre, die sie gleichzeitig preisgibt, noch nicht hinreichend bekannt sein dürfte.“*[1146] Die Einwilligung der Minderjährigen ist insofern deshalb unwirksam, weil sie bei Kenntnis aller Umstände – über die reine Handlungsweise hinaus betreffend die sittlichen und moralischen Wertvorstellungen der Gemeinschaft –, welche ihr eine autonome Entscheidung erst ermöglicht hätten, die Einwilligung nicht erteilt hätte.[1147] Andererseits sei der Tatbestand nach § 185 StGB wegen wirksamer Einwilligung der Minderjährigen dann nicht erfüllt, wenn sich der Täter durch ein falsches Heiratsversprechen die Einwilligungserklärung des

1142 *Noll*, Übergesetzliche Rechtfertigungsgründe, S. 131.

1143 *Kientzy*, Der Mangel am Straftatbestand infolge Einwilligung des Rechtsgutsträgers, S. 107.

1144 Vgl. *Kientzy*, Der Mangel am Straftatbestand infolge Einwilligung des Rechtsgutsträgers, S. 106 f.

1145 *Kientzy*, Der Mangel am Straftatbestand infolge Einwilligung des Rechtsgutsträgers, S. 107.

1146 *Kientzy*, Der Mangel am Straftatbestand infolge Einwilligung des Rechtsgutsträgers, S. 108.

1147 *Kientzy*, Der Mangel am Straftatbestand infolge Einwilligung des Rechtsgutsträgers, S. 108, wobei *Kientzy* betont, dass man immer auf den Reifegrad der Minderjährigen abstellen müsse.

Mädchens erschlichen hätte, dem die Bedeutung der Geschlechtsehre geläufig gewesen sei. Die Preisgabe des geschützten Rechtsguts der Geschlechtsehre sei von einem autonomen Willen der Einwilligenden getragen, wobei die sonst mit auftretenden Motivationen (Heirat) unbeachtlich seien, weil eben diese nicht vom Gesetz geschützt seien, sondern nur die, die für den Bestand des Rechtsguts selbst wesentlich sind.[1148]

cc) Einwilligungen beruhend auf Zwang oder Drohung

Im Übrigen herrschte im älteren Schrifttum weitestgehend Konsens darüber, dass die aufgrund einer Drohung oder sonstigem Zwang herbeigeführte Einwilligung unwirksam ist.[1149] Bei einer durch Drohung oder Zwang erlangten Einwilligung sei die Erklärung nicht freiwillig oder autonom abgegeben. Der rechtserhebliche freie Wille liege gerade nicht vor.[1150]

Im Hinblick auf die Frage, welche Qualität oder Intensität die Drohung beziehungsweise der ausgeübte Zwang haben muss, wurden in der damaligen Literatur kaum Aussagen getroffen.[1151] In gänzlicher Umgehung dieser Frage wurde pauschal darauf abgestellt, dass bei jeglicher Drohung und jeglichem Zwang eine wirksame Einwilligung nicht anzunehmen sei.[1152] Nur vereinzelt wurden bereits damals einige Kriterien zur Abgrenzung zwischen erheblichem und unerheblichem Zwang vorgeschlagen.[1153]

Stofer beispielsweise fragt – wie bei der täuschungsbedingten Einwilligung –, ob die Drohung für den Rechtsgutseingriff von nur nebensächlicher Bedeutung ist und somit zur Wirksamkeit der abgegebenen Opferzustimmung führt.[1154] Auch *Noll* differenziert in Anlehnung an die Argumentation im Rahmen der täuschungsbedingten Irrtümer danach, ob der Willensmangel als beachtlich anzusehen ist, weil er „maßgebliche Motive“ zur Preisgabe des Rechtsguts betrifft.[1155]

1148 Vgl. *Kientzy*, Der Mangel am Straftatbestand infolge Einwilligung des Rechtsgutsträgers, S. 109.

1149 S. weitere Nachweise bei *Kußmann*, Einwilligung und Einverständnis, S. 253 Fn. 1.

1150 Vgl. *Kußmann*, Einwilligung und Einverständnis, S. 255.

1151 *Kußmann*, Einwilligung und Einverständnis, S. 257.

1152 *Baumann*, Strafrecht AT (1968), S. 311; *Jescheck*, Lehrbuch des Strafrechts AT (1969), S. 251 f.; s. weitere Nachweise bei *Kußmann*, Einwilligung und Einverständnis, S. 258 Fn. 14.

1153 S. hierzu Überblick bei *Kußmann*, Einwilligung und Einverständnis, S. 258 ff.

1154 *Stofer*, Die Einwilligung des Verletzten, S. 100.

1155 *Noll*, Übergesetzliche Rechtfertigungsgründe, S. 131.

Schmidhäuser zufolge hebe nicht jede Drohung die Autonomie des Bedrohten auf. Einwilligungen seien dann als wirksam anzusehen, wenn mit einem so leichten Übel gedroht werde, dass es der Bedrohte leicht hinnehmen könnte. Ein Angriff auf die Autonomie sei dann nicht gegeben, sondern vielmehr nur ein Anlass zum Gebrauch der Autonomie.[1156] Während *Wessels* im Allgemeinen nach der Wesentlichkeit eines Willensmangels – wozu auch Zwang und Drohung gehören – differenzierte,[1157] betonte *Zipf*, dass bei der Anwendung von Zwang und Drohung zwischen vis absoluta und vis compulsiva zu unterscheiden sei.[1158]

c) *Normative Einschränkungen bei der Berücksichtigung von Willensmängeln nach der Lehre von* Arzt

Nachdem die bisher fast einhellige Meinung davon ausging, dass fast jede mangelbehaftete Einwilligung zu deren Unwirksamkeit führt, stellte *Arzt* in den 1970er Jahren eine eigenständige und neuartige Konzeption auf, die Einwilligungen nur dann als unbeachtlich ansieht, wenn sie auf einem „rechtsgutsbezogenen" Willensmangel beruhen.[1159]

Diesen Ansatz entwickelte *Arzt* am Beispiel der Täuschung. Diese könne sich entweder auf das von einem Straftatbestand zu schützende Rechtsgut beziehen oder aber auf die vom Täter zu erbringende Gegenleistung.[1160] Würde allerdings die Einwilligung auch dann unwirksam sein, wenn sich die vorausgegangene Täuschung des Täters auf die Gegenleistung bezieht, so würde dadurch ein weit über die gesetzlichen Vorschriften hinausgehender Schutz der Willensbetätigungsfreiheit erreicht. *Arzt* verdeutlicht dies an folgendem Fall: Der T bietet dem O 1.000,00 DM, wenn er ihm dafür eine kräftige Ohrfeige versetzen dürfe. Ist O damit einverstanden, aber von T über dessen Zahlungsfähigkeit getäuscht worden, könnte T nach dem Lehrsatz, dass eine auf Täuschung beruhende Einwilligung unbeachtlich sei, wegen Körperverletzung bestraft werden. Dem O gehe es dabei allerdings nicht um den Schutz seiner körperlichen Integrität, sondern um seinen Anspruch auf die von T versprochene Gegenleistung. Das Rechtsgut solle demnach nicht in seinem Bestand, sondern im Hinblick auf seinen

1156 Vgl. *Schmidhäuser*, Strafrecht AT (1975), 8/136.
1157 *Wessels*, Strafrecht AT (1970), S. 53 f.
1158 *Zipf*, Einwilligung, S. 44, bei vis absoluta fehle es überhaupt schon an einer dem Verletzten zurechenbaren Disposition.
1159 *Arzt*, Willensmängel, S. 15 ff.
1160 *Arzt*, Willensmängel, S. 17 ff.

Tauschwert geschützt werden[1161] und damit häufig „nur" im Hinblick auf finanzielle Interessen.[1162]

Demzufolge ist eine Einwilligung immer dann unwirksam, wenn der Rechtsgutsinhaber sich über Art und Umfang der bevorstehenden Rechtsgutsverletzung und damit „rechtsgutsbezogen" irrt.

Diese am täuschungsbedingten Irrtum entwickelte These überträgt *Arzt* auch auf den eigenerzeugten Irrtum. Danach sollen allenfalls rechtsgutsbezogene Irrtümer die Gültigkeit der Einwilligung tangieren können.[1163] Ausnahmen seien allerdings für den – an die Terminologie des Zivilrechts angelehnten – Erklärungsirrtum zu machen.

Schließlich sieht *Arzt* eine durch Drohung oder Zwang erteilte Einwilligung im Grundsatz so wie die vorherrschende Ansicht stets als unwirksam an, denn die durch Drohung erreichte Einwilligung ändere nichts daran, dass der wirkliche Wille des Rechtsgutsträgers erkennbar weiter auf Rechtsgutsschutz gerichtet bleibt. Die Drohung sei also immer rechtsgutsbezogen, weil der wirkliche Wille des Bedrohten der Verletzung entgegenstehe.[1164]

Einschränkungen erfahre dieser Grundsatz allerdings in zweierlei Hinsicht. Erstens sollen nur Drohungen erfasst sein, die den Zwangsgrad des § 240 StGB erreichen. Gebe der Rechtsgutsträger schon einer schwachen – den Grad des § 240 StGB nicht erreichenden Drohung nach – so sei ihm der Schutz des Rechtsguts nicht sehr wichtig. Die daraufhin erfolgte Preisgabe des Rechtsguts müsse demnach als eigenverantwortlich bezeichnet werden, auch wenn die Einwilligung des Opfers nicht frei (im idealen Sinne) sei.[1165]

Außerdem sei in Dreieckskonstellationen eine Ausnahme anzunehmen, wenn die Drohung von einem Dritten ausgeht, der Einwilligungsempfänger aber im Vertrauen auf die Einwilligung und der Unkenntnis der Zwangslage die Handlung vornimmt.[1166]

An dieser von *Arzt* begründeten Lehre der „rechtsgutsbezogenen" Willensmängel halten viele Stimmen in der Literatur bis heute fest.[1167] Allerdings zeichnet sich in letzter Zeit eine wieder an den Anfängen ausgerichtete und wesentlich von *Amelung* verfolgte, opferfreundlichere Ansicht ab.

1161 Vgl. *Arzt*, Willensmängel, S. 18.

1162 *Rönnau*, Willensmängel, S. 279.

1163 Vgl. *Arzt*, Willensmängel, S. 29 f.

1164 Vgl. *Arzt*, Willensmängel, S. 31 f.

1165 Vgl. *Arzt*, Willensmängel, S. 33 f.

1166 Vgl. *Arzt*, Willensmängel, S. 32.

1167 *Rönnau*, Willensmängel, S. 278, m.w.N.

d) Jüngerer Ansatz von Amelung

aa) Allgemeines

Trotz der jahrelang vorherrschenden „täterfreundlichen" Ansicht von „rechtsgutsbezogenen" Willensmängeln, entwickelte *Amelung* Mitte/Ende der 1990er Jahre einen neuartigen, eigenständigen Ansatz im Rahmen der Willensmängeldogmatik.

Eine Rückkehr zur früher vertretenen „opferfreundlichen" Ansicht ist dabei insofern zu verzeichnen, als dass normative Einschränkungen hinsichtlich der Berücksichtigung von Willensmängeln in der Opfersphäre zurückgewiesen werden. Denn im Hinblick auf die Entscheidung der Wirksamkeit oder Unwirksamkeit einer Einwilligung könne *„ohne weiteres in Rechnung gestellt werden, daß grundsätzlich jede Bindung des Einwilligenden an eine mangelbehaftete Einwilligung dessen Interessen beeinträchtigt."*[1168]

Damit ist *Amelung* zufolge jedoch noch keine Entscheidung über den Wegfall der Strafbarkeit zu Gunsten des Täters getroffen. Kern seiner Lehre ist vielmehr eine zweistufige Prüfung, die auf einer Trennung von Unwirksamkeitsurteil und Zurechnungsfrage beruht.[1169] Leitlinie dieser Überlegung ist die Grundidee, nach welcher Wirkungen der Einwilligung des Verletzten auf dem Grundsatz „volenti non fit iniuria" beruhen. Dementsprechend nehme der zustimmende Wille des Verfügungsberechtigten einer Rechtsgutsverletzung das „Stigma der Rechtswidrigkeit".[1170] Die Rechtsgutsverletzung sei also gerechtfertigt. Zugleich sei diesem Grundsatz aber auch die Aussage zu entnehmen, der Einwilligende habe sich die Rechtsgutsverletzung „selbst zuzuschreiben", wonach der Handelnde nicht dafür verantwortlich gemacht werden könne. Ein Willensmangel beseitige beide dieser Urteile. Fehlt ein zustimmender Wille, so ist die Rechtsgutsverletzung einerseits rechtswidrig, andererseits fällt sie nicht mehr allein in den Verantwortungsbereich des Einwilligenden.[1171]

Dieser Grundgedanke wird von *Amelung* dogmatisch-konstruktiv auf zwei Prüfungsstufen umgesetzt. Erstens wird eine Einwilligung für generell unwirksam erklärt, wenn sie im Widerspruch zum Wertsystem des Einwilligenden steht. Als Maßstab für die Beurteilung der Wirksamkeit wird dabei auf den Autonomiebegriff zurückgegriffen. Danach darf der Einwilligende nur dann an seine Erklärung gebunden werden, wenn sie *„dem Sinn des Instituts der Einwilligung*

1168 *Amelung*, Irrtum und Täuschung, S. 39.

1169 *Amelung*, Irrtum und Täuschung, S. 37.

1170 *Amelung*, Irrtum und Täuschung, S. 36.

1171 *Amelung*, Irrtum und Täuschung, S. 36 f.

des Verletzten entspricht.“[1172] *Amelung* versteht den Rechtfertigungsgrund der Einwilligung als ein *„Instrument der Interessenwahrnehmung durch Rechtsgutspreisgabe.“*[1173] Dem Erklärenden dient die Einwilligung zur Verfolgung *„handfester Zwecke. Opfert er ein Gut auf, so geschieht dies regelmäßig, um ein anderes zu erhalten, ein neues zu gewinnen oder sich eines lästigen zu entledigen.“*[1174]

Zweitens folgt die Entscheidung darüber, wem die Rechtsgutsverletzung zuzurechnen ist. *Amelung* trifft zu dieser Zweiteilung folgende Formulierung: *„Das Urteil der ‚Unwirksamkeit‘ mangelbehafteter Einwilligungen hat also nur die Funktion, festzuhalten, daß der Legitimation und Rechtsfrieden stiftende Wille des Verfügungsberechtigten als Zurechnungsgrundlage nicht in Betracht kommt und daher die Frage, wem die Rechtsgutsverletzung zuzurechnen ist, neu gestellt werden muß.“*[1175] Im Rahmen dieser Zurechnungsfrage ist angestrebt, im Wege einer Abwägung der Interessen des Rechtsgutsträgers und des Rechtsgutsverletzers eine angemessene Haftungsentscheidung herbeizuführen.[1176] Dabei seien die Kategorien des Vorsatzes, der Fahrlässigkeit, des schuldausschließenden Irrtums[1177] sowie Kriterien der objektiven Zurechnung, wie beispielsweise Kausalität und rechtmäßiges Alternativverhalten, zu beachten.[1178]

bb) Einfache Irrtümer

Im Rahmen der einfachen – also nicht täuschungsbedingten – Irrtümer differenziert *Amelung* zunächst zwischen Erklärungsfehlern und Entscheidungsfehlern. Erklärungsfehler sind Fehler, die bei der Übermittlung einer Einwilligungserklärung nach außen hin auftreten. Bei Entscheidungsfehlern ergibt sich die Fehlerquelle bereits in der Einwilligungsentscheidung.[1179] Da Ersteren für den hier zugrundeliegenden Untersuchungsgegenstand keine Bedeutung zukommt, beschränkt sich die Darstellung auf Entscheidungsfehler.

1172 *Amelung*, Irrtum und Täuschung, S. 40.

1173 *Amelung*, Irrtum und Täuschung, S. 41; *Geilen* formuliert in diesem Zusammenhang allerdings, dass es nicht „um Interessen*preisgabe*, sondern genau umgekehrt um Interessen*verfolgung*, nur unter Wahrung einer auch dafür vorausgesetzten Selbstbestimmung“ geht, *Geilen*, Einwilligung, S. 90.

1174 *Amelung*, Irrtum und Täuschung, S. 41.

1175 *Amelung*, Irrtum und Täuschung, S. 37 f.

1176 *Rönnau*, Willensmängel, S. 337.

1177 *Amelung*, Irrtum und Täuschung, S. 34.

1178 Vgl. *Rönnau*, Willensmängel, S. 337; s. im Einzelnen *Amelung*, Irrtum und Täuschung, S. 43, 53, 55, 64, 69, 75 f., 78.

1179 *Amelung*, Irrtum und Täuschung, S. 46 ff.

Hierbei differenziert *Amelung* wiederum weiter in a) Fehler bei der Wertentscheidung, b) Prognosefehler sowie c) fehlerhafte Konfliktentscheidungen.[1180]

Ausgangspunkt der Fehlvorstellungen bei einer Wertentscheidung ist der Gedanke, dass eine Einwilligung auf einer Nutzen-Kosten-Erwägung beruht. Danach nehme der Einwilligende die Kosten der Aufopferung eines Gutes regelmäßig nur deshalb auf sich, weil er dadurch ein wertvolleres Gut erhalten oder gewinnen wolle. Unter diesen Umständen abgegebene Einwilligungen seien deshalb als unwirksam einzustufen, weil sie mit dem Wertsystem des Einwilligenden nicht im Einklang stehen. Der Erklärungsempfänger sei dabei insofern geschützt, als ihm die Zurechnung der Unwirksamkeit nur dann zugesprochen wird, wenn er Kenntnis vom Fehler hatte oder aber als Sonderpflichtiger haftet.[1181]

Bei Prognosefehlern findet ein Irrtum über die tatsächlichen, gegenwärtigen Voraussetzungen statt, die Grundlage für eine Prognose sind. Auch diese Fallgruppe behandelt *Amelung* wie die der bewertungsrelevanten Tatsache.[1182]

Lediglich der Vollständigkeit halber sei an dieser Stelle kurz auf die dritte Fallgruppe von Entscheidungsfehlern eingegangen. Konfliktentscheidungen betreffen Konstellationen, bei denen der Einwilligende widerstrebend ein Gut aufopfert, um dadurch ein anderes retten zu können. *Amelung* zufolge entsprechen derartige Konfliktentscheidungen nur dann dem Wertsystem des Einwilligenden, wenn sie erforderlich gewesen sind. Dabei ist die Preisgabe des minder wertvollen Gutes erforderlich, „*wenn sie geeignet ist, den Verlust des wertvolleren zu verhindern, und wenn es kein Rettungsmittel gibt, das den von einem Rechtsgutsverlust Bedrohten weniger beeinträchtigt.*“[1183] Im Rahmen der Zurechnungsprüfung finden weitere Differenzierungen statt, die nach der Unkenntnis des Einwilligenden in die Ungeeignetheit des von ihm zugelassenen Eingriffs oder der Unkenntnis der milderen Alternative zur Rettung des wertvolleren Gutes.[1184]

cc) *Täuschungsbedingte Willensmängel*

Bei der durch Täuschung erschlichenen Einwilligung handle es sich *Amelung* entsprechend um einen Unterfall, der auf einem Irrtum beruhenden Einwilligung, sodass bezogen auf die Seite des Einwilligenden alles gelten müsse, was im

---

1180 *Amelung*, Irrtum und Täuschung, S. 50 ff.

1181 Vgl. *Amelung*, Irrtum und Täuschung, S. 50 ff.

1182 *Amelung*, Irrtum und Täuschung, S. 53 f. Hingegen sind Irrtümer, die allein den Eintritt eines Ereignisses in der Zukunft betreffen für die Wirksamkeit der Einwilligung irrelevant.

1183 *Amelung*, Irrtum und Täuschung, S. 54.

1184 *Amelung*, Irrtum und Täuschung, S. 55.

Rahmen der irrtümlich erteilten Einwilligung erwähnt wurde. Die Frage jedoch, was dem Täuschenden zuzurechnen ist, sei gesondert zu klären.[1185]

Maßgeblich sei hier, dass sich der *„Täuschende den Weg zur Schädigung des Einwilligenden bewußt eröffnet“*[1186], sodass generalisierbare Haftungsbeschränkungen nur auf der Ebene der objektiven Zurechnung möglich seien. So sei schon genau zu prüfen, ob überhaupt Kausalität im Sinne der Bedingungslehre bestehe. Ferner seien Aspekte des rechtmäßigen Alternativverhaltens sowie der Schaffung unerlaubter Risiken von Relevanz.[1187]

e) Standpunkt der Rechtsprechung

In der Rechtsprechung finden sich nur punktuelle Auseinandersetzungen mit den Problemen der Willensmängeldogmatik wieder.[1188] Insgesamt wird ein genereller Ausschluss der Wirksamkeit einer mit willensmängelbehafteten Einwilligung abgelehnt. Vielmehr wird eine Orientierung an den Umständen des Einzelfalles präferiert.[1189]

Hinsichtlich Willensbeeinträchtigungen durch Zwang und Drohung besteht zwar – ebenso wie im Schrifttum – Einigkeit darüber, dass unter derartigen Umständen abgegebene Willenserklärungen unwirksam sind. Ungereimtheiten finden sich allerdings bei der Frage, von welcher Qualität und Intensität die Zwangslage beziehungsweise die Drohung sein muss, um zu einem Ausschluss der Wirksamkeit der Opferzustimmung zu führen.[1190]

Einige Gerichte greifen dabei lediglich auf das Instrument der Einzelfallbetrachtung zurück.[1191] Das Reichsgericht bemühte sich im Jahr 1936 um eine genauere Umgrenzung und bestimmt, dass nicht jede Bedrohung oder Zwangslage beachtlich sein könne. Erheblich sei eine Drohung erst dann, wenn diese *„mit einer gegenwärtigen, auf andere Weise nicht abwendbaren Gefahr für Leib und Leben des Bedrohten selbst oder eines Angehörigen verbunden war“*.[1192] Andere strafrechtliche Urteile beschäftigten sich mit Fällen, in denen sich die

1185 Vgl. *Amelung*, Irrtum und Täuschung, S. 72.
1186 *Amelung*, Irrtum und Täuschung, S. 75.
1187 Vgl. *Amelung*, Irrtum und Täuschung, S. 75 ff.
1188 Mit Ausnahme des ärztlichen Heileingriffs, *Rönnau*, Willensmängel, S. 264.
1189 *Kußmann*, Einwilligung und Einverständnis, S. 24, 212.
1190 *Kußmann*, Einwilligung und Einverständnis, S. 266.
1191 So bereits RGSt 41, 392, 394.
1192 RGSt 70, 108, 109.

Zwangslage aus staatlich angeordneten Unterordnungs- oder besonderen Abhängigkeitsverhältnissen ergeben hat.[1193]

Von Interesse ist im Rahmen dieser Arbeit vor allem eine Entscheidung des Bundesgerichtshofs aus dem Jahr 1955. Das Gericht befand in diesem Fall über die Frage, ob eine abgegebene Zustimmung zum Geschlechtsverkehr gegenüber dem Dienstherrn von einem dem Schutz des § 174 Abs. 1 Nr. 1 StGB a.F. unterstehenden weiblichen Lehrlings wirksam sei. Zwar finden sich im Urteil keine konkreten Äußerungen über die Beurteilung der Zwangslage, doch begründet das Gericht die Unwirksamkeit der erteilten Zustimmung damit, dass diese von im Abhängigkeitsverhältnis stehenden Minderjährigen abgegebene Erklärung in der Regel nicht geeignet ist, *„das Merkmal des Mißbrauchs zu beseitigen“*[1194]. Dies sei vielmehr nur in Ausnahmefällen möglich, *„wenn der Minderjährige aus eigenem, freiem, durch das Abhängigkeitsverhältnis nicht beeinflußten Entschluß zu handeln vermag und handelt, und wenn eine Erschütterung der Achtung des Minderjährigen vor demjenigen, dem er anvertraut ist, nicht zu befürchten ist. Ein solcher Ausnahmefall wäre denkbar bei einer dem Ende des geschützten Alters nahestehenden Person, die aus echter Liebe, in der ernsten Absicht späterer ehelicher Verbindung, …, im Bewußtsein ihrer Verantwortung und unter voller Wahrung der beiderseitigen menschlichen Achtung in geschlechtliche Beziehungen einwilligt.“*[1195]

f) Stellungnahme

Zusammenfassend ist auch nach Untersuchung der Willensmängeldogmatik eher von einer Befürwortung einer de lege ferenda vorzunehmenden Erweiterung des gesetzlichen Schutzes zu Gunsten Jugendlicher ab 14 Jahren zu befürworten. Die aufgrund des Phänomens vorliegenden Eigenschaften erlauben keine differenzierten Schlussfolgerungen im Hinblick auf eine Rechtfertigung des aktuell sich auf den Schutz von Kindern beschränkenden Cyber-Grooming-Tatbestands. Insgesamt ergibt sich für die Beurteilung von Willensmängeln im Zusammenhang mit dem Phänomen des Cyber-Groomings und den betroffenen Opfern folgendes Ergebnis:

In Anbetracht der früher vertretenen, „opferfreundlichen“ Auffassung zur Berücksichtigung von Willensmängeln[1196] liegt für die hier zu untersuchenden Fälle die Schlussfolgerung nahe, dass jegliche von Jugendlichen über 14 Jahren

---

1193 S. hierzu näher *Kußmann*, Einwilligung und Einverständnis, S. 270 ff.

1194 BGHSt 8, 278, 282.

1195 BGHSt 8, 278, 282.

1196 S. 2. Teil, Kapitel 1, III. 3. b).

abgegebene Erklärungen[1197] – auch unter Berücksichtigung der jeweiligen Einschränkungen – als unwirksam eingestuft werden müssen. Ersichtlich ist, dass sowohl im Hinblick auf eigenverursachte Irrtümer, als auch bezüglich täuschungsbedingter Irrtümer, ein gewisser Bezug des Irrtums zum betroffenen Rechtsgut bestehen soll, sofern auf die Ansichten mit normativen Begrenzungen abgestellt wird.

Schmidhäuser[1198] beispielsweise meint bezüglich Motivirrtümern, dass eine Opferzustimmung nur dann relevant sei, wenn sie eine bewusste Verfügung über das betroffene Objekt und die Art und Schwere des Eingriffs darstellt. Unter der doch eher theoretischen Annahme, dass es Fälle des Cyber-Groomings gibt, von denen keinerlei Täuschungen und Drohungen seitens der Täter vorliegen,[1199] wäre die erteilte Einwilligung insbesondere unter dem Aspekt irrelevant, als dass den Betroffenen oft die Einsicht über die Art und Schwere des Eingriffs fehlen dürfte. Dies insbesondere im Hinblick auf eine unter Umständen eintretende Mehrfachviktimisierung, wenn das ausgetauschte Material im Internet veröffentlicht wird und es beispielsweise in speziellen „Täter-Communities" gebraucht und gehandelt wird.

Ferner ist bei täuschungsbedingten Irrtümern stets von einer Unwirksamkeit der etwaig erteilten Opferzustimmungen auszugehen, selbst wenn hier einige Beschränkungen angedacht wurden. So etwa *Stofer's*[1200] Einschätzung zufolge, wonach täuschungsbedingte Irrtümer immer dann relevant seien, wenn sie für den Eingriff in ein bestimmtes Rechtsgut selbst bedeutsam sind, den Eingriff beispielsweise viel schwerer erscheinen lassen, als der Einwilligende erwartet. Täuscht ein Täter etwa dem Opfer vor, bei einem persönlichen Treffen würde es allenfalls zu einem zärtlichen Austausch von Liebkosungen kommen, es tatsächlich aber sexuell missbraucht, so irrte sich das Opfer massiv sowohl über die Art als auch die Schwere des erwarteten Eingriffs.

Selbiges muss unter Berücksichtigung der Ansicht von *Noll*[1201] gelten. Seine Beurteilung, wonach Willensmängel dann unbeachtlich sein sollen, wenn sie lediglich „nebensächliche" Aspekte und nicht maßgebliche Motive zur Preisgabe des verletzten Rechtsguts betreffen, kann für die Fälle des Cyber-Groomings in

---

1197 S. zur Art von Erklärungen, die abgeben werden 2. Teil, Kapitel 1, III. 2.

1198 S. 2. Teil, Kapitel 1, III. 3. b) aa).

1199 Wenn z.B. ein junges Mädchen im Chat auf einen Erwachsenen trifft, der von vornherein seine wahre Identität sowie seine sexuellen Wünsche offenlegt, das Mädchen dennoch aufgrund eigener Vorstellungen von einer Liebesbeziehung ausgeht.

1200 S. 2. Teil, Kapitel 1, III. 3. b) bb).

1201 S. 2. Teil, Kapitel 1, III. 3. b) bb).

dieser pauschalen Form keine Geltung erlangen. *Noll* konkretisiert diese Aussage damit, dass ein Irrtum über die Person des Eingreifenden irrelevant sein soll, wenn der Einwilligende doch zugleich bezüglich der Preisgabe des Rechtsguts bereit ist. Beim von *Noll* angeführten Beispiel mag dies noch nachvollziehbar sein. An seine Grenzen gelangt diese Einschätzung für die hier zu beurteilenden Fälle jedoch insofern, als nicht klar abzugrenzen ist, welche Aspekte „nebensächlich" sein sollen. Jedenfalls bei der Identität des Eingreifenden kann beim Cyber-Grooming nicht von einem „nebensächlichen" Aspekt in diesem Sinne gesprochen werden, da er auf die Qualität des Eingriffs doch von erheblicher Bedeutung ist. Aus Perspektive der Betroffenen und im Hinblick auf den Schutz der sexuellen Selbstbestimmung ist es von großer Relevanz, wem online intime Details mitgeteilt werden oder mit wem ein persönliches Treffen vereinbart wird, auch wenn im Vornherein generell ein Einverständnis oder sogar der Wunsch zu sexuellen Handlungen besteht.

Schließlich muss auch nach der Einschränkung *Kientzy's*[1202] von einer Beachtlichkeit von Willensmängeln ausgegangen werden. Relevant und schützenswert seien danach nur solche Motivationen, die sich auf Nachteile beziehen, welche gerade durch den Rechtsschutzverzicht auftreten können. Willigt ein/e Jugendliche/r in ein intimes Treffen mit einem Erwachsenen online ein, so kann unter Berücksichtigung möglicher negativer Folgen[1203] nicht davon ausgegangen werden, dass die Tragweite der Einwilligung vom Minderjährigen überblickt werden kann. Dies, wie die Ergebnisse des kriminologischen Teils dieser Arbeit gezeigt haben, unabhängig davon, ob ein Opfer 12 oder 15 Jahre alt ist. „Nachteile" im Sinne *Kientzy's* können beim Cyber-Grooming nicht nur solche sein, die sich unmittelbar und nur auf die körperlichen Folgen eines Geschlechtsverkehrs mit wesentlich älteren Personen beziehen, sondern vielmehr auch solche, wie etwa ein durch die Manipulation aufgetretener Vertrauensverlust oder die infolge einer Aufdeckung des Geschehens folgende Missachtung von Freunden und Familie. Bei der Einwilligung in ein persönliches Treffen stimmt das Opfer danach zwar primär „nur" dem Sexualkontakt zu und ist sich damit allenfalls und je nach Einzelfall den damit in Verbindung stehenden, körperlichen Eingriffen bewusst. Ein Bewusstsein fehlt jedoch im Hinblick auf weitreichendere Folgen im eben benannten Sinne. So kann etwa wegen der häufig über einen langen Zeitraum aufrechterhaltenen Vortäuschung einer „echten Beziehung" durch den Täter die Enttäuschung und allgemein der Verlust der Möglichkeit, Vertrauen anderen

1202 S. 2. Teil, Kapitel 1, III. 3. b) bb).
1203 S. 1. Teil, Kapitel 4, III.

Menschen entgegenbringen zu können, am Ende groß sein. Auch hierbei handelt es sich jedoch um schützenswerte Aspekte, die beim sexuellen Missbrauch von Kindern und Jugendlichen von Bedeutung sind. Denn dabei steht nicht nur die sexuelle Selbstbestimmung im Raum, sondern auch die damit umfasste ungestörte sexuelle Entwicklung,[1204] die bei den geschilderten Fällen gerade beeinträchtigt werden könnte.

Ähnlich verhält es sich im Ergebnis nach der Lehre von *Arzt*.[1205] Dementsprechend sind nur „rechtsgutsbezogene" Irrtümer bei der Beurteilung im Hinblick auf die Wirksamkeit einer abgegebenen Erklärung von Bedeutung. Bezieht sich die Täuschung nicht auf das vom jeweiligen Tatbestand geschützte Rechtsgut, sondern nur auf die vom Täter zu erbringende Gegenleistung, so ist die danach erklärte Einwilligung in ihrer Wirksamkeit nicht berührt. Auch wenn in Fällen des Cyber-Groomings die Täter ihre Opfer häufig mit diversen Mitteln, wie beispielsweise die Aussicht auf eine enge und von gegenseitigem Verständnis getragene Liebesbeziehung, Anerkennung oder „simple" Freundschaft manipulieren, um die gewünschte sexuelle Interaktion herbeizuführen, damit also über die zu erbringende Gegenleistung täuschen, ist im Ergebnis doch auch nach der Lehre von *Arzt* von keiner wirksamen Einwilligung in die beabsichtigte Interaktion mit dem Erwachsenen auszugehen. Denn auch *Arzt* betont, dass eine Einwilligung immer dann unwirksam ist, wenn sich der Rechtsgutsinhaber über Art und Umfang der „bevorstehenden Rechtsgutsverletzung" irrt. Genau hiervon wird aber in aller Regel auszugehen sein, wenn der Umstand Berücksichtigung findet, dass beim Cyber-Grooming nicht von vornherein klar ist, welche Schutzgüter verletzt werden können. Anders als beim von *Arzt* genannten Beispiel, wo es um eine Ohrfeige gegen Bezahlung von Geld geht, sind in den hier zu beurteilenden Fällen die im Raum stehenden Rechtsgüter nicht so einfach zu bestimmen wie die körperliche Integrität bei einer Körperverletzung nach § 223 Abs. 1 StGB. Die jungen Opfer des Cyber-Groomings können die Folgen ihrer Zustimmung gar nicht so genau absehen, wie wenn sie in eine einfache Ohrfeige einwilligen würden. Denn es ist, wie erwähnt, nicht nur die sexuelle Handlung an sich, der sie zustimmen. Darüber hinaus gehende Folgen, die gerade durch die Eigenheiten des Phänomens, insbesondere einer tiefgreifenden Manipulation und dem damit einhergehenden Vertrauensverlust gegenüber Dritten oder die Angst vor Veröffentlichung kompromittierender Materialen im Netzt, können

---

1204 Eine detaillierte Untersuchung von Schutzgütern erfolgt in einem späteren Kapitel, 2. Teil, Kapitel 3. I.

1205 S. 2. Teil, Kapitel 1, III. 3. c).

oft unbedacht bleiben. Eine konkrete Absehbarkeit möglicher negativer Folgen kann beim Cyber-Grooming wegen der Komplexität des Phänomens nicht so einfach erfolgen, wie bei anderen Straftatbeständen, etwa der einfachen Körperverletzung. Jugendliche können insofern den „Wert" des preisgegebenen Rechtsguts gar nicht einschätzen, sodass sie – der *Arzt'schen* Lehre zufolge – gar nicht über den „Tauschwert" irren können.

Auch der *Amelung'schen* Lehre[1206] entsprechend wird in Fällen des Cyber-Groomings überwiegend von einer auf der ersten Stufe unwirksamen Einwilligung der betroffenen Jugendlichen auszugehen sein, sowie in einer zweiten Stufe von einer strafbaren Handlung des Täters. *Amelung* zufolge ist eine Einwilligung nur dann wirksam, wenn sie dem Wertsystem des Einwilligenden entspricht. Da die Einwilligung insofern ein Instrument der Interessenwahrnehmung durch Rechtsgutspreisgabe ist und dieser bei Abgabe seiner Erklärung ein anderes Gut erhalten will, so zeigt sich in Übertragung dieser Idee auf das Cyber-Grooming, dass meist ein Ungleichgewicht zwischen Kosten und Nutzen vorliegen wird, das eine Entscheidung der Opfer entsprechend dem vorgestellten „Wertsystem" ausschließt. Fehler bei der Wertentscheidung sind dabei insofern anzunehmen, als die dabei vorzunehmende Abwägung schon deshalb nicht sachgerecht erfolgen kann, weil die Jugendlichen gar nicht wissen können, in welchem Umfang oder wie konkret sie die betroffenen Rechtsgüter preisgeben. Insofern ist parallel zur obigen Darstellung betreffend die *Arzt'sche* Lehre von einer unwirksamen Einwilligung auszugehen. Selbiges muss bei der Beurteilung täuschungsbedingter Irrtümer gelten, da die Rechtsgutspreisgabe bezüglich des Eingriffs in die sexuelle Selbstbestimmung auf der einen Seite und die erhoffte Erfüllung der damit einhergehenden Wünsche auf der anderen Seite, aufgrund der vom Täter ausgeübten Täuschung fehlgeht. Bei der zweiten Prüfungsstufe, der Zurechenbarkeit, welche im Kern auf eine Interessenabwägung abstellt, muss diese regelmäßig zu Lasten der Täter ausfallen. Ins Gewicht fällt hier vor allem das jugendliche Alter der Opfer und die damit gegenüber dem Täter unterlegene geistige und psychische Konstitution, die es den Tätern vor allem ermöglicht, sich mit äußerst gewieften Mitteln eine Einwilligung in die jeweils gewünschte Handlung zu erschleichen.

Betrachtet man schließlich den Standpunkt der Rechtsprechung[1207] bezüglich der Beurteilung von Willensmängeln, so sind danach insgesamt nur wenig greifbare Konturen oder allgemeine Grundsätze ableitbar, die die Feststellung

---

1206 S. 2. Teil, Kapitel 1, III. 3. d).
1207 S. 2. Teil, Kapitel 1, III. 3. e).

von Wirksamkeit oder Unwirksamkeit einer unter Willensmängeln abgegebenen Einwilligung unter klaren Gesichtspunkten ermöglicht.[1208] Vielmehr ist die Gerichtspraxis nach wie vor geneigt, die Entscheidung über die Beachtlichkeit der Einwilligung *„den Umständen des Einzelfalles zu entnehmen und damit dem Tatrichter zuzuschieben."*[1209]

Insofern lassen sich kaum Schlussfolgerungen für die hier zu behandelnde Frage einer differenzierten Betrachtung von Jugendlichen und Kindern bei der Pönalisierung in Fällen des Cyber-Groomings ableiten. Mit Blick auf die oben beispielhaft genannte Entscheidung des Bundesgerichtshofs aus dem Jahr 1955[1210] kann beim Cyber-Grooming bei jedenfalls nicht nah an der Volljährigkeitsgrenze liegenden Jugendlichen, nicht von der Wirksamkeit einer Zustimmung in Interkationen mit Erwachsenen im Netz ausgegangen werden. Denn von „echten Gefühlen" oder einer „gegenseitigen Achtung" kann in den hier zu beurteilenden Fällen überwiegend keine Rede sein, wenn es den Tätern allein um die Durchsetzung sexueller Interessen geht, während sich die Jugendlichen vom Kontakt viel mehr als nur die Vornahme sexueller Handlungen erhoffen.

4. Zusammenfassung

Zusammenfassend ist festzustellen, dass Jugendliche im Hinblick auf den Schutz vor Cyber-Grooming unter dem Blickwinkel selbstbestimmten Handelns nicht zwingend anders zu beurteilen sind als Kinder.

Eine gesetzessystematische Betrachtung im Rahmen des nachfolgenden Kapitels soll Aufschluss über die de lege lata vorherrschende Situation im Hinblick auf den Schutz Jugendlicher im Zusammenhang mit sexuellen Missbrauchshandlungen erbringen. Dies mit dem Ziel herauszustellen, ob aus der aktuellen Gesetzgebung Anhaltspunkte ersichtlich sind, die für oder gegen eine Schutzbedürftigkeit Jugendlicher vor Cyber-Grooming sprechen.

1208 S. kritisch hierzu *Kußmann*, Einwilligung und Einverständnis, S. 27 f., 272 f.; *Rönnau*, Willensmängel, S. 271 ff.

1209 *Arzt*, Willensmängel, S. 7; vgl. auch *Rönnau*, Willensmängel, S. 271.

1210 BGHSt 8, 278.

Kapitel 2. Gesetzessystematische Betrachtung

Wesentlicher Kern der nunmehr folgenden gesetzessystematischen Betrachtung ist die Untersuchung gesetzgeberischer Leitgedanken bei den im Strafgesetzbuch vorzufindenden Jugendschutzvorschriften betreffend Jugendliche ab 14 Jahren. Einleitend wird zunächst in einem kurzen Überblick die Gesetzessystematik dargestellt, bevor sodann die Problematik starrer Altersgrenzen näher erörtert wird. Anhand einer differenzierten Betrachtung der Vorschriften zu den jeweiligen Altersgruppen wird abschließend der eingangs erwähnte Aspekt gesetzgeberischer Hintergründe zum Erlass der entsprechenden Regelungen erörtert, um schließlich eine Aussage darüber treffen zu können, ob entsprechend der aktuellen Gesetzeslage ein fehlender Schutz Jugendlicher vor Cyber-Grooming zu rechtfertigen ist.

I. Systematik der Jugendschutzdelikte im 13. Abschnitt

Zu den Vorschriften des Jugendschutzes gehören im Wesentlichen – nicht hingegen abschließend – [1211] die Vorschriften der §§ 174, 176, 180 und 182 StGB.[1212] Im Hinblick auf den Schutzumfang von Kindern und Jugendlichen finden sich im Gesetz Abstufungen nach Altersgrenzen.

§ 176 StGB normiert ein absolutes Verbot für sexuelle Kontakte mit Kindern unter 14 Jahren. Grund hierfür ist die generelle Negation der Einwilligungsfähigkeit von Kindern in sexuelle Interaktionen mit Erwachsenen.[1213]

Eine erste Abstufung findet sich bei der Altersgruppe der 14- und 16-jährigen Jugendlichen. Hier gilt kein absoluter Schutz vor Sexualkontakten schlechthin. Konkrete Normierungen hierzu sind etwa in den Vorschriften der §§ 174 Abs. 1 Nr. 1, Nr. 3, 174 Abs. 2 Nr. 1, 180 Abs. 1 und 182 Abs. 3 StGB anzutreffen.

Einerseits richtet sich dabei der Schutzumfang nach der Beziehung zum Täter.[1214] Danach sind ausnahmslos sexuelle Handlungen mit Personen nach § 174 Abs. 1 Nr. 1 und Nr. 3 StGB, bei denen der Jugendliche zur Erziehung, zur Ausbildung oder zur Betreuung in der Lebensführung anvertraut ist, sowie mit leiblichen oder Adoptiveltern unter Strafe gestellt. § 174 Abs. 2 Nr. 1 StGB

1211 *Wolters* in: SK-StGB, Vorbem. vor §§ 174 StGB Rdnr. 3 b.

1212 *Wolters* in: SK-StGB, Vorbem. vor §§ 174 StGB Rdnr. 3 b; *Renzikowski* in: Müko, Vor § 174 Rdnr. 22.; *Hörnle* in: LK, Vor § 174 Rdnr. 56.

1213 S. 2. Teil, Kapitel 1, III. 1.

1214 *Renzikowski* in: MüKo, Vor § 174 Rdnr. 24.

pönalisiert seit dem 49. StÄG vom 21.1.2015[1215] sexuelle Handlungen zwischen Betreuungs-, Ausbildungs- und Erziehungspersonen in Einrichtungen zur Erziehung, Ausbildung oder Betreuung in der Lebensführung von Personen unter 18 Jahren und ihnen anvertrauten Jugendlichen unter 16 Jahren, welche zu dieser Einrichtung in einem Rechtsverhältnis stehen, das einem dieser Zwecke dient. § 180 Abs. 3 StGB setzt zusätzlich den Missbrauch der Abhängigkeit voraus, sofern der Täter den Schutzbefohlenen zu sexuellen Handlungen mit Dritten bestimmt. Strafbar ist schließlich die Vornahme von oder die Bestimmung zu sexuellen Handlungen unter Ausnutzung eines Abhängigkeitsverhältnisses in Dienst- oder Arbeitsverhältnissen (§§ 174 Abs. 1 Nr. 2, 180 Abs. 3 StGB). In diesen Konstellationen ist das psychosoziale Gefälle von Täter und Opfer von Bedeutung.[1216] Selbiger Gedanke findet sich auch in § 182 Abs. 3 StGB wieder, wonach sexuelle Handlungen zwischen über 21 Jahre alten Tätern und unter 16 Jahre alten Opfern pönalisiert werden,[1217] wobei hier die Ausnutzung der Unreife des Opfers im Mittelpunkt des Tatbestands steht.[1218]

Andererseits ist der gesetzliche Schutzumfang von Jugendlichen unter 16 Jahren an der Motivation ausgerichtet,[1219] die seitens der Täter an die Opfer herangetragen wird, so bei Sexualkontakten gegen Entgelt (§§ 180 Abs. 2, 182 Abs. 2 StGB) und bei der Ausnutzung von Zwangslagen (§ 182 Abs. 1 StGB).[1220]

Hörnle kritisiert im Zusammenhang mit dem Schutz Jugendlicher in dieser Altersgruppe widersprüchliche Vorgaben im StGB. Während es einerseits nach § 180 Abs. 1 Nr. 2 StGB untersagt ist, Jugendlichen unter 16 Jahren Sexualkontakte durch Gewähren oder Verschaffen von Gelegenheit Vorschub zu leisten, werden Abwehrrechte gegen direkte sexuelle Zugriffe nur beschränkt unter engen Voraussetzungen der §§ 174, 182 StGB unter Strafe gestellt. Ohne diese Umstände bestehe aber selbst dann Straffreiheit, wenn die Jugendlichen mit der sexuellen Handlung nicht einverstanden waren. Zudem deute die Pönalisierung in § 174 Abs. 1 Nr. 2 StGB daraufhin, dass den Jugendlichen hier eine positive sexuelle Selbstbestimmung per se abgesagt werde, da Unterstützungsverbote nur dann sinnvoll seien, wenn das in Frage stehende Verhalten missbilligenswert ist.[1221]

1215 BGBl. I 10.

1216 *Renzikowski* in: MüKo, Vor § 174 Rdnr. 24.

1217 *Renzikowski* in: MüKo, Vor § 174 Rdnr. 24.

1218 BT-Drs. 12/4548 S. 8.

1219 *Renzikowski* in: Müko, Vor § 174 Rdnr. 24.

1220 *Renzikowski* spricht von einer wucherähnlichen Ausbeutung persönlicher Bedrängnis, *Renzikowski* in: Müko Vor § 174 Rdnr. 24.

1221 Vgl. *Hörnle* in: LK, Vor § 174 Rdnr. 57.

In der nächsthöheren Altersstufe der 16- bis 18-Jährigen wird ein weiter reduzierter Schutzumfang konstatiert.[1222] Für Jugendliche innerhalb dieser Altersgruppe wird anerkannt, dass sexuelle Handlungen üblich sind und in der Regel keine schädlichen Wirkungen haben.[1223] Ausnahmslos strafbar sind lediglich Sexualkontakte mit den leiblichen oder den Adoptiveltern nach § 174 Abs. 1 Nr. 3 StGB. Im Übrigen wird generell von der Einwilligungsfähigkeit Jugendlicher in diesem Alter ausgegangen,[1224] da beispielsweise die Regelung des § 182 Abs. 3 StGB nicht anwendbar ist und sonst nur unter Hinzutreten bestimmter Umstände eine Strafbarkeit gegeben ist. In den Fällen der § 174 Abs. 1 Nr. 2, 180 Abs. 3 StGB ist dies der Missbrauch einer in einem Über- Unterordnungsverhältnis bestehenden Abhängigkeit. Bei § 182 Abs. 1 StGB betrifft dies die Ausnutzung einer Zwangslage sowie im Fall der §§ 180 Abs. 2, 182 Abs. 2 StGB meint dies den Umstand, sexuelle Handlungen gegen Entgelt zu erbringen.

II. Zum Aspekt starrer Altersgrenzen

Der im Strafgesetzbuch aufgezeigte abgestufte Schutz von Jugendlichen vor Eingriffen in deren sexuelle Selbstbestimmung[1225] und die damit einhergehende Bindung an starre Altersgrenzen stößt im Schrifttum generell zwar auf Kritik.[1226] Allerdings wird dem Grunde nach ein Festhalten an solchen Altersgrenzen mangels tauglicher Alternativen befürwortet.[1227]

Grundsätzlich stellt sich bei festgelegten Altersgrenzen die Frage nach der Einzelfallgerechtigkeit. Denn die psychische Reifung ist ein gradueller Entwicklungsprozess, der nicht an der Vollendung eines bestimmten Alters festgemacht werden kann.[1228] Starre Altersgrenzen hingegen verbieten eine Berücksichtigung von Einzelfallumständen, die im Hinblick auf die Ausübung sexueller Selbstbestimmung[1229] von Relevanz sind.

1222 *Wolters* in: SK-StGB, Vorbem. vor §§ 174 StGB Rdnr. 3 b; *Hörnle* in: LK, Vor § 174 Rdnr. 58; *Renzikowski* in: Müko, Vor § 174 Rdnr. 25.

1223 BT-Drs. VI/3521 S. 46; BT-Drs. 12/4584 S. 7.

1224 *Hörnle* in: LK, Vor § 174 Rdnr. 58.

1225 Im Sinne eines Abwehrrechts, s. 2. Teil, Kapitel 1, II.

1226 *Baurmann*, Sexualität, Gewalt und psychische Folgen, S. 76; *Sick/Renzikowski* in: Festschr. für F.C. Schroeder, S. 603, 611 ff.; *Duttge/Hörnle/Renzikowski*, NJW 2004, 1065, 1066; *Hörnle* in: LK, Vor § 174 Rdnr. 56 ff.; *Renzikowski* in: MüKo, Vor § 174 Rn. 29 f.

1227 *Renzikowski* in: MüKo, Vor § 174 Rdnr. 29; *Hörnle* in: LK, Vor § 174 Rdnr. 60; s. auch *Baurmann*, Sexualität, Gewalt und psychische Folgen, S. 76.

1228 *Hörnle* in: LK, Vor § 174 Rdnr. 59.

1229 Im Sinne eines Freiheitsrechts.

Schetsche zufolge muss demnach eben dieses Selbstbestimmungsrecht *„auf der Strecke bleiben"*[1230], wenn sexuelle Ausbeutung von Kindern und Jugendlichen generell bekämpft werden soll. So müssen letztlich auch Kontakte unter Strafe gestellt werden, die ethisch eine nur geringe oder gar keine Verwerflichkeit aufweisen.[1231] Das Strafrecht ist *„kein geeignetes Mittel zur differenzierten Beurteilung des ethischen Gehalts komplexer sozialer Interaktionen"*[1232]. Wolle man einzelfallgerechte Entscheidungen treffen, müsste eine Norm geschaffen werden, die sich nicht nur an Altersgrenzen orientiert, sondern diverse Aspekte berücksichtigt. Im Mittelpunkt müssten dabei die retrospektive Ermittlung des kindlichen Willens sowie die Überprüfung der sozialen Beziehung zum Zeitpunkt der Interaktion stehen. Zudem müssten mindestens drei Arten von Asymmetrien zwischen den Beteiligten bedacht werden:

a) eine Machtdifferenz aufgrund der sozialen Beziehung (besondere Erziehungsverhältnisse), die ein Ausnutzen leicht macht und gegen die das Kind wehrlos ist;
b) eine individuelle Machtdifferenz, die sich aus Unterschieden in Lebenserfahrung, Interaktionskompetenz, materiellen Ressourcen aber auch der psychosexuellen Reife ergibt;
c) schließlich eine Machtdifferenz aufgrund des Geschlechts der Beteiligten.

Geprüft werden müsste darüber hinaus, ob im konkreten Fall ein konstatiertes Machtgefälle auch tatsächlich ausgenutzt wurde. Letztlich wäre also Analyse des konkreten Verlaufs der einzelnen Begegnungen erforderlich, wozu unser Strafrecht im heutigen Sinne nicht in der Lage sei. Es bleibe daher keine andere Alternative als ein pauschal sexualbezogener Kinder- und Jugendschutz.[1233]

Außer dieser zum umfassenden Schutz vor Missbrauch erforderlichen Zurückstellung eines sexuellen Selbstbestimmungsrechts, führen fixe Altersgrenzen auch zu Konflikten in Grenzfällen. So könne beispielsweise angenommen werden, dass 13-Jährige nicht in jedem Fall zwingend als unfähig angesehen werden müssen, wirksam in Sexualkontakte einwilligen zu können.[1234] Fraglich sei vor allem, ob eine kontext- und personenunabhängige Unterstellung von Einwilligungsunfähigkeit bei 12- und 13-Jährigen angenommen werden könne, wenn

1230 *Schetsche*, MSchrKrim, 1994, 201, 213.
1231 *Schetsche*, MSchrKrim, 1994, 201, 211 ff.
1232 *Schetsche*, MSchrKrim, 1994, 201, 212 f.
1233 *Schetsche*, MSchrKrim, 1994, 201, 212 f.
1234 Vgl. *Duttge/Hörnle/Renzikowski*, NJW 2004, 1065, 1066.

der Sexualpartner nur geringfügig älter, etwa 14 Jahre alt, ist.[1235] Wolle man aber pauschale Fiktionen der fehlenden Einwilligungsfähigkeit zu Grunde legen, so müsse als Ausgleich der Strafrahmen nach unten hin flexibel gehalten werden.[1236] Gefordert wird etwa die Aufnahme einer § 174 Abs. 4 StGB entsprechenden Klausel in § 176 StGB.[1237]

Bei Sexualkontakten unter Jugendlichen ist das phänomenologische Spektrum ferner sehr weitläufig: So reicht es von selbstbestimmten sexuellen Interaktionen unter Gleichaltrigen als „gewöhnliche" Handlungsweisen während der Pubertät, bis hin zu Sexualkontakten mit älteren oder gleichaltrigen Tätern, die kraft ihrer Überlegenheit sexuelle Übergriffe auf Minderjährige verüben.[1238]

Fraglich ist außerdem, wie ohne flexible Regelungen der jeweils unterschiedlich verlaufenden sexuellen Entwicklung von Jugendlichen – insbesondere im Vergleich von Mädchen und Jungen – Rechnung getragen werden kann.[1239]

Trotz all dieser kritischen Aspekte wird die Beibehaltung fester Altersgrenzen im Strafgesetzbuch befürwortet.[1240]

Außer der von *Schetsche* erwähnten Problematik, dass das Strafrecht keine einzelfallgerechte Lösung bieten könne,[1241] sprechen auch weitere Gründe gegen die Auflösung bestehender Altersgrenzen.

Eine Alternative bestünde zwar, so wie *Schetsche* es auch beschrieben hat, für jedes Delikt die Urteils- und Durchsetzungsfähigkeit des Opfers festzustellen. Das Strafprozessrecht gibt hierzu durch sogenannte Glaubwürdigkeitsgutachten Gerichten eine Hilfe an die Hand. Grundsätzlich gehört die Würdigung von Zeugenaussagen nach ständiger Rechtsprechung des Bundesgerichtshofs zwar zum Wesen richterlicher Rechtsfindung und ist daher grundsätzlich dem Tatrichter anvertraut. Das gilt nicht nur bei erwachsenen Zeugen, sondern regelmäßig auch für die Aussage eines Kindes oder eines jugendlichen Zeugen, der Opfer eines an ihm begangenen Sexualdelikts ist. Jedoch ist die Hinzuziehung eines

---

1235 Vgl. *Hörnle* in: LK, § 176 Rdnr. 5.

1236 Vgl. *Duttge/Hörnle/Renzikowski*, NJW 2004, 1065, 1066.

1237 *Hörnle* in: LK, Vor § 174 Rdnr. 63.

1238 *Hörnle* in: LK, Vor § 174 Rdnr. 59.

1239 *Renzikowski* in: MüKo, Vor § 174 Rdnr. 29.

1240 *Renzikowski* in: MüKo, Vor § 174 Rdnr. 29; *Hörnle* in: LK, Vor § 174 Rdnr. 60; *Duttge/Hörnle/Renzikowski*, NJW 2004, 1065, 1066; s. auch *Baurmann*, Sexualität, Gewalt und psychische Folgen, S. 76; so im Ergebnis auch *Schetsche*, MSchrKrim, 1994, 201, 212 f.

1241 *Schetsche*, MSchrKrim, 1994, 201, 212 f., „weil das Strafrecht kein geeignetes Mittel zur differenzierten Beurteilung des ethischen Gehalts komplexer sozialer Interaktionen ist."

Sachverständigen dann geboten, wenn der zur Aburteilung stehende Sachverhalt ausnahmsweise solche Besonderheiten aufweist, dass Zweifel daran aufkommen können, ob die Sachkunde des Gerichts auch zur Beurteilung der Glaubwürdigkeit unter den gegebenen besonderen Umständen ausreicht.[1242] Selbst wenn jedoch auf Glaubwürdigkeitsgutachten zurückgegriffen wird, verbleiben generelle Probleme, die auch dadurch nicht immer ausgeräumt werden können. Nämlich zum einen, dass eine retrospektive Erforschung nicht immer zweifelsfrei die Entwicklung zum Tatzeitpunkt nachvollziehen kann. Zum anderen, dass durch Mehrfachbefragungen die Belastung der Opfer und die Gefahr sekundärer Viktimisierung besteht, sodass auch deshalb von derartigen Vorgehensweisen in extensivem Umfang abzuraten ist.[1243] Zudem würden umfassende Opferbegutachtungen Tür und Tor für opferbeschuldigende Verteidigungsstrategien eröffnen. Ein Vorsatznachweis würde illusorisch werden.[1244] Schließlich ist auch der Aspekt der Rechtssicherheit zu berücksichtigen, da das Alter im Gegensatz zur sexuellen Reife relativ einfach festzustellen ist.[1245]

Insgesamt stoße die Entscheidung für bestimmte Altersgruppen auf keine grundlegenden Einwände, wenn zum einen diese Annahme für die große Mehrzahl von Fällen der Realität entspreche und zum anderen für Ausnahmen die Möglichkeit vorgesehen ist, von Strafe abzusehen.[1246]

III. Gesetzgeberische Leitgedanken beim Schutz Jugendlicher ab 14 Jahren

Ziel der Untersuchung an dieser Stelle ist es, entsprechend der systematischen Unterteilung der im StGB vorzufindenden Jugendschutzdelikte[1247] darzustellen, welche gesetzgeberischen Leitgedanken den jeweiligen Normen zugrunde liegen. Mit Hilfe einer differenzierten Untersuchung sollen Kriterien herausgearbeitet werden, die Anhaltspunkte für oder gegen eine weitere Gesetzesänderung im Hinblick auf den Schutz von Jugendlichen über 14 Jahren vor Cyber-Grooming liefern.

1242 BGH, NStZ 2001, 105, 105.

1243 *Hörnle* in: LK, Vor § 174 Rdnr. 60.

1244 *Sick/Renzikowski* in: Festschr. für F.C. Schroeder, S. 603, 611.

1245 *Duttge/Hörnle/Renzikowski*, NJW 2004, 1065, 1066; *Hörnle* in: LK, Vor § 174 Rdnr. 60.

1246 Vgl. *Hörnle* in: LK, Vor § 174 Rdnr. 60.

1247 Dabei beschränkt sich die Erörterung auf die für die hiesige Untersuchung relevanten Normen der §§ 180, 182 StGB.

1. Einführung

Die Darstellung orientiert sich an der oben[1248] erörterten gesetzlichen Abstufung hinsichtlich der Schutzaltersgrenzen, welche in drei Phasen erfolgt: Dem umfassenden Schutz von Kindern unter 14 Jahren, dem danach etwas abgestuften Schutz von Jugendlichen in der Altersgruppe von 14 bis 16 Jahren und schließlich dem weiter reduzierten Schutzniveau hinsichtlich Jugendlicher von 16 bis 18 Jahren, wobei eine Untersuchung von Normen, die den Schutz von Kindern vorsehen – mit Blick auf die Zielsetzung dieser Erörterung (Leitmotive zum Schutz Jugendlicher) – außen vor bleibt.

Regelungen, die sowohl die Altersgruppe der 14- bis 16-Jährigen betreffen, als auch solche, die den Schutz der 16- bis 18-Jährigen vorsehen, finden sich in den §§ 174 Abs. 1 Nr. 3, 180 Abs. 2, 180 Abs. 3, 182 Abs. 1 und 182 Abs. 2 StGB wieder. Jugendliche der Altersgruppe von 14 bis 16 Jahren werden gesondert durch die Regelungen der §§ 174 Abs. 1 Nr. 1, 174 Abs. 2 Nr. 1, 180 Abs. 1 und 182 Abs. 3 StGB geschützt. Vorschriften, die sich ausschließlich auf Jugendliche über 16 Jahren beziehen, sind in §§ 174 Abs. 1 Nr. 2 ,174 Abs. 2 Nr. 2 StGB anzutreffen.

Im Folgenden werden zunächst die Regelungen näher analysiert, die sich auf beide Altersgruppen (14- bis 16- und 16- bis 18-Jährigen) beziehen, bevor sodann eine gesonderte Erörterung von Normen erfolgt, die jeweils eine bestimmte Altersgruppe betreffen, wobei sich die Darstellung auf solche Vorschriften beschränkt, die im Rahmen dieser Untersuchung relevante Schlussfolgerungen liefern können.[1249] Zu jeder Norm erfolgt eine Stellungnahme im Hinblick auf die jeweils zu Grunde liegenden gesetzgeberischen Beweggründe und deren Bedeutung für Fälle des Cyber-Groomings.

2. Jugendschutzdelikte betreffend die Altersgruppen der 14- bis 16-Jährigen und 16- bis 18-Jährigen

a) § 174 Abs. 1 Nr. 3 StGB

Nach § 174 Abs. 1 Nr. 3 StGB werden noch nicht 18 Jahre alte leibliche sowie vom Täter angenommene Kinder vor sexuellen Übergriffen geschützt. Seit dem

1248 S. 2. Teil, Kapitel 2, I.

1249 Bezüglich der Altersgruppe der 16–18-Jährigen ergeben sich keine wesentlich neuen Erkenntnisse, die nicht schon in den anderen Normen dargestellt werden, so dass hierzu keine gesonderten Erörterungen erfolgen. Im Übrigen beschränkt sich die Darstellung ohnehin auf die für den hiesigen Untersuchungsgegenstand relevanten Vorschriften.

49. StÄG vom 21.1.2015[1250] ist der Anwendungsbereich der Vorschrift erweitert auf die Strafbarkeit sexueller Handlungen an Minderjährigen durch Täter, die in familienähnlichen sozialen Nähebeziehungen zu den Opfern leben.[1251]

Leitmotiv ist dabei, dass die Beziehung zwischen Eltern und Kindern wegen der hier regelmäßig bestehenden und besonders intensiven Abhängigkeit in jedem Fall von sexuellen Kontakten freigehalten werden soll.[1252] Dem Gesetzgeber zufolge bedeuten sexuelle Kontakte zu den Eltern für die Kinder in aller Regel eine ernste Störung in ihrer sexuellen und allgemeinen Entwicklung. Sie widersprechen in jeder Weise dem in Artikel 6 des Grundgesetzes geschützten Erziehungsverhältnis und dem damit verbundenen Erziehungsziel.[1253]

Der Gesetzgeber bezieht sich hier auf besonders intensive Abhängigkeitsverhältnisse aufgrund familiärer Bindungen, die in Fällen des Cyber-Groomings in diesem Maß zwar nicht vorzufinden sein werden, doch stellt die Norm auf einen Umstand ab, der zumindest in schwächerer Form auch beim Cyber-Grooming anzutreffen ist, nämlich das zwischen Täter und Opfer bestehende Abhängigkeitsverhältnis, das auf Täterseite für sexuelle Zwecke ausgenutzt wird. Kernelement des Cyber-Groomings ist, das Vertrauen des Opfers zu gewinnen, was eine intensive, psychische Manipulation über einen mehr oder weniger langen Zeitraum voraussetzt. Emotional deprivierte Kinder und Jugendliche, Minderjährige aus „broken homes“ oder sonst vernachlässigte Kinder und Jugendliche können insbesondere gefährdet sein, Opfer von Cyber-Grooming zu werden. Täter zielen genau auf derartige „Mängel“ ab, nicht nur, um erste Anknüpfungspunkte für einen Kontakt zu haben, sondern vor allem auch, um das Vertrauen ihrer Opfer gewinnen zu können. Die Betroffenen geben sich in die „emotionale Obhut“ der Täter und empfinden die vermeintliche Zuneigung als positiv und einzigartig. Ein so etabliertes Täter-Opfer-Verhältnis begründet gerade psychische Abhängigkeitsverhältnisse, die nicht nur zur Aufrechterhaltung des Missbrauchs führen, sondern darüber hinaus auch dessen Geheimhaltung sicherstellen.

1250 BGBl. I 10.

1251 *Fischer*, § 174 Rdnr. 10.

1252 *Eisele* in: Schönke/Schröder, § 174 Rdnr. 11; vgl. auch *Lackner/Kühl*, § 174 Rdnr. 4; *Wolters* in: SK-StGB, § 174 Rdnr. 24; *Sturm*, JZ 1974, 1, 5.

1253 BT-Drs. VI/3521 S. 24.

b) § 180 Abs. 2 StGB und § 182 Abs. 2 StGB

Gesetzgeberisches Motiv bei der Konzeption von § 180 Abs. 2 StGB war es, der Gefahr eines Abrutschens in die Prostitution entgegenzuwirken.[1254] § 182 Abs. 2 StGB soll den im Erleben von Sexualität als „käuflicher Ware" liegenden Gefahren für die sexuelle Entwicklung[1255] und dem zu befürchtenden Abgleiten in eine häufig mit Begleitkriminalität verbundene Szene begegnen.[1256]

Die einschlägige Kommentarliteratur stellt in diesem Zusammenhang auf den Aspekt ab, dass Jugendliche durch die Beeinflussung von äußeren Faktoren (im Fall der §§ 180 Abs. 2, 182 Abs. 2 StGB durch das Angebot einer monetären Gegenleistung) insofern überfordert sein können, als sie keine selbstbestimmten Entscheidungen im Zusammenhang mit ihrer sexuellen Integrität mehr treffen können. Die sich in der Entwicklung befindliche sexuelle Identität soll im Fall der §§ 180 Abs. 2, 182 Abs. 2 StGB dem gesetzgeberischen Willen zufolge nicht durch kommerzielle Faktoren gestört und beeinflusst werden.

So wird angeführt, dass § 180 Abs. 2 StGB den jeweiligen Stand des Prozesses der Integration der Sexualität in die Persönlichkeit des jeweiligen Jugendlichen schütze. Die Vorschrift des § 180 Abs. 2 StGB soll verhindern, dass dieser Integrationsprozess gestört werde. Gefahren dieser Art seien besonders groß bei Jugendlichen, die ihre sexuelle Betätigung mit Entgelt verknüpfen.[1257] Ferner wird argumentiert, dass die sich in einem sexuellen Reifeprozess befindlichen Jugendlichen ab 14 Jahren besonderen Schutzes vor Gefahren bedürfen, die Minderjährige in der Regel in ihrer Bedeutung und Tragweite nicht erkennen können. Hierzu zählt eine Kommerzialisierung der Sexualität sowie ihre Trennung von persönlichen Bezügen.[1258] Schließlich soll § 180 Abs. 2 StGB verhindern, dass Jugendliche durch materielle Anreize in ihrer Entscheidung über den Sexualkontakt beeinflusst werden. Dabei soll die noch ausstehende Entwicklung einer eigenverantwortlichen sexuellen Identität nicht durch das Erleben von Sexualität als „käuflicher Ware" gefährdet werden. Das sexuelle Selbstbestimmungsrecht sei dabei insofern verletzt, als dass Minderjährigen grundsätzlich die Fähigkeit zu einer eigenverantwortlichen Aufnahme der Prostitution fehle, denn sie seien

---

1254 BT-Drs. VI/3521 S. 46.

1255 BGH, NJW 2000, 3726, 3726; BGH, NStZ 2006, 444.

1256 BT-Drs. 12/4584 S. 8.

1257 Vgl. *Wolters* in: SK-StGB, § 180 Rdnr. 27.

1258 *Fischer*, § 180 Rdnr. 2.

nicht im Stande, Tragweite und Bedeutung der Entscheidung einzuschätzen und nach dieser Einsicht zu handeln.[1259]

§ 182 Abs. 2 StGB soll sozialschädliches Verhalten gegenüber Jugendlichen unter Strafe stellen, beim die Selbstbestimmung des Opfers durch das Angebot einer Gegenleistung manipuliert wird.[1260] Ferner zielt die Norm darauf ab, die sexuelle Selbstbestimmung Minderjähriger gegen Zugriffe anderer Personen zu schützen, denen die noch nicht voll entwickelte Urteils- und Durchsetzungsfähigkeit der Minderjährigen nicht gewachsen ist.[1261] Ausgehend von der früheren Auffassung des Gesetzgebers, dass bei der Altersgruppe der 14- bis 16-Jährigen der Entwicklungsprozess der sexuellen Reife typischerweise noch nicht abgeschlossen ist und sich damit die Möglichkeit ergibt, dass die noch fehlende sexuelle Autonomie dazu führen kann, dass ein sexueller Missbrauch durch Erwachsene zu nachteiligen Folgen für die Entwicklung des jugendlichen Opfers führt,[1262] bedürfen Jugendliche diesen Alters eines besonderen Schutzes. Dieser Schutz sei insofern geboten, als dass Jugendliche vor fremdbestimmten Sexualkontakten im Rahmen eines psycho-sozialen Machtverhältnisses bewahrt werden sollen. Allerdings beschränke sich der Schutz vor sexuellem Missbrauch nicht zwingend auf asymmetrische Beziehungen. Vielmehr könne sich eine strafwürdige Fremdbestimmung des in seiner Entwicklung noch nicht gefestigten Jugendlichen auch in anderen Konstellationen ergeben,[1263] wie beispielsweise im Fall des § 182 Abs. 2 StGB.

Diese Leitlinien können grundsätzlich auf Fälle des Cyber-Groomings übertragen werden. Denkbar ist zunächst, dass Täter sich moderner Kommunikationsmittel bedienen, um potentielle neue jugendliche Prostituierte zu akquirieren. Der gesetzgeberische Wille, Minderjährige in ihrer sexuellen Entwicklung nicht durch kommerzielle Anreize zu beeinflussen, muss daher in paralleler Betrachtung auch hier Geltung finden. Wenn weiter im Rahmen des § 180 Abs. 2 StGB auf den Aspekt abgestellt wird, dass Minderjährige eines besonderen Schutzes vor Gefahren bedürfen, deren Bedeutung und Tragweite sie nicht erkennen können, so kann dies ebenso für die hier in Frage stehenden Konstellationen

1259 Vgl. *Renzikowski* in: MüKo, § 180 Rdnr. 4.

1260 *Fischer*, § 182 Rdnr. 10.

1261 *Hörnle* in: LK, § 182 Rdnr. 1.

1262 BT-Drs. 12/4584 S. 8; diese Erwägung kommt nunmehr wegen der Änderung der Altersgrenzen nur noch in § 182 Abs. 3 StGB zum Tragen, *Eisele* in: Schönke/Schröder, § 182 Rn. 2.

1263 Vgl. *Renzikowski* in: Müko, § 182 Rdnr. 3.

gelten. Bei einer anfangs unverfänglich erscheinenden Konversation mit einem Fremden im Internet, der beispielsweise lediglich „als Freund und Helfer" mit Ratschlägen etwa zu Pubertätsproblemen zur Seite steht, ist für die jungen Opfer wegen der ausgeklügelten Vorgehensweisen der Täter nicht absehbar, welche Folgen die Interaktion nach sich ziehen kann. Selbiges gilt, wenn dann im Zuge einer schrittweisen, sexuellen Desensibilisierung etwa der Austausch kompromittierender Bilder folgt. Möglich schwerwiegende Konsequenzen infolge von Erpressungen, Drohungen oder einer denkbaren Mehrfachviktimisierung können gerade wegen des intensiven Empfindens einer vermeintlich wahren Beziehung anfangs oft gar nicht abgeschätzt werden.

Vor allem aber auch der im Rahmen des § 182 Abs. 2 StGB erwähnte Gesichtspunkt, Minderjährige vor fremdbestimmten Sexualkontakten in psycho-sozialen Machtverhältnissen zu schützen, kann in Konstellationen des Cyber-Groomings ebenfalls von Bedeutung sein. Täter des Cyber-Groomings suchen (teilweise) gezielt nach „offensichtlichen Defiziten" auf Opferseite, die sie für ihre Strategien instrumentalisieren können. Den jungen Opfern kann zu Beginn der „Beziehung" oft gar nicht klar sein, welche wahren Zwecke der Täter verfolgt. Sie durchschauen die Manipulationstaktiken kaum, was den Tätern bewusst ist. Dieses sich damit begründende Machtgefälle wird alsdann für sexuelle Missbrauchszwecke seitens der Täter ausgenutzt.

c) § 180 Abs. 3 StGB[1264]

§ 180 Abs. 3 StGB erfasst Fälle, in denen der Täter gegenüber dem Jugendlichen eine herausgehobene Autoritäts- oder Machtposition einnimmt. Dabei wird das sexuelle Selbstbestimmungsrecht des Opfers insofern beeinträchtigt, als dass der Täter seine überlegene Stellung missbraucht.[1265] Missbräuchlich in diesem Sinne handelt, wer die auf seiner Überlegenheit gegenüber dem Schutzbefohlenen beruhende innere Abhängigkeit des Opfers für seine sexuellen Zwecke ausnutzt.[1266] Damit verlangt das Gesetz nicht den Missbrauch von Autorität, sondern den Missbrauch von Abhängigkeit.[1267] Eine solche Abhängigkeit besteht aber nicht

---

1264 Folgende Ausführungen entsprechen im Wesentlichen jenen, die im Rahmen des § 174 Abs. 1 Nr. 2 StGB erfolgen würden, sodass eine gesonderte Darstellung der Einzelheiten zu § 174 Abs. 1 Nr. 2 StGB unterbleibt.

1265 *Renzikowski* in: MüKo, § 180 Rdnr. 5; vgl. auch *Arzt/Weber/Heinrich/Hilgendorf*, Strafrecht BT, § 10 Rdnr. 16 f.

1266 *Renzikowski* in: MüKo, § 174 Rdnr. 34.

1267 *Hörnle* in: LK, § 174 Rdnr. 33.

nur durch Gehorsamsbereitschaft oder Angst, sondern auch durch andere Bindungsmechanismen, etwa durch das Bedürfnis menschlicher Wärme und Zuwendung.[1268] Ein Missbrauch liegt danach auch dann vor, wenn das Bedürfnis des Jugendlichen nach nicht-sexueller körperlicher Nähe und Zuwendung für sexuelle Zwecke von Personen, denen er zur Erziehung, Betreuung oder ähnliches anvertraut ist, ausgenutzt wird.[1269] Insgesamt bezweckt die Vorschrift damit einen Schutz Minderjähriger dahingehend, dass diese bestimmte sexuelle Ansinnen des Täters zurückweisen können, beziehungsweise dass sie sich gegenüber dem sexuellen Ansinnen des Täters verweigern können.[1270]

Bezogen auf Fälle des Cyber-Groomings ergibt sich zwar keine vergleichbare Situation dahingehend, dass besondere Über- und Unterordnungsverhältnisse wie im Sinne von § 180 Abs. 3 StGB bestehen, doch können bestimmte Abhängigkeitsverhältnisse insbesondere unter Berücksichtigung der oft eng entwickelten Vertrauensbeziehung zwischen Täter und Opfer vorliegen. In vielen Fällen betrifft dies Jugendliche, die im Internet nach Gesprächspartnern suchen, die ihnen Anerkennung, mentale Unterstützung und Zuwendung geben können. Eben dieses Ersuchen der Minderjährigen nutzen viele Täter als Anknüpfungspunkt für ihre Verführungsstrategien aus. Eine Abhängigkeit in Fällen des Cyber-Groomings entsteht damit auf Basis der etablierten Vertrauensbeziehung und dem in der Vorbedingung bestehenden Zuneigungsbedürfnis der Minderjährigen. Die Überlegenheit des Täters ergibt sich zwar nicht kraft einer tatsächlich gegebenen autoritären Stellung im Sinne eines Erziehungs-, Betreuungs- oder Ausbildungsverhältnisses, doch aber im Hinblick auf eine kognitive und psychologische Überlegenheit, die strategisch gegenüber dem minderjährigen und insofern unterlegenen Opfer bewusst eingesetzt wird. Damit finden sich zumindest ansatzweise ähnliche Merkmale, die sowohl beim Phänomen des Cyber-Groomings, als auch in Fallkonstellationen des § 180 Abs. 3 StGB von Bedeutung sein können, wenn auch phänomenologisch nicht gleichlaufende Gegebenheiten vorliegen. Vor allem, wenn in einem späteren Stadium des Grooming-Prozesses die jungen Opfer derart stark in eine „Vertrauensbeziehung“ mit dem Täter verwickelt sind und Forderungen oder gar Drohungen seitens der Täter gestellt werden, ist es den Opfern häufig nicht mehr möglich, sich aus den prekären Situationen zu befreien und sich dem sexuellen Ansinnen des Täters – sei es aus Furcht vor Offenbarung des Missbrauchs gegenüber der

1268 *Hörnle* in: LK, § 174 Rdnr. 33; s. auch OLG Düsseldorf, NStZ-RR 2001,201, 201 (psychische Abhängigkeit); *Fischer*, § 174 Rdnr. 15; *Renzikowski* in: MüKo, § 174 Rdnr. 34.

1269 *Münder*, ZfJ 1986, 353, 357.

1270 *Wolters* in: SK-StGB, § 180 Rdnr. 45, § 174 Rdnr. 15.

Öffentlichkeit oder gar aus Angst, die vermeintliche „Beziehung“ zum Täter zu verlieren – zu verweigern.

d) *§ 182 Abs. 1 StGB*

Für das Merkmal der Zwangslage im Sinne des § 182 Abs. 1 Nr. 1 StGB ist eine ernste persönliche oder wirtschaftliche Bedrängnis des Opfers kennzeichnend. Sie setzt Umstände von Gewicht voraus, denen die spezifische Gefahr anhaftet, sexuellen Übergriffen gegenüber einem Jugendlichen in einer Weise Vorschub zu leisten, dass sich der Jugendliche ihnen nicht ohne Weiteres entziehen kann.[1271] Dabei müssen gravierende, das Maß des für die Personen im Alter und in der Situation des Jugendlichen Üblichen deutlich übersteigende Umstände vorliegen, die geeignet sind, die Entscheidungsmöglichkeiten des Jugendlichen gerade über sein sexuelles Verhalten einzuschränken.[1272]

In diesem Zusammenhang hat der Bundesgerichtshof in einem Fall aus dem Jahr 2008 entschieden, dass die Voraussetzungen zur Begründung einer Zwangslage nicht vorliegen, wenn das Opfer in der Lage ist, sozialadäquat zu reagieren und die sexuellen Übergriffe des Täters zu beenden. Im zugrundeliegenden Fall wurde das minderjährige Mädchen vom Täter in ein Waldstück gebracht, wo es zu sexuellen Handlungen kam. Das Gericht lehnte das Vorliegen einer Zwangslage im oben definierten Sinne ab, da es nicht genüge, wenn sich das Opfer hilflos fühlte, zunehmend Angst bekam und schließlich weinte. Dadurch werde noch nicht der erforderliche, gravierende Umstand begründet.[1273]

Damit bestätigt das Gericht eine einige Jahre zuvor ergangene Entscheidung des 4. Strafsenats[1274], in welcher betont wurde, dass bei der Begrifflichkeit der Zwangslage – mit Blick auf den Schutzzweck der Vorschrift[1275] – eine einschränkende Auslegung erforderlich ist. Nur unter den engen Voraussetzungen der oben wiedergegebenen Definition[1276] befindet sich der Jugendliche in einer Lage,

---

1271 BGHSt 42, 399, 399; BGH NStZ-RR 08, 238.

1272 BGH NStZ-RR 08, 238.

1273 BGH NStZ-RR 08, 238.

1274 BGHSt 42, 399.

1275 Schutz der sexuellen Selbstbestimmung; a.A. *Kusch/Mössle*, NJW 1994, 1504, 1506 und *Schroeder*, NJW 1994, 1501, 1502, wonach die ungestörte sexuelle Entwicklung als geschütztes Rechtsgut angesehen wird.

1276 Als Zwangslage kommen nur bedrängende Umstände von Gewicht in Betracht, denen in spezifischer Weise die Gefahr anhaftet, sexuellen Übergriffen gegenüber einem Jugendlichen in einer Weise Vorschub zu leisten, dass sich der Jugendliche ihnen gegenüber nicht ohne Weiteres entziehen kann, BGHSt 42, 399, 400 f.

in der es dadurch an seiner selbstbestimmten Entscheidung über die Aufnahme sexueller Kontakte fehlt oder fehlen kann, die für die Ausnutzung einer Zwangslage kennzeichnend ist. Erfasst sind daher insbesondere Fälle drogenabhängiger oder von zu Hause fortgelaufener Jugendlicher, die ein Täter zu sexuellen Handlungen ausnutzt.[1277] Dagegen genügen nicht bloße Überraschungssituationen und Gelegenheiten, die sich für den Täter aus Neugier des Jugendlichen auf sexuelle Erfahrungen in der Pubertätsphase ergeben.[1278] Für den konkret zu entscheidenden Fall stellte der Bundesgerichtshof fest, dass eben diese engen Voraussetzungen zur Begründung einer Zwangslage nicht gegeben sind. Das in der Vorinstanz mit dem Fall befasste Landgericht habe zu Unrecht angenommen, die Zwangslage ergebe sich „*zum einen aus der persönlichen Situation des vaterlosen Jugendlichen als auch aus dessen pubertätsbedingter sexueller Neugier.*“[1279] Der Täter habe „*...die für den Geschädigten persönlich schwierige Situation ausgenutzt, daß diesem eine männliche Bezugsperson fehlt.*“[1280] Klarstellend führt der Bundesgerichtshof aus, dass der Täter vielmehr lediglich die Gelegenheit zu sexuellen Handlungen ausnutzte, die ihm der schon bestehende persönliche Kontakt zu den Nachbarskindern, darunter dem hiesigen Opfer, bot.[1281]

Darüber hinaus ist es Sinn und Zweck des § 182 Abs. 1 StGB, die Freiheit von Jugendlichen zu schützen, selbstbestimmt über die Aufnahme sexueller Beziehungen ohne Zwangslage zu entscheiden.[1282] Da bei Jugendlichen noch nicht von einer vollständigen Ausreifung der für die Selbstbestimmung erforderlichen Fähigkeiten ausgegangen werden kann, gelte bei ihnen deshalb jede Zwangslage als Faktor, der ihre eingeschränkten Entscheidungs- und Durchsetzungsfähigkeiten überfordert.[1283]

Da allerdings im Unterschied zu § 182 Abs. 3 StGB unwiderleglich vermutet wird, dass das Opfer ohne die bedrängenden Umstände konstitutionell eigenverantwortlich über seine Sexualität bestimmen kann, sind Zwangslagen aufgrund einer entwicklungsbedingten Schwächelage gerade nicht gegeben.[1284] So stellen

1277 BT-Drs. 12/4584 S. 8.

1278 BGHSt 42, 399, 401; vgl. auch *Eisele* in: Schönke/Schröder, § 182 Rdnr. 4; *Hörnle* in: LK, § 182 Rdnr. 19; *Lackner/Kühl*, § 182 Rdnr. 5; *Fischer*, § 182 Rdnr. 5.

1279 BGHSt 42, 399, 399.

1280 BGHSt 42, 399, 399.

1281 BGHSt 42, 399, 401.

1282 BT-Drs. 12/4584 S. 8; BGHSt 42, 51, 54; vgl. auch *Hörnle* in: LK, § 182 Rdnr. 3.

1283 *Hörnle* in: LK, § 182 Rdnr. 3; vgl. auch *Renzikowski* in: MüKo, § 182 Rdnr. 6; s. auch *Hörnle*, NJW 2008, 3521, 3522.

1284 *Wolters* in: SK-StGB, § 182 Rdnr. 6.

neben der Neugier des Jugendlichen auf sexuelle Erfahrungen,[1285] aber auch der Wunsch nach Anerkennung und das Bedürfnis nach menschlicher Nähe, keine Zwangslage dar.[1286]

Sexuelle Übergriffe, die in einer Situation der ernsten persönlichen Bedrängnis im Sinne der vom Bundesgerichtshof aufgestellten Definition[1287] stattfinden, sind in Fällen des § 182 Abs. 1 StGB vor dem Hintergrund strafwürdig, als von Minderjährigen in den damit typischerweise verbundenen Gefühlszuständen wie Panik, Verwirrung und Angst rationale Beurteilungen und Entscheidungen nicht mehr zu erwarten sind.[1288] Dabei ist auch gleichgültig, ob die Situation für den Minderjährigen vermeidbar war oder ob der Täter die Situation geschaffen hat oder lediglich eine bereits vorhandene Situation ausnutzt.[1289] Ebenso unerheblich für die Erfüllung des Tatbestandes ist es, wenn die Initiative vom Opfer ausgeht.[1290]

Außer in den vom Bundesgerichtshof beschriebenen Fällen[1291] liegt eine Zwangslage auch dann vor, wenn der Minderjährige nachteilige Konsequenzen befürchtet, weil der Täter sein Wissen über Handlungen des Minderjährigen oder einen diesen betreffenden Zustand weitergeben würde. So beispielsweise, wenn die Erziehungsberechtigten über eine Drogenabhängigkeit oder den Aufenthaltsort des Jugendlichen oder Strafverfolgungsbehörden über eine Straftat erfahren könnten[1292] oder anderweitige sexuelle Aktivitäten des Jugendlichen bekannt gegeben werden könnten.[1293] Ferner ist eine ernste persönliche Bedrängnis auch dann anzunehmen, wenn der Jugendliche sonst von einem Verhalten des Täters negative Folgen erwartet, wie beispielsweise Sanktionen von den Eltern oder der Schulleitung.[1294] Dabei muss zwischen der Befürchtung nachteiliger Konsequenzen und einer sexuellen Handlung ein „Bindeglied" erforderlich sein, welches häufig in einer ausdrücklichen oder konkludenten Drohung des Täters zu sehen sein wird.[1295]

1285 BGHSt 42, 399, 401.
1286 *Wolters* in: SK-StGB, § 182 Rdnr. 6; *Hörnle* in: LK, § 182 Rdnr. 19.
1287 BGHSt 42, 399; BGH NStZ-RR 08, 238.
1288 *Hörnle* in: LK, § 182 Rdnr. 16.
1289 BT-Drs. 12/4584 S. 8.
1290 *Wolters* in: SK-StGB, § 182 Rdnr. 7; *Hörnle* in: LK, § 182 Rdnr. 16.
1291 BGHSt 42, 399, 401.
1292 *Hörnle* in: LK, § 182 Rdnr. 18.
1293 BGHSt 42, 399, 402 f.
1294 *Hörnle* in: LK, § 182 Rdnr. 18.
1295 *Hörnle* in: LK, § 182 Rdnr. 18.

Der Tatbestand des § 182 Abs. 1 Nr. 1 StGB setzt darüber hinaus voraus, dass die Zwangslage vom Täter ausgenutzt wurde. Ein Ausnutzen in diesem Sinne liegt dabei dann vor, wenn sie nach den Umständen des Einzelfalles die Tathandlung ermöglicht oder erleichtert[1296] und der Täter die ihm dadurch gebotene Gelegenheit wahrnimmt.[1297] Erforderlich ist danach, dass es ohne die Zwangslage nicht zur sexuellen Handlung gekommen wäre.[1298]

Zusammenfassend stellt § 182 Abs. 1 StGB im Kern also auf eine derart ernsthafte Situation für den Jugendlichen ab, die ihn in einer freien und selbstbestimmten Entscheidungsmöglichkeit hinsichtlich der Ausübung sexueller Kontakte einschränkt und ihm im Ergebnis Handlungsalternativen nimmt.

Solche Situationen finden sich klar auch in Fällen des Cyber-Groomings wieder.

Auch wenn es nicht ausgeschlossen werden kann, dass die Täter oftmals „nur" das Interesse der Jugendlichen an Sexualität ausnutzen, hat die Untersuchung des ersten Teils dieser Arbeit gezeigt, dass es daneben viele Konstellationen gibt, in welchen die Opfer sich in Situationen einer ernsthaften Bedrängnis befinden, die ohne Weiteres auch das Gewicht einer Zwangslage im Sinne des § 182 Abs. 1 StGB annehmen können. Insbesondere vor dem Hintergrund der häufig auftretenden Drohungen, die die Opfer erfahren, sind solche Zwangslagen denkbar. Wesentlicher Teil des Grooming-Prozesses ist aus Perspektive der Täter, ihre Opfer nach und nach sexuell zu desensibilisieren, um so beispielsweise bereits während der Online-Interaktion pornografisches Material von den Minderjährigen zu erlangen.[1299] Dies hat neben dem Zweck der sexuellen Befriedigung für die Täter auch den Sinn, jenes Material in einem späteren Stadium des Grooming-Prozesses als Drohmittel gegenüber den Opfern einzusetzen, wenn diese sich weigern, den Forderungen der Täter nachzukommen.[1300]

Der Bundesgerichtshof hatte in seiner Entscheidung aus dem Jahr 1997 zur Bestimmung der Zwangslage im Sinne des § 182 Abs. 1 StGB bestätigt, dass eine solche im damals vorliegenden Fall insofern vorlag, als dass der Täter dem minderjährigen Opfer androhte, den Erziehungsberechtigten kompromittierende

---

1296 *Lackner/Kühl*, § 182 Rdnr. 5; *Fischer*, § 182 Rdnr. 9; *Renzikowski* in: MüKo, § 182 Rdnr. 39; *Wolters* in: SK-StGB, § 182 Rdnr. 7.

1297 *Lackner/Kühl*, § 182 Rdnr. 5; *Eisele* in: Schönke/Schröder, § 182 Rdnr. 5.

1298 *Hörnle* in: LK, § 182 Rdnr. 23.

1299 S. 1. Teil, Kapitel 2, I. 2. a) ee); 1. Teil, Kapitel 2, I. 2. c) ff).

1300 S. 1. Teil, Kapitel 2, I. 1. a) ee).

Fotos zu zeigen.[1301] Weil sich der Minderjährige dieser Drohung des Täters beugte, handelte dieser „unter der Ausnutzung einer Zwangslage". Im Übrigen fehlte es daher auch nicht an der Ursächlichkeit zwischen der durch den Täter geschaffenen Situation des Opfers und dessen Bereitschaft zu sexuellen Handlungen.[1302]

Allein der Umstand, dass nunmehr die Interaktions- und Einflussmöglichkeit mittels moderner Kommunikationsmittel stattfindet, kann kein Grund für eine unterschiedliche Behandlung derartiger Droh- und Zwangssituationen sein. Sinn und Zweck des § 182 Abs. 1 StGB ist es gerade, die Freiheit Jugendlicher zu schützen, selbstbestimmt über die Aufnahme sexueller Beziehungen zu entscheiden. Dieser Schutz müsste bei systemkonformer Betrachtung auch dann zu gewähren sein, wenn die Einflussnahme auf das Opfer nicht oder nicht nur in der Offline-Welt vonstattengeht, sondern auch online. Dies vor allem auch deshalb, weil die Welt des Internets heutzutage für die große Mehrzahl aller Jugendlichen ein Teil ihrer realen Welt geworden ist und die Grenzen zwischen Internet und Realität mehr und mehr verwischen.[1303]

3. Jugendschutzdelikte betreffend die Altersgruppe der 14- bis 16-Jährigen

a) § 174 Abs. 1 Nr. 1 StGB und § 174 Abs. 2 Nr. 1 StGB

Gemäß § 174 Abs. 1 Nr. 1 StGB macht sich strafbar, wer sexuelle Handlungen an einer Person unter 16 Jahren vornimmt, die ihm zur Erziehung, zur Ausbildung oder zur Betreuung in der Lebensführung anvertraut ist.

Durch die Begriffe Erziehung, Ausbildung und Betreuung in der Lebensführung sollen mit einer Über-/Unterordnung verbundene Obhutsverhältnisse gekennzeichnet werden, auf Grund derer der Täter die (Mit-)verantwortung auch auf die Persönlichkeitsbildung im Ganzen einschließlich der Schutzbefohlenen trägt[1304] und deren Vermengung mit Sexualbeziehungen den Erziehungsaufgaben abträglich sein können.[1305] Entscheidend ist danach neben dem Aspekt, dass ein Abhängigkeitsverhältnis im Sinne einer persönlichen Unter- und Überordnung bestehen muss,[1306] auch die Frage, ob nach den konkreten Umständen

1301 BGHSt 42, 399, 402 f.

1302 BGHSt 42, 399, 403.

1303 S. 1. Teil, Kapitel 2, II. 2. a).

1304 BGHSt 33, 341, 344; BGHSt 41, 137, 139; BGHSt 21, 196, 200 f.; BGH, NStZ 03, 661, BGH, NStZ-RR 08, 307.

1305 *Eisele* in: Schönke/Schröder,§ 174 Rdnr. 5.

1306 BGHSt 41, 137, 139.

ein Verantwortungsverhältnis vorliegt, wonach der Täter Lebensführung und Entwicklung des Jugendlichen zu überwachen hat.[1307]

Täter im Sinne des § 174 Abs. 1 StGB werden allgemein als Autoritätspersonen beschrieben. Dadurch werde zwar einerseits ein wesentlicher Faktor wiedergegeben, nämlich die Ausübung von Autorität und die dadurch gegebene Möglichkeit zur Durchsetzung eigener Zwecke Druck ausüben zu können. Ein Verweis lediglich auf den Gesichtspunkt der Autorität sei allerdings unvollständig, da mit dem ergänzenden Stichwort des Vertrauensverhältnisses die zugrundeliegenden Beziehungen umfassender zu beschreiben seien. Als wichtiger Punkt sei anzuerkennen, dass dem Täter häufig ein nur wenig kritisch reflektiertes Vertrauen entgegengebracht wird, das es den Opfern erschwere, selbstbestimmt zu handeln. Dies entweder deshalb, weil sie nicht erkennen, dass der Täter höchstpersönliche Interessen durchsetzen will oder weil sie nicht fähig sind, gegenüber einer Vertrauensperson einen eigenen Standpunkt aufzustellen.[1308]

In erster Linie geht es bei den Regelungen zu § 174 Abs. 1 StGB entsprechend der Gesetzesbegründung darum, jugendliche Schutzbefohlene davor zu bewahren, unter dem Druck einer Abhängigkeit in ihrem sexuellen Verhalten bestimmt zu werden.

Danach seien Jugendliche bis zu einem bestimmten Entwicklungsstadium häufig nicht reif, erfahren, selbstbewusst oder sicher genug, um sich sexuellen Wünschen ihrer durch ihre Position überlegenen – im Fall des § 174 Abs. 1 Nr. 1 StGB – Erzieher, Ausbilder oder Betreuer zu widersetzen. Eine Ausnutzung dieses Abhängigkeitsverhältnisses zu sexuellen Handlungen könne zu psychischen Konfliktsituationen führen, die eine Störung der sexuellen Entwicklung und der gesamten Entwicklung des Jugendlichen bedeuten.[1309]

Gerade die zuletzt genannten Aspekte des Vertrauensverhältnisses und der oft noch mangelnden Reife Jugendlicher sind Umstände, die beim Cyber-Grooming eine zentrale Rolle einnehmen. Kernelement eines Grooming-Prozesses ist es – wie erwähnt –, das Vertrauen des minderjährigen Opfers schrittweise zu gewinnen. Die Täter entwickeln spezifisch an den Opfern angepasste Strategien, um (zunächst) intensive Gesprächskontakte aufzubauen. Die Opfer werden soweit manipuliert, bis sie den Tätern das oben erwähnte „unreflektierte“ Vertrauen entgegenbringen, um letztlich jeglichen Aufforderungen, mit denen sie konfrontiert werden, entgegenzukommen. Die Strategien der Täter und deren wahren Beweggründe

1307 BGH, NStZ 2003, 661.
1308 *Hörnle* in: LK, § 174 Rdnr. 3.
1309 BT-Drs. VI/3521 S. 20.

werden dabei aufgrund kognitiver Machtdifferenzen kaum durchschaut. In einem späteren Stadium ist es vielen Minderjährigen sodann kaum möglich, sich gegenüber den Tätern durchzusetzen, sondern sie finden sich vielmehr in einer für sie schier ausweglos erscheinenden Situation wieder. Das im Zentrum des Grooming-Prozesses stehende Vertrauensverhältnis in Verbindung mit der noch nicht vollständig ausgereiften Persönlichkeit der Jugendlichen ist danach ebenso wie im Fall des § 174 Abs. 1 Nr. 1 StGB der besondere Gefahrenfaktor, der eine Strafwürdigkeit in den entsprechenden Konstellationen begründet.

Selbiges gilt für § 174 Abs. 2 Nr. 1 StGB, der im Kern denselben Leitgedanken wie § 174 Abs. 1 Nr. 1 StGB verfolgt. Der mit dem 49. StÄG vom 21.1.2015[1310] neu eingefügte Absatz pönalisiert sexuelle Handlungen zwischen Minderjährigen unter 16 Jahren, die sich in Einrichtungen der Erziehung, Ausbildung oder Betreuung in der Lebensführung befinden, und Erziehern, Betreuern oder Ausbildern in entsprechenden Einrichtungen. Entsprechend der Gesetzesbegründung wird auf ein dem § 174 Abs. 1 StGB nahekommendes Machtgefälle abgestellt, das den Jugendlichen die Ausübung selbstbestimmten Verhaltens verwehrt. Betont wird, dass bei Jugendlichen mit noch nicht gefestigter sexueller Selbstbestimmung die Gefahr bestehe, dass sie sozial überlegenen erwachsenen Personen auch dann nicht auf gleicher Ebene begegnen und Gebrauch von ihrer sexuellen Selbstbestimmung machen können, wie sie es gleichgestellten Personen gegenüber könnten. Ihre sexuelle Selbstbestimmung sei damit diesen Personen gegenüber in vergleichbarer Weise gefährdet, wie bei Personen, denen sie zur Erziehung, Ausbildung oder Betreuung in der Lebensführung anvertraut worden sind.[1311]

Übertragen auf Fälle des Cyber-Groomings bedeutet dies, dass die Ausübung sexuell selbstbestimmten Verhaltens gegenüber den ihnen jedenfalls kognitiv überlegenen „Vertrauenspersonen" (Tätern des Cyber-Groomings) insofern verwehrt ist, als Einwilligungen die gegenüber den Tätern erteilt werden, nicht auf freier und unmanipulierter Entscheidungsgrundlage erfolgen, wie es bei ebenbürtigen Partnern der Fall ist.

b) § 182 Abs. 3 StGB

§ 182 Abs. 3 StGB pönalisiert sexuelle Kontakte zwischen Erwachsenen über 21 Jahren und Personen unter 16 Jahren. Die Vorschrift findet damit auch Anwendung auf Kinder unter 14 Jahren.[1312]

1310 BGBl. I 10.

1311 BT-Drs. 18/2601 S. 27.

1312 BGHSt 42, 27, 29; BGHSt 42, 51, 55; BGH NStZ 2000, 644, 644; BGH NStZ 2007, 329.

Dabei kommt in § 182 Abs. 3 StGB das gesetzgeberische Motiv zum Ausdruck, dass bei Heranwachsenden ab dem 16. Lebensjahr die geistige und seelische Reife in der Regel soweit entwickelt ist, „*daß sie im sexuellen Bereich eigenverantwortlich zu handeln in der Lage sind*“[1313], während bei der Altersgruppe zwischen 14 und 16 Jahren, „*der noch nicht abgeschlossene Reifeprozeß und die noch fehlende sexuelle Autonomie dazu führen können, daß ein sexueller Mißbrauch durch Erwachsene mit nachteiligen Folgen für die sexuelle Entwicklung des jugendlichen Opfers möglich ist.*“[1314]

Wesentlicher Gedanke dabei war, dass negative Erfahrungen Jugendliche zwischen 14 und 16 Jahren in gesteigertem Umfang belasten, wenn sie sich einem älteren Partner anvertrauen. Da der Täter hier seine entwicklungsbedingte Überlegenheit gut ausspielen könne, bestehe beim Heranwachsenden die spezielle Gefahr, mit dem an Wissen und Erfahrung überlegenen Partner gleichziehen zu wollen und sich dabei von ihm leiten zu lassen. Bei altersgemäßen sexuellen Erlebnissen und Erfahrungen mit Gleichaltrigen bestehe diese Gefahr hingegen weniger. Weder müsse sich der Jugendliche für seine Unsicherheit schämen, noch stehe ihm eine Autorität des Partners entgegen, die ihn daran hindere, Grenzen aufzuzeigen. Daher sei die Gefahr traumatisierender Sexualerlebnisse mit Gleichaltrigen geringer als mit deutlich älteren Sexualpartnern.[1315]

Trotz der heftig geübten Kritik am Tatbestand[1316] insbesondere auch dahingehend, dass die Feststellung des Ausnutzens einer beim Opfer fehlenden Fähigkeit zur sexuellen Selbstbestimmung in der Praxis wegen der Unbestimmtheit des Begriffs und erheblicher Belastungen der Opfer im Prozess nur schwer möglich sei,[1317] findet der Tatbestand aber seine Rechtfertigung. Denn die Umstände, unter denen Minderjährige in bestimmten Kontexten nicht adäquat urteilen und entscheiden können, sind vielfältig und seien nur in begrenztem Umfang typisierbar (wie in § 182 Abs. 1 und Abs. 2 StGB, Zwangslage und Entgelt).[1318]

Opfer des Straftatbestandes können Personen unter 16 Jahren sein, während Täter mindestens 21 Jahre alt sein müssen. Durch diese Altersgrenzen soll

---

1313 BT-Drs. 12/4584 S. 7.

1314 BT-Drs. 12/4584 S. 7.

1315 *Kusch/Mössle*, NJW 1994, 1504, 1505; s. aber gegen die Notwendigkeit einer besonderen Jugendschutzvorschrift *Sick*, ZStW 103 (1991), 43, 91.

1316 Vgl. hierzu im Einzelnen *Fischer*, § 182 Rdnr. 2 a, Rdnr. 15; *Renzikowski* in: MüKo, § 182 Rdnr. 8 f.; *Lackner/Kühl*, § 182 Rdnr. 6; *Eisele* in: Schönke/Schröder, § 182 Rdnr. 12; *Kusch/Mössle*, NJW 1994, 1504, 1507.

1317 BT-Drs. 12/7035 S. 9.

1318 *Hörnle* in: LK, § 182 Rdnr. 6.

sichergestellt werden, dass einerseits nur Fälle eines gefährdungstypischen Machtgefälles erfasst werden, andererseits auch, dass jugendtypische Beziehungen mit etwas älteren Partnern – wie sie vor allem bei Mädchen vorkommen sollen – nicht erfasst werden.[1319]

Problematisch bleibt die Feststellung hinsichtlich der fehlenden Fähigkeit des Opfers zur sexuellen Selbstbestimmung. Der herrschenden Ansicht zufolge ist diesbezüglich eine Einzelfallentscheidung erforderlich.[1320] Dabei ist die Fähigkeit zur sexuellen Selbstbestimmung ein normativer Begriff, weshalb das Gericht dessen Feststellung nicht auf einen Gutachter delegieren darf.[1321]

Lediglich *Wolters* vertritt die Ansicht, im Fall des § 182 Abs. 3 StGB sei ebenso wie beim sexuellen Missbrauch von Kindern nach § 176 StGB keine Einzelfallentscheidung vorzunehmen, sondern vielmehr ebenfalls von einer unwiderleglichen Vermutung einer grundsätzlich fehlenden Fähigkeit zur sexuellen Selbstbestimmung auszugehen.[1322] Kritisch wird hierzu unter anderem geäußert, dass nicht generell von einer fehlenden Fähigkeit der sexuellen Selbstbestimmung bei Jugendlichen im Alter zwischen 14 und 16 Jahren ausgegangen werden könne, weil erste Erfahrungen sexueller Art wie z.B. Zungenküsse oder „Petting" für Jugendliche üblich und bei normaler persönlicher Reifung auch wünschenswert seien.[1323]

Die herrschende Meinung hält daran fest, dass es zur Beurteilung, ob einem jugendlichen Opfer im Sinne des § 182 Abs. 3 StGB die Fähigkeit zur sexuellen Selbstbestimmung fehlt, eine Einzelfallentscheidung erforderlich ist.[1324] Wie diese Feststellung zu erfolgen hat, konkretisiert das Gesetz allerdings nicht näher. Sexuelle Selbstbestimmung[1325] wird in diesem Kontext im Schrifttum als Fähigkeit bezeichnet, Bedeutung und Tragweite eines sexuellen Geschehens zu erfassen und demgemäß die entsprechende Verhaltensentscheidung zu treffen.

1319 BT-Drs. 12/4584 S. 8; vgl. auch BGHSt 42, 27, 27 f.; im Kern zustimmend *Hörnle* in: LK, § 182 Rdnr. 54 f., wobei starre Altersgrenzen auf Seiten des Täters zu schematisch seien.

1320 *Fischer*, § 182 Rdnr. 11 c; *Eisele* in: Schönke/Schröder, § 182 Rdnr. 13; *Lackner/Kühl*, § 182 Rdnr. 6; *Renzikowski* in: MüKo, § 182 Rdnr. 62; BGHSt 42, 399, 402.

1321 *Eisele* in: Schönke/Schröder, § 182 Rdnr. 13; *Fischer*, § 182 Rdnr. 13; *Hörnle* in: LK, § 182 Rdnr. 63.

1322 *Wolters* in: SK-StGB, § 182 Rdnr. 20.

1323 Vgl. *Hörnle* in: LK, § 182 Rdnr. 61.

1324 *Fischer*, § 182 Rdnr. 12 a; *Hörnle* in: LK, § 182 Rdnr. 60; *Wolters* in: SK-StGB, § 182 Rdnr. 13, 15; *Renzikowski* in: MüKo, § 182 Rdnr. 62; *Laubenthal*, Handbuch Sexualstraftaten, Rdnr. 700.

1325 S. zum Begriff 2. Teil, Kapitel 1, II.

Gemeint ist damit das altersbedingte Fehlen der sexuellen Selbstbestimmungsfähigkeit, mithin die jugendliche Unreife, die darin besteht, dass der Jugendliche nach seiner körperlich-geistig-sittlichen Entwicklung nicht reif genug ist, die Bedeutung und Tragweite der konkreten sexuellen Handlung für seine Person einzusehen beziehungsweise nach dieser Einsicht zu handeln.[1326]

Hieraus folge, dass das Fehlen von Selbstbestimmungsfähigkeit als eine der jugendlichen Person zukommende Eigenschaft gar nicht isoliert festgestellt werden könne. Maßgeblich sei es, auch die Täterpersönlichkeit und die Struktur des Verhältnisses zwischen Täter und Opfer zu erforschen. Dies folge aus dem Wortlaut der Vorschrift, wonach auf die „ihr gegenüber“ fehlende Fähigkeit abgestellt wird. Damit ist eine altersbedingte Schwäche des Tatopfers, gerade in der spezifischen Beziehung zum Täter zu selbstbewussten Entscheidungen über sein Sexualverhalten zu gelangen, gemeint.[1327]

Hörnle verlangt zur Konkretisierung des Merkmals der fehlenden Fähigkeit des Opfers zur sexuellen Selbstbestimmung eine kontextspezifische Analyse. Dabei seien bereits eingetretene sexuelle Erfahrungen Jugendlicher, welche die Rechtsprechung als Indiz werte, mit Vorsicht anzuwenden. Maßgeblich sei hier nämlich nicht das „bloße“ Wissen Jugendlicher über sexuelle Kontakte, sondern vielmehr das konkrete Zusammentreffen und die Frage, wie dominant oder manipulativ der Erwachsene auftrat. Die Bedeutung dieser Umstände sei aber von sexuellen Vorerfahrungen der Jugendlichen unabhängig.[1328]

Die Dominanz des Täters, die es dem Minderjährigen erschwere, seinen Willen gegenüber dem Täter durchzusetzen, sei danach ein wichtiges Kriterium. Zu folgern sei dies aus den Gesetzesmaterialen, wonach darauf abgestellt wird, dass *„eine Beziehung auf Beherrschung des jugendlichen Opfers angelegt“*[1329] sei oder der Täter *„sich unlauterer Mittel der Willensbeeinflussung bedient“*.[1330] Entscheidend sei danach, über wieviel Autorität der Täter gegenüber dem Opfer verfüge. Ein gewichtiges Indiz dafür sei ein erheblicher Altersunterschied. Handle es sich beim Täter zudem um eine Person aus dem sozialen Umfeld des Opfers, sei in der Regel davon auszugehen, dass der 14- oder 15-Jährige im Verhältnis

1326 *Eisele* in: Schönke/Schröder, § 182 Rdnr. 13; *Fischer*, § 182 Rdnr. 12 a; *Laubenthal*, Handbuch Sexualstraftaten, Rdnr. 701; *Renzikowski* in: MüKo, § 182 Rdnr. 60.

1327 *Fischer,* § 182 Rdnr. 11 c ff.

1328 Vgl. *Hörnle* in: LK, § 182 Rdnr. 64.

1329 BT-Drs. 12/4584 S. 8.

1330 BT-Drs. 12/4584 S. 8.

zu dieser Person wegen der bestehenden Machtposition nicht selbstbestimmt handeln könne.[1331]

Unter anderem sei eine fehlende sexuelle Selbstbestimmung im konkreten Kontext auch dann möglich, wenn ein Erwachsener auf die Willensbildung des Jugendlichen Einfluss nimmt, indem er ihn in versteckter Weise manipuliere. Dies könne dann der Fall sein, wenn der Täter Leichtgläubigkeit und Vertrauensseligkeit des Opfers zu Täuschungen ausnutze.[1332]

Diesen Grundsätzen entsprechend ist auf Fälle des Cyber-Groomings zunächst das der Vorschrift zugrundeliegende Grundkonzept des Ausnutzens einer entwicklungsbedingten Überlegenheit und der damit in Verbindung stehenden Gefahr bei Jugendlichen übertragbar, sich vom wesentlich älteren Partner leiten zu lassen. Wie der kriminologische Teil dieser Arbeit gezeigt hat, sind die hier zu untersuchenden Fälle maßgeblich vom strategischen Handeln der Täter mit dem Ziel der Vertrauensgewinnung bei den Opfern geprägt. So werden Minderjährige oft schrittweise an sexuelle Themen herangeführt, bis die Täter schließlich sexuelle Handlungen fordern und ihre Opfer strategisch provozieren, immer weiter zu gehen. Diesen Aufforderungen kommen minderjährige Opfer häufig auch deshalb nach, weil sie ihre Unterlegenheit oder Unerfahrenheit nicht offen zu Tage treten lassen wollen. Die Schilderungen des kriminologischen Teils bestätigen dies beispielsweise dadurch, dass einige Jugendliche sich bewusst älter machen, um für den Kommunikationspartner interessanter beziehungsweise reifer zu wirken.[1333]

Nach herrschender Ansicht ist ferner eine am Einzelfall orientierte Entscheidung dahingehend zu treffen, wann die Fähigkeit zur sexuellen Selbstbestimmung ausgeschlossen ist. Bereits nach der Definition dieses Begriffs in diesem Kontext stellt sich betreffend Cyber-Grooming die Frage, inwiefern von einem sexuell selbstbestimmten Verhalten ausgegangen werden kann, wenn es hierzu maßgeblich auch auf das Erkennen von Bedeutung und Tragweite eigener Handlungen ankommt. Gerade durch das im Zentrum des Phänomens stehende manipulative Verhalten der Täter können Entscheidungen seitens der Jugendlichen, die Spiegelbild eines freien, selbstbestimmten Verhaltens sind, nicht getroffen werden. Darüber hinaus ist fraglich, ob den jungen Opfern angesichts der im Netz an den Tag gelegten Freizügigkeit, beispielsweise beim Austausch

1331 Vgl. *Hörnle* in: LK, § 182 Rdnr. 65; anders jedoch BGH, StV 2008, 238, 239.

1332 Vgl. *Hörnle* in: LK, § 182 Rdnr. 66; s. aber zur restriktiven Auslegung *Renzikowski* in: MüKo, § 182 Rdnr. 61.

1333 S. 1. Teil, Kapitel 4, I.

kompromittierender Bilder bewusst ist, welche weitreichenden Folgen dies nach sich ziehen kann (Endlos-/Mehrfachviktimisierung).

Vor allem auch auf Grundlage der von *Hörnle* beschriebenen kontextspezifischen Ermittlung selbstbestimmten Handelns wäre für viele typische Fälle des Cyber-Groomings gerade von einer fehlenden Fähigkeit der Opfer dahingehend auszugehen. Denn *Hörnle* betont, dass es vor allem auch auf die Dominanz und Manipulation ankommt, die seitens der Täter ausgeübt wird, was beim hier zu untersuchenden Phänomen gerade im Zentrum der Vorgehensweisen der Täter steht. Insbesondere die versteckte Manipulation und Einflussnahme auf die Willensbildung minderjähriger Opfer durch das Ausnutzen von Vertrauensseligkeit und Leichtgläubigkeit führe zum Ausschluss selbstbestimmten Verhaltens. Gerade dies sind jedoch Aspekte, die im Rahmen des Cyber-Groomings auftreten, wenn es zum einen maßgebliches Ziel der Täter ist, das Vertrauen ihrer Opfer zu erlangen, um es für ihre Zwecke auszunutzen, und zum anderen Jugendliche beim alltäglichen Umgang im Internet grundsätzlich eher leichtsinnig, denn bedacht vorgehen.

IV. Zusammenfassung

An diesem Punkt der Untersuchung lässt sich zusammenfassend feststellen, dass keine Anhaltspunkte ersichtlich sind, die de lege ferenda gegen eine Erweiterung des Schutzes Jugendlicher ab 14 Jahren vor Cyber-Grooming sprechen. Weder die Analyse zur Einwilligungsfähigkeit und Willensmängeldogmatik in Bezug auf das sexuelle Selbstbestimmungsrecht Jugendlicher hat ergeben, dass Minderjährige ab 14 Jahren weniger schutzbedürftig sind, als Kinder im Sinne des § 176 Abs. 1 StGB. Noch die gesetzessystematische Betrachtung hat Aspekte aufgezeigt, die gegen eine Gesetzeserweiterung im erwähnten Sinne sprechen könnten.

Eine weitere Reform der Vorschrift zu Gunsten eines Schutzes Jugendlicher vor Cyber-Grooming gänzlich ohne Berücksichtigung bestehender Problempunkte beim Tatbestand, würde jedoch zu keinem sachgerechten Ergebnis führen. Die nachfolgende Untersuchung dient daher zunächst der Erörterung diverser Probleme die im Zusammenhang mit § 176 Abs. 4 Nr. 3 StGB diskutiert werden (Kapitel 3). In einem nächsten Schritt sollen schließlich mögliche Alternativen zur Lösung des Konflikts aufgezeigt werden (Kapitel 4).

Kapitel 3. Kritische Würdigung der Norm im Lichte strafrechtlicher Normsetzungsbefugnisse und Darstellung der Kritik am Tatbestand aus dem Schrifttum

Bereits die Aufnahme des Tatbestands ins Strafgesetzbuch im Zuge des SexualdelÄndG[1334] wurde kritisch kommentiert.

So wurde in der Literatur geäußert, dass es sich bei § 176 Abs. 4 Nr. 3 StGB (a.F.) um eine „*punktuelle, an Presseberichte anknüpfende Pönalisierung von Vorbereitungshandlungen*" handelt.[1335] Der Gesetzesbegründung zufolge sollen vor allem Fälle erfasst werden, in welchen sich erwachsene „pädophile"[1336] Internetnutzer in Chatrooms als Kinder ausgeben und versuchen, sich das Vertrauen Minderjähriger zu erschleichen.[1337]

Wörtlich äußert sich der Gesetzgeber:

> *„...mit der Entwicklung des Internets in Europa träten auch hier die Probleme auf, welche die Vereinigten Staaten bereits kennten. Pädophile hätten sich im Schutz der Anonymität des Internets als Kinder ausgegeben und Treffen herbeigeführt, die in mehreren Fällen mit einer Vergewaltigung geendet hätten. Bei dieser Art der Annäherung bedienten sich Pädophile häufig der Chatrooms....*
>
> *In Deutschland wird in der kriminalpolizeilichen Praxis die Auffassung vertreten, nach geltendem Recht könnten Taten nicht zureichend erfasst werden, mit denen pädophile Personen die Kontakte für sexuellen Missbrauch von Kindern knüpften. Sogenannte Chatrooms oder ähnliche Einrichtungen bildeten für interessierte Personen ein weltweites Forum zur Planung und Verabredung einschlägiger Straftaten... Derartige jederzeit auch in Deutschland denkbare Vorgänge sind nach deutschem Recht nicht strafbar; in Bezug auf die Straftatbestände des (schweren) sexuellen Missbrauchs von Kindern (§§176, 176a) handelt es sich um straflose Vorbereitungshandlungen.*[1338]

1334 BGBl. I 3007.

1335 *Hörnle* in: LK, § 176 Entstehungsgeschichte.

1336 Generell kann bei den Tätern nicht von Pädophilen im klinisch-definitorischen Sinne gesprochen werden, s. 1. Teil, Kapitel 3, II. 1. c); 1. Teil, Kapiel 3, III. 1. c).

1337 BT-Drs. 15/350 S. 17 f.; s. hierzu kritisch *Wolters* in: SK-StGB, § 176 Rdnr. 24 a; *Fischer*, § 176 Rdnr. 15; s. im Einzelnen 1. Teil, Kapitel 1; 1. Teil, Kapitel 2, I.

1338 BT-Drs. 15/350 S. 17 f.

Wolters betont überspitzt, dass sich der Gesetzgeber lediglich auf Vorfälle bezieht, die ähnlich wie in den USA, auch in Deutschland „denkbar" sind. Auch moniert *Wolters*, dass nur auf Vorgänge in diesem Sinne Bezug genommen wird, die jedenfalls nach der in der „kriminalpolizeilichen Praxis" vertretenen Auffassung nicht strafbar seien. Unter dem Hinweis des Gesetzgebers, dass sich „Pädophile" häufig Chatrooms bedienen, um Kontakte zu Minderjährigen zu knüpfen, fasst *Wolters* schließlich die von *Fischer* geäußerte Kritik auf, *„dass auch die durchaus gut gemeinte Schaffung dieses Tatbestands nur einen geradezu hilflosen Versuch darstellt, ‚einer unkontrollierbaren Kommunikation Herr zu werden'"*.[1339]

Diese Kritik gibt Anlass, die Norm bezüglich ihrer grundsätzlichen Rechtfertigung auf Basis strafrechtlicher Legitimationsprämissen näher zu untersuchen. Hierbei gerät die Vorschrift vor allem wegen der weiten Vorfeldkriminalisierung an die Grenzen ihrer Rechtfertigung. Das nachfolgende Kapitel widmet sich daher gänzlich der Analyse eben dieser Problematik und schließt mit der Darstellung weiterer Kritikpunkte, die im Schrifttum geäußert wurden, ab.

Bevor jedoch eine Auseinandersetzung mit grundlegenden Prinzipien der Strafrechtslegitimation im Zusammenhang mit § 176 Abs. 4 Nr. 3 StGB erfolgen kann, bedarf es der Feststellung, welchen Rechtsgüterschutz die Norm überhaupt bezweckt beziehungsweise bezwecken will.

I. Normzweck und geschütztes Rechtsgut

1. Die ungestörte sexuelle Entwicklung von Kindern

Wie bereits erwähnt,[1340] hat der Gesetzgeber auf eine Definition des Begriffs der sexuellen Selbstbestimmung verzichtet. Vielmehr sollte dieses einheitliche Rechtsgut des 13. Abschnitts in den einzelnen Tatbeständen in verschiedener Weise konkretisiert werden.[1341]

Nach herrschender Meinung bezweckt § 176 StGB den Schutz der ungestörten sexuellen Entwicklung von Kindern.[1342] Dahinter stehender Grundgedanke ist, dass sich die sexuelle Identität einer Person prozesshaft entwickelt und

---

1339 *Wolters* in: SK-StGB, § 176 Rdnr. 24 a; *Fischer*, § 176 Rdnr. 15.

1340 S. 2. Teil, Kapitel 1, II.

1341 BT-Drs. 7/514 S. 12; vgl. auch *Sick*, ZStW 103 (1991), 43, 50; s. ferner *Schroeder* in: Festschr. für H. Welzel, S. 859, 868 ff.

1342 BT-Drs. VI/3521 S. 35; jüngst BGHSt 53, 283, 285; *Sturm*, JZ 1974, 1, 6; *Fischer*, § 176 Rdnr. 2; *Lackner/Kühl*, § 176 Rdnr. 1; *Frommel* in: NK, § 176 Rdnr. 10; *Eisele* in: Schönke/Schröder, § 176 Rdnr. 1; differenzierend *Hörnle* in: LK, § 176 Rdnr. 1 ff.; kritisch *Rösner/Schade*, FamRZ 1993, 1133, 1136; *Schetsche*, MSchrKrim, 1994,

fremdbestimmte Eingriffe in die kindliche Sexualität in besonderer Weise geeignet sind, diese Entwicklung zu stören.[1343]

Historisch betrachtet lag diesem Begriff zunächst in erster Linie der Gedanke zu Grunde, dass bei intergenerationalen Sexualkontakten eine Schädigung des „reifenden Körpers" des Kindes zu befürchten ist. So beschreibt *Aaron* in seiner Dissertation aus dem Jahr 1910, dass es bei Kindern bis zu ihrem 12. Lebensjahr besonders körperliche Schäden sind, *„die die Unzucht nach sich zieht, und an die der Gesetzgeber wohl in erster Linie dachte…"*.[1344]

Später wurde neben dieser rein körperlichen Schädigung auch auf eine geistig-sittliche Gefährdung abgestellt. Danach sei „die Jugend" aus zwei Gründen zu schützen.

> *„Sie ist körperlich noch unentwickelt, und die Vollziehung geschlechtlicher Akte führt oft nachhaltige Schäden herbei; sie ist aber auch sittlich unreif und wird durch vorzeitiges Anreizen der geschlechtlichen Empfindungen in ihrer sittlichen Empfindung gehemmt und abgelenkt."*[1345]

Ursprünglich jedoch geht das Rechtsgut der ungestörten sexuellen Entwicklung auf die Intention zurück, Kinder in die sexuelle Ordnung der Gesellschaft zu integrieren.[1346] Grund für die generelle Ablehnung sexueller Kontakte zwischen Kindern und Erwachsenen ist danach eine *„aus dem 19. Jahrhundert stammende Kausalthese des Gesetzgebers"*[1347], wonach derartige Interaktionen zu einer Entwicklung eines jungen Menschen führen können, die der vorherrschenden gesellschaftlichen Vorstellung von Sitte und Moral nicht entspricht.[1348] Das so entstandene Rechtsgut der ungestörten sexuellen Entwicklung hat auch das heutige Sexualstrafrecht prägend mitgestaltet.[1349]

Im schriftlichen Bericht des Sonderausschusses für die Strafrechtsreform zum 4. StrRG heißt es:

201, 204 f.; *Maurach/Schroeder/Maiwald*, Strafrecht BT/1, § 20 I Rdnr. 4; w.N. bei *Renzikowski* in: MüKo, § 176 Rdnr. 3 Fn. 5.

1343 *Fischer*, § 176 Rdnr. 2; *Renzikowski* in: MüKo, § 176 Rdnr. 3; *Baurmann*, Sexualität, Gewalt und psychische Folgen, S. 71 f.; *Funcke-Auffermann*, Symbolische Gesetzgebung, S. 111 f.

1344 *Aaron*, Unzüchtige Handlungen mit Kindern, S. 7.

1345 *Aaron*, Unzüchtige Handlungen mit Kindern, S. 8.

1346 S. grundlegend zur Frage des staatlichen Interesses an der ungestörten sexuellen Entwicklung des Kindes *Pollack*, Der strafrechtliche Schutz des Kindes, S. 22 ff.

1347 *Schetsche*, MSchrKrim, 1994, 201, 205.

1348 *Schetsche*, MSchrKrim, 1994, 201, 205.

1349 *Schetsche*, MSchrKrim, 1994, 201, 204.

„...so kann das frühe Erleben einer sexuellen Handlung dennoch wenigstens einen auslösenden Faktor für die ungünstige Entwicklung bzw. eine zusätzliche Gefährdung bedeuten, die wegen des hohen Risikos nicht hingenommen werden darf."[1350]

Deutlich tritt hierdurch der Charakter des § 176 StGB als abstraktes Gefährdungsdelikt hervor. Der Gesetzgeber ging damals davon aus, dass schädliche Auswirkungen von Handlungen im Sinne des § 176 StGB oder auch nur konkrete Gefahren für die ungestörte Entwicklung des Kindes vielfach nicht nachweisbar sind.[1351]

Was jedoch unter dem Begriff „ungestörte sexuelle Entwicklung" zu verstehen ist, bleibt nach wie vor ungeklärt.[1352] So ist bereits fraglich, wann eine „Störung" der Entwicklung vorliegen soll.[1353] Dies schon deshalb, da jede Entwicklung eines Menschen äußeren Einflüssen ausgesetzt ist.[1354] Ferner ist fraglich, wie sich eine „Fehlentwicklung" äußern soll.[1355] Sofern man davon ausgeht, dass sexuelle Handlungen im Sinne des § 176 StGB typischerweise negative Entwicklungen nach sich ziehen können, ist es kaum möglich festzustellen, unter welchen genauen Umständen diese eintreten sollen.[1356]

Auch ergibt sich keine Konkretisierung des Terminus bei Berücksichtigung der vom Gesetzgeber in Betracht gezogenen Leitgedanken,[1357] wonach Kinder- und Jugendschutz aus Art. 1 Abs. 1 GG in Verbindung mit Artikel 2 Abs. 1 GG Verfassungsrang zukomme. Kinder und Jugendliche haben danach ein Recht auf Entfaltung ihrer Persönlichkeit im Sinne dieser Grundrechtsnormen. Sie bedürfen des Schutzes und der Hilfe, um sich zu eigenverantwortlichen Persönlichkeiten innerhalb der sozialen Gemeinschaft zu entwickeln.[1358] Dies gelte gerade auch für ihre Bewahrung vor sexuellen Gefahren und die Ermöglichung einer das Persönlichkeitsrecht achtenden Sexualerziehung.[1359] Dieser Gesichtspunkt berechtige den Staat, von Kindern und Jugendlichen Einflüsse fernzuhalten, die

---

1350 BT-Drs. VI/3521 S. 35.

1351 Vgl. auch *Eisele* in: Schönke/Schröder, § 176 Rdnr. 1 a; s. zum heutigen Stand der Forschung 1. Teil, Kapitel 4, III.

1352 *Kramer*, Sexualdelikte, S. 52 m.w.N. bzgl. fehlender empirischer Belege zu Entwicklungsstörungen.

1353 *Stephan*, Sexueller Mißbrauch von Jugendlichen, S. 77.

1354 *Wolters* in: SK-StGB, § 176 Rdnr. 2.

1355 *Stephan*, Sexueller Mißbrauch von Jugendlichen, S. 77.

1356 *Wolters* in: SK-StGB, § 176 Rdnr. 2.

1357 *Stephan*, Sexueller Mißbrauch von Jugendlichen, S. 77.

1358 BVerfGE 79, 51, 63.

1359 BVerfGE 47, 46, 72 f.

sich auf ihre Einstellung zum Geschlechtlichen und damit auf die Entwicklung ihrer Persönlichkeit nachteilig auswirken können.[1360]

Offen bleibt danach etwa, was in Anbetracht der sozialen Gemeinschaft unter „Persönlichkeit" zu verstehen ist.[1361] Ferner ist davon auszugehen, dass es „die" ordnungsgemäße und allgemeingültige sexuelle Entwicklung „*in einer dem Wertepluralismus und dem Wandel der Anschauungen unterliegenden Gesellschaft*"[1362] nicht gibt. In der Konsequenz erscheinen neben gröbsten Pauschalierungen[1363] auch Rückgriffe auf Sittlichkeitserwägungen[1364] unumgänglich.[1365]

2. Differenzierte Betrachtung: Beeinträchtigung der Gesamtentwicklung

Entgegen der früheren Ansicht des Gesetzgebers[1366] ist es nunmehr empirisch fundiert, dass Erfahrungen des sexuellen Missbrauchs bei kindlichen Opfern schädliche Wirkungen auslösen.[1367]

Anknüpfend hieran sei aber eine Beschränkung des Schutzguts auf die ungestörte sexuelle Entwicklung der Opfer zu kurz gefasst.[1368] Denn negative Folgen eines Missbrauchs beschränken sich nicht auf Probleme im Sexualbereich. Vielmehr ist das Risiko von psychiatrisch diagnostizierbaren Störungen (etwa Depressionen, Angstsymptome usw.)[1369] in späteren Jahren erhöht.[1370]

Angeregt wird daher bezüglich des Schutzguts eine Formulierung zu verwenden, die auf die Beeinträchtigung der Gesamtentwicklung von Kindern bei sexuellem Missbrauch abstellt.[1371]

1360 BVerfGE 83, 130,140; BT-Drs. 12/4584 S. 6.

1361 *Stephan*, Sexueller Mißbrauch von Jugendlichen, S. 77.

1362 *Stephan*, Sexueller Mißbrauch von Jugendlichen, S. 77.

1363 *Kusch/Mössle*, NJW 1994, 1504, 1505.

1364 *Dreher*, JR 1974, 45, 46 f.

1365 *Stephan*, Sexueller Mißbrauch von Jugendlichen, S. 77.

1366 BT-Drs. VI/3521 S. 35.

1367 S. *Hörnle* in: Festschr. für U. Eisenberg, S. 321, 327 ff.; *Hörnle* in: LK, Vor § 174 Rdnr. 35 ff.; *Hörnle* zufolge würde es der Stand der empirischen Forschung erlauben, jedenfalls Handlungen mit Körperkontakt als Gefährdungsdelikt einzuordnen, *Hörnle* in: LK, Vor § 174 Rdnr. 36.

1368 Vgl. *Hörnle* in: LK, § 176 Rdnr. 1.

1369 *Hörnle* in: LK, § 176 Rdnr. 1.

1370 Vgl. Nachweise bei *Hörnle* in: Festschr. für U. Eisenberg, S. 321, 328 Fn. 39; s. aber *Funcke-Auffermann*, Symbolische Gesetzgebung, S. 110.

1371 So bereits BT-Drs. VI/3521 S. 34; BGHSt 29, 336, 340; *Hörnle* in: LK, § 176 Rdnr. 2; *Eisele* in: Schönke/Schröder, § 176 Rdnr. 1 a; *Wolters* in: SK-StGB, § 176 Rdnr. 2; *Fischer*, § 176 Rdnr. 2.

Andere Stimmen in der Literatur lehnen hingegen die Bezugnahme auf die ungestörte sexuelle Entwicklung beziehungsweise auf die Beeinträchtigung der Gesamtentwicklung von Kindern gänzlich ab.[1372]

Da die Auswirkungen eines sexuellen Übergriffs von unterschiedlichen Faktoren, wie etwa dem Gewicht der sexuellen Handlung oder den Tatumständen (z.B. Vertrauensbruch) sowie dem Alter und der Persönlichkeitsstruktur des Opfers und den Reaktionen des sozialen Umfelds abhängen, könne allein nur auf das Schutzgut der sexuellen Selbstbestimmung abgestellt werden. Das Gesetz reflektiere die oben genannten Umstände allesamt nicht, weil entsprechend der gesetzlichen Konzeption Sexualkontakte mit Kindern per se verboten sind.[1373] Ein Umweg über zukünftige Folgen sei daher überflüssig, sodass allein in den Eingriff in die Rechtssphäre des Kindes abgestellt werden müsse, der die Verletzung des sexuellen Selbstbestimmungsrechts nach sich ziehe.[1374]

Berücksichtigung müsse ferner der Umstand finden, dass Angaben zu Langzeitfolgen eines sexuellen Kindesmissbrauchs „höchst unterschiedlich und vage“[1375] ausfallen. Mangels empirischer Grundlage könne nicht endgültig geklärt werden, wie sich eine ungestörte sexuelle Entwicklung auszeichnet und welche Verhaltensweisen geeignet sind, die sexuelle Entwicklung des Kindes zu stören. Da die Vielschichtigkeit der vorbenannten Gefahren mit strafrechtlichen Termini nur schwer wiederzugeben ist, bleibe die ungestörte sexuelle Entwicklung von Kindern im Hinblick auf die empirische Nachweisbarkeit ein weitgehend untauglicher Maßstab.[1376]

Doch auch an dieser Ansicht wird Kritik geübt: Kinder sollen grundsätzlich nicht in der Lage sein in sexuelle Kontakte rechtswirksam einzuwilligen oder zumindest mit ihnen einverstanden zu sein, mit der Folge, dass der Tatbestand entfiele.[1377] Zum Schutzgut könne daher nicht die sexuelle Selbstbestimmung erhoben werden. Vielmehr solle das Kind als Individuum in diesem Bereich vor jeder Fremdbestimmung bewahrt werden.[1378]

1372 *Renzikowski* in: MüKo § 176 Rdnr. 1 ff.
1373 S.auch 2. Teil, Kapitel 1, III. 1.
1374 Vgl. *Renzikowski* in: MüKo, § 176 Rdnr. 3.
1375 *Funcke-Auffermann*, Symbolische Gesetzgebung, S. 112.
1376 *Funcke-Auffermann*, Symbolische Gesetzgebung, S. 112.
1377 *Frommel* in: NK, § 176 Rdnr. 10.
1378 *Wolters* in: SK-StGB, § 176 Rdnr. 2.

3. Zum Schutzgut der sexuellen Selbstbestimmung

Vermittelnd wird vor diesem Hintergrund vertreten, dass neben den oben erwähnten Schutzgütern der ungestörten sexuellen Entwicklung beziehungsweise der Gesamtentwicklung auch das Schutzgut der sexuellen Selbstbestimmung erfasst ist.[1379]

Die aufgezeigten Konkretisierungen des allgemein über jedem Delikt des 13. Abschnitts stehenden Schutzguts der sexuellen Selbstbestimmung[1380] beschränken sich auf den Verweis später eintretender Folgen bei den Opfern. Allerdings sei es nicht überzeugend, allein hierauf abzustellen.[1381]

Danach verletze jede sexuelle Missbrauchshandlung das Recht des Kindes auf Achtung seiner Intimsphäre und seiner sexuellen Selbstbestimmung.[1382] Dabei ist das sexuelle Selbstbestimmungsrecht auch Kindern gegenüber anzuerkennen, selbst wenn diese zu einer rechtlich relevanten Willensbildung nicht in der Lage sind.[1383] Zu berücksichtigen ist, dass das sexuelle Selbstbestimmungsrecht zwei Komponenten beinhaltet: Erstens das Recht auf aktive Gestaltung der eigenen Sexualität und zweitens Abwehrrechte gegen Dritte. Abwehrrechte bestehen dabei in vollem Umfang auch für diejenigen Personen, die konstitutionsbedingt derartige Rechte noch nicht selbst durchsetzen können.[1384]

4. Zusammenfassung

Die Bestimmung des geschützten Rechtsguts im Rahmen des § 176 StGB ist insgesamt nicht unumstritten, wobei die herrschende Meinung trotz der Kritik hieran, auf den Schutz der ungestörten sexuellen (Gesamt-)Entwicklung von Kindern abstellt.[1385]

Konkret den Tatbestand des § 176 Abs. 4 Nr. 3 StGB betreffend wird die Ansicht vertreten, dass wegen der weiten Vorverlagerung der Strafbarkeit im Gegensatz zu den anderen Alternativen des Abs. 4 überhaupt keine Verletzung der

---

1379 *Hörnle* in: LK, § 176 Rdnr. 3.

1380 S. zum Begriff 2. Teil, Kapitel 1, II.

1381 *Finkelhor*, American Journal of Orthopsychiatry 49.4 (1979): 692 (693 ff.); *Hörnle* in: Festschr. für U. Eisenberg, S. 321, 334 ff.; *Renzikowski* in: MüKo, Vor § 174 Rdnr. 26, § 176 Rdnr. 1, der nur auf den Schutz der sexuellen Selbstbestimmung abstellt; so auch *Sick/Renzikowski* in: Festschr. für F.C. Schroeder, S. 603, 611 ff.

1382 *Hörnle* in: LK, § 176 Rdnr. 3.

1383 *Renzikowski* in: MüKo, Vor 174 Rdnr. 9; s. auch 2. Teil, Kapitel 1, III. 1.

1384 *Hörnle* in: Festschr. für U. Eisenberg, S. 321, 334 f.; s. auch 2. Teil, Kapitel 1, III. 1.

1385 S. 2. Teil, Kapitel 3, I. 1.

sexuellen Selbstbestimmung des Kindes gegeben sei.[1386] Als Rechtsgut komme hier allenfalls ein *„substratloser – ‚öffentlicher Friede' in Betracht.“*[1387]

Wolters äußerst sich in diesem Zusammenhang insofern kritisch, als dass ein vergleichbarer und messbarer Bezug zum geschützten Rechtsgut der Vorschrift überhaupt nur dann herzustellen sei, *„wenn die Tathandlung auch objektiv ein sexualisiertes Klima schafft, das die geplante nachfolgende sexuelle Handlung begünstigt“*.[1388]

Hörnle schließlich betont, dass sich der mit dem SexualdelÄndG[1389] neu eingefügte Tatbestand allenfalls als abstraktes Gefährdungsdelikt beschreiben lasse.[1390]

Diese Stellungnahmen aus dem Schrifttum deuten auf einen Aspekt hin, der angesichts des nicht unmittelbar herzustellenden Rechtsgutsbezugs Kernelement der vielfach am Tatbestand des § 176 Abs. 4 Nr. 3 StGB geäußerten Kritik ist, mithin der weiten Vorverlagerung der Strafbarkeit. Der sich hier anschließende Abschnitt widmet sich gänzlich einer Untersuchung dieser im Tatbestand anzutreffenden Vorfeldkriminalisierung.

II. Zur Problematik der Vorfeldstrafbarkeit im Rahmen des § 176 Abs. 4 Nr. 3 StGB

Mit Einführung des § 176 Abs. 4 Nr. 3 StGB in das deutsche Strafgesetzbuch[1391] folgte der Gesetzgeber zum einen zwar europarechtlichen Vorgaben.[1392] Zum anderen jedoch demonstrierte er dadurch auch eine prompte Reaktion auf die immer wieder bekannt gewordenen Fälle des Cyber-Groomings, die neben gesellschaftlicher Empörung auch die Aufforderung nach raschem Handeln des

---

1386 Vgl. *Renzikowski* in: MüKo, § 176 Rdnr. 41.

1387 *Sick/Renzikowski* in: Festschr. für F.C. Schroeder, S. 603, 613; vgl. zur Beeinträchtigung des öffentlichen Friedens durch moralwidriges Verhalten *Wohlers*, Deliktstypen des Präventionsstrafrechts, S. 269 ff.; zum Schutz des öffentlichen Friedens *Hörnle*, Grob anstößiges Verhalten, S. 90 ff.

1388 *Wolters* in: SK-StGB, § 176 Rdnr. 24 b; *Wolters* zufolge habe das Delikt wegen der weiten Vorverlagerung des Vollendungszeitpunkts, den Charakter eines Unternehmensdelikts, weise gegenüber § 11 Abs. 1 Nr. 6 StGB aber die Besonderheit auf, dass nur bestimmte, abgeschlossene (materielle) Versuchshandlungen erfasst werden, *Wolters* in: SK-StGB, § 176 Rdnr. 24.

1389 BGBl. I 3007.

1390 *Hörnle* in: LK, § 176 Rdnr. 7.

1391 SexualdelÄndG v. 27.12.2003 BGBl. I 3007; weitere Änderungen im Zuge des StÄG v. 21.1.2015 BGBl. I 10.

1392 S. 1. Teil, Kapitel 1, II.

Gesetzgebers hervorriefen.[1393] Die Neunormierung sei damit lediglich als „Ersatzreaktion und Alibi“[1394] zu verstehen, um gesellschaftlichem Druck nachzugeben. Solche „Alibigesetze“[1395] seien allerdings generell nicht geeignet, dem ultima-ratio Grundsatz gerecht zu werden und hätten daher grundsätzlich im Rahmen der Strafgesetzgebung zu unterbleiben.[1396]

Eine Facette dieser „Alibi-Gesetzgebung“ spiegelt sich insbesondere auch bei der weiten Vorfeldverlagerung der Strafbarkeit wider. Vor allem in Anbetracht „moderner“[1397] Gefahren für die Gesellschaft und für das einzelne Individuum bediene sich der Strafrechtsgesetzgeber heutzutage immer mehr strafrechtlicher Instrumentarien zur Begegnung dieser Gefahren. Charakteristisch ist dabei die Schaffung strafrechtlicher Tatbestände mit Pönalisierungen von Handlungen, die nur mittelbar in Beziehung zu den zu schützenden Interessen stehen. Im Bereich des Umwelt- und Wirtschaftsstrafrechts, des Betäubungsmittelmissbrauchs sowie der Terrorismusbekämpfung etwa, finden sich verstärkt neue Regelungen, bei denen die Problematik der zu weiten Vorverlagerung der Strafbarkeit festzustellen ist.[1398]

Heftige Kritik erfuhr der hier zu untersuchende Tatbestand in der Literatur vor allem auch wegen der bereits erwähnten weiten Vorfeldkriminalisierung, da zur Vollendung allein ein Einwirken ohne jeglichen Sexualbezug auf das Opfer erforderlich ist und es auf das Stattfinden eines realen Treffens mit Vollziehung der sexuellen Handlungen nicht ankommt.[1399] Zu einer zusätzlichen Vorverlagerung kommt es durch den in § 176 Abs. 5 Var. 3 StGB normierten Verweis auf § 176 Abs. 4 StGB, wonach bereits die bloße Verabredung zur Vorbereitung einer

---

1393 *Funcke-Auffermann*, Symbolische Gesetzgebung, S. 148; vgl. auch *Amelung/Funcke-Auffermann*, StraFO 2004, 114, 114 f.

1394 *Funcke-Auffermann*, Symbolische Gesetzgebung, S. 148.

1395 Als „Alibi“ könne danach gesetzgeberisches Handeln um der Demonstration von Handlungsfähigkeit willen bezeichnet werden, *Funcke-Auffermann*, Symbolische Gesetzgebung, S. 147.

1396 Vgl. *Funcke-Auffermann*, Symbolische Gesetzgebung, S. 148.

1397 S. hierzu die Abhandlungen des Soziologen *Ulrich Beck*, der sich umfassend mit „modernen“ Gefahren und ihrer rechtlichen Steuerung beschäftigte, *Beck*, Risikogesellschaft; s. auch *Wohlers*, Deliktstypen des Präventionsstrafrechts, S. 29 ff., 110 ff.; *Reus*, Das Recht in der Risikogesellschaft, S. 18 ff.

1398 S. hierzu auch *Wohlers*, Deliktstypen des Präventionsstrafrechts; *Beck*, Unrechtsbegründung und Vorfeldkriminalisierung; s. auch *Hefendehl*, Kollektive Rechtsgüter im Strafrecht.

1399 *Fischer*, § 176 Rdnr. 14, 15; *Duttge/Hörnle/Renzikowski*, NJW 2004, 1065, 1067.

Tat nach § 176 Abs. 4 Nr. 3 StGB unter Strafe gestellt wird.[1400] Strafbar machen sich danach Personen, die sich dazu verabreden, zu einem späteren Zeitpunkt mit einem Kind zu chatten, um dieses zu den in § 176 Abs. 4 Nr. 3 StGB genannten Handlungen zu bewegen.[1401]

Vor diesem Hintergrund widmet sich dieser Teil der Untersuchung unter verschiedenen Blickwinkeln der Frage, ob § 176 Abs. 4 Nr. 3 StGB angesichts der weiten Vorfeldkriminalisierung legitimierbar ist. Die Analyse orientiert sich bei der Frage eines hinreichenden Rechtsgutsbezugs an den für abstrakte Gefährdungsdelikte entwickelten Grundsätzen. Zwar ist im Schrifttum umstritten, ob es sich bei § 176 Abs. 4 Nr. 3 StGB überhaupt um ein abstraktes Gefährdungsdelikt handeln kann,[1402] doch ist der Tatbestand jedenfalls eine Variante des als abstraktes Gefährdungsdelikt ausgestalteten § 176 StGB.[1403]

1. Grundsätze staatlicher Bestrafungsbefugnisse

Verfassungsrechtliche Grundlagen als Basis für jeden gesetzgeberischen Eingriff in Form freiheitsbeschränkender Normen haben für den Strafgesetzgeber zum einen zur Folge, dass dieser nicht jedwedes beliebige Gut zum Schutzgut einer Strafrechtsnorm erheben kann. Nur solche „soziale Gegebenheiten"[1404] können Gegenstand strafrechtlicher Gesetze sein, *„die für die verfassungsmäßige Stellung und Freiheit des einzelnen Bürgers und für unser sich im Rahmen der Verfassung bewegendes Gesellschaftsleben notwendig sind."*[1405] Zum anderen ist der Gesetzgeber auch bei der Auswahl der Mittel, die zur Erreichung eines effektiven Schutzes legitimer Interessen eingesetzt werden, an verfassungsrechtliche Vorgaben gebunden, namentlich dem Verhältnismäßigkeitsgrundsatz.[1406]

In Anbetracht dessen widmet sich die gegenständliche Untersuchung in diesem Abschnitt einer Darstellung unterschiedlicher Legitimationsgrundlagen zur Setzung von Strafrechtsnormen, die konkret im Hinblick auf Gefährdungstatbestände gelten. Ziel ist es herauszustellen, ob § 176 Abs. 4 Nr. 3 StGB diesen Anforderungen staatlicher Rechtssetzungsbefugnisse standhält. Hierzu wird als

---

1400 *Fischer*, § 176 Rdnr. 15; *Renzikowski* in: MüKo, § 176 Rdnr. 19.

1401 Vgl. *Eisele* in: Festschr. für W. Heinz, S. 697, 701.

1402 *Wolters* zufolge bestehe eine Ähnlichkeit zum Unternehmensdelikt im Sinne von § 11 Abs. 1 Nr. 6 StGB, wobei § 176 Abs. 4 Nr. 3 StGB nur bestimmte abgeschlossene (materielle) Versuchshandlungen erfasse, *Wolters* in: SK-StGB, § 176 Rdnr. 24.

1403 S. ferner *Hörnle* in: LK, § 176 Rdnr. 7; *Renzikowski* in: MüKo, § 176 Rdnr. 6.

1404 *Rudolphi* in: SK-StGB, Vorbem. vor § 1 StGB Rdnr. 13.

1405 *Rudolphi* in: SK-StGB, Vorbem. vor § 1 StGB Rdnr. 13.

1406 *Rudolphi* in: SK-StGB, Vorbem. vor § 1 StGB Rdnr. 22.

erstes auf das Kriterium des Rechtsgüterschutzes als grundlegende Legitimationsbedingung strafrechtlicher Normen eingegangen, bevor im Anschluss daran weitere Rechtsetzungsermächtigungen beziehungsweise -grenzen im Lichte einer Rechtfertigung des § 176 Abs. 4 Nr. 3 StGB geprüft werden.

2. Rechtsgüterschutz als Legitimationsmaßstab strafrechtlicher Normen

Unbestritten ist, dass jede Strafrechtsnorm in unserer Rechtsordnung der Legitimation bedarf. Die Anwendung eines Strafgesetzes stellt die massivste Form eines staatlichen Eingriffs in grundrechtlich verbürgte Rechtspositionen eines jeden Individuums dar. Von tragender Bedeutung ist daher die Frage nach der Aufgabe, die Bestrafung erfüllen soll.[1407] Insofern besteht Einigkeit darüber, dass strafrechtliche Normen zunächst dem Rechtsgüterschutz[1408] dienen müssen.[1409] Der Rechtsgutsgedanke nimmt bei der Legitimation von Strafrechtsnormen eine überragende Stellung ein. So sei es spezielle Aufgabe des Strafrechts, *„die wichtigsten Bereiche sozialen Zusammenlebens bzw. die sozial wichtigsten Interessen mit einem besonders starken Schutz zu versehen."*[1410] Allerdings kann nicht jedweder Verstoß gegen individuelle[1411] oder allgemeine[1412] Interessen zur Verhängung von Strafe führen.[1413] Dem Strafrechtsgesetzgeber sind bereits bei der Bestimmung, was zum Schutzgut erhoben werden soll, Grenzen gesetzt. Nur jene soziale Interessen, die für das sich im Rahmen der Verfassung bewegende Gesellschaftsleben notwendig sind, können als Schutzgut strafrechtlicher Normen

---

1407 *Freund* in: MüKo, Vor § 13 Rdnr. 37.

1408 Vgl. zum Rechtsgutsbegriff z.B. *Roxin*, AT I, § 2 Rdnr. 2 ff.; *Graul*, Abstrakte Gefährdungsdelikte und Präsumtionen im Strafrecht, S. 41 ff.; *Anastasopoulou*, Deliktstypen zum Schutz kollektiver Rechtsgüter, S. 8 ff.

1409 Vgl. z.B. *Freund* in: MüKo, Vor § 13 Rdnr. 40; *Rudolphi* in: SK-StGB, Vorbem. vor § 1 StGB Rdnr. 1; *Hassemer/Neumann* in: NK, Vor § 1 Rdnr. 108 ff.; *Baumann/Weber/Mitsch*, Strafrecht AT, § 3 Rdnr. 10 ff.; *Wessels/Beulke/Satzer*, Strafrecht AT, § 1 Rdnr. 9 ff.; *Kindhäuser*, Gefährdung als Straftat, S. 166 ff.; *Roxin*, AT I, § 2 Rdnr. 7 ff.; *Gropp*, Strafrecht AT, § 1 Rdnr. 149 ff.; *Weigend* in: LK, Vor § 13 Rdnr. 8; *ders.* in: LK, Einleitung Rdnr. 7.

1410 *Baumann/Weber/Mitsch*, Strafrecht AT, § 3 Rdnr. 10.

1411 *Baumann/Weber/Mitsch*, Strafrecht AT, § 3 Rdnr. 12; *Roxin*, AT I, § 2 Rdnr. 9; *Freund* in: MüKo, Vor § 13 Rdnr. 47 ff.

1412 *Baumann/Weber/Mitsch*, Strafrecht AT, § 3 Rdnr. 13; *Roxin*, AT I § 2 Rdnr. 9 ff.; *Freund* in: MüKo, Vor § 13 Rdnr. 47 ff.

1413 *Baumann/Weber/Mitsch*, Strafrecht AT, § 3 Rdnr. 11; vgl. auch bereits *Binding*, BT 1, S. 20 ff.

definiert werden.[1414] Insofern spiegelt dies die lediglich „fragmentarische Natur" des Strafrechts wider. Das Strafrecht kann nur einen Teil von Rechtsgütern schützen und diesen auch nicht generell, sondern oft beschränkt auf einzelne Angriffsarten.[1415] Insgesamt ist der Einsatz von Strafe von vornherein auf den Bereich eines Rechtsgüterschutzes als zulässige staatliche Aufgabe beschränkt. Strafe muss „*zweckrational durch die präventive Rechtsgüterschutzaufgabe des Staates legitimiert sein.*"[1416] „*Schuldausgleich um seiner selbst willen*"[1417] würde einen nicht gerechtfertigten Eingriff in die verfassungsrechtlich garantierten Freiheitsrechte eines Bürgers bedeuten. Ein zweckgebundenes Strafrecht ist daher stets vom Rechtgüterschutz ausgehend herzuleiten. Jede Strafrechtsnorm, „*die nicht als Verletzung eines Rechtsgutes gedeutet werden kann, umfaßt auch ein Verhalten, das kein Rechtsgut verletzt und damit grundlos verboten ist.*"[1418]

Diesen Ansatz bestätigt das Bundesverfassungsgericht grundsätzlich auch im sogenannten Inzestbeschluss.[1419] Gleich zu Beginn des Beschlusses schreibt das Gericht: „*Das Strafrecht wird als ‚ultimal ratio' des Rechtsgüterschutzes eingesetzt, wenn ein bestimmtes Verhalten über sein Verbotensein hinaus in besonderer Weise sozialschädlich und für das geordnete Zusammenleben der Menschen unerträglich, seine Verhinderung daher besonders dringlich ist.*"[1420] In seinem Beschluss erklärte das Gericht die Strafbarkeit des Inzests erwachsener Geschwister (§ 173 Abs. 2 S. 2, Abs. 3 StGB) als verfassungsgemäß. Nach Ansicht des Gerichts bezweckt die Norm den Schutz vor Schädigungen der familiären Ordnung und Beeinträchtigungen der sexuellen Selbstbestimmung. Ferner soll die Zeugung erbkranken Nachwuchses verhindert werden.[1421] Hiermit wendet sich das Gericht unter anderem gegen den vorgebrachten Einwand des Beschwerdeführers, die Norm wolle lediglich Moralvorstellungen, nicht hingegen Rechtsgüter schützen.[1422] Auch wenn die Entscheidung des Gerichts und insbesondere dessen

---

1414 *Rudolphi* in: SK-StGB, Vorbem. vor § 1 StGB Rdnr. 13; vgl. auch *Roxin*, AT I, § 2 Rdnr. 7 ff.

1415 *Roxin*, AT I, § 2 Rdnr. 97; s. auch *Jakobs*, Strafrecht AT, 2. Abschn. Rdnr. 12 ff.; *Baumann/Weber/Mitsch*, Strafrecht AT, § 3 Rdnr. 4 ff., Rdnr. 10; *Wessels/Beulke/Satzger*, Strafrecht AT, § 1 Rdnr. 15; *Eisele* in: Schönke/Schröder, Vorbem. §§ 13 ff. Rdnr. 10.

1416 *Freund* in: MüKo, Vor § 13 Rdnr. 38.

1417 *Freund* in: MüKo, Vor § 13 Rdnr. 38.

1418 *Kindhäuser*, Gefährdung als Straftat, S. 166.

1419 BVerfGE 120, 224.

1420 BVerfGE 120, 224, 239 f.

1421 BVerfGE 120, 224, 243 ff.

1422 BVerfGE 120, 224, 236.

Begründung zum verfolgten Rechtsgüterschutz bei § 173 Abs. 2 S. 2, Abs. 3 StGB in der Literatur auf Kritik gestoßen ist,[1423] so ändert dies doch nichts an der Tatsache, dass die Ausrichtung des Strafrechts am Rechtsgüterschutz auch vom Bundesverfassungsgericht im Rahmen des Inzestbeschlusses grundsätzlich anerkannt wird. Das Gericht hat in seinem Beschluss schließlich selbst einen inhaltlich hinreichend konkreten Rechtsgutsbegriff aufgestellt: Das Strafrecht habe danach die Aufgabe, Verhaltensweisen zu verhindern, die *„in besonderer Weise sozialschädlich und für das geordnete Zusammenleben der Menschen unerträglich“*[1424] sind.

Die am Rechtsgüterschutz orientierte Legitimationsgrundlage strafrechtlicher Normen ist zwar nicht unumstritten.[1425] So hat *Amelung* etwa eine eigene Theorie der Sozialschädlichkeit entwickelt,[1426] wonach Hauptaufgabe von Strafe, die Aufrechterhaltung der Funktionsbedingungen eines sozialen Systems ist. Sozialschädlich sei danach eine dysfunktionale Erscheinung, ein Sozialphänomen, das es verhindere oder erschwere, dass das Sozialsystem der Gesellschaft die Probleme eines Fortbestandes bewältige.[1427] Gegenüber der Rechtsgutslehre sieht *Amelung* den Vorteil, dass er die Frage nach den Bedingungen menschlichen Zusammenlebens berücksichtigt.[1428] Allerdings konnten sich hiervon abweichende Grundkonzepte nicht durchsetzen.[1429] Ähnlich sieht *Jakobs* als Primäraufgabe von Strafe eher die Garantie der Normgeltung denn den Rechtsgüterschutz. Die materielle Legitimation der Strafgesetze bestehe darin, dass diese zur Erhaltung der staatlichen und gesellschaftlichen Gestalt erforderlich seien.[1430]

Diese von der Rechtsgutslehre abweichenden Grundkonzeptionen konnten sich allerdings nicht durchsetzen, sodass nach wie vor an dieser festzuhalten ist.[1431]

1423 *Roxin*, StV 2009, 544, 544 ff.; *Noltenius*, ZJS 2009, 15, 15 ff.

1424 BVerfGE 120, 224, 239 f.

1425 S. ferner *Rudolphi* in: SK-St.GB, Vorbem. vor § 1 StGB Rdnr. 9.

1426 *Amelung*, Rechtsgüterschutz und Schutz der Gesellschaft, S. 330 ff.

1427 *Amelung*, Rechtsgüterschutz und Schutz der Gesellschaft, S. 361.

1428 *Amelung*, Rechtsgüterschutz und Schutz der Gesellschaft, S. 393.

1429 *Hefendehl* in: Hefendehl (Hrsg.), Die Rechtsgutstheorie, S. 286, 286.

1430 Vgl. *Jakobs*, Strafrecht AT, 2. Abschn. Rdnr. 1 f.

1431 Vgl. auch *Hefendehl* in: Hefendehl (Hrsg.), Die Rechtsgutstheorie, S. 286, 286; s. zur sog. Entmaterialisierungstendenz beim Rechtsgutsbegriff in verschiedenen Bereichen des Strafrechts, etwa des Wirtschafts- und Umweltstrafrechts *Krüger*, Die Entmaterialisierungstendenz beim Rechtsgutsbegriff.

a) Unmittelbarer Rechtsgüterschutz durch Trennung von Verhaltens- und Sanktionsnorm

Obwohl die Forderung nach Rechtsgüterschutz bestimmender Faktor bei der verfassungsrechtlichen Legitimation von Strafe ist, wird eben dieses Ziel durch das Strafrecht nicht unmittelbar erreicht. Denn Strafe greift zwangsläufig erst dann, wenn die Tat begangen worden ist, das zu schützende Rechtsgut mithin schon verletzt wurde. Strafe kommt erst dann zum Zuge, wenn *„das Kind bereits in den Brunnen gefallen"*[1432] ist. Das Strafrecht schützt potentielle Opfer nur mittelbar.[1433] Ist eine Strafe gegenüber dem Täter wegen Erfüllung der tatbestandlichen Voraussetzungen zu verhängen, so ist der beim Opfer eingetretene Schaden nicht mehr revidierbar. Strafe nützt dem geschädigten Opfer und dem jeweils konkret verletzten Rechtsgut nichts. Wenn also die als Schutzgut erhobenen Interessen vor Verletzungen bewahrt werden sollen, so müssen diese noch unversehrt vorhanden sein. Rechtsgüterschutz kann immer nur für die Zukunft gewährt werden, der letztlich durch das Aufstellen von Ge- und Verboten erreicht wird.[1434] Das Strafrecht schützt damit die im Strafgesetzbuch verankerten Normen wie etwa das Verbot zu stehlen oder zu töten.[1435]

Rechtsgüterschutz durch Strafe ist daher nur dann möglich, wenn nach begangener Straftat überhaupt noch ein Rechtsgut vorhanden ist, das gerade durch Strafe vor Schädigungen bewahrt werden kann. Dieses Rechtsgut ist in der durch die Straftat gefährdenden Geltungskraft der übertretenen Verhaltensnorm zu sehen. Verhaltensnormen sind mithin jene Normen, *„die nach ihrem Inhalt bestimmte Verhaltensweisen als richtig oder falsch ausweisen und nach ihrem Ziel auf eine bestimmte Steuerung menschlichen Verhaltens gerichtet sind."*[1436] Durch Begehung der Straftat stellt der Täter die allgemeine und überindividuell bedeutsame Geltungskraft der übertretenen Verhaltensnorm in Frage, wodurch ein geistiger Angriff auf die Normgeltung verübt wird. Würde ein derartiger Übertritt unwidersprochen bleiben, würde dies zu einem Normverfall führen.[1437] Um einem solchen entgegenzuwirken, hat sich der Einsatz von Strafe etabliert.[1438]

1432 *Freund* in: MüKo, Vor § 13 Rdnr. 66.

1433 *Gropp*, Strafrecht AT, § 1 Rdnr. 162 ff.

1434 *Freund* in: MüKo, Vor § 13 Rdnr. 66 f.

1435 *Gropp*, Strafrecht AT, § 1 Rdnr. 162 ff.; *Jakobs*, Strafrecht AT, 2. Abschn. Rdnr. 1 ff.

1436 *Frisch*, Vorsatz und Risiko, S. 59.

1437 *Freund* in: MüKo, Vor § 13 Rdnr. 67 f.; *Freund*, Erfolgsdelikt und Unterlassen, S. 82 f.; *Jakobs*, ZStW 107 (1995), 843, 849.

1438 *Kindhäuser*, Gefährdung als Straftat, S. 31; *Jakobs*, Strafrecht AT, 1. Abschn. Rdnr. 2.

Strafvorschriften, mithin Sanktionsnormen, legen fest, unter welchen Voraussetzungen eine Sanktion für den Verstoß gegen das Verhaltensge- oder -verbot eintreten soll.[1439] Das Schutzgut der Sanktionsnorm ist damit die Geltungskraft einer Verhaltensnorm. Rechtsgüterschutz wird folglich unmittelbar durch eine Verhaltensnorm erreicht, während eine Sanktionsnorm die Verhaltensnormgeltung schützt, weshalb Strafe nur mittelbar dem Rechtsgüterschutz dienlich ist.[1440]

Die damit beschriebene Trennung von Verhaltens- und Sanktionsnorm spiegelt den Charakter des Strafrechts als sekundäre Normenordnung[1441] wider. Das Strafrecht verbietet bestimmte Verhaltensweisen nicht selbst, sondern ist auf eine Feststellung eines Verstoßes gegen zu missbilligenswerte Handlungen im Vorfeld angewiesen. Wann ein solches Verhalten vorliegt und damit beanstandet werden muss, richtet sich nach der rechtlichen Verhaltensordnung als Grundlage eines sozialen Zusammenlebens. Nicht nur Sanktionsnormen sind dabei wegen ihres Eingriffs in die grundrechtlichen verbürgten Freiheitsrechte eines Individuums auf ihre Legitimität hin zu überprüfen, sondern auch Verhaltensnormen. In beiden Fällen richtet sich die Rechtfertigung nach der Einhaltung rechtstaatlicher Vorgaben.[1442]

b) Rechtsgüterschutz als Legitimationsgrundlage für Gefährdungsdelikte

Für abstrakte Gefährdungsdelikte gilt im Ergebnis nichts Anderes: Zu ihrer verfassungsrechtlichen Legitimation müssen auch diese in erster Linie zweckorientiert dem Rechtsgüterschutz dienen.[1443]

Die staatlich zu erfüllende Aufgabe eines hinreichenden Rechtsgüterschutzes kann nur dann erreicht werden, wenn nicht nur Handlungen pönalisiert werden, die zu einem Verletzungserfolg führen. Vielmehr ist hierzu bereits die Strafbarkeit von Handlungen, die im Vorfeld eines Erfolgseintritts zu einer Gefährdung des zu schützenden Rechtsgutes führen, von Relevanz. So schrieb bereits *Binding*:

> *„Ein Verletzungsverbot ist nun jede Norm, welche die Verletzung eines bestimmten Rechtsgutes verbietet. Die Uebertretung eines Verletzungsverbotes vollendet sich naturgemäss erst mit dieser Verletzung und stellt sich auf diesem Punkte der Entwicklung angelangt stets als*

1439 *Frisch*, Vorsatz und Risiko, S. 59.

1440 *Freund* in: MüKo, Vor § 13 Rdnr. 69; *Radtke* in: MüKo, Vor § 38 Rdnr. 1.

1441 *Freund*, Erfolgsdelikt und Unterlassen, S. 51 f.; *Schünemann*, Grund und Grenzen der unechten Unterlassungsdelikte, S. 221 ff.; s. ferner *Kölbel*, GA 2002, 403, 403 ff.; vgl. hierzu bereits *Binding*, Handbuch des Strafrechts/1, S. 9.

1442 *Freund*, Erfolgsdelikt und Unterlassen, S. 51 f.

1443 *Kindhäuser*, Gefährdung als Straftat, S. 225.

materielle Schädigung der Rechtswelt in ihrem Rechtsgüterbestande dar. [...] Die Gefährdungsverbote gehen einen Schritt über die Verletzungsverbote hinaus. Sie untersagen nicht erst die Beschädigung sondern schon die Gefährdung bestimmter Rechtsgüter ....“[1444]

Wenn demzufolge nun Einigkeit darüber herrscht, dass auch Normen der abstrakten Gefährdungsdelikte dem Rechtsgüterschutz dienen sollen,[1445] so ist damit noch nicht beantwortet, inwiefern bei der hier zu überprüfenden Norm des § 176 Abs. 4 Nr. 3 StGB und der darin bewirkten weiten Vorverlagerung der Strafbarkeit ein hinreichender Zusammenhang zum – wenn überhaupt[1446] – erst später beeinträchtigten Rechtsgut besteht.

Dieser Frage widmen sich die nun folgenden Gliederungspunkte. Hierzu werden vorab die strukturellen Besonderheiten abstrakter Gefährdungsdelikte als Grundlage weiterer Erörterungen vorangestellt. Anschließend folgt eine konkrete Analyse der Rechtsgutsproblematik im Fall des § 176 Abs. 4 Nr. 3 StGB.

c) Strukturelle Charakteristika abstrakter Gefährdungsdelikte

Bei Gefährdungsdelikten findet sich bekanntermaßen[1447] eine erste strafrechtsdogmatische Differenzierung zwischen konkreten und abstrakten Delikten dieser Art wieder. Während bei den konkreten Gefährdungsdelikten die Erfüllung des Tatbestands an den Gefahreintritt im konkreten Einzelfall gebunden ist, ist jener bei abstrakten Gefährdungsdelikten nicht erforderlich. Der Eintritt des Gefahrerfolges ist hier also kein dem objektiven Tatbestand angehöriges Merkmal, sondern nur Grund beziehungsweise gesetzgeberisches Motiv für die Existenz der Strafnorm.[1448] Erfüllt ist der Tatbestand eines abstrakten Gefährdungsdelikts, wenn der Täter die im jeweiligen Strafgesetz typischerweise als gefährlich erachtete Handlung vorgenommen hat. Auf die Kausalität zwischen der inkriminierten Verhaltensweise und einem eventuellen Verletzungserfolg beziehungsweise einer lediglich konkreten Gefährdung des geschützten Rechtsguts kommt es im

1444 *Binding*, Handbuch des Strafrechts/1, S. 170.

1445 *Kindhäuser*, Gefährdung als Straftat, S. 225.

1446 Empirische Forschungsergebnisse bezüglich nachteiliger Folgen bei den Opfern des Cyber-Groomings sind bislang kaum, in Deutschland überhaupt nicht, vorzufinden, s. 1.Teil, Kapitel 4, III.

1447 Vgl. statt vieler *Heine/Bosch* in: Schönke/Schröder, Vorbem. §§ 306 ff. Rdnr. 2 ff.

1448 Vgl. z.B. *Triantafyllou*, Das Delikt der gefährlichen Körperverletzung (§ 223a StGB) als Gefährdungsdelikt, S. 85 ff.; *Baumann/Weber/Mitsch*, Strafrecht AT, § 8 Rdnr. 42 f.; *Graul*, Abstrakte Gefährdungsdelikte und Präsumtionen im Strafrecht, S. 108 f.; *Wohlers*, Deliktstypen des Präventionsstrafrechts, S. 281 f.

Einzelfall nicht an.[1449] Im Fall des § 176 Abs. 4 Nr. 3 StGB ist es in diesem Sinne weder erforderlich, dass zwischen der Tathandlung des Einwirkens und einer späteren konkreten Gefährdung der ungestörten sexuellen Entwicklung[1450] ein Kausalzusammenhang hergestellt werden kann, noch bedarf es überhaupt einer tatsächlichen Beeinträchtigung des Rechtsguts durch die Tathandlung. Bereits die schlichte Tätigkeit des Einwirkens mittels Schriften oder mittels Informations- und Kommunikationstechnologie reicht völlig aus, um auf objektiver Ebene die Tatbestandsvollendung zu begründen. Erstaunlich ist, dass bei der Tathandlung – anders als im Fall des § 176 Abs. 4 Nr. 4 StGB – nicht einmal ein Bezug zu sexuellen Inhalten gegeben sein muss.[1451]

Zielsetzung abstrakter Gefährdungsdelikte ist es, eine Verhaltenssteuerung im Vorfeld einer Rechtsgutsverletzung zu erreichen. Mit der Aufstellung von Verhaltensnormen in diesem Bereich wird ein erweiterter Rechtsgüterschutz durch präventive Schutzwirkungen erreicht.[1452] Zur Erfassung von Gefahren vor Eintritt einer Rechtsgutsverletzung nimmt der Gesetzgeber eine abstrakt-generelle und abschließende Gefährlichkeitsprognose vor. Folge hiervon ist, dass der Normadressat das im Straftatbestand umschriebene Verhalten nicht vornehmen darf, ohne dass es dabei darauf ankommt, ob dieser selbst die Gefahren erblickt.[1453] Neben diesem verbesserten Rechtsgüterschutz wird bei abstrakten Gefährdungsdelikten gegenüber Verletzungstatbeständen oder konkreten Gefährdungsdelikten zudem der Wegfall des Zufallsmoments als Vorteil angesehen. Die strafrechtliche Verantwortlichkeit wird von Umständen unabhängig

---

1449 Vgl. z.B. Zieschang, Die Gefährdungsdelikte, S. 15; *Graul*, Abstrakte Gefährdungsdelikte und Präsumtionen im Strafrecht, S. 35 ff.; *Kindhäuser*, Gefährdung als Straftat, S. 225; *Roxin*, AT I, § 11 Rdnr. 127; *Jakobs*, Strafrecht AT, 6. Abschn. Rdnr. 86; *Heine/Bosch* in: Schönke/Schröder, Vorbem. §§ 306 ff. Rdnr. 4; *Fischer*, Vor § 13 Rdnr. 19; *Baumann/Weber/Mitsch*, Strafrecht AT, § 8 Rdnr. 43.

1450 S. zum geschützten Rechtsgut 2. Teil, Kapitel 3, I.

1451 *Wolters* in: SK-StGB, § 176 Rdnr. 24 b.; *Eisele* in: Schönke/Schröder, §176 Rdnr. 14 a; *Renzikowski* in: MüKo, § 176 Rdnr. 42; *Fischer*, § 176 Rdnr. 14.; *Hörnle* in: LK, § 176 Rdnr. 88 f.

1452 *Berz*, Formelle Tatbestandsverwirklichung und materialer Rechtsgüterschutz, S. 57 ff.; vgl. auch *Wohlers*, Deliktstypen des Präventionsstrafrechts, S. 286; s. zur Differenzierung von Verhaltens- und Sanktionsnorm 2. Teil, Kapitel 3, II. 2. a).

1453 *Lagodny*, Strafrecht vor den Schranken der Grundrechte, S. 187; vgl. auch *Lüderssen*, StV 1997, 318, 320; *Berz*, Formelle Tatbestandsverwirklichung und materialer Rechtsgüterschutz, S. 7; *Hoyer*, JA 1990, 183, 188; *Stächelin*, Strafgesetzbuch im Verfassungsstaat, S. 94.

gemacht, auf die der Täter im Einzelfall keinen Einfluss hat. Materieller Grund der Vorfeldkriminalisierung ist damit der Verlust der Beherrschungsmöglichkeit eines Geschehensablaufs durch den Täter. Entsprechend dem Prinzip der Verhältnismäßigkeit können abstrakte Gefährdungsdelikte dann legitimiert werden, wenn einerseits dieser Aspekt der Unbeherrschbarkeit vorliegt, namentlich wenn der weitere Geschehensverlauf der Kontrolle des Täters entzogen ist (wie beispielsweise bei einer Trunkenheitsfahrt oder nach Entzündung eines Tatobjekts im Sinne von § 306 StGB) und andererseits eine besondere Wichtigkeit und Fragilität des geschützten Rechtsgutes (etwa Leib und Leben von anderen Verkehrsteilnehmern oder Personen bei In-Brand-gesetzten Gebäuden) hinzukommt. Ohne dass es beispielsweise im Einzelfall darauf ankommt, ob der Täter trotz Trunkenheit sicher fährt oder nicht, erfolgt die Pönalisierung aufgrund einer generalisierenden Bestimmung der Schadensneigung, die den tatbestandlichen Handlungen innewohnt. Nur so wird das verfassungsrechtlich verankerte Prinzip des Rechtsgüterschutzes effektiv verwirklicht. Raum für Zufälle kann vor diesem Hintergrund nicht hingenommen werden.[1454] Als weiterer Vorteil abstrakter Gefährdungsdelikte wird ferner auch die Schaffung eines eindeutigen Handlungsverbots für den Normadressaten angesehen. Abstrakte Gefährdungsdelikte sollen danach aufgrund ihrer gesetzlichen Ausgestaltung einen eindeutigen Normbefehl in Form eines Ge- oder Verbots bezeichnen. Dem Täter werde danach klar vorgegeben, welche Verhaltensweise pönalisiert wird, sodass es nicht mehr darauf ankommt, welche Folgen dieser in Form von Verletzungen oder Gefährdungen des geschützten Rechtsguts für möglich hält.[1455]

d) Grundsätzliche Verfassungsmäßigkeit und Legitimation abstrakter Gefährdungsdelikte

An der Verfassungsmäßigkeit abstrakter Gefährdungsdelikte kann grundsätzlich nicht gezweifelt werden.[1456] Für einige Fallgruppen ist die generelle Legitimation

---

1454 *Jakobs*, Strafrecht AT, 6. Abschn. Rdnr. 86 a; *Wohlers*, Deliktstypen des Präventionsstrafrechts, S. 48 f., 287, 323; *Voss*, Symbolische Gesetzgebung, S. 145; *Koriath*, GA 2001, 51, 68; *Geppert*, Jura 1989, 417, 419; *Schünemann* in: Gedächtnisschr. für D. Meurer, S. 37, 59; *Kratzsch*, Verhaltenssteuerung und Organisation im Strafrecht, S. 119, 279, 286 f.; *Schneider*, Jura 1988, 460, 462; *Lackner*, Das konkrete Gefährdungsdelikt im Verkehrsstrafrecht, S. 7.

1455 *Berz*, Formelle Tatbestandsverwirklichung und materialer Rechtsgüterschutz, S. 58; *Schneider*, Jura 1988, 460, 462; *Saal*, Das Vortäuschen einer Straftat, S. 75.

1456 *Lagodny*, Strafrecht vor den Schranken der Grundrechte, S. 185 ff.; *Heine/Bosch* in: Schönke/Schröder, Vorbem. §§ 306 ff. Rdnr. 5; BVerfGE 28, 175, 188; BVerfG, NJW

abstrakter Gefährdungsdelikte anerkannt,[1457] so etwa bei sogenannten Kumulationsdelikten.[1458] Es geht hier um die Pönalisierung von Verhaltensweisen, die im Rahmen einer Einzelbetrachtung ein nur marginales Risiko des Gefahrerfolges aufzeigen, bei mehrfachem Auftreten jedoch eine erhebliche Steigerung des Gefahrrisikos mit sich bringen. Erfasst sind damit in erster Linie Sachverhalte aus dem Umweltstrafrecht, etwa der Gewässerverunreinigung im Sinne des § 324 StGB. Danach erfordere ein solcher Tatbestand nicht, dass eine einzelne Handlung zu einer Verletzung oder Gefährdung führt, sondern nur, dass die Einzelhandlung zu einer Art von Handlungen gehört, die eine Verletzung herbeiführen würden, wenn sie in großer Zahl auftreten würden.[1459] Als weitere Fallgruppe ist jene zur Standardisierung von Massenverhalten[1460] anzuführen. Es handelt sich hier um Massenhandlungen, die der Gesetzgeber insbesondere im Straßenverkehr durch die Aufstellung starrer Regeln automatisieren will. Die ausnahmslose Normbefolgung sei hier aus lerntheoretischen Gründen geboten, weil die erforderliche Automatisierung – wie etwa des Rechtsfahrens im Straßenverkehr – wegen der bloß formalen Ordnungsfunktion dieser Normen sonst nicht gelingen könne.[1461]

Allerdings ist zu berücksichtigen, dass nicht allein eine Bezugnahme auf den Rechtsgutsgedanken als Legitimationsgrundlage für abstrakte Gefährdungsdelikte herangezogen werden kann. Nicht zu vergessen ist, dass abstrakte Gefährdungsdelikte per definitionem durch eine fehlende Rechtsgutsbeeinträchtigung gekennzeichnet sind, sowie dass durch diesen Deliktstypus auch Fallgestaltungen erfasst sind, bei denen eine Gefährdung oder Verletzung sogar ausgeschlossen ist.[1462] So ist beispielsweise § 184 Abs. 1 Nr. 1 StGB erfüllt, wenn jemand

---

1994, 1577, 1581; s. ferner zur allgemeinen Akzeptanz des Deliktstypus *Berz*, Formelle Tatbestandsverwirklichung und materialer Rechtsgüterschutz, S. 55 ff.; *Saal*, Das Vortäuschen einer Straftat, S. 71 f.

1457 S. hierzu *Steinsiek*, Terrorabwehr durch Strafrecht?, S. 184 ff.

1458 *Kuhlen*, GA 1986, 389, 399; ablehnend *Roxin*, AT I, § 2 Rdnr. 80 ff.

1459 *Kuhlen*, GA 1986, 389, 399; vgl. hierzu auch *Anastasopoulou*, Deliktstypen zum Schutz kollektiver Rechtsgüter, S. 151 ff.; *Wohlers*, Deliktstypen des Präventionsstrafrechts, S. 318 ff.; *Hefendehl* in: Hefendehl (Hrsg.), Die Rechtsgutstheorie, S. 119, 130 f.; *Sternberg-Lieben* in: Hefendehl (Hrsg.), Die Rechtsgutstheorie, S. 65, 73.

1460 *Steinsiek*, Terrorabwehr durch Strafrecht?, S. 184 f, der hier jedoch keine weitere Differenzierung vornimmt, sondern diese Gruppe mit den Kumulationsdelikten einer gemeinsamen Kategorie unterstellt; so wohl auch *Jakobs*, Strafrecht AT, 6. Abschn. Rdnr. 86 a; kritisch hierzu *Wohlers*, Deliktstypen des Präventionsstrafrechts, S. 301.

1461 Vgl. *Schünemann*, JA 1975, 787, 798; *Jakobs*, Strafrecht AT, 6. Abschn. Rdnr. 86 a.

1462 *Wohlers*, Deliktstypen des Präventionsstrafrechts, S. 291 f.

einem noch nicht 18-jährigen Mädchen, welches bereits über so umfangreiche Erfahrungen verfügt, dass die sexuelle Entwicklung nicht mehr beeinflusst werden kann, pornografische Schriften zu lesen gibt. Ebenso verhält es sich beim Tatbestand des § 306a Abs. 1 Nr. 1 StGB durch Inbrandsetzen einer Hütte, welche zwar einer Person als Wohnung dient, diese zum Tatzeitpunkt jedoch nicht anwesend ist.[1463]

Nichtsdestotrotz ist der Rechtsgutsgedanke im Hinblick auf die Legitimierbarkeit abstrakter Gefährdungsdelikte nicht grundsätzlich von der Hand zu weisen. Zwar findet sich bezüglich abstrakter Gefährdungsdelikte wegen der fehlenden konkreten Gefährdung oder Verletzung des zu schützenden Rechtsguts im Tatbestand auch die Bezeichnung „Ungehorsamsdelikte“ wieder. Doch bleibt anzumerken, dass *„bei dieser Deliktsgruppe materiell nicht die Zuwiderhandlung gegen ein bestimmtes Verbot, sondern die Vermeidung von Rechtsgutsverletzungen im Vordergrund steht.“*[1464] Auch wenn abstrakte Gefährdungstatbestände zwar bestimmte Verhaltenserwartungen positivieren und garantieren,[1465] so bleibt der Endzweck aber immer der Schutz von Rechtsgütern.[1466]

Geklärt ist damit bislang nur, dass ein Rechtsgutsbezug eine erste – auch im Rahmen abstrakter Gefährdungsdelikte – zu befolgende Grundlage im Hinblick auf die Legitimation strafrechtlicher Sanktionsnormen ist. Die Frage, ob und inwiefern in Bezug auf § 176 Abs. 4 Nr. 3 StGB ein hinreichender Zusammenhang zwischen Tathandlung und zu schützendem Rechtsgut besteht, ist Gegenstand des nachfolgenden Gliederungspunktes.

e) Zum Problem des Rechtsgutsbezugs bei § 176 Abs. 4 Nr. 3 StGB

Zentrales Schutzgut des 13. Abschnitts ist nach dem Willen des Gesetzgebers jenes der sexuellen Selbstbestimmung. Was unter diesem Begriff zu verstehen ist, hat dieser bislang offengelassen. Ergänzend führt der Gesetzgeber hierzu lediglich aus, dass dieses über dem 13. Abschnitt stehende Rechtsgut in den einzelnen Normen in verschiedener Weise konkretisiert werden soll.[1467] Hinzu kommt, dass das für § 176 StGB von der herrschenden Meinung bestimmte Rechtsgut der ungestörten sexuellen Entwicklung ebenfalls begriffliche Unklarheiten mit

1463 *Heine/Bosch* in: Schönke/Schröder, Vorbem. §§ 306 ff. Rdnr. 5.

1464 *Anastasopoulou*, Deliktstypen zum Schutz kollektiver Rechtsgüter, S. 127; *Amelung*, Rechtsgüterschutz und Schutz der Gesellschaft, S. 281.

1465 *Müssig*, Schutz abstrakter Rechtsgüter, S. 207.

1466 *Anastasopoulou*, Deliktstypen zum Schutz kollektiver Rechtsgüter, S. 127.

1467 S. 2. Teil, Kapitel 1, II.

sich bringt,[1468] wodurch letztlich das von § 176 StGB zu schützende Rechtsgut – der gesetzgeberischen Intention entgegen – mit Blick auf das darüber stehende Schutzgut der sexuellen Selbstbestimmung nicht konkretisiert wird, sondern im Gegenteil lediglich eine weitere unpräzise Beschreibung erfährt. Diese schwammige Bestimmung der im Raum stehenden Rechtsgutsbegriffe birgt damit letztlich die Gefahr der Schaffung einer Einbruchstelle für Moralvorstellungen sowie des Vorwurfs symbolischer Gesetzgebung.[1469]

Neben diesen terminologischen Ungenauigkeiten kommt im Rahmen des § 176 Abs. 4 Nr. 3 StGB die Problematik eines generell fraglichen Rechtsgutsbezugs wegen der weiten Vorfeldkriminalisierung hinzu. Schon für § 176 Abs. 1 StGB ist der Eintritt eines Verletzungserfolgs beziehungsweise einer konkreten Gefährdung nicht erforderlich.[1470] Da schon das Risiko einer Schädigung zur Strafbarkeit genügt, findet sich bereits hier *„die Pönalisierung der Gefahr einer Gefährdung“*[1471] – mithin eine Vorfeldkriminalisierung – wieder.[1472] Die Normierung in § 176 Abs. 4 Nr. 3 StGB geht noch einen Schritt weiter und stellt Handlungen unter Strafe, die – anders als bei § 176 Abs. 1 StGB – nicht einmal irgendeinen persönlichen und schon gar nicht einen sexuellen Kontakt voraussetzen, sondern ganz allein auf eine Kommunikation (nicht-sexueller Art) zwischen Täter und Opfer abstellt. Wenn schon Vorfeldkriminalisierungen generell einen erhöhten gesetzgeberischen Begründungsbedarf erfordern und strengere Legitimationsanforderungen[1473] unter anderem im Hinblick auf den bestehenden Rechtsgutsbezug erfüllen müssen, so muss dies für § 176 Abs. 4 Nr. 3 StGB nicht nur erst recht, sondern in erhöhtem Maße gelten. Die Ausführungen im Rahmen der Gesetzesbegründung zum 4. StrRG bezüglich des strafrechtlichen Schutzes von Kindern vor sexuellem Missbrauch nach § 176 StGB mögen zwar noch für § 176 Abs. 1 StGB nachvollziehbar sein, wenn der Gesetzgeber meint, dass *„angesichts der hohen Bedeutung des Schutzobjektes, nämlich der ungestörten Entwicklung des jungen Menschen … die Ungewißheit über die Schädlichkeit sexueller Übergriffe dazu führen [muss], an einem umfassenden Jugendschutz festzuhalten.“*[1474] Doch kann diese Argumentation nicht zwingend auch für § 176

1468 S. 2. Teil, Kapitel 3, I. 1.
1469 *Funcke-Auffermann*, Symbolische Gesetzgebung, S. 109.
1470 S. z.B. *Laubenthal*, Handbuch Sexualstraftaten, Rdnr. 439.
1471 *Funcke-Auffermann*, Symbolische Gesetzgebung, S. 111
1472 *Funcke-Auffermann*, Symbolische Gesetzgebung, S. 111.
1473 S. *Anastasopoulou*, Deliktstypen zum Schutz kollektiver Rechtsgüter, S. 127.
1474 BT-Drs. VI/3521 S. 35.

Abs. 4 Nr. 3 StGB gelten. Denn während es im Fall des § 176 Abs. 1 StGB auch tatsächlich zu einem sexuellen Übergriff kommt, muss dies bei § 176 Abs. 4 Nr. 3 StGB nicht annähernd der Fall sein. Einem erhöhten Begründungsbedarf ist der Gesetzgeber bei Einführung des Tatbestands zum Schutz vor Cyber-Grooming indes nicht nachgekommen. Mit pauschalen Verweisen auf gesellschaftspolitische Äußerungen finden die Erläuterungen des Gesetzgebers ihre Grenzen.[1475]

Aus der in der Vergangenheit häufig geführten politischen Diskussion zum Schutz von Kindern vor sexuellem Missbrauch wird zwar deutlich, dass dem unter anderem mit dem SexualdelÄndG[1476] verfolgten Ziel eines unversehrten Kindeswohls höchste Priorität beigemessen wird. So äußerte sich der bayerische Justizminister *Alfred Sauter* zur Forderung der Heraufstufung des sexuellen Kindesmissbrauchs als Verbrechen wie folgt:

> *„Auch der öffentliche Friede und das Vertrauen der Bürger in den Rechtsstaat werde erschüttert, wenn aufgrund solcher Taten der Eindruck entsteht, Kinder seien für sexuellen Missbrauch jederzeit verfügbar und das Strafrecht gegenüber solchen Machenschaften machtlos.“*[1477]

Auch wenn der Unversehrtheit des Kindeswohls zu Recht ein hoher Stellenwert beigemessen wird, ändert dies rein dogmatisch nichts an der Tatsache, dass Strafsetzungsakte hinreichender Legitimationsgrundlagen nicht entbehren dürfen. Eine Klärung oder gar Begründung eines ausreichenden Rechtsgutsbezugs vor allem im Fall des § 176 Abs. 4 Nr. 3 StGB kann allein mit politisch und gesellschaftlich anerkannten Bestrebungen jedenfalls nicht erreicht werden.

Zwar ist das Kindeswohl verfassungsrechtlich in Art. 2 GG und Art. 1 GG sowie Art. 6 Abs. 2 GG als besonderes Rechtsgut der Gemeinschaft geschützt. Trotzdem muss auch vor diesem Hintergrund die Frage erlaubt sein, ob die rigorose Pönalisierung der in § 176 Abs. 4 Nr. 3 StGB beschriebenen Tathandlungen mit Blick auf die entfernte Kausalität zwischen eben diesen Handlungen und den eventuell eintretenden Schadensfolgen bei den Opfern zu rechtfertigen ist.[1478] Dies gilt hier umso mehr, da es bei § 176 Abs. 4 Nr. 3 StGB noch nicht einmal erforderlich ist, dass es überhaupt zu einem Treffen und einem Sexualkontakt mit dem Kind kommen muss. Allein die Absicht des Täters diesbezüglich genügt. Damit besteht aufgrund des fehlenden Erfordernisses eines persönlichen Treffens oder gar der Vornahme sexueller Handlungen ohne Körperkontakt

---

1475 S. bereits 1. Teil, Einleitung, I.

1476 BGBl. I 3007.

1477 Zit. nach *Funcke-Auffermann*, Symbolische Gesetzgebung, S. 109.

1478 *Funcke-Auffermann*, Symbolische Gesetzgebung, S. 111.

im Internet die Ungewissheit des Eintritts von Schadensfolgen bei Opfern des Cyber-Groomings in erhöhtem Maße.[1479]

Zu klären bleibt demnach, ob § 176 Abs. 4 Nr. 3 StGB den Anforderungen, die in Bezug auf einen ausreichenden Rechtsgüterschutz – insbesondere bei abstrakten Gefährdungsdelikten – zu stellen sind, genügen kann. Hierzu gilt es zunächst, diese Kriterien herauszuarbeiten, bevor im Einzelnen auf die konkret auftretenden Problempunkte eingegangen wird.

f) Hinreichender Rechtsgüterschutz im Fall des § 176 Abs. 4 Nr. 3 StGB?

Sofern zur Begründung eines hinreichenden Zusammenhangs zwischen Tathandlung und Rechtsgüterschutz zunächst einmal ein konkret festzustellendes und schützenswertes Rechtsgut vorhanden ist, bedarf es darüber hinaus eines hinlänglich engen Verhältnisses zwischen der unter Strafe gestellten Handlung und der Verletzung des zu schützenden Gutes.[1480] Berücksichtigung muss ferner der Aspekt finden, dass je weniger bedeutsam ein potentiell zu schützendes Strafrechtsgut für das Individuum und die Gesellschaft[1481] ist, desto gewichtiger müssen die Gründe beschaffen sein, die für die Legitimation einer Strafrechtsnorm hervorgebracht werden.[1482] Außerdem bedingt eine nicht unbeträchtlich hohe Strafdrohung bei abstrakten Gefährdungsdelikten, dass eine besonders hohe Qualität des derart intensiv zu bewahrenden Rechtsguts sowie eine besonders hohe Schutzbedürftigkeit gegenüber Verletzungen gegeben ist.[1483] Abstrakte Gefährdungsdelikte im Zusammenhang mit dem Ziel eines besseren Rechtsgüterschutzes sind danach deshalb legitimierbar, weil allein die abstrakt gefährlichen und pönalisierten Handlungen einen so großen Unrechtsgehalt aufweisen, der durch den Eintritt einer konkreten Rechtsgutsgefährdung kaum mehr gesteigert werden kann. Dem Täter kann nicht zugutegehalten werden, dass die konkrete Gefährdung zufällig ausgeblieben ist[1484]

1479 Aktuell besteht keine empirisch gesicherte Grundlage über die Frage negativer Folgen des Cyber-Groomings, s. 1. Teil, Kapitel 4, III.

1480 *Steinsiek*, Terrorabwehr durch Strafrecht?, S. 178; *Wohlers* in: Hefendehl (Hrsg.), Die Rechtsgutstheorie, S. 281, 282.

1481 *Steinsiek*, Terrorabwehr durch Strafrecht?, S. 179.

1482 *Sternberg-Lieben* in: Hefendehl (Hrsg.), Die Rechtsgutstheorie, S. 65, 70.

1483 *Hassemer*, Theorie und Soziologie des Verbrechens, S. 207; *Hassemer/Neumann* in: NK, Vor § 1 Rdnr. 114; s. auch *Sternberg-Lieben* in: Hefendehl (Hrsg.), Die Rechtsgutstheorie, S. 65, 72; *Wohlers*, Deliktstypen des Präventionsstrafrechts, S. 282.

1484 *Weber*, Beiheft zur ZStW 1987, 1, 32.

Diesen allgemeinen Anforderungen entsprechend ergibt sich als erster Zwischenbefund für § 176 Abs. 4 Nr. 3 StGB folgendes Ergebnis:

Zwar handelt es sich beim hier im Raum stehenden Rechtsgut der ungestörten sexuellen Entwicklung[1485] von Kindern um eines von hohem Rang mit verfassungsrechtlich zu wahrenden Grundinteressen des unversehrten kindlichen Wohls, sodass kein Zweifel daran besteht, dass dieses an sich als schützenswert zu betrachten ist. Allerdings ist äußerst fraglich, ob ein hinreichend enges Verhältnis zwischen Tathandlung und Rechtsgutsverletzung besteht. Die Bestimmung „enges Verhältnis" erlaubt zwar keine konkreten Aussagen über die Grenzen einer Vorfeldkriminalisierung. Jedoch kann hiervon im Hinblick auf § 176 Abs. 4 Nr. 3 StGB wohl keine Rede mehr sein.

Hierfür spricht bereits der Umstand, dass im Rahmen der Tathandlung – des Einwirkens auf die kindlichen Opfer – keinerlei Sexualbezug gegeben sein muss. Es genügt beispielweise, wenn der Täter wiederholt dem Opfer positive Absichten (etwa „echte" Freundschaft oder Hilfe in einer schwierigen Situation) vorspiegelt, um es so zu einem Treffen zu überreden.[1486] Angesichts der Tatsache, dass die Täter hier häufig ausgeklügelte Manipulationsstrategien anwenden,[1487] liegt es zudem – jedenfalls zu Beginn des Grooming-Prozesses – fern, dass die Opfer deren wahren Ziele erkennen und sich damit überhaupt im ihnen gesetzlich zugesprochenen Schutzbereich der ungestörten sexuellen Entwicklung beeinträchtigt fühlen können. Allein die fernliegende Gefahr, dass ein Kind unter Umständen einem Täter irgendwann „in die Falle tappen" könnte, kann unter Berücksichtigung des Erfordernisses eines engen Verhältnisses zum betroffenen Rechtsgut keine Rechtfertigung für die Pönalisierung sein. Zudem gibt es in Deutschland bislang keine empirisch fundierten Daten, insbesondere Kriminalitätsstatistiken, die allein das Vorkommen des Phänomens wiedergeben,[1488] woraus sich ein erhöhtes Schutzbedürfnis für Minderjährige vor Cyber-Grooming ableiten ließe.

Ferner ist zu beachten, dass, selbst wenn das hier im Raum stehende Rechtsgut grundsätzlich als besonders schützenswert anzusehen ist, dies allein nicht ausreicht, um eine hinreichende Legitimation der Strafrechtsnorm zu begründen. Nichts Anderes ergibt sich unter Berücksichtigung der Formel, nach welcher umso eher auf den Typus abstrakter Gefährdungsdelikte zurückgegriffen werden darf, je höher das zu schützende Rechtsgut ist.[1489]

1485 S. hierzu 2. Teil, Kapitel 3, I. 1.
1486 S. *Hörnle* in: LK, § 176 Rdnr. 88.
1487 S. hierzu im Einzelnen 1. Teil, Kapitel 2, I.
1488 S. 1. Teil, Einleitung, II.
1489 *Lagodny* in: Hefendehl (Hrsg.), Die Rechtsgutstheorie, S. 83, 87.

Erforderlich ist stets ein klar definierbares Bedürfnis nach der Schaffung zusätzlicher Strafnormen, in concreto abstrakter Gefährdungsdelikte.[1490] Wann ein derartiges Bedürfnis besteht, muss zwar einerseits auf Grundlage des Rangs der betroffenen Güter beurteilt werden, andererseits müssen aber auch weitere Komponenten hinzutreten, um eine umfassende Legitimation der Norm begründen zu können.[1491] Würde man sonst bei noch so fernliegenden Gefahren durch Verhaltensweisen, die zu keiner – jedenfalls nur im Entferntesten zu einer bedeutsamen Rechtsgutsbeeinträchtigung führen können – zum scharfen Schwert des Strafrechts greifen, so würde *„unübersehbar die Gefahr einer Ausuferung des Strafrechts"*[1492] drohen.

Im Schrifttum sind diverse Gründe anerkannt, die als legitim angesehen werden und somit ausreichende Bedürfnisse für die Einführung von Gefährdungstatbeständen schaffen sollen.[1493] So etwa dann, wenn die Verantwortlichkeit des Täters für einen eingetretenen Verletzungserfolg trotz stark schadensgeneigtem Verhalten nicht sicher feststellbar ist. Das Bestreben des Gesetzgebers liegt hier darin, eine Bestrafung von Verhaltensweisen zu ermöglichen, deren Eignung für Rechtsgutsverletzungen zwar naheliegt, der Kausalitätsnachweis für einen tatsächlich eingetretenen Verletzungserfolg jedoch nicht erbracht werden kann.[1494]

Des Weiteren sollen Gefährdungstatbestände dazu dienen, die dem fahrlässigen Verletzungsdelikt anhaftende Zufallskomponente auszuschalten. Bei vorsätzlichen Angriffen auf hochrangige Rechtsgüter wird dies durch das versuchte Delikt erreicht. Die Strafwürdigkeit ist hier gerade dann offenkundig, wenn das angegriffene Rechtsgut ernsthaft in Gefahr gewesen ist und ein Verletzungserfolg nur rein zufällig ausgeblieben ist. Da ein Versuch beim Fahrlässigkeitsdelikt aufgrund fehlenden Verletzungsvorsatzes des Täters nicht möglich ist, greifen hier Gefährdungsdelikte ein, um die mit Verletzungsdelikten zwangsläufig verbundene Zufallshaftung abzumildern.[1495]

1490 *Steinsiek*, Terrorabwehr durch Strafrecht?, S. 183 f.

1491 *Steinsiek*, Terrorabwehr durch Strafrecht?, S. 183 ff.

1492 *Lagodny* in: Hefendehl (Hrsg.), Die Rechtsgutstheorie, S. 83, 87.

1493 Hierzu im Einzelnen *Weber*, Beiheft zur ZStW 1987, 1, 22 ff.; s. auch *Anastasopoulou*, Deliktstypen zum Schutz kollektiver Rechtsgüter, S. 119 ff.; *Steinsiek*, Terrorabwehr durch Strafrecht?, S. 183 ff.

1494 *Weber*, Beiheft zur ZStW 1987, 1, 23.

1495 *Weber*, Beiheft zur ZStW 1987, 1, 27 f.; s. auch *Arzt/Weber/Heinrich/Hilgendorf*, Strafrecht BT, § 35 Rdnr. 31 ff.; s. auch 2. Teil, Kapitel 3, II. 2. c).

Von Relevanz ist vorliegend vor allem folgender Aspekt, der ebenfalls als legitimer Grund zur Begründung von Gefährdungstatbeständen angesehen wird. Es handelt sich um die Fallgruppe von Verhaltensweisen, bei denen sich die Feststellung eines Verletzungserfolgs als problematisch erweist, beziehungsweise bei denen aus verschiedenen Gründen zweifelhaft ist, ob sie eine Rechtsgutsverletzung herbeigeführt haben.

Dabei sind einerseits rein praktische Nachweisprobleme gemeint, wie etwa im Fall der nach §§ 153 ff. StGB unter Strafe gestellten Aussagedelikte, die die Rechtspflege gegen Beeinträchtigungen der Wahrheitsfindung durch Falschaussagen schützen wollen. Selbst wenn es hier zur Feststellung kommt, dass eine gefällte Gerichtsentscheidung falsch ist, so kann doch die einzelne Falschaussage für das Fehlurteil zweifelhaft sein, da das Gericht meist nicht nur aufgrund eines Beweismittels zur endgültig getroffenen Überzeugung gelangt, sondern sich auf mehrere Umstände stützt. Der Entscheidungsfindung liegen damit unterschiedliche Aspekte zugrunde, innerhalb derer sich die geäußerte Falschaussage als ein nicht mehr im Einzelnen herauszupickender und isolierbarer Entscheidungsgrund einfügt.

Andererseits sind von dieser zuletzt benannten Legitimationsgruppe an Gefährdungstatbeständen auch Fälle mit Nachweisschwierigkeiten erfasst, die sich auf theoretisch-wissenschaftlicher Ebene bewegen. So soll es im Rahmen der Sexualdelikte, namentlich auch im Fall des § 176 StGB, nicht auf den kausalen Nachweis von Schadensfolgen ankommen, da wissenschaftlich nicht gesichert sei, dass es zu Beeinträchtigungen der sexuellen Entwicklung von Kindern komme.[1496]

Hiergegen ist zwar einzuwenden, dass diese frühere in Praxis und Wissenschaft vorherrschende Skepsis in Bezug auf mögliche Schadensfolgen bei kindlichen Opfern eines sexuellen Missbrauchs mittlerweile überholt ist und empirisch gesichert ist, dass jedenfalls die Mehrzahl der Opfer negative Beeinträchtigungen körperlicher und/oder seelischer Art erleidet, allerdings gilt dies bislang nur für sexuelle Missbrauchshandlungen mit Körperkontakt.[1497] Zwar könnte aus obiger Argumentation der Beweisschwierigkeiten auf theoretisch-wissenschaftlicher Basis zur Legitimation abstrakter Gefährdungsdelikte die Schlussfolgerung gezogen werden, dass es im Fall des § 176 Abs. 4 Nr. 3 StGB gerade nicht empirisch

1496 *Weber*, Beiheft zur ZStW 1987, 1, 24 f.; s. auch *Arzt/Weber/Heinrich/Hilgendorf*, Strafrecht BT, § 10 Rdnr. 6 f.; s. auch 2. Teil, Kapitel 3, II. 2. d).

1497 *Hörnle* in: LK, Vor § 174 Rdnr. 35 f.

gesichert ist, dass negative Beeinträchtigungen der Kinder folgen[1498] und somit ein Bedürfnis zur Schaffung eines entsprechenden Gefährdungstatbestand im obigen Sinne besteht.

Diese Annahme würde jedoch zu kurz greifen. Im Unterschied zu Missbrauchshandlungen mit Körperkontakt ist insbesondere im Fall des § 176 Abs. 4 Nr. 3 StGB kein vergleichbarer Zusammenhang zur gesetzlich geschützten Sphäre – verstanden als sexuelle Selbstbestimmung im Sinne eines Freiheitsrechts[1499] – wie bei Missbrauchshandlungen mit Körperkontakt gegeben, in welche der Täter in vergleichbarer Art und Weise eingreift. Wenn man das sexuelle Selbstbestimmungsrecht als generelles Schutzobjekt bei § 176 StGB ansieht, so kann dieses bei Tathandlungen mit Körperkontakt jedenfalls als Vorstufe einer Verletzung der ungestörten sexuellen Entwicklung betrachtet werden. Auch wenn im Einzelfall entsprechend obiger Fallgruppe ein Schadensnachweis bezüglich der ungestörten sexuellen Entwicklung nicht angenommen werden können soll, so muss dort jedenfalls das sexuelle Selbstbestimmungsrecht als Freiheitsrecht der Opfer als beeinträchtigt angesehen werden. Bei Opfern des Cyber-Groomings kann dies hingegen wegen des nicht zwingend erforderlichen Sexualbezugs im Rahmen der Tathandlung sowie mangels tatsächlichen Übergriffs in die Freiheitssphäre der Opfer nicht in jedem Fall gelten. Damit besteht ein wesentlicher Unterschied zwischen Tathandlungen mit Körperkontakt und Fällen, in denen keinerlei sexueller Kontext gegeben ist. Bei Tathandlungen mit Körperkontakt ist das sexuelle Selbstbestimmungsrecht als verletzt oder gefährdet anzusehen, unabhängig davon, ob ein Nachweis der Beeinträchtigung der ungestörten sexuellen Entwicklung zu führen ist oder nicht. Im Fall des § 176 Abs. 4 Nr. 3 StGB ist jedoch bereits fraglich, ob die sexuelle Selbstbestimmung der Opfer gefährdet sein kann.

Insgesamt kann § 176 Abs. 4 Nr. 3 StGB im Hinblick auf einen hinreichenden Rechtsgutsbezug nicht überzeugen.[1500]

In engem Zusammenhang mit dem Aspekt des am Rechtsgutsbegriff orientierten Strafrechts steht weiter auch die Frage nach dem Zweck dieser Ausrichtung und in einem weiteren Schritt, ob der Tatbestand des Cyber-Groomings diesem Zweck gerecht werden kann. Diese Thematik wird im nachfolgenden Abschnitt erörtert.

1498 S. 1. Teil, Kapitel 4, III.

1499 S. 2. Teil, Kapitel 1, II.

1500 Vgl. auch *Laubenthal*, Handbuch Sexualstraftaten, Rdnr. 477; *Renzikowski* in: MüKo, § 176 Rdnr. 41.

3. Systemkritische Funktion eines am Rechtsgutsbegriff orientierten Strafrechts

Nach dem bisher Gesagten kann zwar davon ausgegangen werden, dass präventiver Rechtsgüterschutz Legitimationsgrundlage strafrechtlicher Sanktionen ist.[1501] Dabei ist diese Aufgabe sowohl für die Bestimmung der Reichweite bestehender Strafvorschriften als auch für die gesetzgeberische Befugnis zur Schaffung weiterer Straftatbestände elementar.[1502] Allerdings sind im Zusammenhang mit dem Rechtsgutsbegriff im Wesentlichen zwei Punkte noch weitgehend ungeklärt. Zum einen betreffend die Frage, was überhaupt unter einem Rechtsgut zu verstehen ist. Zum anderen, ob der Rechtsgutsbegriff nur als Hilfsmittel zur Auslegung bestehender Strafnormen dienen kann (systemimmanente Funktion) oder vielmehr geeignet ist, dem Strafrechtsgesetzgeber eine Grenze seiner Normsetzungs- und damit Eingriffsbefugnis aufzuzeigen (systemkritische Funktion).[1503] Ausgehend vom lediglich fragmentarischen Charakter des Strafrechts[1504] ist eine Definition *Roxins* von Interesse, der den Rechtsgutsbegriff aus den Aufgaben des Strafrechts ableiten will. Danach sei ganz allgemein die Sicherung eines freien und friedlichen Zusammenlebens unter Gewährleistung aller verfassungsrechtlich garantierten Grundrechte als Zweck strafrechtlicher Sanktionen anzusehen. Wenn dies zusammenfassend als Rechtsgüterschutz zu bezeichnen ist, so sind *„unter Rechtsgütern alle Gegebenheiten oder Zwecksetzungen zu verstehen, die für die freie Entfaltung des Einzelnen, die Verwirklichung seiner Grundrechte und das Funktionieren eines auf dieser Zielvorstellung aufbauenden staatlichen Systems notwendig sind.*“[1505] Von Bedeutung ist diese Definition hier insofern, als sie zu einer systemkritischen Wirkung und nicht bloß systemimmanenten Auslegungshilfe für bestehende Tatbestände dienlich ist.[1506]

a) Keine tatbestandslegitimierende Wirkung durch bloße Umschreibungen gesetzlicher Zielvorstellungen

So begründet etwa die Umschreibung gesetzlicher Zielvorstellungen noch kein tatbestandslegitimierendes Rechtsgut und kann mithin keine systemkritische

---

1501 S. 2. Teil, Kapitel 3, II. 2.

1502 *Freund* in: MüKo, Vor § 13 Rdnr. 45.

1503 *Roxin*, AT I § 2 Rdnr. 2; s. auch *Eisele* in: Schönke/Schröder, Vorbem. §§ 13 ff. Rdnr. 9 ff.; *Anastasopoulou*, Deliktstypen zum Schutz kollektiver Rechtsgüter, S. 5 ff.; *Graul*, Abstrakte Gefährdungsdelikte und Präsumtionen im Strafrecht, S. 41 ff.

1504 S. 2. Teil, Kapitel 3, II. 2.

1505 *Roxin*, AT I, § 2 Rdnr. 7.

1506 *Roxin*, AT I § 2 Rdnr. 12.

Funktion übernehmen. Beispielhaft werden hier § 29 BtMG und §§ 17 Abs. 1 S. 1, 18 TPG benannt. In beiden Fällen sei unbeantwortet, inwiefern das friedliche Zusammenleben der Menschen beeinträchtigt und ein Schaden verursacht werde. Im Fall des § 29 BtMG könne aus diesem Grund nicht allein das konstruierte Rechtsgut der „Drogenfreiheit der Gesellschaft" zur Begründung der Strafbarkeit herangezogen werden. Betreffend §§ 17 Abs. 1 S. 1, 18 TPG könne durch das im Raum stehende Rechtsgut der „Nichtkommerzialisierung der Organspende" nicht erklärt werden, inwiefern ein persönlicher oder sozialer Schaden dadurch entstehe, dass jemand eine angemessene Entlohnung für eine postmortale Organspende erhält, die seinen Hinterbliebenen zugutekommen soll.[1507]

Der über dieser Fallgruppe stehende Gedanke, dass allein die Umschreibung gesetzlicher Zwecke noch keine systemkritische Funktion erfüllen kann, ist auch beim hier zu behandelnden Delikt des Cyber-Groomings anzutreffen. Die weitgehend fehlende Begründung des Gesetzgebers zur Einführung des Cyber-Grooming-Tatbestandes in das deutsche Strafgesetzbuch und die gänzlich ausgebliebene Bezugnahme auf empirische Daten[1508] lässt bereits vermuten, dass „lediglich" das allgemein verfolgte – und in diesem Fall nicht näher konkretisierte – Ziel eines umfassenden Schutzes von Kindern federführend beim Erlass der Norm war. Eine fehlende Konkretisierung spiegelt sich indes auch in der Ausgestaltung des Tatbestands wider, der auf objektiver Tatseite allein das Einwirken auf ein Kind ohne jeglichen Sexualbezug der Handlung genügen lässt. Die Norm ist damit sehr weit gefasst und bestätigt vor allem wegen des fehlenden Rechtsgutsbezugs,[1509] dass nur von einem gesetzgeberischen Versuch ausgegangen werden kann, einen besseren Schutz von Kindern vor sexuellem Missbrauch zu erreichen.

b) Keine Rechtsgutsverletzung durch Unmoral und Unsittlichkeit

Auch bloße Unmoral und Unsittlichkeit beziehungsweise schlicht ethische Verwerflichkeit kann allein keine Rechtfertigung für Strafdrohungen liefern. Als Paradebeispiel gilt hier die bis 1969 in Deutschland pönalisierte Homosexualität. Aus legislativer Warte wurde angeführt, dass es dem Gesetzgeber nicht verwehrt sei, bestimmte Fälle *„ethisch besonders verwerflichen und nach der allgemeinen Überzeugung schändlichen Verhaltens"*[1510] auch dann unter Strafe zu stellen, wenn

1507 Vgl. *Roxin*, AT I, § 2 Rdnr. 14 ff.
1508 S. bereits 1. Teil, Einleitung, I.
1509 S. 2. Teil, Kapitel 3, II. 2. f).
1510 E 1962, BT-Drs. IV/650 S. 376.

keinerlei Rechtsgut verletzt wird.[1511] Nach dem Verständnis des oben beschriebenen Rechtsgutsbegriffs[1512] müsse eine Strafe hier allerdings zwingend unterbleiben, da sich alle Handlungen im Privatbereich mit gegenseitigem Einverständnis der Beteiligten bewegen. Eine Beeinträchtigung von Freiheit oder Sicherheit sei nicht zu verzeichnen.[1513]

Auch wenn vorliegend die Frage der Einvernehmlichkeit nicht wie im Fall homosexueller Beziehungen positiv beantwortet werden kann,[1514] so ist doch auch fraglich, ob nicht von einer Pönalisierung unter dem Aspekt des bloßen „Schutzes" von Moralvorstellungen abgesehen werden müsste. Offen bleibt nämlich ebenfalls die Frage der Beeinträchtigung schützenswerter Interessen von Opfern, wenn es bei einfachen Einwirkungshandlungen ohne Sexualbezug im Online-Bereich bleibt und Opfer wegen des vordergründig positiven Auftretens von Tätern als vermeintlicher „Freund und Helfer" nicht annähernd negativ beeinträchtigt werden. Es scheint, als wollte der Gesetzgeber primär die erwähnten Aspekte von Unmoral und Unsittlichkeit insofern unter Strafe stellen, als dass jegliche intergenerationale Kontakte mit sexuellen Gedanken auf Seite der Erwachsenen zu tabuisieren[1515] sind und damit strikt untersagt sein sollen, obwohl eine Rechtsgutsverletzung in vielen Fällen äußerst fernliegend ist.[1516]

c) Ablehnung eines überwiegend symbolischen Strafrechts

aa) Allgemeines

Als neuralgischer Punkt moderner Strafgesetzgebung wird das sogenannte symbolische Strafrecht benannt.[1517] Damit soll ein Typus modernen Strafrechts bezeichnet werden, der zum einen die Erstreckung des Strafrechts auf neue Lebensbereiche im Sinne von aktuell in der Gesellschaft vorherrschenden „Großproblemen" betrifft, zum zweiten eine Überbewertung der durch das Strafrecht zu erzielenden verhaltenssteuernden Wirkung angibt. Als Konsequenz des

---

1511 E 1962, BT-Drs. IV/650 S. 376.

1512 S. 2. Teil, Kapitel 3, I.

1513 Vgl. *Roxin*, AT I, § 2 Rdnr. 17.

1514 Jedenfalls betreffend Kontakte zwischen Erwachsenen und Kindern im Sinne des § 176 StGB, s. 2. Teil, Kapitel 1, III. 3. f).

1515 S. zu gesellschaftlichen Tabus und fehlenden Rechtsgüterschutz *Roxin*, AT I § 2 Rdnr. 43 ff.

1516 S. 2. Teil, Kapitel 3, II. 2. f); 1. Teil, Kapitel 4, III.

1517 *Roxin*, AT I, § 2 Rdnr. 37.

Zusammenwirkens dieser beiden Einzelphänomene würden erhebliche Defizite hinsichtlich der Bewirkung eines Rechtsgüterschutzes durch Strafrecht herbeigeführt (Vollzugsdefizite).[1518] Strafrechtsnormen, die unter den Begriff symbolischer Gesetzgebung subsumiert werden können, sind solche, die nicht in erster Linie konkrete Schutzwirkungen entfalten, sondern „*die durch Bekenntnis zu bestimmten Werten oder die Perhorreszierung für schädlich erachteter Haltungen der Selbstdarstellung politischer oder weltanschaulicher Gruppen dienen sollen.*"[1519] Zudem soll durch symbolische Strafrechtsnormen die Beschwichtigung einer verunsicherten Gesellschaft sowie die Aufrechterhaltung beziehungsweise Wiederherstellung des Vertrauens in die Rechtsordnung erzielt werden.[1520]

Symbolische Strafrechtsnormen sind auf die Entwicklungen eines sogenannten modernen Strafrechts zurückführen. Unter „Modernisierung des Strafrechts" ist ein Prozess zu verstehen, in welchem sich das Strafrecht „*von einer fragmentarischen Antwort des Staates auf schuldhafte Verletzungen hervorgehobener Rechtsgüter zu einem flexiblen Instrument der Krisenintervention*"[1521] entwickelt. Eine Modernisierung des Strafrechts ist danach in Zeiten vorzufinden, die durch starke gesellschaftliche Kontrollbedürfnisse gekennzeichnet sind. Rechtszwang ist dabei Instrument dieser Kontrollbefugnisse, wobei sich dieser wiederum vor allem in polizeilichen, strafprozessualen und strafrechtlichen Eingriffen in Freiheitsrechte der Bürger manifestiere. Solche Kontrollbedürfnisse werden in modernen Gesellschaften genährt durch eine Mischung von Risikoangst und Normenschwund, wobei erst das Zusammenwirken dieser beiden Aspekte kontrollproduktiv wirke. Risikoangst bezeichne die latent immer vorhandene Angst der Gesellschaft vor Zusammenbrüchen zentraler Systeme, die nicht verhindert werden können und im Falle ihrer Realisierung als verheerend angesehen werden (so etwa Umweltzerstörungen, Drogenmissbrauch, international organisierte Kriminalität[1522]). Normenschwund bezeichnet den Schwund, sozial allgemeinverbindlich angesehener Normen des Alltagslebens. Modernes Strafrecht reagiere auf diese Herausforderungen eines erhöhten Kontrollbedürfnisses als Mittel der Lösung moderner Großprobleme,

---

1518 *Radtke* in: MüKo, Vor § 38 Rdnr. 6.

1519 Roxin, AT I, § 2 Rdnr. 37.

1520 *Anastasopoulou*, Deliktstypen zum Schutz kollektiver Rechtsgüter, S. 224; *Beck*, Unrechtsbegründung und Vorfeldkriminalisierung, S. 130 f.

1521 *Hassemer* in: Festschr. für C. Roxin, S. 1001, 1005.

1522 S. zu weiteren Beispielen *Hassemer* in: Festschr. für C. Roxin, S. 1001, 1005.

ohne dabei jedoch zu reflektieren, ob es diesen Aufgaben auch gerecht werden kann. In Wirklichkeit könne es sie nicht erfüllen. Eine Symbolisierung sei die Folge.[1523]

Kennzeichnend für den Begriff des symbolischen Strafrechts ist dementsprechend ein Element der Täuschung, die Vorspiegelung gesetzlicher Effektivität und Instrumentalität. Symbolisch ist eine Strafrechtsnorm im Lichte eines kritischen Verständnisses insofern, als in ihr lediglich latente Funktionen gegenüber manifesten Funktionen in dem Sinne überwiegen, als zu erwarten ist, dass *„durch die Norm und ihre Anwendung eher andere als die von der Norm selber bezeichneten Zustände realisiert werden."*[1524] Symbolisches Strafrecht verfolgt nicht nur die instrumentelle Verwirklichung von Strafrecht und Strafgerechtigkeit, sondern auch spezial- und generalpräventive Ziele. Es geht darum, dem Täter das Gefühl einer eigenen Verantwortlichkeit zu vermitteln, sozialethische Gesinnungswerte der Bevölkerung zu schützen und das sozialethische Urteil zu festigen. Im Kern geht es um die Bewährung des Rechts und die Beförderung der allgemeinen Gesetzesachtung.[1525] Symbolische Gesetzgebungsakte treten in unterschiedlichen Erscheinungsformen auf. So finden sich solche als gesetzgeberische Wertbekenntnisse (etwa der Abtreibung zwischen dem moralischen Anspruch der Frau auf Bestimmung über ihre Nachkommenschaft einerseits und Bestärkung des Tötungsverbots andererseits), Gesetze mit moralischem Appellcharakter (beispielsweise im Umweltstrafrecht mit dem Ziel, die Bevölkerung durch prägnante Verbote an hervorgehobener Stelle im Strafgesetzbuch zu ökologischer Sensibilität zu erziehen), Alibi- und Krisengesetze als Ersatzreaktionen des Gesetzgebers (z.B. Gesetze zur Bekämpfung des Terrorismus in der Absicht, die öffentliche Angst und Empörung wenigstens zu beschwichtigen) sowie Kompromissgesetze (etwa strafgesetzliche Generalklauseln, welche zwar kaum etwas entscheiden, aber immerhin vom harten Ringen des Gesetzgebers um die Befriedigung eines Handlungsbedarfs zeugen), wieder.[1526] Charakteristisch ist dabei, dass weder die Gefährlichkeit des pönalisierten Verhaltens nachgewiesen werden muss, noch die Pönalisierung an sich zur Lösung des Sachproblems geeignet sein muss.[1527] Symbolische Strafgesetzgebung tritt damit lediglich als

1523 Vgl. *Hassemer* in: Festschr. für C. Roxin, S. 1001, 1005 f.

1524 *Hassemer*, NStZ 1989, 553, 556.

1525 *Hassemer*, NStZ 1989, 553, 555; vgl. auch *ders.*, JuS 1992, 110, 113; *ders.*, JuS 1987, 257, 259 ff.

1526 *Hassemer*, NStZ 1989, 553, 554.

1527 *Beck*, Unrechtsbegründung und Vorfeldkriminalisierung, S. 131.

„politische Schweinwaffe"[1528] auf. Im Ergebnis sind symbolische Normen weniger auf Rechtsgüterschutz denn auf weiterreichende politische Wirkungen, wie beispielsweise die prompte Befriedigung eines Handlungsbedarfs, ausgerichtet. Strafrecht erscheint dementsprechend als Krisenphänomen moderner Kriminalpolitik mit dem Ausbau an diffusen Universalrechtsgütern und abstrakten Gefährdungsdelikten[1529]. Ein solches Strafrecht verfehlt allerdings die Aufgabe rechtsstaatlicher Kriminalpolitik und untergräbt das Vertrauen der Bevölkerung in die Strafrechtspflege.[1530]

Diese allgemeinen Grundsätze vorausgeschickt, bleibt zu untersuchen, inwiefern bei § 176 Abs. 4 Nr. 3 StGB der Vorwurf eines bloß symbolischen Gesetzgebungsaktes mit der Konsequenz einer fehlenden Rechtfertigung des Tatbestandes auch im Lichte dieser Problematik zu erheben ist.

bb) *Abstrakte Gefährdungsdelikte und symbolisches Strafrecht als Konsequenzen modernen Strafrechts*

Als Modernisierung des Strafrechts wird – wie bereits ausgeführt – die Entwicklung des Strafrechts von seinem fragmentarischen Charakter hin zu einem „flexiblen Instrument der Krisenintervention"[1531] beschrieben. Dieser Fortgang basiert auf einem Zusammenwirken von Risikoangst und Normenschwund, der ein erhöhtes gesellschaftliches Kontrollbedürfnis mit sich bringt, was letztlich in der Schaffung von Strafrechtsnormen resultiert.[1532] Kennzeichnend für die in diesem Zusammenhang definierte „Risikogesellschaft"[1533] ist das Interesse an Minimierung von Unsicherheit einerseits und die globale Steuerung komplexer Prozesse andererseits.[1534] So hat *Kratzsch* etwa für die Strafrechtslehre formuliert, dass „*die als individuelles Ereignis nicht hinreichend steuerbaren Rechtsgutsgefährdungen*" vom Gesetzgeber etwa durch Normen abgefangen werden, „*die dem Rechtsgut drohenden Gefährdungen nicht als Individualgefahren, sondern als typisierte Elemente einer … gefahrbringende[n] ‚Großstörung' (Individualsteuerung durch Errichtung einer Gesamtordnung) [bekämpfen].*"[1535] Das Strafrecht

1528 *Albrecht*, Vom unmöglichen Zustand des Strafrechts, S. 429.
1529 Vgl. hierzu auch *Hassemer*, StV 1995, 483, 483 f.; *ders.*, StV 1990, 328, 330.
1530 *Hassemer*, NStZ 1989, 553, 558.
1531 *Hassemer* in: Festschr. für C. Roxin, S. 1001, 1005.
1532 *Hassemer* in: Festschr. für C. Roxin, S. 1001, 1005 f.
1533 S. *Herzog*, Gesellschaftliche Unsicherheit und strafrechtliche Daseinsvorsoge; *Prittwitz*, Strafrecht und Risiko.
1534 *Hassemer*, NStZ 1989, 553, 557.
1535 *Kratzsch*, Verhaltenssteuerung und Organisation im Strafrecht, S. 298.

korreliert insofern mit der Kriminalpolitik, als dass es *„das enge Gehäuse liberaler Beschaulichkeit [verlässt], wo es noch um die Sicherung des ‚ethischen Minimums' ging, und … zu einem Steuerungsinstrument für gesellschaftliche oder staatliche Großstörungen [wächst].“*[1536] Die Bekämpfung beziehungsweise Verarbeitung des Strafrechts greife als Aufgabe zu kurz. Es gehe jetzt vielmehr um flankierende Unterstützung der Subventions-, Umweltpolitik sowie der Gesundheits- und Außenpolitik. *„Aus punktueller Repression konkreter Rechtsgutsverletzungen wird großflächige Prävention von Problemlagen.“*[1537]

Dieser neuartigen Präventionsaufgabe kann das Strafrecht in seiner rechtsstaatlich-liberalen Gestalt, geprägt von Kennzeichen des Gesetzlichkeitsprinzips, des Tatstrafrechts, der Einzeltatschuld, dem Grundsatz in dubio pro reo, dem Schuldprinzip sowie dem Verhältnismäßigkeitsgrundsatz hingegen nicht gerecht werden. Vielmehr behilft sich der Gesetzgeber mit zwei Mitteln: Zum einen dem Instrument abstrakter Gefährdungsdelikte, zum anderen mit symbolischem Strafrecht. Abstrakte Gefährdungsdelikte eignen sich besonders gut für den Gesetzgeber, um dem beschriebenen Präventionsdruck nachzukommen, indem die Feststellung eines hinreichenden Zusammenhangs zwischen inkriminiertem Verhalten und Rechtsgutsverletzung aufgelöst wird. Ob das pönalisierte Verhalten auch tatsächlich eine abstrakte Gefährlichkeit für die im Raum stehenden Rechtsgüter mit sich bringt, bleibt hier lediglich Element der gesetzgeberischen Einschätzung, ohne dass dieser Punkt auf Ebene der Normverwirklichung diskutiert werden müsse. Außerdem ist beim Einsatz abstrakter Gefährdungsdelikte die Prüfung der Zurechnungskomponente erleichtert, die präventiven Zielsetzungen nur positiv zugutekommt. Symbolisches Strafrecht schließlich erleichtert nicht nur die Erfüllung neuer Präventionsaufgaben im obigen Sinne, sondern verschafft sie vielmehr sofort. Sofern die Täuschung über die Differenz latenter und manifester Funktionen durch die neue Strafrechtsnorm mit symbolischen Charakter gelingt, kommt die kritische Rückfrage nach der tatsächlichen Fähigkeit des Strafrechts zum Rechtsgüterschutz gar nicht auf.[1538]

Vor diesem Hintergrund lässt sich § 176 Abs. 4 Nr. 3 StGB in die Kategorie symbolischer Strafrechtsnormen ohne Weiteres einreihen. Gerade die beschriebene Entwicklung von „punktueller Repression konkreter Rechtsverletzungen“ hin zur „großflächigen Prävention von Problemlagen“ zeigt sich besonders gut

1536 *Hassemer*, NStZ 1989, 553, 557 f.
1537 *Hassemer*, NStZ 1989, 553, 558.
1538 *Hassemer*, NStZ 1989, 553, 558.

in Anbetracht der weiten Vorfeldkriminalisierung im Fall des § 176 Abs. 4 Nr. 3 StGB. Einer am Einzelfall orientierten Repression bedarf es gar nicht, da es nicht mal im Entferntesten zu einer Rechtsgutsverletzung oder schon -gefährdung kommen muss. Wie bereits an vielfacher Stelle in dieser Arbeit erwähnt, ist zur Vollendung des Tatbestands ganz allein die Einwirkung auf das Kind erforderlich. Der Nachweis von Schäden am zu schützenden Rechtsgut muss nicht annähernd erbracht werden. Vielmehr lässt die – sofern man sie überhaupt so bezeichnen kann – gesetzgeberische Begründung mit dem bloßen Rekurs auf Presseberichte vermuten, dass es hier um die typischerweise in Risikogesellschaften[1539] vorherrschende Intention großflächiger Prävention geht. Der umfassende Schutz des Kindeswohls steht an oberster Stelle.[1540] Die Frage nach der tatsächlichen Gefährdung des pönalisierten Verhaltens für das Rechtsgut der ungestörten sexuellen Entwicklung muss hier ebenso wenig beantwortet werden, wie überhaupt die Frage der Fähigkeit der Strafnorm zum Schutz des Rechtsguts.[1541]

Damit fällt § 176 Abs. 4 Nr. 3 StGB unter die Kategorie symbolischer Gesetzgebung. Die von symbolischen Strafrechtsnormen charakteristische Täuschungsfunktion[1542] im Sinne des Überwiegens von latenten gegenüber manifesten Funktionen ist insofern erfüllt,[1543] als dass weniger ein konkreter Rechtsgüterschutz,[1544] denn vielmehr kriminalpolitische Ziele von der Befriedigung eines gesetzgeberischen Handlungsbedarfs und der Beschwichtigung der Bevölkerung im Hinblick auf Ängste vor erhöhtem Kriminalitätsaufkommen gegenüber Kindern, festzustellen ist.

cc) Alibigesetze als Fallgruppe symbolischer Gesetzgebung

Aus den oben erwähnten Fallgruppen symbolischer Gesetzgebung[1545] ist im Rahmen einer gesonderten Erörterung für die vorliegende Untersuchung insbesondere die Gruppe der Alibigesetze erwähnenswert. In der Literatur werden

1539 S. hierzu auch *Funcke-Auffermann*, Symbolische Gesetzgebung, S. 145 f., der bei § 176 Abs. 4 Nr. 3 StGB Parallelen zu Charakteristika einer Gesetzgebung in Risikogesellschaften aufzeigt.

1540 S. 2. Teil, Kapitel 3, II. 2. e).

1541 S. hierzu 2. Teil, Kapitel 3, II. 2. f).

1542 S. hierzu 2. Teil, Kapitel 3, II. 3. c) aa).

1543 Vgl. hierzu *Hassemer*, NStZ 1989, 553, 556 f.

1544 S. hierzu 2. Teil, Kapitel 3, II. 2. f).

1545 S. 2. Teil, Kapitel 3, II. 3. c) aa).

diese meist als Ersatzreaktion des Gesetzgebers bezeichnet.[1546] Ein Alibigesetz dient grundsätzlich als Ausrede und verfolgt den Zweck, einen Missstand zu verschleiern. Infolge der Einschätzung *Hassemer's*, nach welcher symbolisches Strafrecht als Ausweg des Gesetzgebers aus dem Präventionsdruck der Risikogesellschaft angesehen wird,[1547] könne gesetzgeberisches Handeln um der Demonstration von Handlungsfähigkeit willen, als Alibi bezeichnet werden.[1548] Alibigesetzgebung sei eine solche, die die Botschaft, das Bestmögliche werde getan, vermittelt und schaffe dadurch nicht mehr als eine Illusion.[1549] Insgesamt erwirtschaftet symbolisches Strafrecht einen Gewinn, welcher allerdings nicht einem strafrechtlichen Rechtsgüterschutz zugutekommt, sondern vielmehr Grundlage für ein positives Image des Gesetzgebers als „erfolgreichen Moralunternehmer"[1550] ist.[1551]

§ 176 Abs. 4 Nr. 3 StGB kann als Form einer *„Konsolidierung der Überzeugung, das inkriminierte Verhalten sei fehlerhaft"*[1552], angesehen werden. Der Tatbestand ist gesetzgeberische Reaktion von Empörung und dem Verlangen der Gesellschaft, Kinder vor potentiellen Gefahren des Internets und sich im Netz frei bewegender „Kinderschänder" bestmöglich zu schützen. Dementsprechend ist die Neunormierung lediglich Alibi und Ersatzreaktion, um dem gesellschaftlichen Druck gerecht zu werden.[1553] Eindrucksvoll bestätigt dies die gänzlich fehlende Auseinandersetzung des Gesetzgebers mit dem Phänomen und der bloßen Zitierung aufgetretener Fälle in den USA.[1554] Weder eine Berufung auf konkrete statistische Fallangaben, noch sonstige empirische Erkenntnisse werden der Gesetzeseinführung zugrunde gelegt.[1555] Dies obwohl es gerade vor dem Hintergrund der weiten Vorfeldkriminalisierung eines erhöhten Rechtfertigungsbedarfs bedurft hätte. Die Frage, ob durch diese Strafnorm tatsächlich ein verbesserter Rechtsgüterschutz erreicht werden kann, blieb offen, wodurch letztlich ein wesentliches Kennzeichen symbolischer Gesetzgebung erfüllt ist.[1556]

1546 *Voß*, Symbolische Gesetzgebung, S. 31 f.; *Hassemer*, NStZ 1989, 553, 554.
1547 S. 2. Teil, Kapitel 3, II. 3. c) aa).
1548 *Funcke-Auffermann*, Symbolische Gesetzgebung, S. 147.
1549 Vgl. *Schmehl*, ZRP 1991, 251, 253.
1550 *Hassemer*, NStZ 1989, 553, 558.
1551 *Hassemer*, NStZ 1989, 553, 558.
1552 *Funcke-Auffermann*, Symbolische Gesetzgebung, S. 148.
1553 *Funcke-Auffermann*, Symbolische Gesetzgebung, S. 148.
1554 BT-Drs. 15/350 S. 17.
1555 BT-Drs. 15/350 S. 17 f.
1556 S. 2. Teil, Kapitel 3, II. 3. c) aa).

Die Definition eines bloßen Alibis ist vorliegend damit ebenfalls erfüllt, da die fehlende Gesetzesbegründung die bloße Verschleierung eines Missstandes vermuten lässt.

Darüber hinaus spricht auch ein weiterer Aspekt für die Qualifizierung von § 176 Abs. 4 Nr. 3 StGB als Alibigesetz. Als Phänomen einer bloßen Alibigesetzgebung wird nämlich die Erhöhung von Strafrahmen mit dem dahinterstehenden Zweck den Gültigkeitsanspruch des durch die Norm verkörperten moralischen Unwertgehalts symbolisch zu bekräftigen, gesehen.[1557] So ist es auch im Fall des § 176 Abs. 4 StGB geschehen. Während sexueller Kindesmissbrauch ohne Körperkontakt nach § 176 Abs. 3 StGB a.F. noch mit mindestens Geldstrafe geahndet wurde, wurde durch das SexualdelÄndG[1558] die Mindeststrafe auf drei Monate Freiheitsstrafe erhöht.

d) Zusammenfassung

An dieser Stelle kann zusammenfassend festgehalten werden, dass § 176 Abs. 4 Nr. 3 StGB auch die Kriterien, die im Zusammenhang mit einer systemkritischen Funktion eines am Rechtsgutsbegriff orientierten Strafrechts relevant sind, nicht erfüllt. Auffallend ist vor allem, dass die Einführung der Norm einem gesetzgeberischen Aktionismus gleicht, der im Sinne einer Orientierung an „modernen Gefahren" des Strafrechts primär gesellschaftspolitischen Interessen folgt, denn einem konkreten Rechtsgüterschutz. Zweifelsohne ist das zu schützende Gut des Kindeswohls von derart hochrangiger Bedeutung, dass im Rahmen der Legitimation einer Norm einige Abstriche bezüglich der Rechtsgutsbezogenheit verkraftet werden können. Doch bedarf es zur hinlänglichen Rechtfertigung einer Strafnorm der Erfüllung weiterer Voraussetzungen als „lediglich" der Feststellung des Vorhandenseins eines schützenswertes Rechtsgutes von hohem Rang. Zur Komplettierung eines freiheitssichernden, kriminalpolitischen Programms ist der Gesetzgeber an die Einhaltung grundsätzlicher Prinzipien, wie etwa dem Verhältnismäßigkeitsgrundsatz, dem Subsidiaritätsprinzip sowie dem Verbot eines reinen Gesinnungsstrafrechts gebunden.[1559] Fraglich und zu prüfen ist daher anschließend, ob und inwiefern § 176 Abs. 4 Nr.3 StGB mit Blick auf diese Prinzipien zu rechtfertigen ist.

1557 *Funcke-Auffermann*, Symbolische Gesetzgebung, S. 149 ff.

1558 BGBl. I 3007.

1559 *Hassemer/Neumann* in: NK, Vor § 1 Rdnr. 147; *Anastasopoulou*, Deliktstypen zum Schutz kollektiver Rechtsgüter, S. 119 ff.; s. auch *Wohlers*, Deliktstypen des Präventionsstrafrechts, S. 292.

4. Wahrung des Verhältnismäßigkeitsgrundsatzes als allgemeine Leitregel staatlichen Eingriffshandelns

a) *Hohe Eingriffsintensität von Strafe*[1560]

Kein hoheitliches Mittel zur Sozialkontrolle gegenüber unerwünschten Verhaltensweisen greift derart intensiv in die Freiheitsrechte eines Bürgers ein, wie eine Strafnorm. Kennzeichnend für die Sanktion durch Kriminalstrafe ist, dass sie neben den empfindlich wahrnehmbaren Rechtsfolgen von Vermögens- und Freiheitseinbußen auch die klare sozialethische Missbilligung der Allgemeinheit gegenüber der vom Täter vollendeten Tat widerspiegelt.[1561] Strafe ist damit auch *„rechtsethischer Tadel durch zwangsweise Übelszufügung als Antwort auf ein Übel, die Straftat.“*[1562] Zudem wirkt Strafe immer höchstpersönlich. Ihre Folgen können nicht auf einen Dritten abgewälzt werden.[1563]

Vor diesem Hintergrund muss sich jede Strafnorm als angemessenes Mittel zur Verbrechensbekämpfung erweisen, mithin dem Grundsatz der Verhältnismäßigkeit genügen.[1564]

b) *Anforderungen des Verhältnismäßigkeitsprinzips*

Kurz gefasst sind entsprechend dem Verhältnismäßigkeitsgrundsatz Eingriffe in verfassungsrechtlich geschützte Positionen dann erlaubt, wenn sie geeignet sind, einen legitimen Zweck zu verfolgen, erforderlich sowie angemessen sind. Im Rahmen der Angemessenheitsprüfung bedarf es dabei einer umfassenden Abwägung aller im Einzelnen kollidierenden Güter und Interessen.[1565] Von Relevanz sind hierbei insbesondere zwei Aspekte:

Zum einen das Gewicht und die Bedeutung der Verhaltensnorm. Je wichtiger die durch die Verhaltensnorm zu schützenden Güter einzustufen sind, desto eher muss auf ihre Verletzung mit Strafe reagiert werden. Hingegen dürfen Verletzungen von schwachen Positionen wie etwa ästhetischen Empfindungen, bloßen Moralvorstellungen[1566] oder Unsittlichkeiten[1567] nicht Gegenstand strafrechtlichen

---

1560 S. hierzu näher *Reus*, Das Recht in der Risikogesellschaft, S. 87 f.

1561 *Weigend* in: LK, Einleitung Rdnr. 1.

1562 *Kindhäuser*, Gefährdung als Straftat, S. 154.

1563 *Freund* in: Meurer (Hrsg.), Die Haftung der Unternehmensleitung, S. 67, 67.

1564 *Rudolphi* in: SK-StGB, Vorbem. vor § 1 StGB Rdnr. 22; *Freund*, Strafrecht AT, § 1 Rdnr. 1.

1565 *Freund*, Strafrecht AT, § 1 Rdnr. 20.

1566 *Roxin*, AT I, § 2 Rdnr. 17 ff.

1567 *Roxin*, AT I § 2 Rdnr. 17 ff.

Tadels sein.[1568] Erwähnenswert ist an dieser Stelle der bereits oben zitierte[1569] Inzestbeschluss des Bundesverfassungsgerichts.[1570] Dem Argument des Beschwerdeführers, § 173 Abs. 2 S. 2, Abs. 3 StGB schütze lediglich Moralvorstellungen, hält das Gericht entgegen, dass an der Verfassungsmäßigkeit der Norm insofern keine Zweifel bestehen, weil entsprechend einer „*nach wie vor wirkkräftigen gesellschaftlichen Überzeugung von der Strafwürdigkeit des Inzestes*"[1571] auszugehen sei. *Als Instrument zum Schutz der sexuellen Selbstbestimmung, der Gesundheit der Bevölkerung und insbesondere der Familie erfüllt die Strafnorm – [...] – eine appellative, normstabilisierende und damit generalpräventive Funktion, die die Wertsetzungen des Gesetzgebers verdeutlicht und damit zu ihrem Erhalt beiträgt.*"[1572] Aus diesem Grund könne im zu beurteilenden Fall offen bleiben, „*ob die Unterscheidung zwischen Strafnormen, die allein in Moralvorstellungen gründen, und solchen, die dem Rechtsgüterschutz dienen, tragfähig ist und ob bejahendenfalls Strafnormen der ersteren Art verfassungsrechtlich zu beanstanden wären.*"[1573]

Neben diesem Aspekt muss zum anderen das im Einzelfall verwirklichte Verhalten schwerwiegend genug sein, um die erheblichen Folgen der Strafe zu erfordern und zu rechtfertigen.[1574] Insbesondere darf bloßes Bagatellunrecht nicht zur strafrechtlichen Sanktionierung führen, wodurch andernfalls in unzulässiger Weise in die Freiheitsrechte von Individuen eingegriffen würde.[1575]

c) Verfassung und Rechtsgüterschutz

Ungeachtet dieser allgemeinen Grundsätze werden dem Strafgesetzgeber erhebliche Spielräume im Hinblick auf die Beurteilung, ob und in welchem Umfang bestimmte Verhaltensweisen unter Strafe gestellt werden sollen, zugestanden.[1576] Die oben genannten Kriterien werden derart weit ausgelegt, dass es praktisch zu keiner Eingrenzung gesetzgeberischen Ermessens kommt. Eine Strafvorschrift erweist sich erst dann als ungeeignet, wenn „*die Maßnahme ... im Zeitpunkt*

1568 *Reus*, Das Recht in der Risikogesellschaft, S. 88.

1569 2. Teil, Kapitel 3, II. 2.

1570 BVerfGE 120, 224; s. zur Kritik am Beschluss *Roxin*, StV 2009, 544; *Noltenius*, ZJS 2009, 15.

1571 BVerfGE 120, 224, 248 f.

1572 BVerfGE 120, 224, 249.

1573 BVerfGE 120, 224, 248.

1574 S. hierzu näher *Freund* in: MüKo, Vor § 13 Rdnr. 188 ff., 221 ff.

1575 *Reus*, Das Recht in der Risikogesellschaft, S. 89.

1576 *Joecks* in: MüKo, Einleitung Rdnr. 18.

des Erlasses des Gesetzes eindeutig als zweckuntauglich festgestellt werden könnte".[1577] Im Hinblick auf den Prüfungspunkt der Erforderlichkeit greife mehr das Subsidiaritätsprinzip,[1578] in dessen Rahmen dem Gesetzgeber weite Ermessensspielräume zugebilligt werden. Als angemessen wird ferner eine Strafdrohung schon dann angesehen, wenn sie „nicht schlechthin unangemessen" ist; es bleibe *„grundsätzlich Sache des Gesetzgebers, den Bereich strafbaren Handelns unter Berücksichtigung der jeweiligen Lage im Einzelnen verbindlich festzulegen.*"[1579] Zusammenfassend habe sich nach der Rechtsprechung des Bundesverfassungsgerichts die Prüfung, ob eine Strafdrohung verfassungsgemäß sei, nicht an einem engen Verhältnismäßigkeitsgrundsatz auszurichten. Vielmehr sei dem Gesetzgeber ein nicht unerheblicher Spielraum eigenverantwortlicher Bewertung einzuräumen. Zwischen kriminellem Unrecht und Ordnungsunrecht gebe es einen Grenzbereich, in welchem es Sache des Gesetzgebers sei, eine klare Grenzlinie zu ziehen. Der Prüfung des Bundesverfassungsgerichts unterliege es nicht darüber zu befinden, ob der Gesetzgeber dabei an die zweckmäßigste oder gerechteste Lösung gelangt ist. Im Hinblick auf die Verfassungsmäßigkeit einer Strafnorm sei lediglich von Bedeutung, ob die getroffene Entscheidung im Einklang mit der verfassungsrechtlichen Wertordnung stehe sowie den ungeschriebenen Verfassungsgrundsätzen und Grundentscheidungen des Gesetzgebers entspreche.[1580]

Gemessen an diesen Einschränkungen ist vorliegend insbesondere der Prüfungspunkt der Erforderlichkeit, mithin des Subsidiaritätsgrundsatzes, von Interesse. Denn weder kann im Fall des § 176 Abs. 4 Nr. 3 StGB von einer eindeutigen Zweckuntauglichkeit gesprochen werden, noch von einer Unangemessenheit schlechthin. Einerseits ist zum derzeitigen Zeitpunkt mangels statistischer Angaben zum Vorkommen des Phänomens[1581] noch nicht von vornherein auszuschließen, dass durch den Tatbestand des Cyber-Groomings nicht tatsächlich ein verbesserter Rechtsgüterschutz erreicht werden könnte. Andererseits ist das potentiell betroffene Rechtsgut der ungestörten sexuellen Entwicklung von Kindern[1582] als derart hoch einzustufen, dass deshalb jedenfalls nicht per se von einem unangemessenen Eingriff in die Freiheitsrechte des Täters ausgegangen werden kann. Hieraus kann nun aber nicht sogleich der Schluss gezogen werden, die Norm halte den Grundsätzen einer Verhältnismäßigkeitsprüfung stand.

1577 BVerfGE 39, 210, 230.

1578 Hierzu sogleich.

1579 BVerfGE 90, 145, 173; *Roxin*, AT I, § 2 Rdnr. 86 f.

1580 BVerfGE 80, 182, 186; *Joecks* in: MüKo, Einleitung Rdnr. 22 m.w.N.

1581 S. 1. Teil, Einleitung, II.

1582 S. hierzu 2. Teil, Kapitel 3, I. 1.

Insbesondere auch unter dem Aspekt der Angemessenheit stellt sich die Frage, ob hier von einer verfassungsrechtlich zu rechtfertigenden Strafdrohung ausgegangen werden kann, wenn das pönalisierte Verhalten des bloßen Einwirkens gerade nicht als derart schwerwiegend eingestuft werden kann, dass es die erhebliche Folge von Strafe erforderlich machen würde.

d) Subsidiaritätsgrundsatz

Nach der Rechtsprechung des Bundesverfassungsgerichts ist dem Strafrecht die Aufgabe des Rechtsgüterschutzes nur als ultima ratio übertragen.[1583] Allein durch die Feststellung einer entsprechenden Hochrangigkeit eines potentiell zu schützenden Interesses ist noch nicht abschließend entschieden, dass dieses auch strafrechtlichen Schutzes bedarf. Das Bedürfnis nach Strafe muss im Einzelnen sorgfältig geprüft werden. Der Einsatz von Strafe darf wegen der einschneidenden und gravierenden Folgen für den Bürger nur als ultima ratio staatlicher Eingriffe erfolgen. Dort, wo weniger schwerwiegende, der Strafe aber gleich effektive Mittel bestehen, muss das „scharfe Schwert" der Strafe zurücktreten.[1584] Definiert wird die strafrechtliche Aufgabe damit auch als subsidiärer Rechtsgüterschutz.[1585] Strafe kommt immer dann zum Einsatz, *„wenn ein bestimmtes Verhalten über sein Verbotensein hinaus in besonderer Weise sozialschädlich und für das geordnete Zusammenleben der Menschen unerträglich, seine Verhinderung daher besonders dringlich ist.*"[1586] Als mildere Mittel kommen etwa Maßnahmen aus dem Zivilrecht in Betracht, wonach sich beispielsweise gewöhnliche Vertragsverletzungen mit Hilfe einer zivilrechtlichen Klage oder Zwangsvollstreckungsmaßnahmen ausgleichen lassen oder Rechtsgutsschädigungen im Wege des Schadensersatzes kompensieren lassen. Zu denken ist auch an andere öffentlich-rechtliche Maßnahmen, beispielsweise aus dem Recht der Ordnungswidrigkeiten. Vorwiegend bei Delikten mit nur geringfügiger Beeinträchtigung sei der Gesetzgeber auf die Sanktion mittels Ordnungswidrigkeit anstelle von Strafe verwiesen. Außerdem sei an dieses, der Strafe gegenüber mildere Mittel, zu denken, wenn zwar ein nicht unerheblicher Rechtsgüterschaden eingetreten

---

1583 BVerfG, NJW 1993, 1751, 1754.

1584 *Baumann/Weber/Mitsch*, Strafrecht AT, § 3 Rdnr Rn. 19; *Gropp*, Strafrecht AT, § 2 Rdnr. 17; *Wessels/Beulke/Satzger*, Strafrecht AT, § 1 Rdnr. 15; *Roxin*, AT I, § 2 Rdnr. 97; *Radtke* in: MüKo, Vor § 38 Rdnr. 2 ff.; *Frisch* in: Festschr. für W. Stree/J. Wessels, S. 69, 86.

1585 *Roxin*, AT I, § 2 Rdnr. 97.

1586 BVerfG, NJW 1998, 443, 443; BVerfGE 120, 224, 239 f.

ist, der sozialethische Unwertgehalt hingegen gering ist. So könnte etwa in Fällen der geringen Fahrlässigkeit durch die Sanktionierung in Form einer Ordnungswidrigkeit dieselbe Schutzfunktion wie durch Strafe erfüllt sein.[1587] Dementsprechend ist der Gesetzgeber also stets gehalten, sorgsam zu prüfen, inwiefern der ins Auge gefasste Erlass einer Strafrechtsnorm wegen der sozialschädlichen Wirkung des Verhaltens tatsächlich notwendig ist.[1588] Strafe ist das letzte und gewichtigste Mittel zur Sanktionierung von Fehlverhaltensweisen. Schärfere Mittel stehen dem Staat nicht mehr zur Verfügung. Strafe müsse deshalb ein adäquates Kennzeichnungs- und Reaktionsmittel für den Bereich schwerwiegender oder besonders gravierender Verstöße bleiben. Strafrechtliche Sanktionen dürften nicht auf andere Gebiete ausgedehnt werden, die durch deren Einbeziehung ihre Funktion als adäquates Kennzeichnungs- und Reaktionsmittel des eigentlichen Kernstrafrechts gefährden würde.[1589] Kriminalpolitische Probleme ergeben sich vor diesem Hintergrund vor allem bei der Abgrenzung zwischen strafrechtlich relevantem Verhalten und Ordnungsunrecht.[1590] Zu beachten ist in diesem Zusammenhang allerdings, dass dem Gesetzgeber bei der Frage, ob bei bestimmten Verhaltensverstößen mit Strafe oder doch eher mit weniger belastenden Mitteln reagiert wird, ein weiter Beurteilungsspielraum eingeräumt wird. Das Bundesverfassungsgericht hat im Rahmen des Inzestbeschlusses hierzu bestätigend ausgeführt: Der Gesetzgeber ist bei der „*Entscheidung, ob er ein bestimmtes Rechtsgut, dessen Schutz ihm wesentlich erscheint, gerade mit den Mitteln des Strafrechts verteidigen und wie er dies gegebenenfalls tun will, grundsätzlich frei.*“[1591] Aus diesem Grund erweist sich das Subsidiaritätsprinzip mehr als kriminalpolitisches Postulat, denn bindende Regel.[1592]

Zu untersuchen ist nun dennoch, inwiefern die hier zu analysierende Norm des § 176 Abs. 4 Nr. 3 StGB gemessen an den vorbenannten Maßstäben dem Subsidiaritätsprinzip gerecht wird, insbesondere ob nicht andere, mildere Maßnahmen in Betracht kommen.

1587 *Roxin*, AT I, § 2 Rdnr. 99; s. auch zum Recht der Ordnungswidrigkeiten BVerfGE 27, 18, 30; BVerfGE 45, 272, 289.

1588 *Wessels/Beulke/Satzger*, Strafrecht AT, § 1 Rdnr. 16.

1589 Vgl. *Frisch* in: Festschr. für W. Stree/J. Wessels, S. 69, 86; *Frisch* in: Eser (Hrsg.), Von totalitärem zu rechtsstaatlichem Strafrecht, S. 202, 222 ff.

1590 *Roxin*, AT I, § 2 Rdnr. 99.

1591 BVerfGE 120, 224, 240.

1592 *Roxin*, AT I, § 2 Rdnr. 101; vgl. auch BVerfGE 77, 170, 215; BVerfGE 90, 145, 173; s. auch 2. Teil, Kapitel 3, II. 4. c).

e) *Prüfung des § 176 Abs. 4 Nr. 3 StGB an den Maßstäben der Verhältnismäßigkeit, insbesondere dem Subsidiaritätsgrundsatz*

Aus den oben erwähnten Gründen[1593] ist vorliegend im Rahmen der Verhältnismäßigkeit insbesondere der Prüfungspunkt der Erforderlichkeit beziehungsweise des Subsidiaritätsgrundsatzes von Bedeutung.

Fraglich ist bereits, ob Cyber-Grooming im von § 176 Abs. 4 Nr. 3 StGB definierten Sinne als ein Verhalten zu qualifizieren ist, *„das über sein Verbotensein hinaus in besonderer Weise sozialschädlich und für das geordnete Zusammenleben der Menschen unerträglich, seine Verhinderung daher besonders dringlich ist."*[1594]

Unklar ist insbesondere, inwiefern tatsächlich von einer Sozialschädlichkeit auszugehen ist, wenn es bisher kaum, in Deutschland bislang sogar keinerlei, empirische Nachweise für potentielle Schadensfolgen bei Opfern des Cyber-Groomings gibt.[1595] Außerdem ist fraglich, ob überhaupt Schadensfolgen bei den Betroffenen eintreten können, wenn sie durch den gänzlich fehlenden Sexualbezug des Einwirkens nicht im für sie garantierten Schutzbereich der freien ungestörten sexuellen Entwicklung beeinträchtigt sein können.[1596] Weder muss sich unter diesen Bedingungen ein unmittelbares oder gar mittelbares Schadens- oder Gefährdungspotential zeigen, noch ist eine ernst zu nehmende Angriffshandlung auf das zu schützende Rechtsgut der ungestörten sexuellen Entwicklung zu erblicken.

Bezüglich der Prüfung des Vorhandenseins milderer Eingriffsmittel als das der Strafe sind zwar keine Maßnahmen ersichtlich, die in gleich effektiver Weise wie eine Strafdrohung wirken könnten. Zivilrechtliche Maßnahmen, wie etwa Schadensersatz, scheiden von vornherein schon deshalb aus, weil eine Naturalherstellung im Sinne des § 249 Abs. 1 BGB beim potentiell beeinträchtigten Rechtsgut der ungestörten sexuellen Entwicklung nicht möglich ist. Auch die Qualifizierung des tatbestandmäßigen Verhaltens als Ordnungsunrecht kommt vorliegend wegen der grundsätzlichen Hochrangigkeit des Rechtsguts der ungestörten sexuellen Entwicklung von Kindern nicht in Betracht. Zu denken ist aber gegebenenfalls auch an weitere außergesetzliche Maßnahmen, wie beispielsweise Präventionsarbeit im Sinne einer Aufklärung von Eltern, Lehrern sowie Kindern und Jugendlichen. Befragungen von Minderjährigen im Rahmen der EOGP-Studie haben gezeigt, dass eine bessere Kenntnis von Gefahren, die insbesondere

---

1593 S. 2. Teil, Kapitel 3, II. 4. c).

1594 BVerfG, NJW 1998, 443, 443; BVerfGE 120, 224, 239 f.

1595 S. 1. Teil, Kapitel 4, III.

1596 S. 2. Teil, Kapitel 3, II. 2. f).

im Umgang mit Fremden im Internet auftreten können, das Problem bereits „im Keim ersticken“ kann, wenn es Tätern gar nicht erst ermöglicht wird, manipulativ auf Minderjährige einzuwirken.[1597] Die Ergebnisse des kriminologischen Teils dieser Untersuchung haben darüber hinaus gezeigt, dass häufig nicht nur Unkenntnis oder Naivität im Zusammenhang mit Gefahren aus dem Internet und einem Kontakt zu Fremden Ursache einer Viktimisierung sind, sondern Risikofaktoren, die auf eine emotional labile Situation Minderjähriger schließen lassen.[1598] Als alternativer Ansatzpunkt zur Prävention von Cyber-Grooming könnte daher der vermehrte Einsatz und die bessere Präsenz von – vor allem im Internet angebotenen – Hilfsprogrammen für Minderjährige sein.

Demzufolge bestehen schon Zweifel an der Erforderlichkeit der Norm. Darüber hinaus ist aber auch die Angemessenheit insofern zweifelhaft, als sich mangels schwerwiegenden Charakters der unter Strafe gestellten Tathandlung die Frage der Pönalisierung von Bagatellunrecht aufdrängt.[1599]

5. Vom Verbot eines reinen Täter- und Gesinnungsstrafrechts

Zu den in diesem Kapitel erörterten Rechtssetzungsgrenzen gehört auch das Verbot eines reinen Gesinnungsstrafrechts[1600]. Legitimes Strafrecht liegt nur dann vor, wenn es sich innerhalb der Grenzen der Verfassung und der Tradition des rechtsstaatlichen Kriminalrechts bewegt.[1601] Eine Stärkung sozialethischer Handlungswerte durch Strafrecht jenseits des Grundsatzes des Tatstrafrechts[1602] widerspricht dem Verständnis von rechtsstaatlich legitimierter Strafe.

Vor allem beim hier zu untersuchenden Straftatbestand des § 176 Abs. 4 Nr. 3 StGB stellt sich vor dem Hintergrund der weiten Vorfeldstrafbarkeit jedoch die Frage, inwiefern die Grenzen zum bloßen Gesinnungsstrafrecht[1603] gewahrt werden. Zur Vollendung des Tatbestandes genügt die bloße Einwirkung auf das Opfer. Eine Einschränkung erfährt der dadurch sehr weit gefasste objektive Tatbestand erst auf subjektiver Ebene, wo es auf die Absicht des Täters ankommt,

---

1597 *Bifulco/Davidson/Webster* in: Webster u.a. (Eds.), Online Offending Behaviour and Child Victimization, S. 164, 164 ff.

1598 S. 1. Teil, Kapitel 4, I.

1599 S. 2. Teil, Kapitel 3, II. 4. c).

1600 S. näher zu den Begriffen „Gesinnung“ und „Gesinnungsmerkmale“ *Kelker*, Zur Legitimität von Gesinnungsmerkmalen im Strafrecht, S. 131 ff.

1601 *Hassemer/Neumann* in: NK, Vor § 1 Rdnr. 151.

1602 *Hassemer/Neumann* in: NK, Vor § 1 Rdnr. 151.

1603 S. näher zu den Begriffen des „Gesinnungsstrafrechts” und der „Gesinnung“ im Strafrecht *Kühl* in: Jung (Hrsg.), Recht und Moral, S. 139, 149.

sein Opfer zu sexuellen Handlungen zu bringen, beziehungsweise Tathandlungen im Sinne des § 184b Abs. 1 Nr. 3, Abs. 3 StGB zu begehen. Die Nähe zum bloßen Gesinnungsstrafrecht liegt auf der Hand. Nicht eine tatsächlich begangene Missbrauchshandlung gegenüber den kindlichen Opfern führt zur Delinquenz, sondern vielmehr bereits Handlungen im Vorfeld einer (möglichen) Missbrauchstat, die neben dem vagen Tatbestandsmerkmal des Einwirkens allein auf die Absicht des Täters abstellt. Ansatzpunkt für die strafbare Handlung ist mehr die Persönlichkeit des Täters und vor allem die von ihm künftig zu erwartende Gefahr.[1604]

Gerade solche Delikte, welche die Strafbarkeit weit ins Vorfeld verlagern und objektive Tatbestandsmerkmale mit subjektiven Vorstellungen ersetzen, weisen eine starke Nähe zum Gesinnungsstrafrecht auf.[1605] *Zipf* verwendet hier den Begriff der „Gedankensünde“[1606], die dem Strafrecht im Gegensatz zur Moral fremd sei.[1607] Dieser Kritik sieht sich der hier zu behandelnde Tatbestand des § 176 Abs. 4 Nr. 3 StGB – insbesondere auch vor dem Hintergrund eines fraglichen Bezugs zum geschützten Rechtsgut – ausgesetzt.[1608]

Zwar weist unser heutiges Strafrecht vereinzelt auch Merkmale eines Gesinnungsstrafrechts beziehungsweise des damit eng in Verbindung stehenden Täterstrafrechts auf,[1609] doch ist eine zu starke Ausprägung weg vom unser Strafrechtssystem dominierenden Tatstrafrecht abzulehnen.[1610]

> *„Strafe darf nur gegen sozialethisch verwerfliche Handlungsweisen angewandt und nicht zur Erreichung wirtschaftspolitischer oder allgemein-politischer Ziele mißbraucht werden. Voraussetzung der Strafe darf nur die Schuld, nicht die ethisch neutrale Gefährlichkeit des Täters sein. Strafe darf nur die durch die Größe der Schuld bemessene Vergeltung, nicht eine nach der Dauer der Gefährlichkeit des Täters bestimmte präventive Zweckmaßnahme sein.“*[1611]

Dies folgt bereits aus der primär durch das Strafrecht verfolgten Aufgabe, welche nur mittelbar Rechtsgüterschutz bezweckt, in erster Linie jedoch eine sozialethische Funktion intendiere. Danach müsse die beständige rechtstreue Gesinnung der Bürger in Bezug auf die zu schützenden Rechtsgüter sichergestellt

---

1604 *Roxin*, AT I, § 6 Rdnr. 1.
1605 *Sieber*, NStZ 2009, 353, 359.
1606 *Maurach/Zipf*, Strafrecht AT/1, § 35 II Rdnr. 5.
1607 Vgl. *Maurach/Zipf*, Strafrecht AT/1, § 35 II Rdnr. 5.
1608 S. 2. Teil, Kapitel 3, II. 2. f); vgl. auch *Oehler*, Das objektive Zweckmoment, S. 139 f.
1609 Hierzu sogleich, 2. Teil, Kapitel 3, II. 5. a.
1610 Hierzu ebenfalls sogleich, 2. Teil, Kapitel 3, II. 5. c).
1611 *Welzel* in: Festschr. für J.v. Gierke, S. 290, 297.

werden. Die Treue gegenüber dem Staat, die Achtung vor der Persönlichkeit, die Ehrlichkeit und die Redlichkeit seien Gesinnungswerte, die das stärkste tragende Fundament von Gesellschaft und Staat ausmachen. Die zentrale Aufgabe des Strafrechts sei daher positiv-sozialethischer Natur.

„Indem es den wirklich betätigten Abfall von den Grundwerten rechtlich-legaler Gesinnung verfemt und bestraft, offenbart es in der eindrucksvollsten Weise, die ihm zu Gebote steht, die unverbrüchliche Geltung dieser positiven Aktwerte, formt das sozialethische Urteil der Bürger und stärkt ihre bleibende rechtliche Gesinnung."[1612]

In diesem Sinne formuliert auch *v. Liszt*, dass es sich beim Strafrecht immer nur darum handeln könne, wie sich der Verbrecher zur Rechtsordnung stellt. Als verbrecherisch sei eine „antisoziale"[1613] Gesinnung zu verstehen. Trotz dieser an der Gesinnung des „Verbrechers" anknüpfenden Feststellung durch *v. Liszt*, hielt auch dieser am Tatstrafrecht fest.[1614] Danach ist das Verbrechen nach seinem Unwert für die Gesellschafts- beziehungsweise Rechtsordnung zu beurteilen. Gerade eine antisoziale Richtung im Sinne einer Richtung gegen die Lebensgüter der Gesellschaft kennzeichne objektiv das Verbrechen. Die antisoziale Gesinnung hingegen kennzeichne subjektiv den Verbrecher.[1615]

Dem Tatstrafrecht entgegengesetzt steht das sogenannte Täterstrafrecht, welches nicht an die objektiv begangene Einzeltat anknüpft, sondern in erster Linie an die Täterpersönlichkeit.[1616] Ein Zusammenhang zwischen Täterstrafrecht und Gesinnungsstrafrecht zeigt sich durch die in beiden Fällen hervortretende unmittelbare Anknüpfung an die Gefährlichkeit des Täters, wozu ein Rückgriff auf die gesamte Lebensführung des Täters erforderlich ist.[1617] *Bockelmann* formulierte es wie folgt:

„Nicht schon daß er eine Tat beging, macht hier den Täter schuldig, sondern erst daß er ‚ein Solcher' ist, wird Gegenstand des gesetzlichen Tadels."[1618]

1612 *Welzel* in: Festschr. für J.v. Gierke, S. 290, 297; vgl. auch *Lampe*, Das personale Unrecht, S. 256, wonach Aufgabe von Strafe die Wiederherstellung des Rechtsfriedens sei; s. auch 2. Teil, Kapitel 3, II. 2. a).

1613 Vgl. im Gegensatz hierzu *Guckenheimer*, der von einer „ehrlosen" Gesinnung spricht, *Guckenheimer*, Der Begriff der ehrlosen Gesinnung im Strafrecht, S. 79 ff.

1614 S. auch *Jescheck/Weigend*, Lehrbuch des Strafrechts AT, S. 54.

1615 Vgl. *Liszt*, Strafrechtliche Aufsätze und Vorträge/2, S. 386 f.

1616 Hierzu sogleich 2. Teil, Kapitel 3, II. 5. b).

1617 *Jescheck/Weigend*, Lehrbuch des Strafrechts AT, S. 54.; *Roxin*, AT I, § 6 Rdnr. 1; *Jasch* in: Uwer (Hrsg.), „Bitte bewahren Sie Ruhe", S. 267, 270.

1618 *Bockelmann*, Studien zum Täterstrafrecht/1, S. 3 f.

Fälle echter Täterbestrafung sollen danach daran erkannt werden, *„wo zu den Voraussetzungen der Strafdrohung anderes oder mehr gehört als das Ob und Wie einer einzelnen Handlung, und wo dies weitere in der menschlichen Eigenart des Täters zu suchen ist“*[1619]. Dort gelte die Strafe dem Täter als solchem.[1620]

Fraglich ist dementsprechend, ob im Fall des § 176 Abs. 4 Nr. 3 StGB die Gefahr eines Abgleitens in ein reines Täter- oder gar Gesinnungsstrafrecht droht. Hierzu wird zunächst die tatorientierte Ausprägung unseren Strafrechtssystems erläutert, bevor die Charakteristika eines Täterstrafrechts erörtert werden. Nach zusammenfassender Darstellung der Kritik an einem reinen Täter- beziehungsweise Gesinnungsstrafrecht wird schließlich der Tatbestand des Cyber-Groomings in diesem Zusammenhang diskutiert.

a) Das geltende Strafrecht primär als Tatstrafrecht

Das gegenwärtige Strafrecht ist in erster Linie Tatstrafrecht.[1621] Strafbar ist die konkret begangene Einzeltat, dabei jedoch nur der schuldhaft herbeigeführte Erfolg.[1622] Entscheidend für die Strafbarkeit ist der Vorwurf, der dem Täter wegen der Begehung einer in ihren Merkmalen festgelegten Tat gemacht wird („Tatschuld“).[1623] Allerdings ist das heutige Strafrecht auch nicht als reines Tatstrafrecht zu qualifizieren.[1624] An unterschiedlichsten Stellen im Strafgesetzbuch finden sich Anhaltspunkte für eine am Täterstrafrecht orientierte Ausgestaltung von Normen,[1625] so etwa im Rahmen der Versuchsstrafbarkeit und der in verschiedenen Tatbeständen besonderen Teils des StGB enthaltenen subjektiven Unrechtselemente.[1626] Als Gesinnungsmerkmale bezeichnet, werden unter der Gruppe subjektiver Unrechtselemente solche, wie etwa heimtückisch und grausam (§ 211 StGB), hinterlistig (§ 223a StGB[1627]), roh, böswillig (§ 223b StGB[1628])

1619 *Bockelmann*, Studien zum Täterstrafrecht/1, S. 4.

1620 *Bockelmann*, Studien zum Täterstrafrecht/1, S. 4.

1621 *Eisele* in: Schönke/Schröder, Vorbem. §§ 13 ff. Rdnr. 3; *Hassemer/Neumann* in: NK, Vor § 1 Rdnr. 151; *Jescheck/Weigend*, Lehrbuch des Strafrechts AT, S. 54; *Roxin*, AT I, § 6 Rdnr. 13; *Baumann/Weber/Mitsch*, Strafrecht AT, § 3 Rdnr 87; s. differenzierend *Stratenwerth/Kuhlen*, Strafrecht AT, § 2 Rdnr. 27 ff.

1622 *Baumann/Weber/Mitsch*, Strafrecht AT, § 3 Zusammenfassung.

1623 *Jescheck/Weigend*, Lehrbuch des Strafrechts AT, S. 54.

1624 *Bockelmann*, Studien zum Täterstrafrecht/2, S. 162.

1625 S. *Kühl* in: Jung (Hrsg.), Recht und Moral, S. 139, 152 ff.

1626 *Baumann/Weber/Mitsch*, Strafrecht AT, § 3 Rdnr 93.

1627 Heute § 224 Abs. 1 Nr. 3 StGB.

1628 Heute § 225 Abs. 1 StGB.

und rücksichtlos (§ 315c StGB), gefasst.[1629] Sowohl Elemente eines objektiven, als auch eines subjektiven Unwertgehalts sind im Rahmen der Beurteilung einer Handlung als strafrechtlich relevantes Verhalten von Bedeutung. Zur Begründung einer strafwürdigen Tat ist nämlich neben dem Wert des zu schützenden Rechtsguts auch eine besondere Gefährlichkeit des tätlichen Angriffs erforderlich (Handlungsunrecht[1630]). Hinzu kommt als dritte Variable ein besonderer Grad von Verwerflichkeit an Tätergesinnung, welcher in der Missachtung von Grundwerten des sozialen Zusammenlebens durch den Täter zum Ausdruck kommt (Gesinnungsunwert).[1631] Elemente des objektiven Unwerts (Erfolgs- oder Handlungsunwert) sowie Aspekte des subjektiven Unwerts[1632] ergänzen sich dabei gegenseitig. Weder objektiver noch subjektiver Unwert einer Tat kann die Strafbarkeit für sich allein begründen.[1633] Absichten, Vorsätze, Pläne, Motive und Gesinnungen können zu einer strafwürdigen Tat als einschränkende subjektive Merkmale hinzutreten, nie können sie aber allein oder verknüpft mit einem ohne Weiteres auch als neutral beziehungsweise als ein nicht eindeutig rechtsgutsschädigendes Verhalten Strafe begründen.[1634]

In Abgrenzung zum sogenannten Tatstrafrecht hatte in der Vergangenheit auch die Lehre vom Täterstrafrecht Platz in der rechtswissenschaftlichen Diskussion gefunden. Durchsetzen konnte sich diese allerdings nicht.[1635] Basierend auf dem Verfassungsgrundsatz nullum crimen, nulla poena sine lege sei klar, dass sich die Entwicklung eines Tatstrafrechts mehr als jene eines Täterstrafrechts, manifestiert hat. Handlungsbeschreibungen und Tatstrafen würden dem Bestimmtheitsgrundsatz nämlich eher gerecht werden, als Strafbestimmungen, die auf *„ein dauerndes kriminogenes Merkmal“*[1636] in der Person des Täters oder

---

1629 *Jakobs*, Strafrecht AT, 8. Abschn. Rdnr. 97; *Köhler*, Strafrecht AT, S. 170; s. vertiefend zu den Begriffen „Gesinnung“ und „Gesinnungsmerkmale“ im Strafrecht *Hardwig*, ZStW 68 (1956), 14, 14 ff., sowie *Schmidhäuser*, Gesinnungsmerkmale im Strafrecht, S. 24 ff.

1630 Beziehungsweise im Falle des Erfolgseintritts, das Erfolgsunrecht, vgl. z.B. *Gropp*, Strafrecht AT, § 2 Rdnr. 18 ff.

1631 *Jescheck/Weigend*, Lehrbuch des Strafrechts AT, S. 50 f.; vgl. auch *Gropp*, Strafrecht AT, § 2 Rdnr. 26; *Bockelmann*, Studien zum Täterstrafrecht/2, S. 162.

1632 Vorstellungen, Motive und Absichten des Täters, *Gropp*, Strafrecht AT, § 2 Rdnr. 27.

1633 *Gropp*, Strafrecht AT, § 2 Rdnr. 27.

1634 *Dencker*, StV 1988, 262, 263.

1635 *Jescheck/Weigend*, Lehrbuch des Strafrechts AT, S. 54.

1636 *Welzel*, Das deutsche Strafrecht, S. 113.

das „*menschliche So-Sein der zu strafenden Persönlichkeit*"[1637] abstellen und sowohl Art als auch Ausmaß der Sanktion danach ausrichten.[1638]

b) Tätertypen des Täterstrafrechts

Maßstab der Bestrafung eines am Täterstrafrecht orientierten Strafrechts ist die Täterpersönlichkeit beziehungsweise der Gesinnungswert des Individuums. Das Strafrecht wird hier weitgehend subjektiviert. Eine Ausformung des Täterstrafrechts findet sich der sogenannten Lehre des „normativen Tätertyps"[1639] wieder. Vor allem in totalitären Regimen ist diese Fallgruppe vorzufinden,[1640] wobei ihr Ursprung in der Schrift von *Erik Wolf*[1641] zu sehen ist. Aufgrund einer Vielzahl neu geschaffener Straftatbestände und der Zunahme der mit Todesstrafe bedrohten „Verbrechen", während des NS-Regimes etwa, wurde das Instrument des normativen Tätertyps von den Gerichten eingesetzt. Ziel der Anwendung dieser methodischen Figur war es zu verhindern, dass Mitglieder der Gesellschaft, die nach damaligen Anschauungen als „würdig" angesehen wurden („Volksgenossen"), nicht durch Todesstrafen oder Freiheitsstrafen sehr langer Dauer aus der Gemeinschaft auszuschließen.[1642] Kennzeichnend für das Kriegsstrafrecht[1643] dieser Zeit war jedoch nicht nur die Anwendung solcher Rechtsfiguren. Vielmehr zeichnete sich eine nationalsozialistische Rechtserneuerung ab, die sich von ihren Anfängen an von einem „überkommenen" Tatstrafrecht in Richtung eines Täterstrafrechts entwickelte. Hierbei sollte unter Anwendung von Gesinnungsmerkmalen die dauerhaft niedrige, gemeine, verwerfliche oder gefährliche Gesinnung des jeweiligen Tätertyps charakterisiert werden. Diese „Rechtserneuerung" begann bereits im Jahr 1933 mit dem Gewohnheitsverbrechergesetz,

---

1637 *Bockelmann* in: Materialien zur Strafrechtsreform, S. 29, 29.

1638 *Roxin*, AT I, § 6 Rdnr. 2.

1639 *Roxin*, AT I, § 6 Rdnr. 10 ff.; *Eisele* in: Schönke/Schröder, Vorbem. §§ 13 ff. Rdnr. 5; *Baumann/Weber/Mitsch*, Strafrecht AT, § 3 Rdnr. 104.

1640 *Gropp*, Strafrecht AT, § 3 Rdnr. 33 f. (2005); vgl. auch *Frommel*, JZ 1980, 559, 560.

1641 *Wolf*, Die Typen der Tatbestandsmäßigkeit; s. auch *Wolf*, vom Wesen des Täters, S. 16, 28 ff., wonach der Täter seinem Wesen nach ein personales Glied der Rechtsgemeinschaft mit verfallender Rechtsgesinnung ist. Dieser Gesinnungsverfall wird von *Wolf* durch die „Täterschaftstypen" der Gemeingefährlichkeit (bei Sexualdelinquenten), der Gemeinwidrigkeit (z.B. bei Betrug und Untreue), der Gemeinfeindlichkeit (z.B. beim Überzeugungsverbrecher), der Gemeinlässigkeit (bei Verwaltungsdelikten) und der Gemeinschädlichkeit (z.B. bei Fahrlässigkeitsdelikten) beschrieben.

1642 *Frommel*, JZ 1980, 559, 560.

1643 *Frommel*, JZ 1980, 559, 560.

das auf dem sogenannten kriminologischen Typus des gefährlichen Gewohnheitsverbrechers basierte. Die damals in Angriff genommene Umbildung erreichte ihren Höhepunkt im Kriegsstrafrecht[1644] und den damals entwickelten normativen Tätertypen wie etwa dem „Volksschädling" der VolksschädlingsVO sowie dem „Gewaltverbrecher" der GewaltverbrecherVO.[1645] Zum Schutz der „würdigen" Gemeinschaft vor „gefährlichen Gewohnheitsverbrechern", „Sittlichkeitsverbrechern", oder „Volksschädlingen" wurden Eliminierungsmaßnahmen getroffen, die sich immer weiter vom gerechten Tatschuldmaß entfernten.[1646] Mit Hilfe dieser Persönlichkeitstypen wurde die konkrete Tat maßgeblich am Maßstab eines Bildes vom typischen Täter gemessen. Nur wenn die Tat diesem Maßstab entsprach, wurde sie dem Tatbestand unterstellt.[1647] Man glaubte hinter den Tatbeständen des geltenden Rechts bestimmte Tätertypen erblicken zu können, die dem Gesetzgeber als Leitbilder vorgeschwebt haben müssten.[1648] Strafbarkeit wurde also nicht durch die im Tatbestand umschriebene Tat begründet, sondern erst dadurch, dass der Täter dem Leitbild eines „im Volksbewusstsein lebenden Typus", etwa eines Mörders oder Diebes entspricht.[1649]

In Abgrenzung zu diesem normativen Tätertyp existiert die Lehre vom kriminologischen Tätertyp.[1650] Während es beim normativen Tätertyp eher um eine „Interpretationsmethode"[1651] geht, kommt es beim kriminologischen Tätertyp darauf an, dass die individuelle Persönlichkeit des Täters den kriminologischen Merkmalen des beispielsweise Gewohnheitsverbrechers oder Zuhälters entspricht. Strafbar macht sich danach nicht wer eine Straftat begangen hat, sondern allein aus körperlichen oder seelischen Gründen zur Begehung eines bestimmen Deliktes neigt.[1652] Nicht mehr die Tat an sich bestimmte danach die Strafbarkeit, sondern die Zugehörigkeit zu einer bestimmten Tätergruppe, etwa des „gefährlichen Gewohnheitsverbrechers"[1653] oder des „Gewalt-" und „Überzeugungsverbrechers".[1654]

1644 *Frommel*, JZ 1980, 559, 560.
1645 *Frommel*, JZ 1980, 559, 560; *Roxin*, AT I, § 6 Rdnr. 10 f.
1646 *Köhler*, Strafrecht AT, S. 370.
1647 *Roxin*, AT I, § 6 Rdnr. 10 f.
1648 *Baumann/Weber/Mitsch*, Strafrecht AT, § 3 Rdnr. 104.
1649 *Eisele* in: Schönke/Schröder, Vorbem. §§ 13 ff. Rdnr. 5.
1650 S. zu den Tätertypen auch *Mezger*, ZStW 60 (1941), 353, 356 f.
1651 *Eisele* in: Schönke/Schröder, Vorbem. §§ 13 ff. Rdnr. 5.
1652 *Baumann/Weber/Mitsch*, Strafrecht AT, § 3 Rdnr. 108.
1653 *Roxin*, AT I, § 6 Rdnr. 8.
1654 *Baumann/Weber/Mitsch*, Strafrecht AT, § 3 Rdnr 108.

c) Kritik an einem reinen Täter- und Gesinnungsstrafrecht

Wie bereits angedeutet, ist unser heutiges Strafrechtssystem primär als Tatstrafrecht konzipiert, wobei Aspekte des Täterstrafrechts an unterschiedlichen Stellen vorzufinden sind.[1655] In erster Linie ist das Delikt Rechtsgutsverletzung und eine Straftat besteht nicht in der gefährlichen Gesinnung, sondern in einem konkret nach außen hin getretenen Erfolg in Form der Verletzung oder Gefährdung eines Rechtsguts. Einigkeit besteht darüber, dass weder ein extremes Täterstrafrecht, noch gar ein Gesinnungsstrafrecht Bestand haben kann.[1656]

Dennoch zeige die neuere Strafrechtsentwicklung eine Tendenz hin zum „Feindstrafrecht", „Gefährlichkeitsstrafrecht" oder „Gesinnungsstrafrecht". Es geht hier um die Bekämpfung bestimmter Gefahren für den „Gemeinschaftsfrieden", das „psychische Klima", die „innere Sicherheit" sowie den gesetzgeberischen Versuch, diesen Gefahren bereits im Vorfeld zu begegnen.[1657] Obwohl bei Strafgesetzen, die sich in eine solche Entwicklung einreihen, zwar auf äußerlich feststellbare Sachverhalte angeknüpft wird, wird die Strafbarkeit doch weit ins Vorfeld einer Rechtsgutsverletzung verlagert. Insbesondere zwei Wege seien dabei kritisch zu beachten: Einerseits die Begründung der Strafbarkeit von objektiv ungefährlichen Handlungen durch überschießende Pläne, Absichten und böse Gesinnungen. Andererseits ein bestimmter Typ abstrakter Gefährdungsdelikte, die objektiv mehrdeutige Verhaltensweisen unter Strafe stellen, indem sie diese als zwingenden Beleg für böse innere Einstellungen qualifizieren.[1658]

Was spricht nun aber gegen das Bestehen eines reinen Täter- beziehungsweise Gesinnungsstrafrechts? Einfach ausgedrückt ist dies zunächst die Legitimation unseres Strafrechtssystems durch einen zu etablierenden Rechtsgüterschutz[1659] und die verfassungsrechtlich garantierte Freiheit eines jeden, Gedanken frei äußern zu dürfen (Art 5 Abs. 1 S. 1 GG), damit notwendigerweise auch jegliche Gedanken hegen zu dürfen. Freilich gilt dies[1660] nur insofern, als Rechte Dritter nicht tangiert sind. Würden allerdings Gesinnungen mit Strafe sanktioniert werden, so würde allein ein innerliches Phänomen zum Gegenstand einer Rechtsregelung gemacht werden, ohne dass dies im Interesse des Schutzes der äußeren

1655 S. 2. Teil, Kapitel 3, II. 5. a).

1656 *Baumann*, Einführung in die Rechtswissenschaft, S. 465 f.

1657 *Dencker*, StV 1988, 262, 262 ff.

1658 *Dencker*, StV 1988, 262, 262 ff.; vgl. zusammenfassend *Kühl* in: Jung (Hrsg.), Recht und Moral, S. 139, 155.

1659 S. 2. Teil, Kapitel 3, II. 2.; vgl. auch *Roth*, NJW 1985, 2242, 2244.

1660 Gemeint ist die Meinungsfreiheit.

Freiheitssphäre einer anderen Person erforderlich ist. Die äußere Freiheit eines Einzelnen wird nicht bereits dadurch verletzt, dass ein Dritter eine bestimmte Gesinnung aufweist oder von dieser überzeugt ist und sie nach außen hin kundtut.[1661]

Aus der unmittelbaren Aufgabe des Strafrechts folge ferner, dass ein reines Täterstrafrecht keinen Bestand haben kann. Aufgabe des Strafrechts sei es nicht, etwa ein Mindestmaß an Sittlichkeit zu gewährleisten und mit Zwang durchzusetzen. Das Recht regle grundsätzlich das Sozialverhalten von Menschen, nicht hingegen das Verhalten des Menschen zu den ihm innewohnenden Maximen und gegenüber den Anforderungen des Sittengesetzes.[1662] Dies schon deshalb, da es wertvolle Gesinnungen nicht gibt, die eine Straftat als *„Abfall von der richtigen sozialethischen Gesinnung"*[1663] begründen könnten.[1664]

Rechtsunsicherheit oder gar Rechtswillkür seien bei reinem Täter- beziehungsweise Gesinnungsstrafrecht außerdem zu befürchten. So seien etwa Gesinnungsmerkmale vage genug, um höchst unterschiedlich ausgelegt werden zu können. Dies führe zu einer Gefährdung des Bestimmtheitsgrundsatzes, der Garantiefunktion sowie der Gleichmäßigkeit der Rechtsanwendung.[1665] Strafe habe allein die Aufgabe, Rechtsfrieden und nicht Tugend zu gewährleisten. Jede darüber hinausgehende Tätigkeit sei ein Schritt auf dem Weg zur Rechtswillkür. Dies sei insbesondere dann der Fall, wenn mit Strafe Verhaltensweisen sanktioniert würden, die den Rechtsfrieden nicht stören oder wenn Strafe weiter ausgedehnt wird, als es zur Wiederherstellung des Rechtsfriedens erforderlich ist. Willkürjustiz könne sich vor allem dann ungehindert ausweiten, wenn Schuld ohne begangenes Unrecht berücksichtigt werde.[1666]

Zudem würden den Gerichten bei einer völligen Abkehr vom Tatstrafrecht nur schwer erfüllbare Beurteilungsaufgaben aufgebürdet. Eine Ausgestaltung als Täterstrafrecht würde mit dem Erfordernis einer ausführlichen Untersuchung der Täterpersönlichkeit einhergehen. Eine völlige Umgestaltung des Strafverfahrensrechts wäre erforderlich, wenn etwa *„Zwangsmittel zum Eindringen in die*

1661 *Kühl* in: Jung (Hrsg.), Recht und Moral, S. 139, 146.

1662 Vgl. *Baumann/Weber/Mitsch*, Strafrecht AT, § 3 Rdnr. 4; vgl. auch *Kühl* in: Jung (Hrsg.), Recht und Moral, S. 139, 147.

1663 *Baumann/Weber/Mitsch*, Strafrecht AT, § 3 Rdnr. 17.

1664 *Baumann/Weber/Mitsch*, Strafrecht AT, § 3 Rdnr. 17; vgl. auch *Maiwald* in: Festschr. für R. Maurach, S. 9, 9 ff.

1665 Vgl. *Stratenwerth/Kuhlen*, Strafrecht AT, § 8 Rdnr. 151; vgl. auch *Roxin*, AT I, § 10 Rdnr. 78.

1666 Vgl. *Lampe*, Das personale Unrecht, S. 256 f.

persönliche Geheimsphäre“[1667] geschaffen werden müssten und die psychischen Verbrechensursachen sowie der Einfluss des freien menschlichen Willens in allen Einzelheiten durchforscht werden.[1668] Mit hinreichender Sicherheit lassen sich im Strafverfahren allenfalls bestimmte Taten feststellen. Die Eruierung psychischer Momente hingegen, wie etwa des Vorsatzes, bestimmter Absichten und Motive, kann auf sehr erhebliche Schwierigkeiten stoßen, die letztlich lediglich mit Rückschlüssen aus äußeren Gegebenheiten oder psychologischen Erfahrungsregeln vermutet werden.[1669]

Gegen die oben aufgeführten Lehren spricht zudem, dass sie den Bedeutungsinhalt der einzelnen Tatbestandsmerkmale nicht dem Gesetz, sondern der Volksanschauung oder dem ungeschriebenen Recht entnehmen.[1670] Die Figur des oben erwähnten kriminologischen Tätertyps steht zudem insbesondere wegen ihrer Unvereinbarkeit mit dem Schuldprinzip in der Kritik.[1671] Die Lehre des normativen Tätertyps ist wegen einer drohenden Auflösung der Tatbestände abzulehnen.[1672] Dies jedenfalls insofern, als sie eine den Wortlaut überschreitende Ausdehnung der Strafbarkeit betrifft, da dies mit dem verfassungsrechtlichen Bestimmtheitsgrundsatz unvereinbar ist.[1673]

Extremen Vorfeldkriminalisierungen wird entgegengehalten, die Strafbarkeit laufe auf eine Kriminalisierung der bloßen Gedanken und der privaten Sphäre des Bürgers,[1674] mithin auf ein unzulässiges Täter- und Gesinnungsstrafrecht, hinaus. Zudem könne eine Gefährdung durch objektiv definierte, weit in das Vorbereitungsstadium vorverlagerte Tathandlungen, allenfalls in minimalem Umfang gegeben sein. Der Täter habe zu diesem Zeitpunkt noch nicht seine letzten Tathemmungen überwunden. Eine Umkehr sei ihm noch möglich. Da der Täter zur Ausführung der Haupttat noch weitere Willensentscheidungen treffen müsse, könne die angestrebte Tat dem Handelnden noch nicht als strafbares Unrecht zugerechnet werden.[1675] Eine Gefahrenkonstellation ist erst dann als abstraktes Gefährdungsunrecht gerechtfertigt, wenn sie in ihrem eigenen Maß

1667 *Baumann/Weber/Mitsch*, Strafrecht AT, § 3 Rdnr. 91.
1668 *Stratenwerth/Kuhlen*, Strafrecht AT, § 2 Rdnr. 25; vgl. auch *Düx*, ZRP 2006, 82, 84.
1669 *Stratenwerth/Kuhlen*, Strafrecht AT, § 2 Rdnr. 25.
1670 *Baumann/Weber/Mitsch*, Strafrecht AT, § 3 Rdnr. 107.
1671 *Roxin*, AT I, § 6 Rdnr. 9.
1672 *Bockelmann* in: Materialen zur Strafrechtsreform, S. 29, 29.
1673 *Roxin*, AT I, § 2 Rdnr. 12.
1674 Vgl. auch *Jakobs*, Strafrecht AT, 6. Abschn. Rdnr. 86 a; *Jakobs*, ZStW 97 (1985), 751, 753 ff.
1675 Vgl. *Sieber*, NStZ 2009, 353, 359 f.

nach fremdes Freiheitsdasein schon erheblich beeinträchtigt und daher einer Rechtsgutsverletzung gleichsteht. Dies ist allerdings regelmäßig erst dann der Fall, wenn Gefahrbedingungen geschaffen werden, deren Umschlagen in Verletzungen noch vom selbstbestimmten Verhalten des Täters (oder eines anderen) abhängt.[1676] Würden Gedanken, die sich „im stillen Kämmerlein" abspielen, pönalisiert werden, so würde dadurch auch eine deliktshindernde Funktion – die eine Straffreiheit bloßer Gedanken mit sich bringt – verloren gehen, da hier eine sonst mögliche Selbstkorrektur vereitelt würde.[1677]

Ein extremes Täterstrafrecht würde nicht mehr wegen der Tat, den Täter nicht mehr, weil er eine Tat begangen hat, sondern den Täter, weil er „so ist", bestrafen. Während hier die Tat jedoch noch als Anknüpfungspunkt für die Bestrafung fungiert, geht das Gesinnungsstrafrecht noch einen Schritt weiter und verzichtet gänzlich auf die Tat als Ansatzpunkt. Ein extremes Gesinnungsstrafrecht müsste demzufolge bereits denjenigen bestrafen, der „gefährlich" ist, ohne dass es überhaupt zu einer Straftat kommen müsste.[1678] Im „Namen der sozialen Ordnung"[1679] allerdings kann nur ein bestimmtes Verhalten ge- oder verboten sein. Das Persönlichkeitsbild hingegen muss sich jeder Reglementierung entziehen. Die Individualität des Täters kann demzufolge erst dort von Relevanz sein, wo unter Beachtung des Schuldgrundsatzes Aspekte der Spezialprävention berücksichtigt werden können und sollen. So etwa bei der Entscheidung über Art und Maß der zu verhängenden Strafe, bei der Form ihres Vollzuges oder der Anordnung strafrechtlicher Maßregeln.[1680]

d) Bewertung von § 176 Abs. 4 Nr. 3 StGB im Lichte eines Täter- und Gesinnungsstrafrechts

Kernproblematik bei § 176 Abs. 4 Nr. 3 StGB ist, wie vielfach erwähnt, die weite Vorverlagerung der Strafbarkeit.[1681] Bereits mit dem Einwirken auf das kindliche Opfer durch völlig neutrale Handlungen ohne jeglichen Sexualbezug ist die Tat vollendet, ohne dass es darauf ankommt, ob es tatsächlich zu einem Treffen zwischen Täter und Opfer kommt und die vom Täter beabsichtigte Handlung

---

1676 *Gierhake*, ZIS 2008, 397, 402.

1677 *Walter*, KJ 2008, 443, 446.

1678 *Baumann*, Einführung in die Rechtswissenschaft, S. 466.

1679 *Stratenwerth/Kuhlen*, Strafrecht AT, § 2 Rdnr. 25.

1680 *Stratenwerth/Kuhlen*, Strafrecht AT, § 2 Rdnr. 25 f.; *Joecks* in: MüKo, Einleitung Rdnr. 46.

1681 *Duttge/Hörnle/Renzikowski*, NJW 2004, 1065, 1067 f.; *Fischer*, § 176 Rdnr. 14 f.; *Ziegler* in: BeckOK, § 176 Rdnr. 24; *Lackner/Kühl*, § 176 Rdnr. 4 a.

real vollzogen wird.[1682] Der Täter muss nicht einmal Handlungen vornehmen, die zu einem konkreten Treffen führen sollen. Allein durch den subjektiven Tatbestand und das Feststellen einer Absicht zu sexuellen Missbrauchshandlungen wird die notwendige Beschränkung des weiten Tatbestands erreicht. Gerade die Ausführungen zur Fallgruppe der Delikte, welche die Strafbarkeit anhand objektiv ungefährlicher Handlungen durch überschießende Pläne, Absichten und böse Gesinnungen begründen, greifen im Zusammenhang mit § 176 Abs. 4 Nr. 3 StGB demnach ebenfalls Platz.

Ein solches gesetzgeberisches Vorgehen ist infolge der oben geschilderten Argumentationen gegen extreme Ausprägungen des Täter- und Gesinnungsstrafrechts[1683] allerdings insofern unzulässig, als dass der subjektive Tatbestand ein objektiv gegebenes Unrecht nicht konkretisiert oder begrenzt, sondern dieses erst schafft, indem eine objektiv uferlose Umschreibung einer Tathandlung nur noch Anlass ist, um eine subjektive Straftat zu erfassen.[1684] Diese „Uferlosigkeit" ist im Fall des § 176 Abs. 4 Nr. 3 StGB durch die wenig konturhafte Beschreibung der Tathandlung des „Einwirkens" gegeben. Laut Gesetzesbegründung soll zur Auslegung des Begriffs auf die bei § 180b Abs. 1 S. 2 StGB a.F. geltenden Grundsätze zurückgegriffen werden.[1685] Danach führt zwar nicht jede Kontaktaufnahme zur Tatvollendung. Es ist vielmehr eine gewisse Hartnäckigkeit erforderlich.[1686] Hierdurch wird allerdings keine Konkretisierung erreicht, die eine als strafrechtlich relevantes Unrecht begründende Tathandlung in ausreichendem Maße beschreiben könnte. Die Termini „Hartnäckigkeit" oder „Einflussnahme tiefgreifender Art" sind einem weiten Interpretationsspektrum ausgesetzt, welches das Bedürfnis einer hinreichenden Konkretisierung der Tathandlung nicht in jedem Fall bedienen kann. Es handelt sich – gerade auch wegen des fehlenden sexuellen Bezugs – oft um lediglich ungefährliche Verhaltensweisen. Der Sexualbezug des Täterverhaltens wird ausschließlich über seine Intention hergestellt.[1687] Maßgeblich ist seine Absicht und Vorstellung von der Eignung der

---

1682 *Wolters* in: SK-StGB, § 176 Rdnr. 24 b; *Eisele* in: Schönke/Schröder, § 176 Rdnr. 14 a; *Renzikowski* in: MüKo, § 176 Rdnr. 41 f.; *Fischer*, § 176 Rdnr. 14 a; *Hörnle* in: LK, § 176 Rdnr. 88 f.

1683 S. 2. Teil, Kapitel 3, II. 5. c).

1684 *Steinsiek*, Terrorabwehr durch Strafrecht?, S. 248.

1685 BT-Drs. 15/350 S. 18, die Vorschrift wurde durch das 37. StÄG aufgehoben.

1686 BGHSt 45, 158, 161; *Hörnle* in: LK, § 176 Rdnr. 88; *Renzikowski* in: MüKo, § 176 Rdnr. 42.

1687 *Renzikowski* in: MüKo, § 176 StGB Rdnr. 41; *Wolters* fordert einen objektiven Sexualbezug bei der Einwirkung durch Schriften, *Wolters* in: SK-StGB, § 176 Rdnr. 24 b.

Schrift, mit welcher er auf sein Opfer einwirkt.[1688] Der Bezug zu einer Sexualstraftat wird nur durch die Absichten des Täters hergestellt, der beispielsweise die vermeintliche „Kontaktaufnahme von Kind zu Kind“ zu späteren sexuellen Zwecken ausnutzen will.[1689] Der Unrechtsgehalt der Tat kann daher nicht stets aus dem objektiven Tatbestandsmerkmal des Einwirkens abgeleitet werden,[1690] sondern muss sich vielmehr aus einer Kategorisierung des Täters als gefährlich ergeben.[1691] Somit kann auch die Argumentation, dass Tatbestände, die eine objektiv manifestierte Tathandlung mit einer überschießenden Planung des Täters kumulieren, eine ausreichende Legitimation aufweisen,[1692] für den hiesigen Fall keine Anwendung finden. Im Vordergrund der Strafbarkeit steht allein die subjektive Tatseite, namentlich die Absicht des Täters. Absichten, Vorsätze, Pläne, Motive und Gesinnungen können allerdings für sich allein zulässigerweise keine Strafbarkeit begründen, sondern nur zum Täterhandeln hinzutreten.[1693]

Praktisch wird eine primäre Orientierung an objektiven Merkmalen beispielsweise bei § 184h Abs. 1 Nr. 1 StGB umgesetzt. Bei Handlungen, die ihrem äußeren Erscheinungsbild nach keinen offensichtlichen Sexualbezug aufweisen, sondern objektiv neutral sind, lehnen es Rechtsprechung und die herrschende Meinung in der Literatur sogar gänzlich ab, auf die subjektive Seite des Täters abzustellen.[1694] Hierfür spreche der Gedanke, dass Handlungen ohne jeglichen äußerlichen Sexualbezug die sexuelle Selbstbestimmung beziehungsweise die ungestörte sexuelle Entwicklung Minderjähriger nicht beeinträchtigen können, wenn lediglich der Täter insgeheim geschlechtliche Ziele mit seiner Handlung verfolgt.[1695] Innere Vorgänge, die in keinster Weise nach außen wirken sind nicht strafwürdig, sodass stets eine objektive Auslegung der sexuellen Handlung

---

1688 *Fischer*, § 176 Rdnr. 14; *Hörnle* in: LK, § 176 Rdnr. 117.

1689 *Duttge/Hörnle/Renzikowski*, NJW 2004, 1065, 1067; vgl. auch *Hörnle* in: LK, § 176 Rdnr. 86; *Frommel* in: NK, § 176 Rdnr. 22; *Ziemann/Ziethen*, ZRP 2012, 168, 170.

1690 *Sieber*, NStZ 2009, 353, 359 f.

1691 S. auch *Steinsiek*, Terrorabwehr durch Strafrecht?, S. 248, der dies am Beispiel des § 91 Abs. 1 Nr. 2 StGB illustriert.

1692 *Sieber*, NStZ 2009, 353, 360.

1693 S. 2. Teil, Kapitel 3, II. 5. a); *Dencker*, StV 1988, 262, 263.

1694 BGH, NJW, 1992, 325, 325: objektiver Betrachter; OLG Jena, NStZ-RR 1996, 294, 294 f.; *Hörnle* in: MüKo, § 184h Rdnr. 4; *Laufhütte/Roggenbuck* in: LK, § 184g Rdnr. 6; *Frommel* in: NK, § 184h Rdnr. 1; *Eisele* in: Schönke/Schröder, § 184g Rdnr. 6; *Wolters* in: SK-StGB, § 184g Rdnr. 2; *Laubenthal*, Handbuch Sexualstraftaten, Rdnr. 104 ff.; a.a. *Lackner/Kühl*, § 184g Rdnr. 2 f.

1695 *Eisele* in: Schönke/Schröder, § 184g Rdnr. 6; *Hörnle* in: MüKo, § 184h Rdnr 4.

anzustreben sei.[1696] Diese Argumentation erscheint so simpel wie einleuchtend und kann für Fälle des Cyber-Groomings in gleichem Maße angeführt werden.

Zu berücksichtigen ist ferner Folgendes: Mangels erforderlichen Sexualbezugs im Rahmen der Tathandlung des Einwirkens sowie mangels Vorsatzerfordernisses hinsichtlich des Hervorrufens eines sexuellen Impulses oder Interesses beim Opfer bleibt es zudem schwierig, Missbrauchshandlungen von sozialadäquatem (etwa pädagogischem oder aufklärendem) Handeln abzugrenzen.[1697] Dem gesetzgeberischen Willen zufolge soll außerdem der Tatbestand dann nicht erfüllt sein, wenn Täter durch die Kommunikation lediglich bezwecken, Kinder darin zu unterstützen, ein positives Gefühl zu ihrem Körper und ihrer Sexualität zu entwickeln.[1698] Eine Qualifizierung der Handlung als strafwürdig bleibt dann nur noch durch die Einbeziehung einer qualitativen und auf die Motivation des Täters abstellenden Beurteilung der Erheblichkeit der Tathandlung möglich.[1699]

Auch die oben erwähnte Gefahr der Rechtsungleichheit kann gegen den Tatbestand des Cyber-Groomings vorgebracht werden. Die Vollendung der Tat ist, wie geschildert, allein mit dem Einwirken auf ein Kind eingetreten. Weitere Anhaltspunkte, die auf die im subjektiven Tatbestand vorausgesetzte Absicht schließen lassen könnten, sind beim Tatbestand nicht anzutreffen. Da die Absicht beziehungsweise Gesinnung eines Täters zudem nur schwer erforschbar und stets allein in seiner Vorstellung existent ist,[1700] sind vage Prognosen, die von jeweils individuellen Beurteilungen eines Richters abhängen und von Fall zu Fall unterschiedlich ausfallen können, nicht auszuschließen.[1701]

Abschließend lässt sich nach alledem im Fall des § 176 Abs. 4 Nr. 3 StGB, wenn nicht schon eine unzulässige Begründung eines vom Tatprinzip zu weit abweichenden Tatbestands, doch zumindest die deutliche Tendenz dahingehend feststellen. Dies folgt nicht nur aus den geschilderten Gründen, sondern vor allem auch wegen der fehlenden Nähe zwischen Tathandlung und Rechtsgutsverletzung[1702] sowie der damit einhergehenden weiten Vorfeldkriminalisierung. Auch ist der Umstand nicht zu vernachlässigen, dass beim prekären Thema des sexuellen Kindesmissbrauchs der politische Handlungsdruck erhöht sein kann.

1696 *Laufhütte/Roggenbruck* in: LK, § 184g Rdnr. 6.

1697 Vgl. *Frommel* in: NK, § 176 Rdnr. 22.

1698 BT-Drs. 15/350 S. 18.

1699 *Frommel* in: NK, § 176 Rdnr. 22; *Eisele* in: Schönke/Schröder, §176 Rdnr. 14 c; *Eisele* in: Festschr. für W. Heinz, S. 697, 700 f.

1700 *Stratenwerth* in: Festschr.für H. von Weber, S. 171, 189.

1701 *Steinsiek*, Terrorabwehr durch Strafrecht?, S. 249.

1702 S. 2. Teil, Kapitel 3, II. 2. f).

Dies insbesondere, wenn – wie im Fall des Cyber-Groomings – aufgrund hoher medialer Auseinandersetzung mit dem Thema[1703] entsprechende Ängste in der Bevölkerung vor „gefährlichen Kinderschändern" geschürt werden. Voraussetzung von Strafe darf jedoch, wie geschildert, in erster Linie nur die Tatschuld sein, nicht hingegen präventiv verfolgte Zwecke[1704] auf Grundlage „typischer Täterbilder" im bezeichneten Sinne.

III. Zwischenergebnis

Zweck der Prüfung in diesem Kapitel war es herauszufinden, ob die Norm des § 176 Abs. 4 Nr. 3 StGB strafrechtlichen Normsetzungsbefugnissen standhält. Als Ergebnis der Untersuchung kann festgehalten werden, dass dies nicht der Fall ist. Wegen der sehr weiten Vorfeldkriminalisierung in Kombination mit einer Unsicherheit dahingehend, ob überhaupt schädliche Folgen denkbar sind, wenn es lediglich beim Online-Kontakt ohne jeglichen Sexualbezug bleibt, fehlt es vor allem an einem hinreichenden Rechtsgutsbezug. Allein die Feststellung, dass es sich beim Kindeswohl um ein mit Verfassungsrang zu schützendes Gut handelt, genügt nicht, um eine Strafrechtsnorm mit prinzipiell hoher Eingriffsintensität zu rechtfertigen. Wichtige Grundprinzipien, die im Rahmen einer strafrechtlichen Normsetzung Beachtung finden müssen, werden nicht erfüllt. Weder ist der Verhältnismäßigkeitsgrundsatz mit Blick auf die Erforderlichkeit und Angemessenheit der Norm gewahrt. Noch sind die Grenzen eines zu stark am Täter- beziehungsweise Gesinnungsstrafrecht ausgerichteten Tatbestands, wegen der primär an der Absicht des Täters erfolgten Ausrichtung der Vorschrift, gewahrt.

Hieran anknüpfend werden im Folgenden die in der Literatur vorzufindenden Kritikpunkte betreffend § 176 Abs. 4 Nr. 3 StGB vorgestellt, bevor schließlich alternative Lösungsvorschläge zur besseren Gestaltung der Norm erörtert werden (Kapitel 4).

IV. Kritik am Tatbestand aus dem Schrifttum

In der Literatur ist der Tatbestand aus unterschiedlichen Gründen mehrfach in heftige Kritik geraten. Bezeichnend wird dieser als *„hilfloser Versuch [des Gesetzgebers], einer unkontrollierbar gewordenen Kommunikation Herr zu werden"*[1705],

1703 S. bereits 1. Teil, Einleitung, I.
1704 *Welzel* in: Festschr. für J.v. Gierke, S. 290, 297.
1705 *Fischer*, § 176 Rdnr. 15.

beschrieben.[1706] Durch den Rückgriff des Gesetzgebers auf Delikte – die durch den Verzicht auf eine strikte Bindung an den Rechtsgüterschutz zu Gunsten einer weiten Vorverlagerung der Strafbarkeit geprägt sind – zeichne sich eine zunehmende Verpolizeilichung des Strafrechts ab.[1707] Die jüngeren Entwicklungen des Strafrechts und die damit einhergehenden Implementierungen abstrakter Gefährdungsdelikte erscheinen als Allheilmittel und Steuerungsinstrument des Gesetzgebers für neu entstandene gesellschaftliche Problemlagen.[1708] Angesichts fehlender empirischer Daten über die Gefahr, die von Chaträumen im Zusammenhang mit sexuellem Kindesmissbrauch ausgehen soll, sowie mit Blick auf rückläufige Zahlen in der Polizeilichen Kriminalstatistik,[1709] stelle sich die Frage, wie es zu rechtfertigen ist, dass von in unserem Strafrechtssystem geltenden Grundprinzipien, namentlich dem Grundsatz der generellen Straflosigkeit bloßer Vorbereitungshandlungen, abgewichen werden könne.[1710] Anders als bei anderen schweren Gewaltverbrechen wie Mord, Raub oder Vergewaltigung ist nur im Fall des sexuellen Kindesmissbrauchs die Vorbereitungshandlung durch einen Einzeltäter strafbar. Für diese Ausnahme vom vorbezeichneten Leitgedanken bringt der Gesetzgeber hingegen keine Argumente vor.[1711] Eine derartig punktuelle Kriminalisierung könne bezeichnend für die Reaktion des Gesetzgebers auf die *„empfundene Handlungsunfähigkeit der Strafverfolgungsbehörden bei der Bekämpfung der Internetkriminalität“*[1712] angesehen werden. Da der Tatbestand darüber hinaus nur einen kleinen Teil von Vorbereitungshandlungen erfasst, die als solche – wegen des nicht erforderlichen Sexualbezugs und dem täuschenden Verhalten der Täter – oft gar nicht erkennbar sind und sich von sozialadäquatem Verhalten kaum klar abgrenzen lassen, komme dem Tatbestand

1706 S. auch *Wolters* in: SK-StGB, § 176 Rdnr. 24 a; *Eisele* in: Festschr. für W. Heinz, S. 697, 702.

1707 Vgl. *Sick/Renzikowski* in: Festschr. für F.C. Schroeder, S. 603, 618.

1708 *Funcke-Auffermann*, Symbolische Gesetzgebung, S. 145.

1709 Vgl. auch *Ziegler* in: Beck-OK, § 176 Rdnr. 24; s. aber 1. Teil, Einleitung, II., wonach rückläufige Zahlen nur bei § 176 StGB, nicht jedoch bei § 176 Abs 4 StGB zu verzeichnen sind.

1710 Vgl. *Gercke*, ZUM 2005, 612, 613; vgl. auch *Duttge/Hörnle/Renzikowski*, NJW 2004, 1065, 1065 f.

1711 *Duttge/Hörnle/Renzikowski*, NJW 2004, 1065, 1067; *Hörnle* in: LK, § 176 Rdnr. 87; *Eisele* in: Festschr. für W. Heinz, S. 697, 702; *Renzikowski* in: MüKo, § 176 Rdnr. 18; *Amelung/Funcke-Auffermann*, StraFO 2004, 265, 267; *Eisele* in: Schönke/Schröder, § 176 Rdnr. 14 a.

1712 *Gercke*, ZUM 2005, 612, 613.

im Ergebnis kaum mehr als bloßer Drohcharakter zu.[1713] Außerdem besteht mit Blick auf die weite Fassung des Tatbestands[1714] die Gefahr, dass es zur Kriminalisierung einer Vielzahl von Handlungen kommt, welche zwar als Einwirkungshandlung im Sinne des § 176 Abs. 4 Nr. 3 StGB qualifiziert werden können, tatsächlich jedoch zu keinem Zeitpunkt zu einem realen Missbrauch geführt hätten.[1715] Wenig einleuchtend ist insbesondere auch, weshalb einerseits der bloße Versuch der Verabredung des Täters mit dem Opfer durch Einwirkungen im Internet mit § 176 Abs. 4 Nr. 3 StGB unter Strafe gestellt wird, andererseits jedoch reale Einwirkungshandlungen unter Anwesenden straflos bleiben sollen. Dies selbst dann, wenn diese besonders intensiv sind, eine Sexualbezogenheit aufweisen oder gar zu einem Treffen führen, bei dem es zu sexuellen Handlungen kommen soll.[1716] Nicht nur deshalb wird dem Tatbestand eine Inkonsistenz vorgeworfen, sondern auch im Hinblick auf die Anwendung der Norm auf konventionelle Schriften. Denn strafbar macht sich zwar ein Täter, der auf ein Kind mittels kindgerechter Medien (z.B. Comic-Hefte, Hörspielkassetten) einwirkt, nicht hingegen, wenn Süßigkeiten oder Geld als Geschenke übergeben werden, obwohl diese unter Umständen sogar effektiver sein könnten.[1717] Die Problematik der weiten Vorverlagerung der Strafbarkeit spielt ferner nicht nur im objektiven Tatbestand des § 176 Abs. 4 Nr. 3 StGB eine Rolle, sondern darüber hinaus auch an anderer Stelle. Durch den in § 176 Abs. 5 Var. 3 StGB vorgesehenen Verweis auf § 176 Abs. 4 Nr. 3 StGB kommt es zu einer noch weiterreichenden Vorfeldkriminalisierung. Pönalisiert ist danach bereits die bloße Verabredung zur Vorbereitung einer Tat nach § 176 Abs. 4 Nr. 3 StGB.[1718] Ungereimt ist in diesem Zusammenhang, dass die bloße Vorbereitung der Tat nach § 176 Abs. 5 Var. 3 StGB denselben Strafrahmen aufweist, wie die Vollendung der Tat nach § 176 Abs. 4 Nr. 3 StGB.[1719] Ohnehin sei die im Zuge des SexualdelÄndG[1720] vollzogene Erhöhung der Mindeststrafe von einer bisherigen Geldstrafe auf mindestens 3 Monate Freiheitsstrafe angesichts einer möglichen Vielzahl von Bagatelldelikten,

1713 Vgl. *Fischer*, § 176 Rdnr. 15.

1714 Vgl. auch *Ziegler* in: Beck-OK, § 176 Rdnr. 24.

1715 *Amelung/Funcke-Auffermann*, StraFO 2004, 265, 267.

1716 *Eisele* in: Festschr. für W. Heinz, S. 697, 701 f.

1717 *Duttge/Hörnle/Renzikowski*, NJW 2004, 1065, 1068; *Hörnle* in: LK, § 176 Rdnr. 87; *Eisele* in: Festschr. für W. Heinz, S. 697, 702; *Renzikowski* in: MüKo, § 176 Rdnr. 18; *Laue* in: Dölling/Duttge/Rössner, § 176 Rdnr. 8; *Lackner/Kühl*, § 176 Rdnr. 4 a.

1718 *Eisele* in: Festschr. für W. Heinz, S. 697, 701; *Renzikowski* in: MüKo, § 176 Rdnr. 19.

1719 *Eisele* in: Festschr. für W. Heinz, S. 697, 701; *Fischer*, § 176 Rn. 15.

1720 BGBl. I 3007.

welche nur schwer von lediglich moralisch fragwürdigem Verhalten abgrenzbar seien, unangemessen.[1721] Schließlich sei der Hinweis des Gesetzgebers, vom Tatbestand seien keine Einwirkungshandlungen erfasst, die darauf abzielen, bei Kindern *„ein positives Gefühl zu ihrem Körper und zu ihrer Sexualität zu entwickeln“*[1722], als eine *„Angestrengtheit einer einigermaßen tauglichen Abgrenzung“*[1723] einzustufen. Völlig unklar bleibe damit auch, wie der Gesetzgeber damit eine praktikablere Ausklammerung sozialadäquater Verhaltensweisen aus dem Tatbestand erreichen wolle.[1724]

V. Zusammenfassung

Die Untersuchung des strafrechtsdogmatischen Teils hat ergeben, dass zum einen keine Gründe ersichtlich sind, Kinder und Jugendliche beim Schutz vor Cyber-Grooming unterschiedlich zu behandeln (Kapitel 1 und 2). Zum anderen wurde herausgestellt, dass § 176 Abs. 4 Nr. 3 StGB in seiner aktuellen Ausgestaltung unter Berücksichtigung strafrechtlicher Legitimationsprämissen nicht zu rechtfertigen ist (Kapitel 3, II). Die im Schrifttum zum Tatbestand geäußerte Kritik stützt dieses Ergebnis (Kapitel 3, IV).

Damit stellt sich die Frage, wie weiter zu verfahren ist. Auf der einen Seite ist der Schutz von Kindern und Jugendlichen vor Cyber-Grooming grundsätzlich zu befürworten. Dies hat die Analyse im Rahmen des kriminologischen Teils ergeben und die Darstellung in Kapitel 1 und 2 des strafrechtsdogmatischen Teils offengelegt. Eine komplette Streichung der Norm ist deshalb nicht zu befürworten. Auf der anderen Seite jedoch kann die Vorschrift in ihrer aktuellen Fassung, insbesondere aufgrund der weiten Vorverlagerung der Strafbarkeit und der damit einhergehenden Rechtfertigungsprobleme, nicht weiterhin beibehalten werden. Im nachfolgenden Kapitel 4 werden daher alternative Möglichkeiten zur besseren Gestaltung des Tatbestands vorgeschlagen, welche die angesprochene Problematik der weiten Vorfeldkriminalisierung abmildern und zu einem sachgerechten Ergebnis führen könnten.

1721 Vgl. *Amelung/Funcke-Auffermann*, StraFO 2004, 265, 267.

1722 BT-Drs. 15/350 S. 18.

1723 *Fischer*, § 176 Rdnr. 15; kritisch hierzu auch *Renzikowski* in: MüKo, § 176 Rdnr. 54.

1724 Vgl. *Eisele* in: Schönke/Schröder, § 176 Rdnr. 14 c; vgl. auch *Renzikowski* in: MüKo, § 176 Rdnr. 54.

Kapitel 4. Alternative Gestaltungsvorschläge

§ 176 Abs. 4 Nr. 3 StGB geht – wie bereits erwähnt – auf europarechtliche Vorgaben zurück.[1725] Gemäß dem Beschluss der Richtlinie 2011/93/EU[1726] zur Bekämpfung von Kindesmissbrauch und Kinderpornografie durch das Europäische Parlament und den Europäischen Rat am 13.12.2011 wurden die Mitgliedstaaten bis spätestens 18.12.2013 zu deren Umsetzung in nationales Recht verpflichtet.[1727] Die Richtlinie sieht vor, dass die Kontaktaufnahme zu Kindern für sexuelle Zwecke unter Strafe zu stellen ist. Der deutsche Gesetzgeber hat diese Umsetzungspflicht europarechtlicher Vorgaben allerdings übererfüllt. § 176 Abs. 4 Nr. 3 StGB geht an vielen Stellen weiter als es von europäischer Seite gefordert wurde. Negative Konsequenz hiervon ist unter anderem die diskutierte Problematik der weiten Vorfeldkriminalisierung.[1728] Wenn sich die nationale Norm zum Schutz vor Cyber-Grooming mehr an den entsprechenden europäischen Vorschriften orientieren würde, wäre dies ein Weg um diesem Problem entgegenzuwirken.

Vor diesem Hintergrund wird im nachfolgenden Abschnitt zunächst erörtert, wie eine Reform der nationalen Vorschrift am europarechtlichen Vorbild aussehen könnte. Anschließend wird auf den vornehmlich von *Wolters* geäußerten Vorschlag der teleologischen Reduktion im Rahmen des objektiven Tatbestands von § 176 Abs. 4 Nr. 3 StGB eingegangen.

I. Reform des § 176 Abs. 4 Nr. 3 StGB auf Grundlage europarechtlicher Maßstäbe

Zunächst könnte man sich bezüglich einer Reformierung von § 176 Abs. 4 Nr. 3 StGB an der restriktiveren Formulierung der Tathandlung orientieren, wie es etwa in Artikel 6 Abs. 1 Richtlinie 2011/93/EU vorgesehen ist.

1725 S. 1. Teil, Kapitel 1, II.

1726 Richtlinie 2011/93/EU des Europäischen Parlaments und des Rates vom 13. Dezember 2011 zur Bekämpfung des sexuellen Missbrauchs und der sexuellen Ausbeutung von Kindern sowie der Kinderpornografie sowie zur Ersetzung des Rahmenbeschlusses 2004/68/JI des Rates, ABl. EU Nr. L 335 v. 17.12.2011, Berichtigung ABl. EU Nr. L 18/7 v. 21.1.2012.

1727 Art. 27 Abs. 1 EU-Richtlinie 2011/93/EU.

1728 2. Teil, Kapitel 3.

Während es nach § 176 Abs. 4 Nr. 3 StGB genügt, dass der Täter in irgendeiner Art und Weise auf das Kind einwirkt, ohne dass dabei überhaupt ein Sexualbezug hergestellt wird,[1729] findet sich nach EU-Vorgaben im Rahmen der Tathandlung eine Einschränkung insofern, als dass der Täter mittels Informations- und Kommunikationstechnologie ein Treffen vorschlagen muss.[1730] Die Tatvollendung tritt erst dann ein, wenn auf den Vorschlag eines solchen Treffens, hinführende konkrete Handlungen diesbezüglich gefolgt sind.[1731]

Unter Berücksichtigung der Erläuterungen zu Art. 23 der Konvention Nr. 201 sollen danach Handlungen erfasst sein, die zu einem Treffen „hinführen" („leading to") sollen. Gemeint sind etwa Fälle, wo der Täter am vereinbarten Ort auf das Kind wartet, dieses jedoch (noch) nicht dort erschienen ist.[1732] Zwar wurde im Hinblick auf diese Sprachfassung auch Kritik geäußert: Denn zum einen sei unklar, ob es auf die Handlung des Täters oder des Opfers ankommen solle.[1733] Zum anderen soll sich ein großer Raum für Ungereimtheiten im Hinblick auf die Art der Handlungen, die zur Strafbarkeit führen sollen, ergeben. Unklar sei danach etwa, ob bereits die Abfahrt vom Haus des Täters zum verabredeten Ort genügen solle.[1734]

Trotzdem sehen die europäischen Formulierungen bereits im objektiven Tatbestand Restriktionen vor, die auf nationaler Ebene gänzlich fehlen. In der Konsequenz könnten sie an dieser Stelle jedenfalls als Ausganspunkt für eine Überarbeitung der nationalen Vorschrift dienen.

Neben diesem Aspekt können die europäischen Normen auch an weiterer Stelle als Vorbild dienen.

Tatopfer kann dem deutschen Tatbestand des § 176 Abs. 4 Nr. 3 StGB zufolge nur ein Kind sein. Entsprechend der Legaldefinition des § 176 Abs. 1 StGB ist dies eine Person unter 14 Jahren. Im Gegensatz hierzu können nach

---

1729 *Renzikowski* in: MüKo, § 176 Rdnr. 44; *Eisele* in: Schönke/Schröder, § 176 Rdnr. 14 a; *Laue* in: Dölling/Duttge/Rössner, § 176 Rdnr. 8; *Eisele* in: Festschr. für W. Heinz, S. 697, 699; *Hörnle* in: LK, § 176 Rdnr. 88; *Fischer*, § 176 Rdnr. 14.

1730 Art. 6 Abs. 1 Richtlinie 2011/93/EU; Explanatory Report Nr. 157 zu Art. 23 der Konvention Nr. 201.

1731 Art. 6 Abs. 1 Richtlinie 2011/93/EU; Explanatory Report Nr. 160 zu Art. 23 der Konvention Nr. 201.

1732 *Eisele* in: Festschr. für W. Heinz, S. 697, 710.

1733 Vgl. *Ziemann/Ziethen*, ZRP 2012, 168, 170; vgl. auch *Eisele* in: Festschr. für W. Heinz, S. 697, 710.

1734 Vgl. *Eisele* in: Festschr. für W. Heinz, S. 697, 710.

europarechtlichen Vorgaben auch ältere Personen bis zum Alter von maximal 18 Jahren Opfer von Cyber-Grooming werden. Dies gilt sowohl nach der Konvention Nr. 201 als auch im Fall der Richtlinie 2011/93/EU. Gemäß Artikel 3 lit. a) der Konvention Nr. 201 ist mit Kind jede Person unter 18 Jahren gemeint. Artikel 2 lit. a) der Richtlinie 2011/93/EU definiert als Kind ebenfalls jede Person unter 18 Jahren. Allerdings erfahren die Vorschriften insofern eine Einschränkung, als dass zusätzlich auf das Erreichen der sexuellen Mündigkeit abgestellt wird. Zu verstehen ist darunter ein Alter, unterhalb dessen die Vornahme sexueller Handlungen mit einem Kind nach nationalem Recht verboten ist (Artikel 2 lit. b) der Richtlinie 2011/93/EU). Auch wenn dadurch die Festlegung der Altersgrenze von 18 Jahren eine Relativierung erfährt, so gewährt dies dem nationalen Gesetzgeber bei der Bestimmung der Altersgrenzen doch einen gewissen Handlungsspielraum.

Die Tatsache, dass Anpassungen der Altersgrenzen jedenfalls möglich sind, zeigen beispielsweise die Entwicklungen im Rahmen des § 255a Abs. 2 S. 1 StPO. Die Vorschrift sieht vor, dass bei Vorliegen der dort aufgezählten Katalogtaten, die Vernehmung eines Zeugen unter 18 Jahren durch die Vorführung von Bild-Ton-Aufzeichnungen seiner früheren richterlichen Vernehmung ersetzt werden kann, wenn der Angeklagte und sein Verteidiger Gelegenheit hatten, an dieser mitzuwirken. Ursprünglich lag die Altersgrenze bei 16 Jahren, die im Zuge des 2. Opferrechtsreformgesetzes[1735] auf 18 Jahre angehoben wurde. § 255a Abs. 2 StPO dient einem umfassenden Zeugenschutz und soll vor allem mögliche Sekundärviktimisierungen und -traumatisierungen durch Mehrfachvernehmungen der minderjährigen Opfer vermeiden.[1736] Bei der Entscheidung ob eine unmittelbare Vernehmung im Strafprozess durch die Vorführung der Bild-Ton-Aufzeichnung der früheren richterlichen Vernehmung ersetzt wird, ist dem Gericht ein Ermessenspielraum eingeräumt. Dabei kommt es im Rahmen der Beurteilung auf die besondere Schutzbedürftigkeit und die individuelle Belastbarkeit des Zeugen an.[1737]

Wenn schon im Strafprozessrecht Änderungen von Normen im beschriebenen Sinne mit dem Argument der Schutzbedürftigkeit minderjähriger Zeugen vollzogen werden können, so muss es erst recht im Bereich des materiellen Strafrechts möglich sein, ähnliche Gedanken anzustellen und die festgesetzte Altersgrenze von 14 Jahren bei § 176 Abs. 4 Nr. 3 StGB zu überdenken.

1735 BGBl. I 2280.

1736 *Krüger* in: MüKO StPO, § 255a Rdnr. 3.

1737 *Velten* in: SK-StPO, § 255a Rdnr. 16; *Martis* in: AnwaltKommentar StPO, § 255a Rdnr. 4.

II. Teleologische Reduktion

Neben den erwähnten alternativen Gestaltungsmöglichkeiten von § 176 Abs. 4 Nr. 3 StGB am Maßstab europäischer Vorgaben, könnte bei der Umgestaltung der Norm weiter überlegt werden, ob nicht eine Sexualbezogenheit bereits auf objektiver Tatbestandsebene sinnvoll wäre, um die Strafbarkeit zu begründen.

Allein *Wolters* vertritt im Schrifttum diese Meinung. Kritisch äußert dieser, dass es zum einen zu unverständlichen und vom Gesetzgeber übersehenen Ergebnissen kommt, wenn die Einwirkung mittels Geschenken ohne jeglichen Sexualbezug (Comic-Hefte etc.) unter Strafe gestellt werde, während die wohl wirksamere Gabe von Süßigkeiten oder Geld, die ebenfalls mit der tatbestandsspezifischen Absicht geschehe, straflos bleibe. Zum anderen spreche auch die innertatbestandliche Systematik für eine objektive Sexualbezogenheit. Während die Nummern 1,2 und 4 des § 176 Abs. 4 StGB jeweils vor vollendeten fremdbestimmten Eingriffen in die sexuelle Entwicklung schützen, fehlt eine solche Bezugnahme bei Nr. 3. Eine solche könne nur dann hergestellt werden, wenn die Tathandlung auch objektiv ein sexualisiertes Klima schaffe, welches die geplante nachfolgende sexuelle Handlung begünstige. Hierzu solle eine Schrift im Sinne des § 176 Abs. 4 Nr. 3 StGB wenigstens durch einen eindeutigen Körperbezug objektiv dazu geeignet sein, die Neigung des Opfers zu spezifischem Sexualverhalten zu erhöhen.[1738]

Gegen eine solche teleologische Reduktion, wie sie *Wolters* befürwortet, wurde zwar kritisch eingewandt, dass dies weder mit dem Wortlaut, noch mit dem gesetzgeberischen Willen vereinbar sei,[1739] wonach gerade solche Täter bestraft werden sollen, die durch Tricks oder Verführungskünste kindliche Opfer zu persönlichen Treffen verleiten.[1740] Doch kann an dieser Stelle zu Gunsten einer teleologischen Reduktion angeführt werden, dass § 184h StGB ebenfalls einen objektiven Sexualbezug fordert.[1741] Sind Handlungen danach aus Sicht eines objektiven Betrachters offensichtlich nicht sexuell, können sie auch nicht als solche definiert werden, selbst wenn eine sexuelle Absicht des Handelnden gegeben ist. Das Argument, das in diesem Zusammenhang angeführt wird, kann

---

1738 Vgl. *Wolters* in: SK-StGB, § 176 Rdnr. 24 b.

1739 *Renzikowski* in: MüKo, § 176 Rdnr. 44; *Eisele* in: Schönke/Schröder, § 176 Rdnr. 14 a; *Ziegler* in: Beck-OK, § 176 Rdnr. 25.

1740 BT-Drs. 15/350 S. 17.

1741 S. hierzu 2. Teil, Kapitel 3, II. 5. d).

in gleichem Maße auch für § 176 Abs. 4 Nr. 3 StGB herangezogen werden. Denn allein Handlungen ohne jeglichen äußerlichen Sexualbezug können die sexuelle Selbstbestimmung beziehungsweise die ungestörte sexuelle Entwicklung Minderjähriger nicht beeinträchtigen.[1742]

1742 *Eisele* in: Schönke/Schröder, § 184g Rdnr. 6; *Hörnle* in: MüKo, § 184h Rdnr. 4.

Abschließende Zusammenfassung

I. Trotz der im Schrifttum geäußerten Kritik zum fortwährenden Aktionismus des Gesetzgebers auf dem Gebiet des Sexualstrafrechts und insbesondere betreffend den sexuellen Kindesmissbrauch[1743] kann kaum bestritten werden, dass Cyber-Grooming ein ernst zu nehmendes Problem ist. Ob eine Bekämpfung des Phänomens mit dem Kanon des Strafrechts in Form der in Deutschland anzutreffenden Norm des § 176 Abs. 4 Nr. 3 StGB geschehen muss, ist eine andere Frage. Jüngste Tendenzen der Polizeilichen Kriminalstatistik[1744] und aktuelle Fälle aus der Presse[1745] deuten jedenfalls auf ein erhöhtes Vorkommen des Phänomens hin.

Kurz gefasst handelt es sich um manipulative Tathandlungen, bei denen Täter mittels moderner Kommunikationsmittel, etwa in Chatrooms und vor allem auch in sozialen Netzwerken wie „Facebook“ oder mit Kommunikationsdiensten wie „WhatsApp“, Kontakt zu Minderjährigen aufnehmen. Wesentliches Kernelement und Ziel der Täter ist es, das Vertrauen ihrer Opfer zu gewinnen, sie schrittweise in sexueller Hinsicht zu desensibilisieren und schließlich für sexuelle Zwecke auszunutzen.

Cyber-Grooming ist dem Grunde nach mit dem alt bekannten Phänomen des Groomings vergleichbar, wo Täter in ebenfalls äußerst manipulativer Art und Weise vorgehen, um den Kontakt zu einem potentiellen Opfer herzustellen, dessen Vertrauen zu gewinnen und es schließlich sexuell zu missbrauchen. Das Internet bietet Tätern jedoch eine Reihe an Vorteilen, die es ihnen nicht nur einfacher machen, überhaupt den Kontakt zu möglichen Opfern herzustellen, sondern darüber hinaus auch eine Vielzahl Minderjähriger sehr einfach auffinden zu können und in Gespräche zu verwickeln. Als besonderer Risikofaktor ist hier vor allem auch das Online-Verhalten von Kindern und insbesondere Jugendlichen herauszustellen, die nicht nur großen Wert auf einen kommunikativen Austausch mit anderen im Internet (insbesondere auch über sexuelle Themen) legen, sondern zudem bei der Bestimmung ihrer „Online-Freunde“ nur wenig wählerisch vorgehen.

1743 *Duttge/Hörnle/Renzikowski*, NJW 2004, 1065, 1065 f.; *Ziegler* in: BeckOK, § 176 Rdnr. 24; s. auch *Gercke*, ZUM 2005, 612, 613.

1744 S. 1. Teil, Einleitung, II.

1745 S. 1. Teil, Einleitung, I.

Ob es sich bei Tätern des Cyber-Groomings um einen völlig neuen Tätertypus handelt, kann nach derzeitigem Forschungsstand nicht abschließend geklärt werden. Fest steht jedoch, dass es sich auch hierbei um eine sehr heterogene Gruppe handelt, in welcher Tätertypen jeglicher Art und mit den unterschiedlichsten Charakteristika vorzufinden sind. Interessant ist die im Schrifttum geäußerte Frage, ob angesichts der festen Einbindung des Internets im Alltag unserer Gesellschaft überhaupt von einer neuen Täterkategorie ausgegangen werden kann.[1746] Zu den präferierten Opfern gehören weniger jüngere denn ältere Kinder und Jugendliche, sodass eine Pädophilie im klinisch definitorischen Sinne bei der Mehrzahl der Täter nicht anzunehmen ist. Nach den Ergebnissen dieser Untersuchung liegt der Schluss nahe, dass es sich bei Tätern des Cyber-Groomings angesichts der Parallelen zu Tätern des konventionellen Kindesmissbrauchs und der vielen Gemeinsamkeiten im Zusammenhang mit dem Grooming-Prozess nicht um eine völlig neue Tätergruppe handelt.

Was nach derzeitigem Stand der Forschung ebenfalls nicht abschließend beantwortet werden kann, ist ob und inwiefern allein Cyber-Grooming, ohne dass es zu einem körperlichen Kontakt kommt, zu schädlichen Folgen bei den Opfern führt. In Deutschland existiert hierzu bislang lediglich die Studie von *Katzer* und *Fetchenhauer*, die zwar Primärviktimisierungen aufgezeigt hat, jedoch bedarf es hier mit Blick auf eine umfassendere Analyse noch weiterer Untersuchungen. Hierin ist deshalb ein wesentlicher Anknüpfungspunkt für weitere Studien zu sehen, die dann gegebenenfalls auch Aufschluss über die Frage liefern könnten, inwiefern ein hinreichender Rechtsgüterbezug bei den von § 176 Abs. 4 Nr. 3 StGB unter Strafe gestellten Tathandlungen anzunehmen ist.

II. Angesichts der Opferpräferenzen und einer erhöhten Viktimisierungsgefahr von Jugendlichen stellt sich die Frage, ob die aktuelle Gesetzeslage mit § 176 Abs. 4 Nr. 3 StGB und eine Beschränkung des Schutzes auf Kinder unter 14 Jahren zu rechtfertigen ist. Weder Aspekte der Einwilligungs(un)fähigkeit und Willensmängeldogmatik, noch eine gesetzessystematische Betrachtung lässt den Schluss zu, dass Jugendliche ab 14 Jahren weniger schutzbedürftig sind als Kinder im Sinne des § 176 Abs. 1 StGB. Insofern ist eine Angleichung der nationalen Norm am Maßstab europarechtlicher Vorgaben zu befürworten. Erwähnt sei allerdings, dass – angesichts der Leitgedanken des nationalen Gesetzgebers zur Ausgestaltung der Jugendschutzvorschriften und einem abgestuften Schutzniveau[1747] – nicht pauschal eine Einbeziehung von bis zu 18-Jährigen erfolgen

1746 S. 1. Teil, Kapitel 3, V.
1747 S. 2. Teil, Kapitel 2, I.

darf, sondern vielmehr die Einschränkung, die auch der EU-Gesetzgeber mit einer einzelfallbezogenen Berücksichtigung der sexuellen Mündigkeit vornimmt, zu beachten ist.

Insgesamt ist eine Orientierung an europäischen Vorgaben insofern von Vorteil, als dass insbesondere auf objektiver Tatbestandsebene eine Einschränkung dahingehend vorgenommen wird, dass zumindest der Vorschlag eines konkreten Treffens zur Tatvollendung erforderlich sein muss. Trotz der geäußerten Kritik[1748] zur Ausformulierung von Artikel 6 Abs. 1 der Richtlinie 2011/93/EU betreffend die Umschreibung „*wenn auf diesen Vorschlag ein solches Treffen hinführende konkrete Handlungen gefolgt sind*", zeigt dies eine weitere Richtung hin zur Konkretisierung der Tathandlung, die jedenfalls dem Grunde nach als Leitbild für eine Reform der nationalen Norm zugrunde gelegt werden könnte. Strafwürdig ist nach EU-Recht nämlich eine *konkrete* Vorbereitung eines *konkreten* sexuellen Übergriffs.[1749] Damit wäre entsprechend der im Schrifttum zu Recht geäußerten Kritik der sehr weiten Vorfeldkriminalisierung jedenfalls ein kleines Stück entgegengewirkt. Dies spricht letztlich auch für eine teleologische Reduktion von § 176 Abs. 4 Nr. 3 StGB auf objektiver Tatbestandsebene mit der Forderung eines objektiven Sexualbezugs der Tathandlung, wie es *Wolters*[1750] vorgeschlagen hat. Denn vor allem die Problematik der weiten Vorfeldstrafbarkeit muss, wenn nicht gelöst, doch wesentlich abgemildert werden, will man die Norm – auch angesichts der fehlenden Handlungsmöglichkeiten des deutschen Gesetzgebers infolge europarechtlicher Vorgaben – im Strafgesetzbuch beibehalten.

1748 S. 2. Teil, Kapitel 4, IV. 1.

1749 *Renzikowski* in: Müko, § 176 Rdnr. 54.

1750 S. 2. Teil, Kapitel 4, II.

Literaturverzeichnis

Aaron, Albert: Unzüchtige Handlungen mit Kindern – § 176 Ziffer 3 RStGB. Gießen 1910.

Afuah, Allan/*Tucci*, Christopher L. Internet business models and strategies. New York: McGraw-Hill, 2001, verfügbar unter http://opac.vimaru.edu.vn/edata/EBook/081105/Internet%20business%20models%20and%20strategies.pdf [05.07.2016].

Albrecht, Anna Helena/*Wolter*, Jürgen (Hrsg.): SK-StPO – systematischer Kommentar zur Strafprozessordnung mit GVG und EMRK / Band 5: §§ 246a-295 StPO, 5. Auflage, Köln 2016.

Albrecht, Hans-Jörg: Die Determinanten der Sexualstrafrechtsreform. In: Zeitschrift für die gesamte Strafrechtswissenschaft 111 (1999), S. 863 ff.

Albrecht, Peter-Alexis: Vom unmöglichen Zustand des Strafrechts. Frankfurt am Main u.a. 1995.

Alexy, Eileen M./*Burgess*, Ann W./*Baker*, Timothy: Internet offenders traders, travelers, and combination trader-travelers. In: Journal of Interpersonal Violence 20.7 (2005): 804–812.

Amelung, Daniel/*Funcke-Auffermann*, Niklas: Die erneute Reform des Sexualstrafrechts – Ein systematischer Überblick unter Berücksichtigung des „Gesetzes zur Änderung der Vorschriften über die Straftaten gegen die sexuelle Selbstbestimmung und zur Änderung anderer Vorschriften". In: StrafverteidigerForum 2004, S. 114 ff.

– Die erneute Reform des Sexualstrafrechts – 2. Teil – Ein systematischer Überblick unter Berücksichtigung des „Gesetzes zur Änderung der Vorschriften über die Straftaten gegen die sexuelle Selbstbestimmung und zur Änderung anderer Vorschriften". In: StrafverteidigerForum 2004, S. 265 ff.

Amelung, Knut: Irrtum und Täuschung als Grundlage von Willensmängeln bei der Einwilligung des Verletzten. Berlin 1998.

– Rechtsgüterschutz und Schutz der Gesellschaft, Untersuchungen zum Inhalt und zum Anwendungsbereich eines Strafrechtsprinzips auf dogmengeschichtlicher Grundlage; zugleich ein Beitrag zur Lehre von der „Sozialschädlichkeit" des Verbrechens. Frankfurt am Main 1972.

– Über die Einwilligungsfähigkeit. In: Zeitschrift für die gesamte Strafrechtswissenschaft 104 (1992), S. 525 ff.

– Willensmängel bei der Einwilligung als Tatzurechnungsproblem. In: Zeitschrift für die gesamte Strafrechtswissenschaft 109 (1997), S. 490 ff.

Anastasopoulou, Ioanna: Deliktstypen zum Schutz kollektiver Rechtsgüter. München 2005.

Arzt, Gunther: Willensmängel bei der Einwilligung. Frankfurt am Main 1970.

Arzt, Gunther/*Weber*, Ulrich/*Heinrich*, Bernd/*Hilgendorf*, Eric: Strafrecht Besonderer Teil – Lehrbuch. Bielefeld 2015.

Aslan, Deniz: Critically evaluating typologies of internet sex offenders: A psychological perspective. In: Journal of Forensic Psychology Practice 11.5 (2011): 406–431.

Bange, Dirk: Ausmaß. In: Bange, Dirk/Körner, Wilhelm (Hrsg.), Handwörterbuch Sexueller Missbrauch, Göttingen u.a. 2002, S. 20 ff.

Bange, Dirk/*Boehme* Ulfert: Sexuelle Gewalt an Jungen. In: Amann, Gabriele/ Wipplinger, Rudolf (Hrsg.), Sexueller Missbrauch – Überblick zu Forschung, Beratung und Therapie; ein Handbuch, Tübingen 1997, S. 726 ff.

Bange, Dirk/*Deegener*, Günther: Sexueller Mißbrauch an Kindern – Ausmaß, Hintergründe, Folgen. Weinheim 1996.

Bates, Andrew/*Metcalf*, Caroline: A psychometric comparison of internet and non-internet sex offenders from a community treatment sample. In: Journal of Sexual Aggression 13.1 (2007): 11–20.

Baumann, Jürgen: Einführung in die Rechtswissenschaft – Rechtssystem und Rechtstechnik; ein Studienbuch. München 1989.

– Strafrecht allgemeiner Teil – ein Lehrbuch. Bielefeld 1968.

Baumann, Jürgen/*Weber*, Ulrich/*Mitsch*, Wolfgang: Strafrecht Allgemeiner Teil – Lehrbuch. Bielefeld 2003.

Baurmann, Michael C.: Sexualität, Gewalt und psychische Folgen: eine Längsschnittuntersuchung bei Opfern sexueller Gewalt und sexueller Normverletzungen anhand von angezeigten Sexualkontakten. Wiesbaden 1996.

Beck'scher Online Kommentar zum StGB, München 2016.

Beck, Ulrich: Risikogesellschaft – auf dem Weg in eine andere Moderne. Frankfurt am Main 1996.

Beck, Wolfgang: Unrechtsbegründung und Vorfeldkriminalisierung – zum Problem der Unrechtsbegründung im Bereich vorverlegter Strafbarkeit, erörtert unter besonderer Berücksichtigung der Deliktstatbestände des politischen Strafrechts. Berlin 1992.

Beier, Klaus M.: Dissexualität im Lebenslängsschnitt – theoretische und empirische Untersuchungen zu Phänomenologie und Prognose begutachteter Straftäter. Berlin u.a. 1995.

Berliner, Lucy: Confronting an uncomfortable reality. In: The APSAC Advisor 14.2 (2002): 2–4. (zit. nach *Wolak*, Janis/*Finkelhor*, David/*Mitchell*, Kimberly J./*Ybarra*, Michele L.: Online "predators" and their victims: myths, realities, and implications for prevention and treatment. In: American Psychologist 63.2 (2008): 111–128).

Berliner, Lucy/*Conte*, Jon R.: The process of victimization: The victims' perspective. In: Child abuse & neglect 14.1 (1990): 29–40.

Bernard, Frits: Kinderschänder? Pädophilie, von der Liebe mit Kindern. Berlin 1982.

Berz, Ulrich: Formelle Tatbestandsverwirklichung und materialer Rechtsgüterschutz – eine Untersuchung zu den Gefährdungs- und Unternehmensdelikten. München 1986.

Bifulco, Antonia/*Davidson*, Julia/*Webster*, Stephen: Implications and Conclusion. In: Webster, Stephen/Davidson, Julia/Bifulco, Antonia (Eds.), Online Offending Behaviour and Child Victimization – New Findings and Policy. Basingstoke u.a. 2015, S. 164 ff.

Bifulco, Antonia/*Pham*, Thierry: Young Victims Online. In: Webster, Stephen/Davidson, Julia/Bifulco, Antonia (Eds.), Online Offending Behaviour and Child Victimization – New Findings and Policy. Basingstoke u.a. 2015, S. 142 ff.

Binding, Karl: Handbuch des Strafrechts/1. Leipzig 1885.

– Lehrbuch des Gemeinen Deutschen Strafrechts, Besonderer Teil 1. Leipzig 1902.

Blei, Hermann: Strafrecht Allgemeiner Teil Band 1. München 1963.

Bockelmann, Paul: Strafrecht des Arztes. Stuttgart 1968.

– Studien zum Täterstrafrecht/1. Berlin 1939.

– Studien zum Täterstrafrecht/2. Berlin 1940.

– Wie würde sich ein konsequentes Täterstrafrecht auf ein neues Strafgesetzbuch auswirken? In: Materialien zur Strafrechtsreform – Gutachten der Strafrechtslehrer, Band 1, Bonn 1954, S. 29 ff.

Bodanovskaya, Zinaida/*Khramchenkova*, Anna-Maria: Lesbian, gay, bisexual and transgender persons (LGBT). In: Ainsaar, Mare/Lööf, Lars (Eds.), Online behaviour related to child sexual abuse – Literature Report. ROBERT, Risk taking online behaviour, empowerment through research and training. European Union & Council of the Baltic Sea States (2011), S. 66, verfügbar unter http://www.childcentre.info/robert/public/Online_behaviour_related_to_sexual_abuse.pdf [03.06.2016].

Bottke, Wilfried: Zum Rechtsgut der §§ 174 ff. StGB. In: Festschrift für Harro Otto zum 70. Geburtstag, Köln, München u.a. 2007, S. 535 ff.

Brandes, Sven/*Gusy*, Burkhard/*Kleiber*, Dieter: Pädosexuelle Übergriffe auf Jungen im öffentlichen und halböffentlichen Berliner Raum. (2004), verfügbar unter http://spendefuerjungs.de/studie2004.pdf [16.06.2016].

Brennan, Margaret: Understanding online social network services and risks to youth – Stakeholder perspectives – A preliminary report on the findings of the CEOP Centre's social network seminar series, verfügbar unter https://www.ceop.police.uk/Documents/socialnetwork_serv_report_221206.pdf [24.02.2017].

Briggs, Peter/*Simon*, Walter T./*Simonsen*, Stacy: An exploratory study of Internet-initiated sexual offenses and the chat room sex offender: Has the Internet enabled a new typology of sex offender? In: Sexual Abuse 23.1 (2011): 72–91.

Brockhaus, Ulrike/*Kolshorn*, Maren: Die Ursachen sexueller Gewalt. In: Amann, Gabriele/Wipplinger, Rudolf (Hrsg.), Sexueller Missbrauch – Überblick zu Forschung, Beratung und Therapie; ein Handbuch, Tübingen 1997, S. 89.

– Sexuelle Gewalt gegen Mädchen und Jungen – Mythen, Fakten, Theorien. Frankfurt u.a. 1993.

Brodowski, Dominik: Strafrechtsrelevante Entwicklungen in der Europäischen Union – ein Überblick. In: Zeitschrift für Internationale Strafrechtsdogmatik 2011, S. 376 ff.

– Strafrechtsrelevante Entwicklungen in der Europäischen Union – ein Überblick. In: Zeitschrift für Internationale Strafrechtsdogmatik 2010, S. 749 ff.

– Strafrechtsrelevante Entwicklungen in der Europäischen Union – ein Überblick. In: Zeitschrift für Internationale Strafrechtsdogmatik 2010, S. 940 ff.

Brongersma, Edward/*Werres*, Johannes: Das verfemte Geschlecht – Dokumentation über Knabenliebe. München 1970.

Bullens, Ruud: Der Grooming-Prozeß – oder das Planen des Mißbrauchs. In: Marquardt-Mau, Brunhilde (Hrsg.), Schulische Prävention gegen sexuelle Kindesmißhandlung – Grundlagen, Rahmenbedingungen, Bausteine und Modelle. Weinheim, München 1995, S. 55 ff.

Bundeskriminalamt: PKS 2015 – Zeitreihen Übersicht Tatverdächtigentabellen: Tatverdächtige männlich – ab 1987, Tatverdächtige weiblich – ab 1987, jeweils verfügbar unter https://www.bka.de/DE/AktuelleInformationen/Statistiken Lagebilder/PolizeilicheKriminalstatistik/PKS2015/Zeitreihen/zeitreihenTat verdaechtige.html;jsessionid=FE740C4F1414F6357338887A88525BE6.live0612?nn=51356 [23.02.2017].

Bundeskriminalamt: PKS-Zeitreihen – Übersicht Falltabellen, verfügbar unter https://www.bka.de/DE/AktuelleInformationen/StatistikenLagebilder/Poli zeilicheKriminalstatistik/PKS2015/pks2015_node.html [15.02.2017].

Bundschuh, Claudia: Pädosexualität – Entstehungsbedingungen und Erscheinungsformen. Opladen 2001.

Bundschuh C./*Stein-Hilbers*, M.: Abschlußbericht zum Projekt „Entstehungsbedingungen der Pädosexualität". Bielefeld 1998. (zit. nach *Enders* in: Enders (Hrsg.), Zart war ich, bitter war's, S. 53 ff.).

Burger, Edith: Sexueller Mißbrauch von Kindern und Jugendlichen – Intervention und Prävention. Stuttgart 1997.

Caretti, Vincenzo/*Schimmenti*, Adriano/*Bifulco*, Antonia: Psychopathology of Online Grooming. In: Webster, Stephen/Davidson, Julia/Bifulco, Antonia (Eds.), Online Offending Behaviour and Child Victimization – New Findings and Policy. Basingstoke u.a. 2015, S. 91 ff.

Cauffman, Elizabeth/*Steinberg*, Laurence: (Im) maturity of judgment in adolescence: Why adolescents may be less culpable than adults. In: Behavioral sciences & the law 18.6 (2000): 741–760.

Choo, Kim-Kwang Raymond, and Australian Institute of Criminology: Online child grooming: a literature review on the misuse of social networking sites for grooming children for sexual offences. Vol. 103. Canberra: Australian Institute of Criminology, 2009. (zit. nach *McAlinden*, Anne-Marie: 'Grooming' and the sexual abuse of children – institutional, Internet, and familial dimensions. Oxford 2012.).

Conte, Jon R./*Wolf*, Steven/*Smith*, Tim: What sexual offenders tell us about prevention strategies. In: Child abuse & neglect 13.2 (1989): 293–301.

Craven, Samantha/*Brown*, Sarah/*Gilchrist*, Elizabeth: Sexual grooming of children: Review of literature and theoretical considerations. In: Journal of Sexual Aggression 12.3 (2006): 287–299.

Dannecker, Martin: Bemerkungen zur strafrechtlichen Behandlung von Sexualität. In: Jäger, Herbert (Hrsg.), Sexualwissenschaft und Strafrecht, Stuttgart 1987, S. 71 ff.

– Das Drama der Sexualität. Frankfurt am Main 1987.

– Pädosexualität. In: Bange, Dirk/Körner, Wilhelm (Hrsg.), Handwörterbuch sexueller Missbrauch, Göttingen u.a. 2002, S. 309 ff.

Dannecker, Martin/*Schorsch*, Eberhard: Sexualwissenschaft und Strafrecht. In: Jäger, Herbert (Hrsg.), Sexualwissenschaft und Strafrecht, Stuttgart 1987, S. 134 ff.

Davidson, Julia/*Gottschalk*, Petter: Characteristics of the Internet for criminal child sexual abuse by online groomers. In: Criminal Justice Studies 24.1 (2011): 23–36.

– The Context of Online Abuse: Policy and Legislation. In: Webster, Stephen/ Davidson, Julia/Bifulco, Antonia (Eds.), Online Offending Behaviour and Child Victimization – New Findings and Policy. Basingstoke u.a. 2015, S. 1 ff.

Davidson, Julia/*Stephen*, Webster: Theoretical Context of Online Child Sexual Abuse. In: Webster, Stephen/Davidson, Julia/Bifulco, Antonia (Eds.), Online Offending Behaviour and Child Victimization – New Findings and Policy. Basingstoke u.a. 2015, S. 21 ff.

Deegener, Günther: Sexueller Mißbrauch: die Täter. Weinheim 1995.

– Sexuell aggressive Kinder und Jugendliche sowie eigene Opfererfahrungen. In: Egg, Rudolf (Hrsg.) Sexueller Missbrauch von Kindern – Täter und Opfer, Wiesbaden 1999, S. 187 ff.

De Graaf, H./*Vanwesenbeeck* I.: "Sex is a game." Wanted and unwanted sexual experiences of youth on the internet (Project No. SGI014). Utrecht, NL: Rutgers Nisso Groep (2006). (zit. nach *Soo*, Kadri/*Bodanovskaya*, Zinaida: Risk factors of becoming a victim of Internet related sexual abuse. In: Ainsaar, Mare/Lööf, Lars (Eds.), Online behaviour related to child sexual abuse – Literature Report. ROBERT, Risk taking online behaviour, empowerment through research and training. European Union & Council of the Baltic Sea States (2011), S. 46 ff., verfügbar unter http://www.childcentre.info/robert/public/Online_behaviour_related_to_sexual_abuse.pdf [03.06.2016]).

DeLamater, John/*Friedrich*, William N.: Human sexual development. In: Journal of sex research 39.1 (2002): 10–14.

Dencker, Friedrich: Gefährlichkeitsvermutung statt Tatschuld. – Tendenzen der neueren Strafrechtsentwicklung. In: Strafverteidiger 1988, S. 262 ff.

Dölling, Dieter u.a. (Hrsg.), Gesamtes Strafrecht – StGB/StPO/Nebengesetze – Handkommentar, 3. Auflage, Baden-Baden 2013.

Dreher, Eduard: Die Neuregelung des Sexualstrafrechts – eine geglückte Reform?. In: Juristische Rundschau 1974, S. 45 ff.

Drewes, Detlef: Sexuelle Gewalt gegen Kinder – die Online-Opfer. In: Enders, Ursula (Hrsg.), Zart war ich, bitter war's, Köln 2011, S. 425 ff.

Düx, Heinz: Sexualstraftaten und Sicherungsverwahrung – Abschied vom rechtsstaatlichen Strafverfahren? In: Zeitschrift für Rechtspolitik 2006, S. 82 ff.

Durkin, Keith F.: Misuse of the Internet by pedophiles: Implications for law enforcement and probation practice. In: Fed. Probation 61 (1997): 14–18.

Duttge, Gunnar/*Hörnle*, Tatjana/*Renzikowski*, Joachim: Das Gesetz zur Änderung der Vorschriften über die Straftaten gegen die sexuelle Selbstbestimmung. In: Neue Juristische Wochenschrift 2004, S. 1065 ff.

Egg, Rudolf: Sexueller Missbrauch von Kindern – Täter und Opfer. Wiesbaden 1999.

– Sexualdelinquenz. In: Volbert, Renate (Hrsg.) Handbuch der Rechtspsychologie, Göttingen u.a. 2008, S. 38 ff.

Eisele, Jörg: Tatort Internet: Cyber-Grooming und der Europäische Rechtsrahmen. In: Festschrift für Wolfgang Heinz zum 70. Geburtstag, Baden-Baden 2012, S. 697 ff.

Eisenberg, Ulrich/*Kölbel*, Ralf: Kriminologie. Tübingen 2017.

Elliott, Ian A./*Beech*, Anthony R.: Understanding online child pornography use: Applying sexual offense theory to internet offenders. In: Aggression and Violent Behavior 14.3 (2009): 180–193.

Elliott, Ian A./*Beech*, Anthony R./*Mandeville-Norden*, Rebecca/Hayes, Elizabeth: Psychological profiles of internet sexual offenders comparisons with contact sexual offenders. In: Sexual Abuse 21.1 (2009): 76–92.

Enders, Ursula: Die zwei Gesichter der Täter und Täterinnen. In: Enders, Ursula (Hrsg.) Zart war ich, bitter war's, Köln 2011, S. 53 ff.

– Institutionen und sexueller Missbrauch: Täterstrategien und Reaktionsweisen. In: Bange, Dirk/Körner, Wilhelm (Hrsg.), Handwörterbuch sexueller Missbrauch, Göttingen u.a. 2002, S. 202 ff.

Eser, Albin/*Koch*, Hans-Georg: Aktuelle Rechtsprobleme der Sterilisation. In: Medizinrecht 1984, S. 6 ff.

Fatke, Reinhard: Pädophilie – Beleuchtung eines Dunkelfeldes In: Schuh, Jörg/Bauhofer, Stefan (Hrsg.), Sexualdelinquenz – Schweizerische Arbeitsgruppe für Kriminologie, Chur u.a. 1991, S. 149 ff.

Faust, Erik/*Bickart*, William/*Camp*, Scott: Child pornography possessors and child contact sex offenders: A multilevel comparison of demographic characteristics and rates of recidivism. In: Sexual Abuse 27.5 (2015): 460–478.

Ferenczi, Sándor: Schriften zur Psychoanalyse. Frankfurt am Main 1972.

Finkelhor, David: What's wrong with sex between adults and children? Ethics and the problem of sexual abuse. In: American Journal of Orthopsychiatry 49.4 (1979): 692.

Finkelhor, David/*Mitchell*, Kimberly J./*Wolak*, Janis: Online Victimization: A Report on the Nation's Youth. (2000), verfügbar unter http://files.eric.ed.gov/fulltext/ED442039.pdf [18.03.2017].

Finkelhor, David/*Mitchell*, Kimberly J./*Wolak*, Janis: Online Victimization: what youth tell us. In: S.W. Cooper R.J. Estes, A.P. Giardino, N.D. Kellog & V.I. Vieth (Eds.), Medical, legal, and social science aspects of child sexual exploitation: A comprehensive review of pornography, prostitution, and Internet crimes, Vol 1 (pgs. 437–467) St. Louis, MO: GW Medical Publishing Inc., verfügbar unter http://www.unh.edu/ccrc/pdf/jvq/CV47.pdf [19.08.2016].

Fischer, Thomas: Strafgesetzbuch und Nebengesetze, 64. Auflage, München 2017.

Freund, Georg: Erfolgsdelikt und Unterlassen – zu den Legitimationsbedingungen von Schuldspruch und Strafe. Köln, München u.a. 1992.

– Strafrecht Allgemeiner Teil – personale Straftatlehre. Berlin 2009.

– Zur strafrechtlichen Verantwortlichkeit in pharmazeutischen Unternehmen. In: Meurer, Dieter (Hrsg.), Die Haftung der Unternehmensleitung – Risiken und ihre Vermeidung; 1. Symposion von Wissenschaft und Praxis, Frankfurt am Main 1999, S. 67 ff.

Frisch, Wolfgang: An den Grenzen des Strafrechts. In: Beiträge zur Rechtswissenschaft – Festschrift für Walter Stree und Johannes Wessels zum 70. Geburtstag, Heidelberg 1993, S. 69 ff.

– Vorsatz und Risiko – Grundfragen des tatbestandsmäßigen Verhaltens und des Vorsatzes; zugleich ein Beitrag zur Behandlung außertatbestandlicher Möglichkeitsvorstellungen. Köln, München u.a. 1983.

– Wesentliche Strafbarkeitsvoraussetzungen einer modernen Strafgesetzgebung. In: Eser, Albin (Hrsg.), Von totalitärem zu rechtsstaatlichem Strafrecht – kriminalpolitische Reformtendenzen im Strafrecht osteuropäischer Länder; internationales Symposium in Buchenbach bei Freiburg im Breisgau vom 27. – 31. Mai 1992, Freiburg im Breisgau 1993, S. 202 ff.

Frommel, Monika: Das klägliche Ende der Reform der sexuellen Gewaltdelikte. In: Zeitschrift für Rechtspolitik 1988, 233 ff.

– Die Bedeutung der Tätertypenlehre bei der Entstehung des § 211 StGB im Jahre 1941. In: JuristenZeitung 1980, S. 559 ff.

Funcke-Auffermann, Niklas: Symbolische Gesetzgebung im Lichte der positiven Generalprävention – eine Untersuchung am Beispiel des ‚Gesetzes zur Änderung der Vorschriften über die Straftaten gegen die sexuelle Selbstbestimmung und zur Änderung anderer Vorschriften' vom 27. Dezember 2003. Berlin 2007.

Gallwitz, Adolf/*Paulus*, Manfred: Grünkram – die Kinder-Sex-Mafia in Deutschland. Hilden/Rhld. 1998.

– Kinderfreunde – Kindermörder – authentische Kriminalfälle, Fallanalysen, Vorbeugung. Hilden/Rhld. 2002.

Geerds, Friedrich: Einwilligung und Einverständnis des Verletzten im Strafrecht. In: Goltdammer's Archiv für Strafrecht 1954, S. 262 ff.

Geilen, Gerd: Einwilligung und ärztliche Aufklärungspflicht. Bielefeld 1963.

– Strafrecht, allgemeiner Teil. Bochum 1980.

Geppert, Klaus: Die schwere Brandstiftung (§ 306). In: Juristische Ausbildung 1989, S. 417 ff.

Gercke, Marco: Defizite des „Schriften"-Erfordernisses in Internet-bezogenen Sexual- und Pornographiedelikten – Wie unkörperliche Übertragungsformen die Strafbarkeit von Online-Grooming und Online-Zugang zu Jugend- und Kinderpornographie reduzieren. In: Computer und Recht 2010, S. 798 ff.

– Was wirklich strafbar ist – vielleicht. In: Legal Tribune online vom 20.10.2010, verfügbar unter http://www.lto.de/recht/hintergruende/h/sexuelle-kontaktaufnahme-zu-kindern-am-tatort-internet-was-wirklich-strafbar-ist-vielleicht/ [02.02.2017].

– Die Entwicklung des Internetstrafrechst im Jahr 2004. In: Zeitschrift für Urheber- und Medienrecht 2005, 612 ff.

– Die EU Richtlinie zur Bekämpfung von Kinderpornographie – Umsetzungsbedarf im deutschen Strafrecht in drei zentralen Internet-bezogenen Komplexen: Zugriff, Grooming und Internetsperren. In: Computer und Recht 2012, S. 520 ff.

– Die Entwicklung des Internetstrafrechts im Jahr 2007. In: Zeitschrift für Urheber- und Medienrecht 2008, S. 545 ff.

Gierhake, Katrin: Zur geplanten Einführung neuer Straftatbestände wegen der Vorbereitung terroristischer Straftaten. In: Zeitschrift für Internationale Strafrechtsdogmatik 2008, S. 397 ff.

Gillepsie, Alisdair A.: Child protection on the internet – challenges for criminal law. In: Child & Family Law Quarterly. 14.4 (2002): 411–426.

Göbel, Alfred: Die Einwilligung im Strafrecht als Ausprägung des Selbstbestimmungsrechts. Frankfurt am Main u.a. 1992.

Göppinger, Hans: Kriminologie. München 2008.

Graul, Eva: Abstrakte Gefährdungsdelikte und Präsumtionen im Strafrecht. Berlin 1991.

Gropp, Walter: Strafrecht Allgemeiner Teil. Berlin u.a. 2005.

– Strafrecht Allgemeiner Teil. Berlin u.a. 2015.

Groth, Nicholas: Patterns of Sexual Assault against Children and Adolescents. In: Burgess, Ann Wolbert (Ed.), Sexual assault of children and adolescents. Lexington 1978, S. 3 ff.

Grove-Hills, Julie/*Bifulco*, Antonia/*Pham*, Thierry: Social Media and Young People. In: Webster, Stephen/Davidson, Julia/Bifulco, Antonia (Eds.), Online Offending Behaviour and Child Victimization – New Findings and Policy. Basingstoke u.a. 2015, S. 120 ff.

Guckenheimer, Eduard: Der Begriff der ehrlosen Gesinnung im Strafrecht – ein Beitrag zur strafrechtlichen Beurteilung politischer Verbrecher. Hamburg 1921.

Hanack, Ernst-Walter: Die Straftaten gegen die Sittlichkeit im Entwurf 1962. In: Zeitschrift für die gesamte Strafrechtswissenschaft 77 (1965), S. 398 ff.

Hardwig, Werner: Die Gesinnungsmerkmale im Strafrecht. In: Zeitschrift für die gesamte Strafrechtswissenschaft 68 (1956), S. 14 ff.

Hassemer, Winfried: Das Schicksal der Bürgerrechte im „effizienten" Strafrecht. In: Strafverteidiger 1990, S. 328 ff.

– Das Symbolische am symbolischen Strafrecht. In: Festschrift für Claus Roxin zum 70. Geburtstag am 15. Mai 2001, Berlin u.a. 2001, S. 1001 ff.

– Perspektiven einer neuen Kriminalpolitik. In: Strafverteidiger 1995, S. 483 ff.

– Prävention im Strafrecht. In: Juristische Schulung 1987, S. 257 ff.

– Rauschgiftbekämpfung durch Rauschgift? – BGH, NJW 1991, 2359. In: Juristische Schulung 1992, S. 110 ff.

– Symbolisches Strafrecht und Rechtsgüterschutz. In: Neue Zeitschrift für Strafrecht 1989, S. 553 ff.

– Theorie und Soziologie des Verbrechens – Ansätze zu einer praxisorientierten Rechtsgutslehre. Frankfurt am Main 1973.

Haugaard, Jeffrey J.: The sexual abuse of children – a comprehensive guide to current knowledge and intervention strategies. San Francisco u.a. 1988.

Hefendehl, Roland: Das Rechtsgut als materialer Angelpunkt einer Strafnorm. In: Hefendehl Roland (Hrsg.), Die Rechtsgutstheorie – Legitimationsbasis des Strafrechts oder dogmatisches Glasperlenspiel?, Baden-Baden 2003, S. 119 ff.

– Die Tagung aus der Perspektive eines Rechtsgutsbefürworters. In: Hefendehl Roland (Hrsg.), Die Rechtsgutstheorie – Legitimationsbasis des Strafrechts oder dogmatisches Glasperlenspiel?, Baden-Baden 2003, S. 286 ff.

– Kollektive Rechtsgüter im Strafrecht. Köln, München u.a. 2002.

Heiliger, Anita: Täterstrategien und Prävention – Sexueller Missbrauch an Mädchen innerhalb familialer und familienähnlicher Strukturen. München 2000.

– Täterstrategien und Prävention. In: Bange, Dirk/Körner, Wilhelm (Hrsg.), Handwörterbuch sexueller Missbrauch, Göttingen u.a. 2002, S. 657 ff.

Heinrich, Bernd: Strafrecht Allgemeiner Teil. Stuttgart 2016.

Helle, Jürgen: Die Heilbehandlung des untergebrachten psychischen Kranken – dargestellt auf Grund des § 26 Nieders. PsychKG. In: Medizinrecht 1987, S. 65 ff.

Herning, Lara/*Illgner*, Johannah: „Ja heißt Ja" – Konsensorientierter Ansatz im deutschen Strafrecht. In: Zeitschrift für Rechtspolitik, 2016 S. 77 ff.

Herzog, Felix: Gesellschaftliche Unsicherheit und strafrechtliche Daseinsvorsorge – Studien zur Vorverlegung des Strafrechtsschutzes in den Gefährdungsbereich. Heidelberg 1991.

Hesselbarth, Marie-Claire: Kinderpornografie. Frankfurt Main 2004.

Heßling, Angelika/*Bode*, Heidrun: Jugendsexualität 2015. Die Perspektive der 14- bis 25-Jährigen. Ergebnisse einer aktuellen Repräsentativen Wiederholungsbefragung. In: Bundeszentrale für gesundheitliche Aufklärung (Hrsg.), Köln 2015, verfügbar unter http://www.bzga.de/infomaterialien/sexualaufkl aerung/studien/?idx=2711 [26.10.2016].

Hipp, Dietmar: Irreführung als Programm. In: Spiegel online vom 30.10.2010, verfügbar unter http://www.spiegel.de/kultur/gesellschaft/rtl-2-show-tatort-internet-irrefuehrung-als-programm-a-725655.html [02.02.2017].

Hörnle, Tatjana: Das Gesetz zur Verbesserung des Schutzes sexueller Selbstbestimmung. In: Neue Zeitschrift für Strafrecht, 2017 S. 13 ff.

- Der lückenhafte Schutz jugendlicher Opfer im Sexualstrafrecht. In: Verbrechen-Strafe-Resozialisierung – Festschrift für Heinz Schöch zum 70. Geburtstag am 20. August 2010, Berlin u.a. 2010, S. 401 ff.
- Die Umsetzung des Rahmenbeschlusses zur Bekämpfung der sexuellen Ausbeutung von Kindern und der Kinderpornographie. In: Neue Juristische Wochenschrift 2008, S. 3521 ff.
- Grob anstößiges Verhalten – strafrechtlicher Schutz von Moral, Gefühlen und Tabus. Frankfurt am Main 2005.
- Reform des Sexualstrafrechts? In: Zeitschrift für Rechtspolitik, 2015 S. 190.
- Sexueller Missbrauch von Kindern. In: Festschrift für Ulrich Eisenberg zum 70. Geburtstag, München 2009, S. 321 ff.

Hoffmann, Jens: Stalking – obsessive Belästigung und Verfolgung, Prominente und Normalbürger als Stalking-Opfer, Täter-Typologien, Psychologische Hintergründe. Heidelberg 2006.

Hoffmann, Rainer: Die Lebenswelt der Pädophilen – Rahmen, Rituale und Dramaturgie der pädophilen Begegnung. Opladen 1996.

Honig, Richard M.: Die Einwilligung des Verletzten/1: Die Geschichte des Einwilligungsproblems und die Methodenfrage. Mannheim u.a. 1919.

Houtepen, Jenny ABM/*Sijtsema*, Jelle J./*Bogaerts*, Stefan: From child pornography offending to child sexual abuse: A review of child pornography offender characteristics and risks for cross-over. In: Aggression and violent behavior 19.5 (2014): 466–473.

Howitt, Dennis: Paedophiles and sexual offences against children, John Wiley & Son Ltd, 1995. (zit. nach *Craven*, Samantha/*Brown*, Sarah/*Gilchrist*, Elizabeth: Sexual grooming of children: Review of literature and theoretical considerations. In: Journal of Sexual Aggression 12.3 (2006): 287–299).

Hoyer, Andreas: Zum Begriff der „abstrakten Gefahr". In: Juristische Arbeitsblätter 1990, S. 183 ff.

Jakobs, Günther: Das Strafrecht zwischen Funktionalismus und „alteuropäischem" Prinzipiendenken. In: Zeitschrift für die gesamte Strafrechtswissenschaft 107 (1995), S. 843 ff.

– Kriminalisierung im Vorfeld einer Rechtsgutsverletzung. In: Zeitschrift für die gesamte Strafrechtswissenschaft 97 (1985), S. 751 ff.

– Strafrecht Allgemeiner Teil – Die Grundlagen und die Zurechnungslehre – Lehrbuch. Berlin u.a 1991.

Jäger, Herbert: Strafgesetzgebung und Rechtsgüterschutz bei Sittlichkeitsdelikten – eine kriminalsoziologische Untersuchung. Stuttgart 1957.

Jasch, Michael: Alltägliche Feinde – Die Expansion der Ausschließung mit den Mitteln des Rechts. In: Uwer, Thomas (Hrsg.), „Bitte bewahren Sie Ruhe": Leben im Feindrechtsstaat, Berlin 2006, S. 267 ff.

Jescheck, Hans-Heinrich: Lehrbuch des Strafrechts – Allgemeiner Teil. Berlin 1969.

Jescheck, Hans-Heinrich/*Weigend*, Thomas: Lehrbuch des Strafrechts – allgemeiner Teil. Berlin 1996.

Jones, Lisa M./*Mitchell*, Kimberly J./*Finkelhor*, David: Trends in youth internet victimization: Findings from three youth internet safety surveys 2000–2010. In: Journal of adolescent Health 50.2 (2012): 179–186.

Jones, Vernon/*Allé*, R./*Skogrand*, E./*Torg* H.: Save the Children Europe Group – Position paper regarding online images of sexual abuse and other Internet-related sexual exploitation of Children. (2005), verfügbar unter http://childcentre.info/projects/internet/abusiveimage/dbaFile12157.pdf [23.02.2017].

Jung, Sandy/*Ennis*, Liam/*Stein*, Shayla/*Choy*, Alberto L./*Hook*, Tarah: Child pornography possessors: Comparisons and contrasts with contact-and non-contact sex offenders. In: Journal of sexual aggression 19.3 (2013): 295–310.

Kaiser, Günter: Kriminologie – ein Lehrbuch. Heidelberg 1996.

Katzer, Catarina: Tatort Chatroom – Aggression, Psychoterror und sexuelle Belästigung im Internet. In: Innocence in Danger Sektion Deutschland e.V.; Bundesverein zur Prävention von Sexuellem Missbrauch an Mädchen und Jungen e.V. [Red.: Marion Mebes] (Hrsg.), Mit einem Klick zum nächsten Kick – Aggression und sexuelle Gewalt im Cyberspace, Köln 2007, S. 11 ff.

– Tatort Internet – Sexuelle Gewalt in den neuen Medien – Problemanalyse, Prävention & Intervention. In: Hofmeister, Jasmin (Hrsg.), Sexualisierte Gewalt an Kindern und Jugendlichen – ein altes Thema und seine neuen Risiken in der medialen Ära, Köln 2010, S. 181 ff.

Katzer, Catarina/*Fetchenhauer*, Detlef: Cyberbullying: Aggression und sexuelle Viktimisierung in Chatrooms. In: Gollwitzer, Mario (Hrsg.), Gewaltprävention bei Kindern und Jugendlichen – aktuelle Erkenntnisse aus Forschung und Praxis, Göttingen 2007, S. 123 ff.

Kelker, Brigitte: Zur Legitimität von Gesinnungsmerkmalen im Strafrecht: eine strafrechtlich-rechtsphilosophische Untersuchung. Frankfurt am Main 2007.

Kern, Bernd-Rüdiger: Die Bedeutung des Betreuungsgesetzes für das Arztrecht. In: Medizinrecht 1991, S. 66 ff.

Kientzy, Dieter: Der Mangel am Straftatbestand infolge Einwilligung des Rechtsgutsträgers – auf Grund einer kritischen Betrachtung der Differenzierung in Einwilligung und Einverständnis. Tübingen 1970.

Kimmel, Birgit: Chatten bei schülerVZ, ICQ und Co – Wenn Teenager sich vernetzen – Die Faszination des Internets und der Zusammenhang mit den Entwicklungsaufgaben im Jugendalter. In: Kamin, Anna-Maria/Meister, Dorothee M./Schulte, Dietmar (Hrsg.), Kinder – Eltern – Medien: medienpädagogische Anregungen für den Erziehungsalltag, München 2013, S. 101 ff.

Kind, Holger: Kinderpornografie in den Medien. In: Haide, Alexander (Hrsg.), Stoppt die Kinderschänder – die Opfer – die Täter – das Millionengeschäft; [ein Reporter deckt auf], Kleindienst 2003, S. 170 ff.

Kindhäuser, Urs: Gefährdung als Straftat – rechtstheoretische Untersuchungen zur Dogmatik der abstrakten und konkreten Gefährdungsdelikte. Frankfurt am Main 1989.

Kindhäuser, Urs/*Neumann*, Ulfrid/*Paeffgen*, Hans-Ulrich (Hrsg.): NOMOS-Kommentar zum Strafgesetzbuch, Band 1, 5. Auflage, Baden-Baden 2017.

Kindhäuser, Urs/*Neumann*, Ulfrid/*Paeffgen*, Hans-Ullrich (Hrsg.): NOMOS-Kommentar zum Strafgesetzbuch, Band 2, 5. Auflage, Baden-Baden 2017.

Kirwan, Grainne/*Power*, Andrew: Cybercrime: The psychology of online offenders. Cambridge University Press 2013.

Knauer, Christoph u.a. (Hrsg.): Münchener Kommentar zur Strafprozessordnung / Band 2: §§ 151–332 StPO, 1. Auflage, München 2016.

Knight, Raymond A./*Prentky*, Robert A.: Classifying Sexual Offenders: The Development and Corroboration of Taxonomic Models. In: Marshall W.L. u.a. (Eds.), Handbook of Sexual Assault – Issues, Theories and Treatment of the Offender. New York 1999, S. 23 ff.

Koriath, Heinz: Zum Streit um die Gefährdungsdelikte. In: Goltdammer's Archiv für Strafrecht 2001, S. 51 ff.

Köhler, Michael: Strafrecht, allgemeiner Teil. Berlin 1997.

Kölbel, Ralf: Strafrechtliche Haftung für prozessbedingte sekundäre Viktimisierung. In: Zeitschrift für die gesamte Strafrechtswissenschaft 119 (2007), S. 334 ff.

– Über die Wirkung außerstrafrechtlicher Normen auf die Strafrechtsauslegung. In: Goltdammer's Archiv für Strafrecht 2002, S. 403 ff.

Kölbel, Ralf/*Bork*, Lena: Sekundäre Viktimisierung als Legitimationsformel. Berlin 2012.

Körner, Harald Hans: Sexualkriminalität im Alter. Stuttgart 1977.

Kramer, Adelinde: Sexualdelikte – als abstrakte Gefährdungsdelikte. Tübingen 1981.

Kratzsch, Dietrich: Verhaltenssteuerung und Organisation im Strafrecht – Ansätze zur Reform des strafrechtlichen Unrechtsbegriffs und die Regeln der Gesetzesanwendung. Berlin 1985.

Krekeler, Wilhelm/*Bergmann*, Mario: AnwaltKommentar Strafprozessordnung, 2. Auflage, Bonn 2010.

Krone, Tony: A typology of online child pornography offending. Australian Institute of Criminology; 2004, verfügbar unter http://aic.gov.au/media_library/publications/tandi_pdf/tandi279.pdf [25.08.2016].

Krüger, Matthias: Die Entmaterialisierungstendenz beim Rechtsgutsbegriff. Berlin 2000.

Kühl, Kristian: Die Bedeutung der Kantischen Unterscheidungen von Legalität und Moralität sowie von Rechtspflichten und Tugendpflichten für das Strafrecht – ein Problemaufriß In: Jung Heike (Hrsg.), Recht und Moral – Beiträge zu einer Standortbestimmung, Baden-Baden 1991, S. 139 ff.

Kuhlen, Lothar: Der Handlungserfolg der strafbaren Gewässerverunreinigung (§ 324 StGB). In: Goltdammer's Archiv für Strafrecht 1986, S. 389 ff.

Kuhnen, Korinna: Kinderpornographie und Internet – Medium als Wegbereiter für das (pädo-)sexuelle Interesse am Kind? Göttingen u.a. 2007.

Kusch, Roger/*Mössle*, Karen Ilka: Verschärfter Jugendschutz – Zur Auslegung des neuen § 182 StGB. In: Neue Juristische Wochenschrift 1994, S. 1504 ff.

Kußmann, Michael: Einwilligung und Einverständnis bei Täuschung, Irrtum und Zwang. Bonn 1988.

Lackner, Karl: Das konkrete Gefährdungsdelikt im Verkehrsstrafrecht – Vortrag gehalten vor der Berliner Juristischen Gesellschaft am 13. Mai 1966. Berlin 1967.

Lackner, Karl/*Kühl*, Kristian: Strafgesetzbuch – Kommentar, 28. Auflage, München 2014.

La Fontaine, Jean de: Child sexual abuse. Cambridge 1990.

Lagodny, Otto: Das materielle Strafrecht als Prüfstein der Verfassungsdogmatik. In: Hefendehl Roland (Hrsg.), Die Rechtsgutstheorie – Legitimationsbasis des Strafrechts oder dogmatisches Glasperlenspiel?, Baden-Baden 2003, S. 83 ff.

– Strafrecht vor den Schranken der Grundrechte – die Ermächtigung zum strafrechtlichen Vorwurf im Lichte der Grundrechtsdogmatik; dargestellt am Beispiel der Vorfeldkriminalisierung. Tübingen 1996.

Lampe, Ernst-Joachim: Das personale Unrecht. Berlin 1967.

Lanning, Kenneth V.: Child molesters: A behavioral analysis. (2010), verfügbar unter http://citeseerx.ist.psu.edu/viewdoc/download?doi=10.1.1.692.6218&rep=rep1&type=pdf [18.04.2016].

Laubenthal, Klaus: Handbuch Sexualstrafrecht – die Delikte gegen die sexuelle Selbstbestimmung. Heidelberg u.a. 2012.

– Schutz sexuell mißbrauchter Kinder durch Einsatz von Videotechnologie im Strafverfahren. In: JuristenZeitung 1996, 335 ff.

Laulik, Sarah/*Allam*, Jane/*Sheridan*, Lorraine: An investigation into maladaptive personality functioning in Internet sex offenders. In: Psychology, Crime & Law 13.5 (2007): 523–535.

Lautmann, Rüdiger: Die Lust am Kind: Portrait des Pädophilen. Hamburg 1994.

Leberg, Eric: Understanding child molesters: Taking charge. Thousand Oaks u.a.1997.

Laufhütte, Heinrich Wilhelm u.a. (Hrsg.): Strafgesetzbuch: Leipziger Kommentar; Großkommentar/1: Einleitung; §§ 1 bis 31, 12. Auflage, Berlin u.a. 2007.

Laufhütte, Heinrich Wilhelm u.a. (Hrsg.): Strafgesetzbuch: Leipziger Kommentar; Großkommentar/2: §§ 32 bis 60, 11. Auflage, Berlin u.a. 2003.

Laufhütte, Heinrich Wilhelm u.a. (Hrsg.): Strafgesetzbuch: Leipziger Kommentar; Großkommentar/2: §§ 32 bis 55, 12. Auflage, Berlin u.a. 2006.

Laufhütte, Heinrich Wilhelm u.a. (Hrsg.): Strafgesetzbuch: Leipziger Kommentar; Großkommentar/6: §§ 146 bis 210, 12. Auflage, Berlin u.a. 2010.

Leopardi, Angelo: Der pädosexuelle Komplex – Handbuch für Betroffene und ihre Gegner. Berlin u.a. 1988.

Liszt, Franz von: Strafrechtliche Aufsätze und Vorträge/2: 1892 bis 1904. Berlin 1905.

Livingstone, Sonia/*Bober*, Magdalena/*Helsper*, Ellen: Internet literacy among children and young people: Findings from the UK Children Go Online Project. (2005).

Livingstone, Sonia/*Haddon*, Leslie/*Görzig*, Anke/Ólafsson, Kjartan: (2011) EU kids online: final report. EU Kids Online, London School of Economics & Political Science, London, UK, verfügbar unter http://eprints.lse.ac.uk/39351/1/EU_kids_online_final_report_[LSERO].pdf [15.05.2016].

– Risks and safety on the internet: the perspective of European children: full findings and policy implications from the EU Kids Online survey of 9–16 year olds and their parents in 25 countries. EU Kids Online, Deliverable D4. EU Kids Online Network, London, UK, verfügbar unter http://www2.lse.ac.uk/media@lse/research/EUKidsOnline/EU%20Kids%20II%20%282009-11%29/EUKidsOnlineIIReports/D4FullFindings.pdf [08.06.2016].

Lüderssen, Klaus: Die Symbiose von Markt und Staat – auseinanderdividiert durch Strafrecht? In: Strafverteidiger 1997, S. 318 ff.

Magaletta, Philip R./*Faust*, Erik/*Bickart*, William/*Mclearen*, Alix M.: Exploring clinical and personality characteristics of adult male internet-only child pornography offenders. In: International journal of offender therapy and comparative criminology 58.2 (2014): 137–153.

Mahler, Christian: „Grooming": Anbahnung von Sexualkontakten zu Unmündigen. In: Journal für Strafrecht 2012, S. 22 ff.

Maiwald, Manfred: Zum fragmentarischen Charakter des Strafrechts. In: Festschrift für Reinhart Maurach zum 70. Geburtstag, Karlsruhe 1972, S. 9 ff.

Malesky Jr, L. Alvin: Predatory online behavior: Modus operandi of convicted sex offenders in identifying potential victims and contacting minors over the Internet. In: Journal of child sexual abuse 16.2 (2007): 23–32.

Marshall, W. L./*Hudson*, M.S./*Jones*, R./*Fernandez*, Y.M.: Empathy in sex offenders. In: Clinical psychology review 15.2 (1995): 99–113.

Maurach, Reinhart: Deutsches Strafrecht, allgemeiner Teil – ein Lehrbuch. Karlsruhe 1971.

Maurach, Reinhart/*Schroeder*, Friedrich-Christian/*Maiwald*, Manfred: Strafrecht Besonderer Teil – Teilband 1: Straftaten gegen Persönlichkeits- und Vermögenswerte. Heidelberg 2009.

Maurach, Reinhart/*Zipf*, Heinz u.a.: Strafrecht Allgemeiner Teil – Teilband 1 – Grundlehren des Strafrechts und Aufbau der Straftat. Heidelberg, München u.a. 1992.

McAlinden, Anne-Marie: 'Grooming' and the sexual abuse of children – institutional, Internet, and familial dimensions. Oxford 2012.

McCarthy, Jennifer A.: Internet sexual activity: A comparison between contact and non-contact child pornography offenders. In: Journal of Sexual Aggression 16.2 (2010): 181–195.

McKenna, Katelyn/*Green*, Amie S./*Gleason*, Marci: Relationship formation on the Internet: What's the big attraction? In: Journal of social issues 58.1 (2002): 9–31.

Medienpädagogischer Forschungsverbund Südwest (Hrsg.): JIM 2010 – Jugend, Information, (Multi-Media) – Basisstudie zum Medienumgang 12- bis 19-Jähriger in Deutschland, verfügbar unter http://www.mpfs.de/fileadmin/JIM-pdf10/JIM2010.pdf [08.07.2016].

Medienpädagogischer Forschungsverbund Südwest (Hrsg.): JIM 2016 – Jugend, Information, (Multi-Media) – Basisstudie zum Medienumgang 12- bis 19-Jähriger in Deutschland, verfügbar unter http://www.mpfs.de/fileadmin/files/Studien/JIM/2016/JIM_Studie_2016.pdf. [08.07.2016].

Medienpädagogischer Forschungsverbund Südwest (Hrsg.): KIM-Studie 2010 – Kinder + Medien – Computer + Internet – Basisuntersuchung zum Medienumgang 6- bis 13-Jähriger in Deutschland, verfügbar unter http://www.mpfs.de/fileadmin/files/Studien/KIM/2010/KIM_Studie_2010.pdf [09.07.2016].

Medienpädagogischer Forschungsverbund Südwest (Hrsg.): KIM-Studie 2014 – Kinder + Medien – Computer + Internet – Basisuntersuchung zum Medienumgang 6- bis 13-Jähriger in Deutschland, verfügbar unter http://www.mpfs.de/fileadmin/files/Studien/KIM/2014/KIM_Studie_2014.pdf [09.07.2016].

Medienpädagogischer Forschungsverbund Südwest (Hrsg.): KIM-Studie 2016 – Kindheit, Internet, Medien – Basisstudie zum Medienumgang 6- bis 13-Jähriger in Deutschland, verfügbar unter http://www.mpfs.de/fileadmin/files/Studien/KIM/2016/KIM_2016_Web-PDF.pdf [09.07.2016].

Mezger, Edmund: Tatstrafe und Täterstrafe, insbesondere im Kriegsstrafrecht In: Zeitschrift für die gesamte Strafrechtswissenschaft 60 (1941) S. 353 ff.

Middleton, David/*Elliott*, Ian A./*Mandeville-Norden*, Rebecca/*Beech*, Anthony R.: An investigation into the applicability of the Ward and Siegert Pathways Model of child sexual abuse with Internet offenders. In: Psychology, Crime & Law 12.6 (2006): 589–603.

Mitchell, Kimberly J./*Finkelhor*, David/*Jones*, Lisa M./*Wolak*, Janis: Use of social networking sites in online sex crimes against minors: an examination of national incidence and means of utilization. In: Journal of Adolescent Health 47.2 (2010): 183–190.

Mitchell, Kimberly J./*Finkelhor*, David/*Wolak*, Janis: Victimization of youths on the Internet. In: Journal of Aggression, Maltreatment & Trauma 8.1–2 (2004): 1–39, verfügbar unter http://www.unh.edu/ccrc/pdf/jvq/CV90.pdf [17.03.2017].

– Youth Internet users at risk for the most serious online sexual solicitations. In: American journal of preventive medicine 32.6 (2007): 532–537.

– Youth on the Internet: Who is at Risk? In: The Link – The Official Newsletter of the International Society for Prevention of Child Abuse and Neglect (ISPCAN) Vol 10 No. 2: 1–2, verfügbar unter http://www.unh.edu/ccrc/pdf/jvq/CV129.pdf [11.03.2017].

Mitchell, Kimberly J./*Jones*, Lisa/*Finkelhor*, David/*Wolak*, Janis: Trends in unwanted online experiences and sexting: Final report. (2014), verfügbar unter http://scholars.unh.edu/cgi/viewcontent.cgi?article=1048&context=ccrc [14.08.2017].

– Youth Internet users at risk for the most serious online sexual solicitations. In: American journal of preventive medicine 32.6 (2007): 532–537.

Mitchell, Kimberly J./*Wolak*, Janis/*Finkelhor*, David: Are blogs putting youth at risk for online sexual solicitation or harassment? In: Child abuse & neglect 32.2 (2008): 277–294.

– Police posing as juveniles online to catch sex offenders: Is it working? In: Sexual Abuse 17.3 (2005): 241–267.

– Trends in youth reports of sexual solicitations, harassment and unwanted exposure to pornography on the Internet. In: Journal of adolescent health 40.2 (2007): 116–126.

Mitchell, Kimberly J./*Ybarra*, Michele/*Finkelhor*, David: The relative importance of online victimization in understanding depression, delinquency, and substance use. In: Child maltreatment 12.4 (2007): 314–324.

Monaco, Nanci R./*Gaier*, Eugene L.: Developmental awareness and moral stage development in child abuse 1. In: Early Child Development and Care 30.1–4 (1988): 31–42.

Joecks, Wolfgang u.a. (Hrsg.): Münchener Kommentar zum Strafgesetzbuch/ Band 1: §§ 1–37, 3. Auflage, München 2017.

Joecks, Wolfgang u.a. (Hrsg.): Münchener Kommentar zum Strafgesetzbuch/ Band 2: §§ 38–79b, 3. Auflage, München 2017.

Joecks, Wolfgang u.a. (Hrsg.): Münchener Kommentar zum Strafgesetzbuch/ Band 3: §§ 80–184j, 3. Auflage, München 2017.

Münder, Johannes: Sexualstrafrecht bei Fremderziehung und Fremdbetreuung. In: Zentralblatt für Jugendrecht 1986, S. 353 ff.

Müssig, Bernd J.A.: Schutz abstrakter Rechtsgüter und abstrakter Rechtsgüterschutz – Zu den materiellen Konstitutionskriterien sog. Universalrechtsgüter und deren normtheoretischem Fundament – am Beispiel der Rechtsgutsbestimmung für die §§ 129, 129a und 324 StGB. Frankfurt am Main u.a. 1994.

Murmann, Uwe: Die Selbstverantwortung des Opfers im Strafrecht. Berlin u.a. 2005.

Neutze, Janina/*Seto*, Michael C./*Schäfer*, Gerard A./*Mundt*, Ingrid A./*Beier*, Klaus M.: Predictors of child pornography offenses and child sexual abuse in a community sample of pedophiles and hebephiles. In: Sexual Abuse 23.2 (2011): 212–242.

Neyen, Werner: Die Einwilligungsfähigkeit im Strafrecht. Trier 1991.

Noll, Peter: Übergesetzliche Rechtfertigungsgründe im besondern die Einwilligung des Verletzten. Basel 1955.

Noltenius, Bettina: Grenzenloser Spielraum des Gesetzgebers im Strafrecht? – Kritische Bemerkungen zur Inzestentscheidung des Bundesverfassungsgerichts vom 26. Februar 2008. In: Zeitschrift für das juristische Studium 2009, S. 15 ff.

O'Brien, Matt D./*Webster*, Stephen: The construction and preliminary validation of the Internet Behaviours and Attitudes Questionnaire (IBAQ). In: Sexual Abuse 19.3 (2007): 237–256.

O'Connell, Rachel: A typology of child cybersexploitation and online grooming practices. (2003), verfügbar unter http://image.guardian.co.uk/sys-files/Society/documents/2003/07/17/Groomingreport.pdf [12.05.2016].

Odenwald, Steffen: Die Einwilligungsfähigkeit im Strafrecht unter besonderer Hervorhebung ärztlichen Handelns. Frankfurt am Main 2004.

Oehler, Dietrich: Das objektive Zweckmoment in der rechtswidrigen Handlung. Berlin 1959.

Ohlmes, Judith: Pädosexuelle Täter – Merkmale und Strategien als Ansatzpunkte präventiver Maßnahmen. Wettenberg 2005.

Ost, Suzanne: Child pornography and sexual grooming – legal and social responses. Cambridge 2009.

Palmer T./*Stacey*, L.: Just one click: Sexual abuse of children and young people through the internet and mobile telephone technology. Ilford, UK: Barnardos 2004. (zit. nach *Bifulco*, Antonia/*Pham*, Thierry: Young Victims Online. In: Webster, Stephen/Davidson, Julia/Bifulco, Antonia (Eds.), Online Offending Behaviour and Child Victimization – New Findings and Policy. Basingstoke u.a. 2015, S. 142 ff.).

Pilarczyk, Hannah: Tatort Internet – Kinderschützer attackieren RTL-2-Show. In: Spiegel online vom 15.10.2010, verfügbar unter http://www.spiegel.de/kul tur/tv/tatort-internet-kinderschuetzer-attackieren-rtl-2-show-a-723361.html [02.02.2017].

Pollack, Vera: Der strafrechtliche Schutz des Kindes: nach d. geltenden Reichsstrafgesetzbuch und nach d. Entwurf e. Allgemeinen Deutschen Strafgesetzbuchs von 1927 Breslau 1929.

Potrykus, Dagmar/ *Wöbcke*, Manfred: Sexualität zwischen Kindern und Erwachsenen. München 1974.

Prittwitz, Cornelius: Strafrecht und Risiko – Untersuchungen zur Krise von Strafrecht und Kriminalpolitik in der Risikogesellschaft. Frankfurt am Main 1993.

Putnam, Dana E.: Initiation and maintenance of online sexual compulsivity: Implications for assessment and treatment. In: CyberPsychology & Behavior 3.4 (2000): 553–563.

Quanter, Rudolf: Die Sittlichkeitsverbrechen im Laufe der Jahrhunderte und ihre strafrechtliche Beurteilung. Aalen 1970.

Quayle, Ethel: Behavioural patterns of becoming an offender of sexual abuse and offending behaviour. In: Ainsaar, Mare/Lööf, Lars (Eds.), Online behaviour related to child sexual abuse – Literature Report. ROBERT, Risk taking online behaviour, empowerment through research and training. European Union & Council of the Baltic Sea States (2011), S. 50 ff., verfügbar unter http://www.childcentre.info/robert/public/Online_behaviour_related_to_sexual_abuse.pdf [03.06.2016].

Quayle, Ethel/*Allegro*, Silivia/*Hutton*, Linda/*Sheath*, Michael/*Lööf*, Lars: Online behaviour related to child sexual abuse. Creating a private space in which to offend – Interviews with online child sex offenders. Council of the Baltic Sea States, Stockholm: ROBERT project (2012), verfügbar unter http://childcen tre.info/robert/public/Interviews_online_offenders.pdf [03.06.2016].

Quayle, Ethel/*Jonsson*, Linda/*Lööf*, Lars: Online behaviour related to child sexual abuse: Interviews with affected young people. Council of the Baltic Sea States, Stockholm: ROBERT project (2012), verfügbar unter http://childcentre.info/robert/public/Interviews_with_affected_young_people.pdf [03.06.2016].

Quayle, Ethel/*Lööf*, Lars/*Soo*, Kadri/*Ainsaar*, Mare: Methodological Issues. In: Ainsaar, Mare/Lööf, Lars (Eds.), Online behaviour related to child sexual abuse – Literature Report. ROBERT, Risk taking online behaviour, empowerment through research and training. European Union & Council of the Baltic Sea States (2011), S. 9 ff., verfügbar unter http://www.childcentre.info/robert/pu blic/Online_behaviour_related_to_sexual_abuse.pdf [03.06.2016].

Quayle, Ethel/*Taylor*, Max: Child pornography and the Internet: Perpetuating a cycle of abuse. In: Deviant Behavior 23.4 (2002): 331–361.

Quayle, Ethel/*Vaughan*, Mary/*Taylor*, Max: Sex offenders, Internet child abuse images and emotional avoidance: The importance of values. In: Aggression and violent Behavior 11.1 (2006): 1–11.

Rasch, Wilfried: Forensische Psychiatrie. Stuttgart 2004.

Ray, James V./*Kimonis*, Eva R./*Seto*, Michael C.: Correlates and moderators of child pornography consumption in a community sample. In: Sexual Abuse 26.6 (2014): 523–545.

Rehder, Ulrich: Sexualstraftäter-Klassifizierung. In: Pecher, Willi (Hrsg.), Justizvollzugspsychologie in Schlüsselbegriffen, Stuttgart 2004, S. 237 ff.

Reich, Stephanie M./*Subrahmanyam*, Kaveri/*Espinoza*, Guadalupe: Friending, IMing, and hanging out face-to-face: overlap in adolescents' online and offline social networks. In: Developmental psychology 48.2 (2012): 356–368.

Reichenbach, Peter: Der strafrechtliche Schutz behinderter Menschen vor sexuellem Missbrauch – Zur verfassungskonformen Umgestaltung des § 179 StGB. In: Goltdammer's Archiv für Strafrecht 2003, S. 550 ff.

Reijnen, Lotte/*Bulten*, Erik/*Nijman*, Henk: Demographic and personality characteristics of Internet child pornography downloaders in comparison to other offenders. In: Journal of child sexual abuse 18.6 (2009): 611–622.

Rengier, Rudolf: Entwicklungslinien im Sexualstrafrecht. In: Bericht über das 23. Triberger Symposium des Justizministeriums Baden-Württemberg am 28. und 29. November 2002 (Hrsg.), Schutz vor Sexualstraftaten als gesamtgesellschaftliche Aufgabe, S. 9 ff.

Renzikowski, Joachim: Nein! – Das neue Sexualstrafrecht. In: Neue Juristische Wochenschrift 2016, S. 3553 ff.

Reus, Katharina: Das Recht in der Risikogesellschaft – der Beitrag des Strafrechts zum Schutz vor modernen Produktgefahren. Berlin 2010.

Rönnau, Thomas: Voraussetzungen und Grenzen der Einwilligung im Strafrecht. In: Juristische Ausbildung 2002, S. 665 ff.

– Willensmängel bei der Einwilligung im Strafrecht. Tübingen 2001.

Rösner, Sigrid/*Schade*, Burkhard: Der Verdacht auf sexuellen Mißbrauch von Kindern in familiengerichtlichen Verfahren. In: Zeitschrift für das gesamte Familienrecht 1993, S. 1133 ff.

Roth, Gerald: Ablösung der Perpetuierungstheorie zur Hehlerei für bestimmte Fallgruppen? In: Neue Juristische Wochenschrift 1985, S. 2242 ff.

Roxin, Claus: Strafrecht, Allgemeiner Teil/1: Grundlagen. Der Aufbau der Verbrechenslehre. München 2006.

– Zur Strafbarkeit des Geschwisterinzests – Zur Verfassungsrechtlichen Überprüfung materiellrechtlicher Strafvorschriften. In: Strafverteidiger 2009, S. 544 ff.

Rudolphi, Hans-Joachim/*Wolter*, Jürgen: SK-StGB – Systematischer Kommentar zum Strafgesetzbuch, Köln 2013.

Saal, Martin: Das Vortäuschen einer Straftat (§ 145 d StGB) als abstraktes Gefährdungsdelikt. Berlin 1997.

Salter, Anna: Transforming trauma: A guide to understanding and treating adult survivors of child sexual abuse. Thousand Oaks u.a. 1995.

Saß, Henning/*Houben*, Isabel: Diagnostisches und statistisches Manual psychischer Störungen – DSM-IV ; übersetzt nach der vierten Auflage des Diagnostic and statistical manual of mental disorders der American Psychiatric Association. Göttingen u.a. 1998.

Satzger, Helmut/*Schluckebier*, Wilhelm/*Widmaier*, Gunter/*Bosch*, Nikolaus: Strafgesetzbuch – Kommentar, 3. Auflage, Köln 2016.

Schetsche, Michael: Der ‘einvernehmliche Mißbrauch‘ – zur Problematik der Begründung des sexualstrafrechtlichen Schutzes von Kindern und Jugendlichen. In: Monatsschrift für Kriminologie und Strafrechtsreform 1994, S. 201 ff.

Schmehl, Arndt: Symbolische Gesetzgebung. In: Zeitschrift für Rechtspolitik 1991, S. 251 ff.

Schmidhäuser, Eberhard: Gesinnungsmerkmale im Strafrecht. Tübingen 1958.

– Strafrecht, allgemeiner Teil – ein Lehrbuch. Tübingen 1975.

Schmidt, Jan-Hinrik: Jugend 2.0 – Leben in der Medienwelt. In: *Kamin*, Anna-Maria/*Meister*, Dorothee M./*Schulte*, Dietmar (Hrsg.), Kinder – Eltern – Medien: medienpädagogische Anregungen für den Erziehungsalltag, München 2013, S. 89 ff.

Schneider, Harmut: Das Inbrandsetzen gemischt genutzter Gebäude – BGH-Urteil vom 20.6.1986 – 1 StR 270/86. In: Juristische Ausbildung 1988, S. 460 ff.

Schönfelder, Thea: Die Rolle des Mädchens bei Sexualdelikten. Stuttgart 1968.

Schönke, Adolf/*Schröder*, Horst: Strafgesetzbuch – Kommentar, 16. Auflage, München 1972.

– Strafgesetzbuch – Kommentar, 29. Auflage, München 2014.

Schorsch, Eberhard: Sexualstraftäter. Stuttgart 1971.

Schroeder, Friedrich-Christian: Das 29. Strafrechtsänderungsgesetz – §§ 175, 182 StGB. In: Neue Juristische Wochenschrift 1994, S. 1501 ff.

– Die Revolution des Sexualstrafrechts. In: JuristenZeitung 1999, S. 827 ff.

– Die Straftaten gegen die sexuelle Selbstbestimmung nach dem Entwurf eines 4. StrRG. In: Zeitschrift für Rechtspolitik 1971, S. 14 ff.

– Systematische Stellung und Rechtsgut der Sexualstraftaten nach dem 4. StrRG. In: Festschrift für Hans Welzel zum 70. Geburtstag, Berlin u.a. 1974, S. 859 ff.

Schünemann, Bernd: Grund und Grenzen der unechten Unterlassungsdelikte – zugleich ein Beitrag zur strafrechtlichen Methodenlehre. Göttingen 1971.

– Moderne Tendenzen in der Dogmatik der Fahrlässigkeits- und Gefährdungsdelikte. In: Juristische Arbeitsblätter 1975, 787 ff.

– Unzulänglichkeiten des Fahrlässigkeitsdelikts in der modernen Industriegesellschaft – Eine Bestandsaufnahme. In: Gedächtnisschrift für Dieter Meurer, Berlin 2002, S. 37 ff.

Seigfried, Kathryn C./*Lovely*, Richard W/*Rogers*, Markus K.: Self-reported online child pornography behavior: A psychological analysis. In: International Journal of Cyber Criminology 2.1 (2008): 286.

Seto, Michael C./*Eke*, Angela W.: The criminal histories and later offending of child pornography offenders. In: Sexual Abuse 17.2 (2005): 201–210.

Seto, Michael C./*Wood*, Michael J./*Flynn*, Sheri/*Babchishin*, Kelly M.: Online solicitation offenders are different from child pornography offenders and lower risk contact sexual offenders. In: Law and Human Behavior 36.4 (2012): 320–330.

Sheldon, Kerry/*Howitt*, Dennis: Sex offenders and the Internet. Chichester u.a. 2007.

Sick, Brigitte: Sexuelles Selbstbestimmungsrecht und Vergewaltigungsbegriff – ein Beitrag zur gegenwärtigen Diskussion einer Neufassung des § 177 StGB unter Berücksichtigung der Strafbarkeit de lege lata und empirischer Gesichtspunkte. Berlin 1993.

– Zweierlei Recht für zweierlei Geschlecht – Wertungswidersprüche im Geschlechterverhältnis am Beispiel des Sexualstrafrechts. In: Zeitschrift für die gesamte Strafrechtswissenschaft 103 (1991), S. 43 ff.

Sick, Brigitte/*Renzikowski*, Joachim: Der Schutz der sexuellen Selbstbestimmung. In: Festschrift für Friedrich-Christian Schroeder zum 70. Geburtstag, Heidelberg, München u.a. 2006, S. 603 ff.

Sieber, Ulrich: Legitimation und Grenzen von Gefährdungsdelikten im Vorfeld von terroristischer Gewalt – Eine Analyse der Vorfeldtatbestände im „Entwurf eines Gesetzes zur Verfolgung der Vorbereitung von schweren staatsgefährdenden Gewalttaten". In: Neue Zeitschrift für Strafrecht 2009, S. 353 ff.

Soo, Kadri: Specific behavioural patterns and risks for special groups of becoming a victim. In: Ainsaar, Mare/Lööf, Lars (Eds.), Online behaviour related to child sexual abuse – Literature Report. ROBERT, Risk taking online behaviour, empowerment through research and training. European Union & Council of the Baltic Sea States (2011), S. 61 ff., verfügbar unter http://www.childcentre.info/robert/public/Online_behaviour_related_to_sexual_abuse.pdf [03.06.2016].

Soo, Kadri/*Bodanovskaya*, Zinaida: Risk factors of becoming a victim of Internet related sexual abuse. In: Ainsaar, Mare/Lööf, Lars (Eds.), Online behaviour related to child sexual abuse – Literature Report. ROBERT, Risk taking online behaviour, empowerment through research and training. European Union & Council of the Baltic Sea States (2011), S. 46 ff., verfügbar unter http://www.childcentre.info/robert/public/Online_behaviour_related_to_sexual_abuse.pdf [03.06.2016].

Spiegel online – Panorama: Kontakt über WhatsApp – 36-Jähriger soll mehrere Mädchen missbraucht haben. In: Spiegel online vom 24.03.2017, verfügbar unter http://www.spiegel.de/panorama/justiz/whatsapp-und-co-36-jaehriger-soll-maedchen-uebers-internet-missbraucht-haben-a-1140405.html#spRedirectedFrom=www&referrrer= [29.03.2017].

Stächelin, Gregor: Strafgesetzgebung im Verfassungsstaat – normative und empirische, materielle und prozedurale Aspekte der Legitimation unter Berücksichtigung neuerer Strafgesetzgebungspraxis. Berlin 1998.

Steinsiek, Mark: Terrorabwehr durch Strafrecht? – verfassungsrechtliche und strafrechtssystematische Grenzen der Vorfeldkriminalisierung. Baden-Baden 2012.

Stephan, Thomas: Sexueller Mißbrauch von Jugendlichen. Marburg 2002.

Sternberg-Lieben, Detlev: Rechtsgut, Verhältnismäßigkeit und die Freiheit des Strafgesetzgebers. In: Hefendehl Roland (Hrsg.), Die Rechtsgutstheorie – Legitimationsbasis des Strafrechts oder dogmatisches Glasperlenspiel?, Baden-Baden 2003, S. 65 ff.

Stief, Matthias: Die Einwilligungsfähigkeit im Strafrecht. Berlin 2012.

Stöckel, Matthias: Pädophilie: Befreiung oder sexuelle Ausbeutung von Kindern – Fakten, Mythen, Theorien. Frankfurt 1998.

Stofer, Hellmuth: Die Einwilligung des Verletzten im Strafrecht. Basel 1928.

Stratenwerth, Günter: Prinzipien der Rechtfertigung. In: Zeitschrift für die gesamte Strafrechtswissenschaft 68 (1956), S. 41 ff.

– Strafrecht, Allgemeiner Teil/1: Die Straftat. Köln, München u.a. 1971.

– Zur Funktion strafrechtlicher Gesinnungsmerkmale. In: Festschrift für Hellmuth von Weber zum 70. Geburtstag, Bonn 1963, S. 171 ff.

Stratenwerth, Günter/*Kuhlen*, Lothar: Strafrecht Allgemeiner Teil – Die Straftat. Köln, München u.a. 2011.

Sturm, Richard: Das Vierte Gesetz zur Reform des Strafrechts. 1. Teil. In: Juristen-Zeitung 1974, S. 1 ff.

Subrahmanyam, Kaveri/*Greenfield*, Patricia M./*Tynes*, Brendesha: Constructing sexuality and identity in an online teen chat room. In: Journal of applied developmental psychology 25.6 (2004): 651–666, verfügbar unter https://www.researchgate.net/publication/222413231_Constructing_sexuality_and_identity_in_an_online_teen_chat_room [10.09.2016].

Svedin, Carl Göran: Research evidence in to behavioural patterns which lead to becoming a victim of sexual abuse. In: Ainsaar, Mare/Lööf, Lars (Eds.), Online behaviour related to child sexual abuse – Literature Report. ROBERT, Risk taking online behaviour, empowerment through research and training. European Union & Council of the Baltic Sea States (2011), S. 37 ff., verfügbar unter http://www.childcentre.info/robert/public/Online_behaviour_related_to_sexual_abuse.pdf [03.06.2016].

Tempel, Florian: Missbrauch über Facebook – Pädophiler wird zu viereinhalb Jahren Haft verurteilt und in der Psychiatrie untergebracht. In: Süddeutsche Zeitung vom 14.09.2016, verfügbar unter http://www.sueddeutsche.de/muenchen/erding/landgericht-landshut-missbrauch-ueber-facebook-1.3162444 [30.03.2017].

Tener, Dafna/*Wolak*, Janis/*Finkelhor*, David: A typology of offenders who use online communications to commit sex crimes against minors. In: Journal of Aggression, Maltreatment & Trauma 24.3 (2015): 319–337.

Triantafyllou, Anastassios: Das Delikt der gefährlichen Körperverletzung (§ 223a StGB) als Gefährdungsdelikt: zugleich ein Beitrag zur Dogmatik der Gefährdungsdelikte. Frankfurt am Main u.a. 1996.

Turkle, Sherry: Life on the screen – identity in the age of the Internet. New York u.a. 1995.

Voss, Monika: Symbolische Gesetzgebung – Fragen zur Rationalität von Strafgesetzgebungsakten. Ebelsbach 1989.

Voß, Hans-Georg W.: Stalking in Deutschland – Aus Sicht der Betroffenen und Verfolger. Baden-Baden 2006.

Wall, Gemma K./*Pearce*, Emma/*McGuire*, James: Are Internet offenders emotionally avoidant? In: Psychology, Crime & Law 17.5 (2011): 381–401.

Walsh, Wendy A./*Wolak*, Janis: Nonforcible Internet-related sex crimes with adolescent victims: Prosecution issues and outcomes. In: Child Maltreatment 10.3 (2005): 260–271.

Walter, Tonio: Der Rechtsstaat verliert die Nerven: Zum Referentenentwurf eines „Gesetzes zur Verfolgung der Vorbereitung von schweren Gewalttaten" (RefE). In: Kritische Justiz 2008, S. 443 ff.

Wang, Rong/*Bianchi*, Suzanne M./*Raley*, Sara B.: Teenagers' Internet use and family rules: A research note. In: Journal of Marriage and Family 67.5 (2005): 1249–1258.

Warner, Sam: Understanding child sexual abuse: making the tactics visible. Handsell, 2000. (zit. nach *Craven*, Samantha/*Brown*, Sarah/*Gilchrist*, Elizabeth: Sexual grooming of children: Review of literature and theoretical considerations. In: Journal of Sexual Aggression 12.3 (2006): 287–299).

Webb, Liane/*Craissati*, Jackie/*Keen*, Sarah: Characteristics of Internet child pornography offenders: A comparison with child molesters. In: Sexual Abuse 19.4 (2007): 449–465.

Weber, Ulrich: Die Vorverlegung des Strafrechtsschutzes durch Gefährdungs- und Unternehmensdelikte. In: Beiheft zur Zeitschrift für die gesamte Strafrechtswissenschaft 1987, S. 1 ff.

Webster, Stephen: The European Online Grooming Project Study Design. In: Webster, Stephen/Davidson, Julia/Bifulco, Antonia (Eds.), Online Offending Behaviour and Child Victimization – New Findings and Policy. Basingstoke u.a. 2015, S. 39 ff.

Webster, Stephen/*Davidson*, Julia/*Gottschalk*, Petter: Understanding Online Grooming: Findings from the EOGP Study. In: Webster, Stephen/Davidson, Julia/Bifulco, Antonia (Eds.), Online Offending Behaviour and Child Victimization – New Findings and Policy. Basingstoke u.a. 2015, S. 55 ff.

Webster, Stephen/*Davidson*, Julia/*Gottschalk*, Petter/*Caretti*, Vincenzo/*Pham* Thierry/*Grove-Hills*, Julie/*Turley*, Caroline/*Tompkins*, Charlotte/*Ciulla*, Stefano/*Milazzo*, Vanessa/*Schimmenti*, Adriano/*Craparo*, Guiseppe: European Online Grooming Project – Final Report – European Commission Safer Internet Plus Programme (2012), verfügbar unter https://www.researchgate.net/publication/257941820_European_Online_Grooming_Project_-_Final_Report [14.05.2016].

Webster, Stephen D./*Mann*, Ruth E./*Thornton*, David/*Wakeling*, Helen C.: Further validation of the short self-esteem scale with sexual offenders. In: Legal and Criminological Psychology 12.2 (2007): 207–216.

Weigend, Thomas: Über die Begründung der Straflosigkeit bei Einwilligung des Betroffenen. In: Zeitschrift für die gesamte Strafrechtswissenschaft 98 (1986), S. 44 ff.

Weiler, Julia von: Im Netz – Tatort Internet – Kinder vor sexueller Gewalt schützen. Freiburg im Breisgau 2011.

Wells, Melissa/*Mitchell*, Kimberly J.: How do high-risk youth use the Internet? Characteristics and implications for prevention. In: Child Maltreatment (2008), verfügbar unter http://citeseerx.ist.psu.edu/viewdoc/download?doi=10.1.1.943.1521&rep=rep1&type=pdf [11.03.2017].

Welzel, Hans: Das deutsche Strafrecht – eine systematische Darstellung. Berlin 1965.

– Das Gesinnungsmoment im Recht. In: Festschrift für Julius von Gierke – zu seinem goldenen Doktorjubiläum am 25. Oktober 1948, Berlin 1950, S. 290 ff.

Wessels, Johannes: Strafrecht, allgemeiner Teil. Karlsruhe 1970.

Wessels, Johannes/*Beulke*, Werner/*Satzger*, Helmut: Strafrecht Allgemeiner Teil – die Straftat und ihr Aufbau. Heidelberg 2016.

Whittle, Helen/*Hamilton-Giachritsis*, Catherine/*Beech*, Anthony/*Collings*, Guy: A review of online grooming: Characteristics and concerns. In: Aggression and violent behavior 18.1 (2013): 62–70, verfügbar unter http://www.mensenhandelweb.nl/system/files/documents/13%20jul%202015/a%20review%20of%20online%20grooming%20characteristics%20and%20concerns.pdf [12.05.2016].

– A review of young people's vulnerabilities to online grooming. In: Aggression and violent behavior 18.1 (2013): 135–146, verfügbar unter http://opus.bath.ac.uk/43117/1/Whittle_et_al._2013_Vulnerability_final_text.pdf [27.07.2016].

Williams, Rebecca/*Elliott*, Ian A./*Beech*, Anthony R.: Identifying sexual grooming themes used by Internet sex offenders. In: Deviant behavior 34.2 (2013): 135–152.

Wohlers, Wolfgang: Deliktstypen des Präventionsstrafrechts – zur Dogmatik „moderner" Gefährdungsdelikte. Berlin 2000.

– Die Tagung aus der Perspektive eines Rechtsgutsskeptikers. In: Hefendehl Roland (Hrsg.), Die Rechtsgutstheorie – Legitimationsbasis des Strafrechts oder dogmatisches Glasperlenspiel?, Baden-Baden 2003, S. 281 ff.

Wolak, Janis/*Finkelhor*, David/*Mitchell*, Kimberly J.: Child-Pornography Possessors Arrested in Internet-Related Crimes: Findings From the National Juvenile Online Victimization Study. (2005), verfügbar unter: http://scholars.unh.edu/cgi/viewcontent.cgi?article=1032&context=ccrc [13.08.2016].

– Child pornography possessors: Trends in offender and case characteristics. In: Sexual Abuse 23.1 (2011): 22–42.

– Internet-initiated sex crimes against minors: Implications for prevention based on findings from a national study. In: Journal of Adolescent Health 35.5 (2004): 424-e11-424-e20.

– Is talking online to unknown people always risky? Distinguishing online interaction styles in a national sample of youth Internet users. In: CyberPsychology & Behavior 11.3 (2008): 340–343.

– Trends in Arrests of "Online Predators". (2009), vefügbar unter http://scholars.unh.edu/cgi/viewcontent.cgi?article=1051&context=ccrc [28.08.2016].

Wolak, Janis/*Finkelhor*, David/*Mitchell*, Kimberly J./*Ybarra*, Michele L.: Online "predators" and their victims: myths, realities, and implications for prevention and treatment. In: American Psychologist 63.2 (2008): 111–128.

Wolak, Janis/*Mitchell*, Kimberly J./*Finkelhor*, David: Escaping or connecting? Characteristics of youth who form close online relationships. In: Journal of adolescence 26.1 (2003): 105–119.

– Online Victimization of Youth: Five Years Later. (2006),. verfügbar unter http://scholars.unh.edu/cgi/viewcontent.cgi?article=1053&context=ccrc [18.03.2017].

Wolf, Erik: Die Typen der Tatbestandsmässigkeit – Vorstudien z. allgemeinen Lehre vom bes. Teil d. Strafrechts. Breslau 1931.

– Vom Wesen des Täters – Freiburger Antrittsvorlesung. Tübingen 1932.

Wortley, Richard K./*Smallbone*, Stephen: Child pornography on the internet. Washington, DC: US Department of Justice, Office of Community Oriented Policing Services, 2006, verfügbar unter http://citeseerx.ist.psu.edu/viewdoc/download?doi=10.1.1.501.4289&rep=rep1&type=pdf [16.07.2016].

Ybarra, Michele L./*Alexander*, Cheryl/*Mitchell*, Kimberly J.: Depressive symptomatology, youth Internet use, and online interactions: A national survey. In: Journal of Adolescent Health 36.1 (2005): 9–18.

Ybarra, Michele L./*Espelage*, Dorothy L./*Mitchell*, Kimberly J.: The co-occurrence of Internet harassment and unwanted sexual solicitation victimization and perpetration: Associations with psychosocial indicators. In: Journal of Adolescent Health 41.6 (2007): 31–41.

Ybarra, Michele L./*Mitchell*, Kimberly J.: How risky are social networking sites? A comparison of places online where youth sexual solicitation and harassment occurs. In: Pediatrics 121.2 (2008): e350-e357.

Ybarra, Michele/*Mitchell*, Kimberly J./*Finkelhor*, David/*Wolak*, Janis: Internet Prevention Messages – Targeting the Right Online Behaviors. In: Archives of Pediatrics & Adolescent Medicine 161.2 (2007): 138–145.